Zu diesem Buch

Den Kinder- und Jugendlichentherapeuten steht heute eine verwirrende Vielzahl an Diagnose- und Testmaterial zur Verfügung, das die Einschätzung von psychischen Störungen im Kindesalter erleichtern und präzisieren soll. Das Buch verschafft hier durch die Beschreibung und kritische Einschätzung der verschiedenen Verfahren erstmals einen Überblick und thematisiert auch grundsätzliche Probleme der kinderpsychologischen Diagnostik.
In der Praxis sind Diagnostik und Therapie nicht zu trennen. Deshalb wird im zweiten Teil des Buches ein multimedialer Ansatz zur Kindertherapie vorgestellt, der die Ausdrucksmöglichkeiten von Kindern verschiedener Altersstufen flexibel aufnimmt und Medien beschreibt, anhand derer sich ein therapeutischer Prozess entfalten kann.
Im Anhang ist eine Beschreibung mit Anwendungshinweisen aller gängigen und für Kinder geeigneten psychologischen Tests zusammengestellt, was die oft mühsame Suche nach Einzelbeschreibungen überflüssig macht. Für den praktisch tätigen Kinder- und Jugendlichentherapeuten stellt das Buch in seiner Zusammenschau von Diagnose und Therapie ein kompaktes, anwendungsbezogenes Überblickswerk dar.

Dr. phil. Wolfgang Krucker ist analytisch orientierter Psychotherapeut, Mitarbeiter am Kinder- und Jugendpsychiatrischen Dienst St. Gallen/Schweiz und arbeitet als Kinder- und Jugendlichentherapeut in eigener Praxis in Wilen/Schweiz. In der Reihe »Leben lernen« ist von ihm erschienen: »Spielen als Therapie – ein szenisch-analytischer Ansatz zur Kinderpsychotherapie« (1997)

Inhalt

Vorwort (Ruedi Zollinger) — 9

Einleitung — 11

Teil A:
Psychodiagnostik — 13

1. Methoden der Psychodiagnostik bei Kindern und Jugendlichen — 13
   - 1.1 Die Methoden der Diagnostik im Abklärungsprozess — 13
   - 1.2 Gespräche zwischen Untersucher und Patient sowie dessen Familie — 14
   - 1.3 Beobachtungen während des diagnostischen Prozesses — 16
   - 1.4 Das Einholen von Fremdangaben — 19
   - 1.5 Eventuelle Zusatzuntersuchungen — 19
   - 1.6 Die Anwendung von Tests — 20
   - 1.7 Beurteilungs- und Diagnosesysteme — 23
   - 1.8 Zur Bedeutung und Kritik der projektiven Tests — 32
   - 1.9 Projektive Verfahren aus phänomenologischer Sicht — 36
     - 1.9.1 Der Baumzeichnungstest — 36
     - 1.9.2 Der Wartegg-Test — 42
     - 1.9.3 Der Sceno-Test — 51
     - 1.9.4 Der Rorschach-Test — 54
   - 1.10 Die phänomenologische Auslegung projektiver Tests — 62
   - 1.11 Computergestützte Diagnostik für Kinder und Jugendliche — 74
2. Der psychodiagnostische Prozess in der wissenschaftlichen Diskussion — 75
3. Der psychodiagnostische Prozess aus systemischer Sicht und die Verbindung zu therapeutischen Interventionen — 88
4. Familiendiagnostische Überlegungen nach M. Cierpka — 94
5. Der Abklärungsgang im Gesamten und ein Beispiel zur Abklärung — 98

Teil B:
Methoden der Psychotherapie bei Kindern und Jugendlichen 120

1. Der therapeutische Prozess in der klinischen Kinderpsychologie
   Die Überlegungen von Petzold, Urban und Herzka & Reukauf 120
2. Überblick über allgemeine therapeutische Maßnahmen 129
3. Ein Überblick über spezielle Psychotherapieverfahren
   bei Kindern und Jugendlichen 130
4. Ein multimodaler Therapieansatz – unter Berücksichtigung
   des phänomenologischen Aspekts 133
   - 4.1 Der gesprächsorientierte Zugang 135
   - 4.2 Der imaginative Zugang 142
   - 4.3 Der spieltherapeutische Zugang 155
   - 4.4 Der maltherapeutische Zugang 162
   - 4.5 Der Zugang über Träume 179
   - 4.6 Der körperzentrierte Zugang 184
   - 4.7 Der Zugang über die Eltern – Elternberatung bei Kinderpsychotherapien 189
   - 4.8 Der übergeordnete Prozess im Therapiegeschehen 198
5. Zur Wirksamkeit der Psychotherapiemethoden 206

Teil C:
Tests und Verfahren zur Psychodiagnostik 212

1. Testverfahren für Kinder und Jugendliche
   im Überblick nach W. Reukauf 212
2. Testbeschreibungen 225
   - 2.1 Intelligenztests 226
     - Kaufman-Assessement Battery for Children (K-ABC) 226
     - Hamburger-Wechsler-Intelligenztest für Kinder (HAWIK-III) 228
     - CFT 1 Grundintelligenztest Skala 1 (CFT 1) 229
     - CFT 20 Grundintelligenztest Skala 2 (CFT 20) 229

2.2	Entwicklungstests	231
	• Wiener Entwicklungstest (WET)	231
2.3	Projektive Persönlichkeitstests	232
	• Wartegg-Zeichen-Test (WZT)	232
	• Rorschach-Test	233
	• Sceno-Test	234
2.4	Verbale Ergänzungsverfahren	235
	• Düss-Fabeln	235
	• Projektive Fragen	236
	• Sätze ergänzen	237
2.5	Fragebogenverfahren zur Persönlichkeit	239
	• Hamburger Neurotizismus- und Extraversionsskala für Kinder und Jugendliche (HANES, KJ)	239
	• Das Depressionsinventar für Kinder und Jugendliche (DIKJ)	240
2.6	Apperzeptionsverfahren	241
	• Kinder-Apperzeptions-Test (CAT)	241
	• Der Schwarzfußtest (S-F-Test)	242
	• Thematischer Gestaltungstest (Salzburg) (TGT-S)	244
2.7	Zeichnerische Verfahren	246
	• Baum-Test	246
	• Mann-Zeichen-Test (MZT)	246
	• Bewertungstabelle zum Mann-Zeichen-Test nach Ziler	249
	• Neue Normwerte für den Mann-Zeichen-Test	250
	• Familienzeichnung	251
	• Familie in Tieren	251
	• Verzauberte Familie (VF)	252
	• Zeichnungen: Angstzeichnung, freie Zeichnung und Bildergeschichte	253
	• Interpretation der Farbtöne	254
2.8	Tests zur Erfassung spezieller Funktionen	255
	• Göttinger Formreproduktions-Test (G-F-T)	255
	• Bender-Test: Auswertung	256

	• Zur Interpretation und Bedeutung der einzelnen Figuren	259
	• Mottier-Test	261
	• Frostigs Entwicklungstest der visuellen Wahrnehmung (FEW)	264
	• Neuenburger Schulfähigkeitstest (NSF)	265
2.9	Familiendiagnostische Verfahren	266
	Familiensystemtest (FAST)	266

Ausblick:
Zum Wissenschaftsverständnis und Menschenbild 268

Literatur 271
Adressen 295

Vorwort

Das vorliegende Buch basiert auf Erfahrungen, die der Autor während seiner langjährigen Tätigkeit als klinischer Psychologe, Psychotherapeut, Supervisor und Dozent in unserer Institution gemacht hat. Wir arbeiten hauptsächlich im ambulanten Bereich und betreiben an verschiedenen Orten unseres Einzugsgebietes Zweigstellen, die der Öffentlichkeit zur Verfügung stehen.
Bei uns wirken Fachleute verschiedener Herkunft. Wir streben eine Interdisziplinarität an, in der Kompetenz und Erkenntnisweise von jedem Fachgebiet so eingebracht werden sollen, dass Abklärungs- und Behandlungsprozesse im Interesse der betroffenen Patientinnen und Patienten optimiert werden.
Die Gegebenheiten in einer Institution wie der unseren bieten wichtige Voraussetzungen für die Suche nach und die Überprüfung von geeigneten Zugangsformen zum Erleben der Patienten. Gesammelte Erfahrungen werden einer kritischen Reflexion zugeführt sowie mit Erfahrungen anderer in Verbindung gebracht. So können Vorgehensweisen in der täglichen Arbeit überprüft und allenfalls modifiziert werden.
Nach der Veröffentlichung von »Strukturbildende Psychotherapie«, »Partner der Innenwelt, analytische Imaginationstherapie« und »Szenisch/analytische Kindertherapie« ist dies bereits das vierte Buch von Wolfgang Krucker. Er betont die Wichtigkeit der Diagnostik im Vorfeld der Psychotherapie und stellt verschiedene psychotherapeutische Zugänge bei Kindern sowie die Wichtigkeit des Einbezuges der Eltern dar. Die Orientierung des Autors am phänomenologischen Gedankengut ist spürbar. Seine Überlegungen sind aber in einem übergeordneten Sinn wertvoll für Abklärungs- und Psychotherapieprozesse auch anderer Prägung.
Der Austausch gesammelter Erfahrungen auch über die Grenzen der eigenen Institution hinaus ist wichtig und steht im Dienste der Qualitätssicherung. Das vorliegende Buch ist als Bericht aus der Praxis für die Praxis zu verstehen. Die kritische Reflexion der Alltagsarbeit vor dem Hintergrund wissenschaftlicher Erkenntnisse und unterschiedlicher Theorien lässt wünschen, dass dieses Buch auch als wertvoller Beitrag im Rahmen wissenschaftlicher und theoretischer Auseinandersetzungen einen Platz findet.

St. Gallen, 9. März 2000

Dr. med. Ruedi Zollinger
Chefarzt der Kinder- und Jugendpsychiatrischen Dienste St. Gallen

Meinem Sohn Rafael gewidmet

Einleitung

Das vorliegende Handbuch will dem interessierten Leser eine Übersicht über psychodiagnostische und psychotherapeutische Methoden für die Arbeit mit Kindern und Jugendlichen bieten. Zu diesem Zweck sind im ersten Teil die wichtigsten Gesichtspunkte, die während einer Abklärung und einer diagnostischen Beurteilung von Problemen in der klinischen Kinderpsychologie zu beachten sind, zusammengestellt. Im zweiten Teil wird neben einem Gesamtüberblick über psychotherapeutische Verfahren ein multimodaler Therapieansatz vorgestellt, wobei verschiedene Modalitäten die Ausdrucksmöglichkeiten von Kindern und Jugendlichen flexibel aufnehmen. Die in der heutigen Zeit geforderte Wirksamkeit von Methoden wird dabei berücksichtigt. Im dritten Teil wird neben einem Gesamtüberblick über diagnostische Verfahren eine Auswahl von bewährten Verfahren beschrieben, die einen schnellen Zugang über bestimmte Verfahren, ihre wichtigsten Kennzeichen und Anwendungsmöglichkeiten erlaubt.
Der Ansatz der hier vorgestellten Arbeit soll praxisnah und zugleich theoretisch fundiert sein. Wir vertreten einen integrativen Stil, der von verschiedenen Schulrichtungen adaptiert werden kann. Der Hintergrund der vorgestellten Arbeit ist ein phänomenologisches Verständnis. Dieser Zugang beruft sich auf ein entsprechendes methodisches Vorgehen zu diagnostischen und therapeutischen Fragen und basiert auf einem Menschenbild, das nicht ausschließlich naturwissenschaftlich geprägt ist. Eine genauere Diskussion dieser Fragen ist im letzten Kapitel unter »Das phänomenologische Menschenbild« beschrieben. Jedenfalls wird in diesem Vorgehen auf alle metapsychologischen Spekulationen verzichtet, ebenso wie auf unausgewiesene Überlegungen zur Entstehung von Störungen. Viel eher wird gefragt: Wie zeigt sich ein Phänomen unmittelbar? Wie ist dessen Bedeutung auszulegen und auf was verweist es? Was hat es einem Patienten zu sagen und wie reagiert er darauf? Besonders im Kapitel über die projektiven Tests und im therapeutischen Vorgehen über die verschiedenen Zugangsmodalitäten bewährt sich dieses Vorgehen.
Jede Arbeit hat ihre Grenzen. Hier wird nur am Rand auf entwicklungspsychologische Aspekte, auf psychopathologische Krankheitsbilder oder auf primär familientherapeutisch-systemische Ansätze eingegangen.

Diese Arbeit wäre nicht möglich gewesen ohne die Anregungen, Diskussionen und die direkte oder indirekte Hilfe von vielen Kollegen in den letzten Jahren. Ich danke meinen Kolleginnen und Kollegen der Kinderpsychiatrischen Dienste St. Gallen. Im Austausch mit ihnen wurde klar, wo offene Fragen sind, welche Gesichtspunkte stärker zu berücksichtigen waren oder wo es darum ging, neue Erfahrungen und Konzepte zu verfolgen.

Speziell danke ich für vorbereitende Papers oder Kommentare zu einzelnen Fragen: Sonja Barth, Vera Brunner, Monika Diethelm, Christian Henkel, Patrick Hug, Pietro Menghini, Margarete Nebel, Edi Ruggle und Roland Straub. Rahel Schuppli und Lea Schmid haben sich während ihrer Praktika in unser Thema vertieft und Beiträge dazu geleistet, wobei Rahel Schuppli mit ihrer Diplomarbeit am Institut für Angewandte Psychologie über den Prozess der Untersuchung und die kinderpsychiatrische Diagnostik bei Kindern und Jugendlichen mit einem Teil der Testbeschreibung in dieser Arbeit einen Beitrag geleistet hat. Wolf Reukauf, Psychopathologe des Kinder- und Jugendalters an der Universität Zürich, stellte seine Übersicht über psychologische Testverfahren zur Verfügung. Hermann Maass ist seit Jahren ein geschätzter Diskussionspartner, der mir nicht nur die Imaginationstherapie näher gebracht, sondern besonders in letzter Zeit vermehrt grundsätzliche Fragen zur Essenz der Psyche untersucht hat. Prof. M. Boss † und Prof. G. Condrau haben in ihrer Lehrtätigkeit in Zürich viel für das Verständnis der Phänomenologie innerhalb der Psychotherapie geleistet. Ihnen verdanke ich den hier verwendeten Hintergrund dieser Arbeit. Der Chefarzt der Kinder- und Jugendpsychiatrischen Dienste St. Gallen, Dr. med. Ruedi Zollinger, ermöglichte eine interne Struktur der Weiterbildung, die es ermöglicht hat, dieses Projekt zu verfolgen. Frau R. Markmann, Frau E. Benesch und Frau Y. Schuster tippten meine Manuskripte. Ihnen allen danke ich herzlich.

Teil A

Psychodiagnostik

1. Methoden der Psychodiagnostik bei Kindern und Jugendlichen

1.1 Die Methoden der Diagnostik im Abklärungsprozess

Der diagnostische Prozess in der klinischen Kinderpsychologie umfasst eine Vielzahl von einzelnen Schritten, die alle im Rahmen einer Abklärung stehen. Die Methoden, die dabei angewendet werden, sind verschieden und hängen in der Fragestellung von dem theoretischen Standpunkt des Untersuchers und von der konkreten Abklärungssituation ab. Gleichzeitig heißt dies nicht, dass eine Trennung von Abklärung und therapeutischen Interventionen damit zwangsläufig gegeben ist. Je nach Prozess werden einzelne Interventionen im Hinblick auf die Fragestellung wichtig, und die weitere Abklärung nimmt Rücksicht auf die gewonnenen Informationen. Ebenso geht es nicht darum, bloße Informationen zu sammeln, die zu einer Diagnose verarbeitet werden. Eine Information im Zusammenhang mit einer Abklärung ist vielmehr eingebunden in einen sich entwickelnden zwischenmenschlichen Kontakt zwischen Untersucher und Eltern. Wie therapeutische Interventionen später verlaufen, hängt nicht zuletzt von diesem ersten Beziehungsaufbau ab. Im Allgemeinen werden bei diesem Prozess folgende Methoden wichtig:

1. Gespräche zwischen Untersucher und Klient sowie dessen Familie
2. Beobachtungen während des diagnostischen Prozesses
3. Das Einholen von Fremdangaben
4. Eventuelle Zusatzuntersuchungen
5. Die Anwendung von Tests
6. Beurteilungs- und Diagnosesysteme

A 1. Methoden der Psychodiagnostik

1.2 Gespräche zwischen Untersucher und Patient sowie dessen Familie

Das zentrale Moment bei jeder Abklärung ist das Gespräch zwischen Untersucher und der Familie respektive dem Kind. Über das Gespräch als Methode gibt es verschiedene Ansätze. Der wichtigste Punkt ist wohl, dass der Untersucher die »Sprache« der Familie versteht und in deren Sprache mit ihr kommuniziert. In der ambulanten Abklärung zeigt sich ein breites Spektrum der sprachlichen Äußerungen. Es gibt Familien, die es nicht gewohnt sind, über Befindlichkeiten und Beziehungen zu reden. Andere Familien drücken sich in einer eher abstrakten Begriffswelt aus. Es gibt schließlich Sprachstile, die sich jenseits der üblichen Zuordnung zu sozialen Schichten zeigen. Daneben gilt es ganz Ohr zu sein bei Klienten, die den Untersucher mit einem Wortschwall fast überfordern, genauso wie bei Klienten, die sich verbal schwer ausdrücken können und um die richtigen Worte ringen. WATZLAWICK, DAHMER und DAHMER oder TAUSCH und TAUSCH haben sich zu Gesprächsstil und Kommunikation geäußert.
Watzlawick et al. (1985) haben einen pragmatischen Aspekt in den Vordergrund ihrer Überlegungen gerückt, nämlich die Frage, wie sich Kommunikation verhaltensmäßig auswirkt. Das Grundgerüst seiner Theorie umfasst fünf pragmatische Axiome:

1. Man kann nicht nicht kommunizieren. Das heißt, jeder Kontakt bedeutet Kommunikation, jedes Verhalten »sagt« etwas und bedeutet Mitteilung. Dies gilt besonders für averbale Mitteilungen mittels Blockierungen, Gestik oder Gesichtsausdruck.
2. Jede Kommunikation hat einen Inhalts- und einen Beziehungsaspekt, wobei der Beziehungsaspekt den Inhaltsaspekt bestimmt und deswegen eine Metakommunikation ist.
3. Ein Kommunikationsablauf ist zirkulär, und die Natur einer Beziehung ist durch die Interpunktion der Kommunikationsabläufe seitens der Partner bedingt.
4. Menschliche Kommunikation bedient sich digitaler und analoger Modalitäten. Wobei digital »verbal« bedeutet und analog »nonverbal«.
5. Zwischenmenschliche Kommunikationsabläufe sind entweder symmetrisch oder komplementär, je nachdem, ob die Beziehung auf Gleichheit oder Unterschiedlichkeit beruht.

Eine weitere Gesprächsform ist die »auxiliäre Gesprächsführung« nach Dahmer und Dahmer (1992). Bei einem Gespräch, bei dem der Untersucher etwas über Klienten erfahren will, darf der Gesprächsleiter keineswegs nur selber reden, sondern muss versuchen, durch eine »auxiliäre Gesprächsführung« möglichst viel Informationen zu sam-

1.2 Gespräche zwischen Untersucher und Patient

meln. Die Kunst dieser Art der Gesprächsführung besteht darin, dass der Gesprächsleiter seinem Gesprächspartner durch eine bestimmte Form des Zuhörens und Fragens hilft, sich zu öffnen, und es dadurch eher möglich ist, eine Lösung eines Problems zu finden. Vom Gesprächsleiter sind aktives Zuhören und selektive Reflexion gefordert. Der Gesprächsleiter soll sich seinem Gegenüber kurz vorstellen und mit einer möglichst offenen Frage das Gespräch einleiten. Er gibt damit dem Klienten die Möglichkeit, dessen Problem in groben Zügen selber zu schildern. Der Gesprächsleiter signalisiert dem Klienten durch verbale und averbale Signale seine aufnahmebereite Zuwendung und versucht einen positiven Rapport herzustellen. Das gefühlsmäßige Erleben der Probleme des Klienten steht immer im Vordergrund.

»Der Erfolg des auxiliären Gesprächs beruht auf der Resonanz, auf der Fähigkeit und Neigung des Untersuchers, sich geistig und seelisch in den Klienten hineinzuversetzen« (Dahmer und Dahmer, 1992 S. 114). Die drei wesentlichen Kriterien für eine gelungene Resonanz im Gespräch sind einfühlendes Verständnis, Achtung vor der Würde des Klienten und Hilfsbereitschaft. In einer Beratung hat der Untersucher darauf zu achten, dass er den Klienten nicht in Abhängigkeit und Unselbstständigkeit hineindrängt. Der Klient soll die Möglichkeit haben, die Beratung abzuschließen, ohne dabei Schuldgefühle zu entwickeln.

Ein weiterer Gesprächsstil ist bei Tausch und Tausch (1990) beschrieben. Die Autoren berufen sich auf C. ROGERS, der die Prinzipien »Einfühlendes nicht-wertendes Verstehen, Achten – Wärme – Sorgen und Echtsein – ohne Fassade-sein – inneres Übereinstimmen« geprägt hat.

Der Berater bemüht sich um ein einfühlendes und nicht-wertendes Verstehen, indem er dem Gesprächspartner genau und feinfühlig zuhört. Er versucht, die Äußerungen des Klienten in Bezug zu dessen Person zu begreifen und persönliche Aussagen ernst zu nehmen. Der Gesprächspartner nimmt dabei seinen Klienten nuanciert wahr und versucht nachzuvollziehen, wie der Klient denkt und fühlt. Entscheidend ist, dass seitens des Untersuchers keinerlei Vorurteile und Wertungen mitschwingen.

Der Berater soll Achtung und Wertschätzung für seinen Klienten empfinden und dessen Art des Fühlens und Erlebens gutheißen, auch wenn sie nicht mit seiner eigenen Haltung kongruent ist. Der Untersucher lässt den Klienten spüren, dass er ihn so akzeptiert, wie er ist. Aufrichtige Freundlichkeit, Herzlichkeit und Nachsicht sind ebenso wichtig. Der Untersucher setzt Vertrauen in seinen Klienten und tritt natürlich und ohne professionelles Gehabe auf. Seine Äußerungen sind für den Klienten nachvollziehbar. Der Berater bleibt stets er selbst und versucht nicht, irgendeine gekünstelte Rolle zu spielen.

»Werden die drei Haltungen von einer Person gegenüber einer anderen in psychotherapeutischen Gesprächen, aber auch in sonstigen zwischenmenschlichen Beziehungen

A 1. Methoden der Psychodiagnostik

nur in geringem Ausmaß gelebt, so ist beim Partner meist keine Förderung seiner Selbstentwicklung und seines persönlichen Lernens zu erwarten. Geringes oder bewerltendes Verstehen, geringe Achtung – Wärme und geringes Echtsein sind sog. ›Krankmacher‹ der seelischen Funktionen des anderen.« (Tausch und Tausch, 1990, S. 300)
Wenn sich der Berater an diese Regeln hält, kann sich der Klient öffnen und mit seiner Innenwelt besser auseinander setzen. Der Klient soll sich im Gespräch verstanden, geborgen und geachtet wissen. So können sich seine seelischen Funktionen, seine psychische Gesundheit und seine Selbstakzeptanz entwickeln.
Speziell auf die Gesprächssituation mit einem Kind geht HERZKA (1986) ein:
Der Untersucher kann sich für den Alltag des Kindes interessieren und versuchen, eine vertrauensvolle und angenehme Gesprächsatmosphäre zu schaffen. Das Kind kann dem Untersucher erzählen, ob seine Eltern es über den Untersuchungsgrund informiert haben und ob zu Hause schon darüber gesprochen wurde. Das Kind soll seinen eigenen Standpunkt zum Problem erläutern können und Gelegenheit haben, seine Erwartungen an den Untersucher zu formulieren. Bei jüngeren Kindern wird vor allem auf die nonverbale Kommunikation geachtet. Bei Kindern bis etwa zum fünften Lebensjahr kommt der Untersucher mit geeignetem Spielmaterial gut in Kontakt, das möglichst aus der näheren Lebenswelt des Kindes gegriffen ist. Beim Kindergartenkind erweitert sich der Gesprächsinhalt auf die Familie, seine Spielkameraden, den Alltag im Kindergarten und zu Hause. Hier kann es nützlich sein, mit dem Kind geeignete Bilder anzuschauen, die es zum Erzählen motivieren. Bei Schulkindern wird auch nach dem Alltag in der Schule, nach Klassenkameraden und der Beziehung zu ihnen sowie nach der familiären Situation gefragt. Bei Jugendlichen erweitert sich der Themenkreis des Gesprächs nochmals. Der Jugendliche will über seine Interessen, seine Freizeitbeschäftigung, Musik oder aktuelle Jugendfragen sprechen.

1.3 Beobachtungen während des diagnostischen Prozesses

Die Kontakte zwischen Untersucher und Klient, sei dies das Kind selbst, seine Eltern oder beide zusammen, erlauben eine Reihe von Beobachtungen. Einerseits zeigt sich, wie ein Kind während der Untersuchungssituation reagiert. Zusätzlich wird deutlich, wie das Kind auf Leistungsanforderungen oder im sozialen Umgang reagiert. Die Interaktionen zwischen Kind und Eltern sind genauso wichtig wie die verbalen diesbezüglichen Berichte. Diese systematische Beobachtung wurde besonders in der Familientherapie intensiviert, indem dort vielfach eine Videokamera das Geschehen dokumentiert.

Nach Herzka (1986) sind bei der Spielbeobachtung des Kindes der Inhalt des Spiels und der Spielablauf gleich zu gewichten. Es wird ein besonderes Augenmerk auf die Gefühlsäußerungen des Kindes gelegt, und diese werden, sofern möglich, vom Untersucher protokolliert. Er soll das Spiel nicht »missbrauchen«, um dadurch zu möglichst vielen Mitteilungen zu kommen, sondern soll auch hier die Privatsphäre des Kindes wahren.

Der Therapeut sollte sich bewusst sein, inwieweit er selber in das Spiel mit dem Kind involviert werden möchte. Je nach Standpunkt kann eine unterschiedliche Aussage über die Beobachtungssituation gemacht werden. Der Beobachter darf nicht suggestiv in die Spielsituation eingreifen und soll vermeiden, das Spiel zu lenken.

Die Beobachtung des Kindes in der Gruppe, beispielsweise im Kindergarten, kann viel über den kleinen Klienten aussagen. Die Gruppe als Beziehungsgeflecht kann ein Kind annehmen oder ausschließen. In beiden Fällen kann der Untersucher die Verhaltensweisen, Blickkontakte, verbalen und nonverbalen Äußerungen beobachten und einordnen. Es ist aber zu bedenken, dass sich ein Kind in der Gruppe nie gleich verhält wie in einer Einzelsituation oder in einer Zweierbeziehung.

Eine weitere Möglichkeit ist die Beachtung von szenischen Inszenierungen. Eine szenische Inszenierung ist die Darstellung bestimmter Eigenheiten eines Klienten oder einer Familie, die beispielsweise bei der telefonischen Anmeldung oder bei der Abklärung selber deutlich werden.

Diese Situationen zeigen die reale Alltagssituation, in der ein problematisches Verhalten inszeniert wird. Dies kann der Untersucher beobachten und in einem Zusammenhang mit der zu klärenden Frage der Untersuchung in Beziehung setzen. Beispielsweise meldete eine Mutter ihren Sohn wegen Verhaltensschwierigkeiten an. Da im Moment aus äußeren Gründen der definitive Termin für ein Erstgespräch nicht abgemacht werden kann, bittet die Mutter beim vereinbarten Rückruf, dass der Therapeut sich nur mit seinem Namen, nicht aber mit der offiziellen Bezeichnung des kinderpsychiatrischen Dienstes melden sollte. Als Begründung führt die Mutter an, dass ihr Sohn von der geplanten Abklärung noch nichts wisse und der Sohn sicher ganz böse auf die Eltern werden würde. Mit dieser Sequenz wurde deutlich, wer in der Familie das Sagen hatte und wie groß die Angst vor innerfamiliärer Auseinandersetzung war.

Ein anderer Junge war zu einer Abklärungssitzung gekommen, während der er gerade zu den ersten drei Rorschachtafeln seine Einfälle formulierte. Er hebt plötzlich den Kopf und meint unvermittelt zu dem Geräusch eines vorbeifahrenden Autos: »Oh, ich glaube, ich habe das Auto meiner Mutter gehört. – Nein, das war es doch nicht, sie

A 1. Methoden der Psychodiagnostik

kommt wahrscheinlich sowieso wieder zu spät.« In der Tat sollte die Mutter ihn nach der Sitzung abholen. Der Junge zeigte mit seinem Verhalten, dass seine Beziehung zur Mutter recht ambivalent war. Zum einen gab es keinen Anlass zu meinen, das Geräusch des Autos verweise auf das konkrete Auto der Mutter. Trotzdem tauchte während des Rorschachtests die Phantasie »Mutter« auf, wobei der Modus ihrer Anwesenheit durch die Ambivalenz gekennzeichnet ist.

Ein Instrument zur Beobachtung von Kindern im Vorschulalter ist der entsprechende Bogen (BBK) von E. DUHM und D. ALTHAUS (1980). Wir beobachten während eines Kontakts mit einem Kind stichwortartig folgende Punkte und achten darauf, wie sich die Beziehung während einer Abklärung entwickelt, um daraus Hinweise für ein mögliches Prozedere zu gewinnen:

Aussehen, Alter/Entwicklungsstand, Auffälligkeiten, körperliche Konstitution/Vitalität, verbaler und averbaler Ausdruck, Konzentration, Motivation und Belastbarkeit, Motorik, Nägelkauen, Kontaktverhalten und Verlauf, Bindungsverhalten, Angstzeichen, Grundstimmung, Trennungsverhalten bei kleineren Kindern von den Eltern, Arbeits- und Spielverhalten mit Arbeitstempo und Reaktion bei Frustrationen, Eindruck der Intelligenzfunktionen, Typologie (Denk-Fühltyp, Intro-/Extraversion) und Motivation für erneute Kontakte mit dem Untersucher. Im Gespräch mit dem Kind zeigt sich neben den Inhalten, die es erzählt, die Art und Weise, wie etwas erzählt wird oder was auffallenderweise nicht erzählt wird. Der Bezug zur Schule, inklusive Lehrer, Kameraden und Familie, wird durch das entsprechende Verhalten illustriert und geht so über die rein inhaltlich erfahrenen Fakten hinaus. Der Untersucher gewinnt bei dieser Beobachtung und durch das Gespräch mit dem Kind einen klinischen Eindruck, er achtet auf seine Gefühle, die dabei auftauchen, und reflektiert diese bewusst. Ebenso tauchen erste Phantasien bezüglich Problematik und Prozedere auf, die der Untersucher festhält und die im Verlaufe der weiteren Untersuchung zu prüfen sind.

Ein wichtiger Bestandteil einer Abklärung ist die Erhebung der Anamnese. Herzka et al. (1986) haben eine Hilfe für die Anamneseerhebung entworfen. Daneben gibt es einen anamnestischen Elternfragebogen von G. DEEGENER. Er ist umfangreich, sodass Deegener den Eltern empfiehlt, den Bogen zu Hause auszufüllen. Ebenso wird ein ähnliches Instrument von P. DEHMELT, W. KUHNERT und A. ZINN (1993) mit dem Diagnostischen Elternfragebogen (DEF) zur Verfügung gestellt.

Wir verwenden für die Anamnese keine Fragebogen, sondern integrieren die Anamnese in das Gespräch mit den Eltern. Stichwortartig zusammengefasst werden dabei folgende Punkte angesprochen und je nach Problematik vertieft und erweitert.

1. Angaben zur Familienanamnese (ab Großeltern) inklusive Stammbaumaufzeichnen. Milieu (Soziales, Religion, Erziehungsmethoden).

2. Angaben zur persönlichen Anamnese:
Schwangerschaft, Geburt, frühkindliche und sonstige Entwicklung (Sprache, Motorik, Spiel, Kontakt, Unabhängigkeit inklusive Trotzphasen, Reinlichkeitserziehung, Sexuelles, Gewissensentwicklung), Latenz, Pubertät.
Krankheiten, Unfälle, medizinische Abklärungen und Behandlungen (inklusive Operationen, Hospitalisationen).
Schlafverhalten, Essverhalten, Umgang mit Angst.
Psychiatrische Vorgeschichte, Entwicklung des jetzigen Leidens. Hinweise für eventuelle hirnfunktionelle Störungen.
Einbettung in die Familie.
Schule, berufliche Ausbildung.
Freizeitgestaltung, außerfamiliäre Beziehung, Peergruppen, Gewohnheiten.

1.4 Das Einholen von Fremdangaben

Manchmal genügen zur diagnostischen Hypothesenbildung die Informationen nicht, die dem Untersucher zur Verfügung stehen. Gerade bei Schulkindern ist es vielfach wichtig, von Lehrern die aktuellen Schwierigkeiten bezüglich Schulprobleme zu erfahren. Das Gleiche gilt entsprechend für Kindergartenkinder. Ebenso kann es wichtig werden, andere Bezugspersonen des Kindes zu befragen. Frühere Untersuchungsberichte oder Abklärungen anderer Fachstellen sowie Berichte über Verlauf von Entwicklung oder Krankheitsgeschehen sind nötig, um bei Gutachten oder Fragen um das Procedere die nötigen Entscheidungsgrundlagen zu haben. Aufgabe des Untersuchers ist es, die verschiedenen Beurteilungen zu einem Gesamtbild zusammenzufügen und sie für den weiteren Beratungs- und Behandlungsverlauf zu verarbeiten. Wie in der gesamten Arbeit im diagnostischen und therapeutischen Bereich ist die berufliche Schweigepflicht zu respektieren und Fremdpersonen nur im Einverständnis mit den Eltern der betreffenden Kinder über die aktuellen Probleme zu informieren.

1.5 Eventuelle Zusatzuntersuchungen

Vielfach ist bei einer psychologisch-psychiatrischen Abklärung auch eine medizinische Untersuchung notwendig. Dazu gibt es entsprechende Indikationen. Ein interdisziplinäres Team von Mitarbeitern mit Medizinern erleichtert dabei eine schnelle Entscheidung, ob dieser Schritt angezeigt ist. Gründe dazu können der Verdacht auf

A 1. Methoden der Psychodiagnostik

eine eigentliche psychiatrische Erkrankung sein, unklare psychosomatische oder organische Erkrankungen, Hinweise auf hirnfunktionelle Störungen eingeschlossen Epilepsie oder motorische Entwicklungsretardationen.
Konkret können sich folgende Varianten ergeben:
- Bei fraglichen Erkrankungen ist es wichtig, eine medizinische Zusatzuntersuchung zu veranlassen. Als Beispiel bleibt mir unvergessen, dass bei einem jungen Mann seine Herzbeschwerden als psychosomatisch beurteilt wurden. Erst eine spezialärztliche Abklärung durch einen Kardiologen offenbarte einen schweren angeborenen Herzfehler. Somatische Beschwerden sollten sehr sorgfältig beurteilt werden, um ungerechtfertigte Bewertungen psychosomatischer Natur zu vermeiden.
- Je nachdem werden Fragen durch den Hausarzt oder Kinderarzt zu klären sein.
- Eventuelle Epilepsien werden mit einer EEG-Zusatzuntersuchung abgeklärt. Ebenfalls wird bei einer Ritalinabgabe bei Hyperaktivität eine mögliche epileptische Neigung erst abgeklärt.
- Mögliche hirnfunktionelle Störungen können zusätzlich mit einem Neurostatus besser beurteilt werden. Wir verwenden dazu in unserem Dienst den Abklärungsgang nach RUF-BÄCHTIGER (1995).
- Bei unklaren Bildern weisen wir die Kinder zur neuropädiatrischen Abklärung an einen Neuropädiater oder in die entsprechende Abteilung der Kinderklinik.
- Weitere Untersuchungen sind möglich an der Fachstelle für Psychomotorik, die in unserer Region die psychomotorische Entwicklung und Reifung von Kindern abklärt und behandelt.
- Bei Intelligenzabklärungen, die für das weitere schulische und berufliche Fortkommen einen entscheidenden Einfluss haben, wie zum Beispiel bei einer heilpädagogischen Platzierung, ist es sinnvoll, dass ein Zweitgutachten eines anderen Untersuchers mit anderen Methoden eingeholt wird.

1.6 Die Anwendung von Tests

Ein zusätzliches Mittel bei einer diagnostischen Fragestellung sind Tests. Nach einem Gespräch, das dem Einsatz eines Tests vorausgeht, stellt sich für den Psychologen die Frage, welches psychodiagnostische Verfahren er auswählt, um wichtige Informationen über das gegebene Problem zu gewinnen.
Es gibt drei Hauptgütekriterien von Tests, nach denen diese bewertet werden können. Dies sind die Objektivität, die Reliabilität und die Validität. Wir stützen uns dabei auf

1.6 Die Anwendung von Tests

die Beschreibungen von RAUCHFLEISCH (1994) und die Diplomarbeit von R. SCHUPPLI (1998, S. 43–44).

Die Objektivität eines Tests ist der Grad, in dem die Beurteilung von mehreren voneinander unabhängigen Auswertern über eine Testleistung von verschiedenen Bewertern einheitlich eingeschätzt wird. Mit anderen Worten ist ein Test dann objektiv, wenn er dasjenige Persönlichkeitsmerkmal, das er misst, unabhängig vom Testleiter misst. Man unterscheidet zwischen der Durchführungs-, Auswertungs- und Interpretationsobjektivität. Als Kennwert für die Objektivität eines Tests wird der Korrelationskoeffizient angegeben. Je höher dieser ist, desto größer ist der Grad des Zusammenhangs zwischen mehreren Auswertern.

Die Reliabilität ist der Grad der Genauigkeit, mit der ein Test ein bestimmtes Persönlichkeits- oder Verhaltensmerkmal misst, gleichgültig, ob er dieses Merkmal auch zu messen beansprucht. Es geht bei der Reliabilität nicht um inhaltliche Aspekte, sondern um eine formale Genauigkeit der Merkmalserfassung. Der Reliabilitätskoeffizient kann mit verschiedenen Methoden bestimmt werden (Re-Test, Parallel-Test, Split-Half und Konsistenzanalyse). Ein Reliabilitätskoeffizient zwischen 0,7 bis 0,9 kann als brauchbar bezeichnet werden.

Die Validität ist der Grad der Genauigkeit, mit dem ein Test dasjenige Persönlichkeitsmerkmal oder diejenigen Verhaltensweisen, die er zu messen vorgibt, auch tatsächlich misst. Sie misst die inhaltliche Exaktheit der Tests. Die Validität eines Tests kann bestimmt werden, indem man den Test mit einem Verfahren vergleicht, dessen Gültigkeit bekannt ist.

Bei der Validitätsbestimmung sind vier Validitätsarten bekannt. Die Inhaltsvalidität (content validity) ist gegeben, wenn das Tatverhalten einer repräsentativen Stichprobe der Grundgesamtheit der Verhaltensweisen vorliegt.

Bei der Übereinstimmungsvalidität (concurrent validity) wird ein Kriterium zur Validierung herangezogen, von dem angenommen wird, dass es unmittelbar repräsentativ ist für das oder die zu messenden Merkmale.

Bei der Vorhersagevalidität (predictive validity) sind das Vorgehen und das Konzept gleich wie bei der Übereinstimmungsvalidität, doch zwischen der Testdurchführung und der Kriteriumserhebung liegt ein längerer Zeitraum.

Bei der Konstruktvalidierung (construct validity) wird nicht der Test selber validiert, sondern das ihm zugrunde liegende Konstrukt. Aus einem solchen Konstrukt werden Hypothesen abgeleitet, die durch die Testergebnisse erhärtet werden sollen. Wenn das gelingt, ist das indirekt wieder eine Bestätigung für die Gültigkeit der Tests.

Bei der Diskriminierungsvalidität (discriminant validity) ist es genau umgekehrt. Der Test, den es zu validieren gilt, darf keine Korrelation aufweisen zu den Kriterien, die außerhalb des postulierten Geltungsbereiches liegen.

A 1. Methoden der Psychodiagnostik

Die drei Hauptgütekriterien stehen in wechselseitiger Abhängigkeit voneinander. Die Objektivität ist eine Grundvoraussetzung für die Reliabilität und die Validität eines Verfahrens. Die Reliabilität ist eine wichtige Voraussetzung, aber keine Garantie für eine gute Validität. Ein Test kann zwar eine hohe Reliabilität aufweisen, muss aber keinesfalls auch das Merkmal, welches er messen möchte, tatsächlich erfassen, das heißt, die Validität ist gering. Hat das Verfahren jedoch eine hohe Validität, sind mit Sicherheit auch die Zulänglichkeit, die Objektivität und die innere Konsistenz hoch.

Neben den Hauptgütekriterien gibt es die Nebengütekriterien, nämlich Zulänglichkeit, Vergleichbarkeit und Ökonomie.

Die Zulänglichkeit oder diagnostische Valenz eines Tests ist der Grad der Angemessenheit für die Erfassung eines bestimmten Persönlichkeitsmerkmals. Der Inhalt des Tests soll repräsentativ sein für das zu erfassende Phänomen. Ein Test ist dann zulänglich, wenn er ein Persönlichkeitsmerkmal erfasst, nach dessen Analyse ein praktisches Bedürfnis besteht. Dies ist jedoch stark von kulturspezifischen Belangen abhängig.

Die Vergleichbarkeit eines Tests ist gewährleistet, wenn entweder Paralleltests oder gültigkeitsähnliche Tests existieren. Bei einem Vergleich mit validitätsgleichen oder -ähnlichen Tests ist auch eine intraindividuelle Validitätskontrolle möglich, indem man denselben Probanden mit diesen beiden Tests untersucht und die Ergebnisse miteinander in Beziehung setzt.

Die Ökonomie eines Tests ist gegeben, wenn er innerhalb kurzer Zeit durchgeführt werden kann, einen geringen Materialverbrauch hat, einfach in der Handhabung ist, auch als Gruppentest durchführbar und eine schnelle und bequeme Auswertung gewährleistet ist.

Eine breite Übersicht über psychologische Persönlichkeitstests beschreibt W. ZIMMERMANN (1994). Neben biographisch-explorativen Beobachtungs- und Beurteilungsmethoden stellt der Autor verschiedene verhaltensorientierte Beurteilungs- und Beobachtungsverfahren vor. Daneben gibt es eine Übersicht über Persönlichkeitsfragebogen und Fragebogen zur Erfassung klinisch relevanter emotional-affektiver und motivationaler Dispositionen. Ebenso werden fiktive Situationstests und projektive Testverfahren sowie Verfahren zur Diagnose sozialer Eigenschaften beschrieben. Schließlich umfasst die Übersicht die Diagnostik konfliktdynamischer Persönlichkeitseigenschaften und familiendiagnostische Untersuchungsansätze.

KUBINGER (1995) geht ebenfalls u. a. auf testtheoretische Grundlagen ein sowie auf Leistungs- und Persönlichkeitsdiagnostik sowie auf neue Ansätze wie die Computerdiagnostik, biographisches Interventar oder die Diagnostik von Teilleistungsstörungen.

Ebensperger-Schmidt (in REINELT, T. et al., 1997) beschreibt als Methoden des diagnostischen Zugangs neben Beobachtung, Fremdanamnese und Befragung des Kindes

Entwicklungstests wie den Kleinkindertest von BÜHLER/HETZER (1972), das sensumotorische Entwicklungsgitter von KIPHARD (1975) sowie den Denvertest oder die Griffith's Entwicklungsskala. In Teil C dieses Buches wird eine Übersicht über die verschiedensten Tests gegeben. Auf die Problematik von projektiven Tests wird ebenfalls noch speziell eingegangen.

1.7 Beurteilungs- und Diagnosesysteme

Das aktuell gebräuchliche Diagnosesystem ist das **Multiaxiale Klassifikationsschema für psychische Störungen des Kindes- und Jugendalters nach ICD 10** der WHO (H. REMSCHMIDT und M. H. SCHMIDT [Hrsg.] 1994).
Das ICD 10 wurde entwickelt, um möglichst eindeutige klinisch-relevante Informationen zu berücksichtigen, die auf sechs verschiedenen Achsen kodiert werden.
Die erste Achse umfasst die klinisch-psychiatrischen organischen Syndrome und Verhaltensstörungen, durch psychotrope Substanzen bedingte Störungen, Schizophrenie und wahnhafte sowie affektive Störungen, neurotische- Belastungs- und somatoforme Störungen, Verhaltensauffälligkeiten mit körperlichen Störungen, Persönlichkeits- und Verhaltensstörungen, Entwicklungsstörungen sowie Verhaltens- und emotionale Störungen mit Beginn in der Kindheit und Jugend.
Die zweite Achse umschreibt verschiedene Entwicklungsstörungen wie Sprachstörungen, Störung der schulischen Fertigkeiten, Lese-, Rechtschreib- und Rechenstörungen, kombinierte Entwicklungsstörungen sowie Schwierigkeiten der motorischen Funktionen.
Die dritte Achse beschreibt das Intelligenzniveau in neun verschiedenen Stufen von der weit überdurchschnittlich bis zu schwerster geistiger Behinderung.
Die vierte Achse bezieht sich auf eine eventuelle körperliche Symptomatik mit einer Beschreibung der verschiedensten Erkrankungen.
Die fünfte Achse beschreibt aktuelle abnorme psychosoziale Umstände wie abnorme intrafamiliäre Beziehungen, abweichendes Verhalten oder Behinderung in der Familie, verzerrte intrafamiliäre Kommunikation, abnorme Erziehungsbedingungen und Störungen in der Umgebung, akute belastende Lebensereignisse, gesellschaftliche Belastungsfaktoren, chronische zwischenmenschliche Belastungen im Zusammenhang mit Schule oder Arbeit sowie belastenden Lebensereignissen.
Die sechste Achse besteht in einer Globalbeurteilung der psychosozialen Anpassung in acht verschiedenen Schwerestufen.

A 1. Methoden der Psychodiagnostik

Prinzipiell wird jedes wichtige diagnostische Element auf einer eigenen Achse festgehalten, wobei auf einer Achse eine Mehrzahl von Kodierungen möglich ist. Das Schema ist deskriptiv und wenig theoriegebunden und kann so von Klinikern unterschiedlicher Herkunft angewandt werden. Die Kodierung bezieht sich auf die aktuelle Situation und die aktuellen Schwierigkeiten des Klienten und nicht auf seine Persönlichkeit.

Eine weitere Methode ist das **Diagnostische Interview (DIPS) bei psychischen Störungen im Kindes- und Jugendalter** (MARGRAF et al., 1995).

Das Kinder-DIPS wurde mit dem Ziel entwickelt, sowohl Forschern als auch Klinikern die Diagnostik derzeitig und früher vorhandener psychischer Störungen bei Kindern und Jugendlichen im Alter von etwa 6–18 Jahren anhand der Kriterien eines operationalisierten Diagnosesystems zu ermöglichen. Es handelt sich um ein strukturiertes Interview und ist im Vergleich zu standardisierten Interviews relativ flexibel, da ein Nachfragen von Seiten des Interviewers erlaubt ist und das klinische Urteil des Diagnostikers mit in die Kodierung einfließt. Das Interview wurde ursprünglich auf der Grundlage der DSM-III-Klassifikation entwickelt und nachfolgend in einer Überarbeitung an die Kriterien des DSM-IV und die Forschungskriterien des ICD-10 angepasst. Das Kinder-DIPS umfasst eine Kinderversion zur direkten Befragung des Kindes bzw. Jugendlichen sowie eine parallele Elternversion zur Befragung eines Elternteils oder sonstiger Erziehungspersonen. Die Befragung geschieht unabhängig voneinander.

Folgende psychische Störungen können mit dem Kinder-DIPS diagnostiziert werden:

1. Expansive Verhaltensstörungen
   Aufmerksamkeits- und Hyperaktivitätsstörungen
   Störungen mit oppositionellem Trotzverhalten
   Störungen des Sozialverhaltens

2. Störungen der Ausscheidung
   Funktionelle Enuresis
   Funktionelle Enkopresis

3. Affektive Störungen
   Schweres Depressives Syndrom (SDS)
   Dysthymes Syndrom (mit und ohne SDS)

4. Angststörungen
   Störungen mit Trennungsangst
   Paniksyndrom (mit und ohne Agoraphobie)
   Agoraphobie ohne Anamnese eines Paniksyndroms
   Spezifische Phobie (inklusive Schulphobie)

Sozialphobie
Zwangssyndrom
Generalisiertes Angstsyndrom
Posttraumatische Belastungsstörung

5. Essstörungen
Anorexia nervosa
Bulimia nervosa

6. Hinweise auf Teilleistungsstörungen

7. Hinweise auf Psychosen

8. Hinweise auf Substanzmissbrauch, -abhängigkeit.

Das Interview gliedert sich in
- einen Überblicksteil (Screening zur Erfassung der im Vordergrund stehenden Probleme und belastenden Lebensereignissen in den vergangenen 6 Monaten),
- einen speziellen Teil (Erfassung der spezifischen psychischen Störungen) sowie
- einen Abschnitt zur Erhebung der psychiatrischen Anamnese und Familienanamnese psychischer Störungen.

Das Kinder-DIPS erfasst derzeitige Diagnosen und Lebenszeitdiagnosen. Weiterhin werden auslösende und modulierende Bedingungen erfasst, und die Störung wird hinsichtlich ihres Schweregrades und des Grades ihrer Beeinträchtigung auf 9-stufigen Skalen eingeschätzt.

Die Diagnosestellung sowie deren Schweregrad und zeitliche Einordnung erfolgen zunächst unabhängig für das Eltern- oder Kinderinterview. Erst dann wird die zusammengesetzte Diagnose aufgrund der Ergebnisse des Kinder- und Elterninterviews gebildet. Sollten die Diagnosen der beiden Interviews nicht übereinstimmen, so werden für die Bildung der zusammengesetzten Diagnose spezifische Empfehlungen gegeben.

Eine zuverlässige Diagnostik setzt eine sorgfältige Vorbereitung und Trainingsphase des Beurteilers voraus. Nur dann sind zufrieden stellende Reliabilitäten und Validitäten zu erreichen.

Ein weiteres Arbeitsinstrument für die Diagnostik ist das **Diagnostik-System für psychische Störungen im Kindes- und Jugendalter (DISYPS-KJ)** von DÖPFNER, M. & Lehmkuhl, G. (1998). Es umfasst folgende im Kindes- und Jugendalter wichtigsten Störungsbereiche:

- Hyperkinetische Störungen
- Störungen des Sozialverhaltens
- Angststörungen

A 1. Methoden der Psychodiagnostik

- Depressive Störungen
- Tief greifende Entwicklungsstörungen
- Tic-Störungen
- Störungen sozialer Funktionen (Bindungsstörungen und Mutismus).

DISYPS-KJ kombiniert drei Beurteilungsebenen miteinander:
- Die klinische Beurteilung erfolgt anhand der *Diagnose-Checklisten* (DCL).
- Die Einschätzung der Eltern, der Lehrer oder der Erzieher kann anhand von *Fremdbeurteilungsbögen* (FBB) vorgenommen werden.
- Kinder und Jugendliche im Alter von 11 bis 18 Jahren können sich selbst anhand von *Selbstbeurteilungsbögen* (SBB) einschätzen.

Das DISYPS-KJ stellt eine Kombination der kategorialen und der dimensionalen Diagnostik dar, indem anhand der Diagnose-Checklisten sowohl Diagnosen gestellt als auch Kennwerte für einzelne Symptomgruppen berechnet werden können, die sich auch für die Fremd- und Selbstbeurteilungsbögen bestimmen lassen.

Die multiple Verhaltensdiagnostik ist in zwei Phasen unterteilt:

1. Basisverfahren der multiplen Verhaltens- und Psychodiagnostik
- Grundlage jeder diagnostischen Beurteilung stellt die klinische Exploration des Kindes und Jugendlichen und seiner Bezugsperson(en) dar. Das aus dieser Exploration hervorgehende *klinische Urteil* wird durch das Psychopathologische Befund-System für Kinder und Jugendliche (CASCAP-D) erfasst, mit dem sich ein breites Spektrum psychischer Störungen von Kindern und Jugendlichen einschätzen lässt. Das CASCAP-D umfasst 98 psychopathologische Merkmale, welche in die 13 Merkmalsbereiche Interaktion; Regelbezogenes Verhalten; Entwicklungsstörungen; Aktivität und Aufmerksamkeit; Psychomotorik; Angst; Zwang; Stimmung und Affekt; Essverhalten; körperliche Beschwerden; Denken und Wahrnehmung; Gedächtnis; Orientierung und Bewusstsein und Andere zusammengefasst sind. Weil die Symptomatik je nach Zeitpunkt und Situation sehr verschieden sein kann, wird sowohl die Symptomatik während der letzten sechs Monate (außerhalb der Untersuchungssituation) als auch die aktuelle Symptomatik während der Untersuchung getrennt beurteilt.
- Das *Elternurteil* wird durch den Elternfragebogen über das Verhalten von Kleinkindern (CBCL 2–3) bzw. durch den Elternfragebogen über das Verhalten von Kindern und Jugendlichen (CBCL 4–18) erfasst. Für Kinder im Alter von 3–6 Jahren kann alternativ der Elternfragebogen des Verhaltensbeurteilungsbogens für Vorschulkinder (VBV-EL) eingesetzt werden, dieser erfasst alterstypische Verhaltensauffälligkeiten besonders gut.

1.7 Beurteilungs- und Diagnosesysteme

- Das *Erzieher- bzw. Lehrerurteil* wird bei Kindergartenkindern im Alter von 3-6 Jahren durch den Erzieherfragebogen des Verhaltensbeurteilungsbogens für Vorschulkinder (VBV-ER) und bei Schulkindern durch den Lehrerfragebogen über das Verhalten von Kindern und Jugendlichen (TRF) erhoben.
- Das *Selbsturteil* von Kindern und Jugendlichen kann ab dem Alter von 11 Jahren durch den Fragebogen für Jugendliche (YSR) erfasst werden.

2. *Störungsspezifische multiple Verhaltens- und Psychodiagnostik*

Auf der Grundlage des Basisverfahrens der multiplen Verhaltens- und Psychodiagnostik wird eine störungsspezifische multiple Verhaltens- und Psychodiagnostik durchgeführt, die ein differenziertes Bild der einzelnen in Frage kommenden Störungen liefern soll. Auch hierbei werden Verfahren kombiniert, die verschiedene Beurteiler abdecken.

DISYPS-KJ enthält insgesamt sieben Diagnose-Checklisten, die eine Beurteilung der häufigsten Störungsformen im Kindes- und Jugendalter ermöglichen:

- Diagnose-Checkliste für tief greifende Entwicklungsstörungen (DCL-TES)
- Diagnose-Checkliste für hyperkinetische Störungen (DCL-HKS)
- Diagnose-Checkliste für Störungen des Sozialverhaltens (DCL-SSV)
- Diagnose-Checkliste für Angststörungen (DCL-ANG)
- Diagnose-Checkliste für depressive Störungen (DCL-DES)
- Diagnose-Checkliste für Tic-Störungen (DCL-TIC)
- Diagnose-Checkliste für Störungen sozialer Funktionen (Bindungsstörungen und Mutismus) (DCL-SSF).

Die Diagnose-Checklisten stellen ein einheitlich konzipiertes Instrument zur klinischen Beurteilung psychischer Störungen bei Kindern und Jugendlichen dar, die sowohl Diagnosen nach ICD-10 als auch nach DSM-IV erlauben.

Die Grundlage für die klinische Beurteilung anhand der Diagnose-Checklisten kann die Exploration des Patienten selbst, seiner Eltern, von Lehrern oder Kindergarten-Erzieherinnen oder anderer wichtiger Bezugspersonen sowie die unmittelbare Beobachtung des Verhaltens des Patienten in der Untersuchungssituation sein. Zur besseren Absicherung des klinischen Urteils ist häufig eine Kombination mehrerer Informationen angezeigt. Die Quellen, auf denen die klinische Beurteilung basiert, werden in der Diagnose-Checkliste markiert.

Nachdem die Operationalisierung der multiaxialen kinder- und jugendpsychiatrischen Diagnostik im ICD-10-System weitgehend erfolgt ist, gibt es »im Bereich psychodynamisch orientierter Konzepte Ansätze einer Operationalisierung. Eine Form stellt

A 1. Methoden der Psychodiagnostik

die **operationalisierte psychodynamische Diagnostik (OPD)** dar, die mit ihren fünf Achsen Krankheitserleben und Behandlungsvoraussetzungen, Beziehung, Konflikt, Struktur und ICD-10 vorgestellt wird« (M. SCHULTE-MARKWART, O. BILKE und P. L. JANSSEN, 1998, S. 211). Erste Anwendungen sind erfolgt, und weitere Arbeiten zu Validität und Reliabilität werden über die Anwendbarkeit in der Jugendpsychiatrie entscheiden, nachdem 1996 in Göttingen »die Gründung der Arbeitsgruppe OPD-KJ erfolgte« (F. RESCH, M. Schulte-Markwart und D. BÜRGIN 1998).

Das OPD ist demgemäß noch nicht fertig entwickelt, sodass ich nicht näher darauf eingehe. Es ist aber vorstellbar, dass das OPD eine breite Akzeptanz finden wird, und stellt einen erfolgsversprechenden Weg dar.

Das Psychopathologische Befund-System für Kinder und Jugendliche (CASCAP-D) dient der Erfassung der wichtigsten Methode psychischer Störungen im Kindes- und Jugendalter. Ich fasse die Angaben von M. DÖPFNER et al. (1999) zusammen. Die klinische Beurteilung beruht auf einer Exploration des Patienten und der begleitenden Bezugspersonen sowie aufgrund von Beobachtungen des Diagnostikers. Das Befund-System besteht aus drei Komponenten:
1. dem Befundbogen
2. dem Glossar
3. dem Explorationsleitfaden.

Der *Befundbogen* beinhaltet Fragen zur Interaktion, zu oppositionell-dissozialem Verhalten, zu Entwicklungsstörungen, zu Aktivität und Aufmerksamkeit, zur Psychomotorik, zu Angst und Zwang, zu Stimmung und Affekt, Essverhalten, körperlichen Beschwerden, Denken und Wahrnehmung, Gedächtnis und anderes, wie abnorme Vorlieben oder Alkoholmissbrauch. Der Befundbogen umfasst also dreizehn Gruppen von Einzelsymptomen mit insgesamt 98 Items.

Das Glossar
Die Beurteilung der Symptomatik während einer Exploration basiert auf einer Selbsteinschätzung des Patienten (S). Die Symptomatik in anderen Kontexten als der Untersuchungssituation wird mittels einer Selbsteinschätzung und auf der Basis einer Fremdeinschätzung beurteilt (SF). Diese Selbst- und Fremdeinschätzung haben bei der Beurteilung eine unterschiedliche Bedeutung. Mit der Fremdeinschätzung (F) wird das vom Untersucher direkt beobachtete Verhalten bezeichnet.
Die Beschreibung der einzelnen Merkmale ist folgendermaßen gegliedert:
1. Kurzbezeichnung des Merkmals und der Bedeutung der Selbsteinschätzung respektive Verhaltensbeobachtung respektive Fremdeinschätzung
2. Kurze Definition des Merkmals

3. Beschreibung einer starken Ausprägung (Grad 3)
4. Einstiegsfragen zur Exploration
5. Hinweise auf abzugrenzende und verwandte Merkmale.

Der *Explorationsleitfaden*
Im vierten Kapitel (von CASCAP-D) wird der Explorationsleitfaden beschrieben. Der psychopathologische Befund soll im Anschluss an eine klinische Exploration des Patienten und der Bezugspersonen dokumentiert werden. Prinzipiell werden alle Merkmalsgruppen orientierend exploriert. Wenn sich während der Exploration für gewisse Gruppen von Störungen keine Hinweise auf Auffälligkeiten ergeben, werden diese Merkmalsgruppen nur ab einem bestimmten Alter exploriert. Die Fragensammlung des Leitfadens liegt in zwei Teilen vor. Ein erster Teil enthält Fragenvorschläge für den Patienten, der zweite Teil die Fragen für die Bezugspersonen.

Schließlich wird eine Übersicht über bisher empirische Ergebnisse zu den Vorversionen dieses Befund-Systems dargestellt.

Abb. 1   Beurteilungsebenen und Beurteilungsbasis des Psychopathologischen Befund-Systems für Kinder und Jugendliche (CASCAP-D). Die Abbildung ist M. Döpfner, W. Berner, M. H. Flechtner, G. Lehmkuhl und H. C. Steinhausen (1999, S. 3) entnommen.

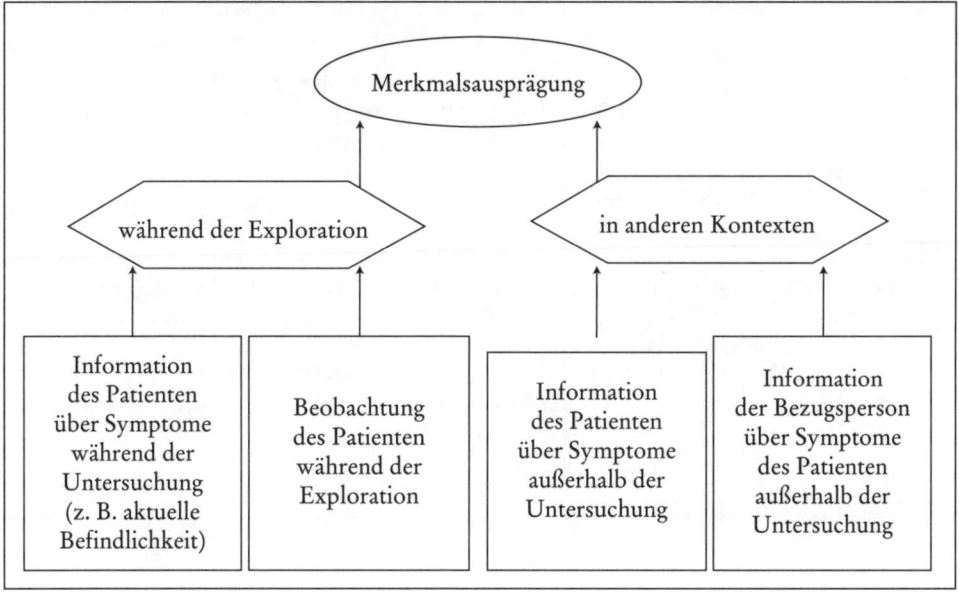

A 1. Methoden der Psychodiagnostik

Abb. 2   Phasen der multiplen Verhaltens- und Psychodiagnostik (nach Döpfner und Lehmkuhl, 1997/1999, S. 5)

Basisverfahren der multiplen Verhaltens- und Psychodiagnostik			
Klinisches Urteil (KU)	Elternurteil (EU)	Erzieher-/Lehrerurteil (LU)	Selbsturteil (SU)
CASCAP-D Psychopathologisches Befund-System für Kinder und Jugendliche	CBCL/2–3 (2–3 J.) VBV-EL (3–6 J.) CBCL/4–18 (6–18 J.) Fragebogen über das Verhalten von Kindern und Jugendlichen (2–3 und 4–18) Verfahrensbeurteilungsbogen für Vorschulkinder (Eltern)	VBV-ER (3–6 J.) TRF (6–18 J.) Verfahrensbeurteilungsbogen für Vorschulkinder (Erzieher Lehrerfragebogen über das Verhalten von Kindern und Jugendlichen)	YSR (11–18 J.) Fragebogen für Jugendliche

↓

Phase 2: Störungsspezifische Diagnostik				
Hyperkinetische Störungen	Aggressive Störungen	Angststörungen	Depressive Störungen	Autismus
DCL-HKS (KU) EKI (KU) FBB-HKS (FU) SBB-HKS (SU) HSQ-D (FU)	DCL-SSV (FU) FBB-SSV (FU) SBB-SSV (SU) HSQ-D (FU)	DCL-ANG (KU) FBB-ANG (FU) SBB-ANG (SU) FSSCR-D (SU) AFS (SU)	DCL-DEP (KU) FBB-DEP (FU) SBB-DEP (SU) DIKJ (SU) BDI (SU)	DCL-TES (KU) FBB-TES (FU)

1.7 Beurteilungs- und Diagnosesysteme

Legende zu Abbildung 2:

AFS	Angstfragebogen für Schüler (Wieczerkowski et al., 1974)
BDI	Beck-Depressions-Inventar (Hautzinger et al., 1994)
CBCL/2-3	Elternfragebogen über das Verhalten von Kleinkindern (Arbeitsgruppe Deutsche Child Behavior Checklist, 1993 d)
CBCL/4-18	Elternfragebogen über das Verhalten von Kindern und Jugendlichen (Arbeitsgruppe Deutsche Child Behavior Checklist, 1993 a)
DCL-HKS	Diagnose-Checkliste – Hyperkinetische Störungen (Döpfner und Lehmkuhl, 1998)
DCL-SSV	Diagnose-Checkliste – Störungen des Sozialverhaltens (Döpfner und Lehmkuhl, 1998)
DCL-ANG	Diagnose-Checkliste – Angststörungen (Döpfner und Lehmkuhl, 1998)
DCL-DEP	Diagnose-Checkliste – Depressive Störungen (Döpfner und Lehmkuhl, 1998)
DIKJ	Depressionsinventar für Kinder und Jugendliche (Stiensmeier-Pelster et al., 1989)
EKI	Elterninterview zu Eltern-Kind-Interaktion (Döpfner et al., 1997 c)
FBB-HKS	Fremdbeurteilungsbogen – Hyperkinetische Störungen (Döpfner und Lehmkuhl, 1998)
FBB-ANG	Fremdbeurteilungsbogen – Angststörungen (Döpfner und Lehmkuhl, 1998)
FBB-DEP	Fremdbeurteilungsbogen – Depressive Störungen (Döpfner und Lehmkuhl, 1998)
FSSCR-D	Angstinventar für Kinder und Jugendliche (deutsche Fassung des Fear Survey Schedule for Children-revised) (Döpfner und Lehmkuhl, 1998)
HSQ-D	Elternfragebogen über Problemsituationen in der Familie (Döpfner et al., 1997 c)
LOIC-D	Leyton Obsessional Inventory – Child Version (Döpfner et al., 1993 b)
SBB-HKS	Selbstbeurteilungsbogen – Hyperkinetische Störungen (Döpfner und Lehmkuhl, 1998)

Eine Erstuntersuchung mit dem CASCAP-D sollte innerhalb der drei ersten Sitzungen erfolgen. Das folgende Schema zeigt die Beurteilungsebenen und Beurteilungsbasis.
CASCAP-D stellt einen wesentlichen Bestandteil eines umfassenderen diagnostischen Zugangs dar, wie er beispielsweise in dem Konzept der multiplen Verhaltens- und Psychodiagnostik (Döpfner und Lehmkuhl 1997) formuliert ist.
Abbildung 2 zeigt die Phasen der multiplen Verhaltens- und Psychodiagnostik. **Das Composite International Diagnostic Interview (CIDI)** eignet sich für Jugendliche ab 14 Jahren ebenso wie für Erwachsene und ist für den Einsatz in der klinisch-psychiatrischen Praxis entwickelt worden. Es wurde im Hinblick auf die DSM-IV-Kriterien überarbeitet und erweitert. Erarbeitet unter der Schirmherrschaft der Weltgesundheitsorganisation (WHO) und dem National Institut of Health (NIH) der USA wird es als reliables und valides diagnostisches Instrument empfohlen. Das CIDI ermöglicht die Diagnostik von 64 Störungen (Substanz-, Angst-, Affektive, Psychotische, Essstörungen, Zwangsstörungen, stressbezogene Störungen, kognitive Einschränkun-

A 1. Methoden der Psychodiagnostik

gen) nach den Kriterien von ICD-10 und DSM-IV, die Erfassung von Komorbidität, Beginn und Verlauf psychischer Störungen sowie der mit ihnen verbundenen psychosozialen Beeinträchtigungen. Das CIDI besteht aus einem Interviewheft zur Durchführung und Protokollierung des Interviews, einem Listenheft und einem Durchführungs- und Trainingsmanual.

1.8 Zur Bedeutung und Kritik der projektiven Tests

RAUCHFLEISCH (1998) hat sich mit der Bedeutung von projektiven Tests auseinander gesetzt. Er führt aus, dass FREUD unter Projektion das Hinausverlegen eigener Gefühle und Gedanken in andere Menschen verstand. FRANK (1948/1960) hatte diesen Projektionsbegriff vor Augen, als er in seinem Buch »Projective Methods« von Methoden sprach, »welche die Persönlichkeit dadurch untersuchen, dass sie die Versuchspersonen einer Situation gegenüberstellen, auf welche die Versuchsperson entsprechend der Bedeutung reagiert, die diese Situation für sie besitzt«. Das projektive Testmaterial übernimmt dabei die Rolle eines Katalysators, der eine spezifische Reaktion provoziert. Aktuell unterliegen nach Rauchfleisch die projektiven Tests einem »Bann« der empirischen mit quantifizierenden Methoden arbeitenden Forschung, weil sie zu spekulativ, nicht interpretierbar oder als nicht verantwortbar taxiert werden. Die psychodynamischen Konzepte, die auch aus psychodynamischen Einsichten aus projektiven Tests gewonnen würden, seien in dieser Sicht unscharf und hätten den Nachweis ihrer Validität nicht erbringen können.

Aus diesen Gründen begegne man den projektiven Verfahren mit gewissen Vorbehalten, und stattdessen wird gängigen Fragebogenverfahren und standardisierten Interviewmethoden der Vorzug gegeben. Es bleibt zu diskutieren, ob diese Vorbehalte gerechtfertigt sind.

Den größten Verbreitungsgrad unter den projektiven Verfahren haben wohl die Formdeuteverfahren wie zum Beispiel das »Rorschach'sche Formdeuteverfahren«. Die Auswertung des Rorschachtests ist formal mit den Signierungen der Antworten gut standardisiert, und die Interpretationsmethoden sind weit ausdifferenziert. Auch hier finden sich Kritiker, die das Verfahren als zu spekulativ beurteilen, und finden, dass der Test durch andere Verfahren abgesichert werden müsse.

Der »Baum-Test«, der »Wartegg-Zeichen-Test«, die »Angstzeichnung«, die »Familie in Tieren« und andere gehören zu den projektiven zeichnerischen Verfahren. Diese Tests können gerade im Grenzbereich zwischen Diagnostik und Therapie von Nutzen

1.8 Zur Bedeutung und Kritik der projektiven Tests

sein. Nach üblicher Meinung erweitern diese Verfahren die »psychodynamischen Hypothesen« des Untersuchers.

Eine weitere Gruppe der projektiven Tests sind die verbalen Ergänzungsverfahren wie der »Satzergänzungstest« oder der »Düss-Fabeltest«. Als Nachteil bei diesen Tests wird allerdings angesehen, dass keine standardisierten und quantifizierbaren Auswertungsmethoden und Normierungen vorliegen. Eine Ausnahme bei den verbalen Ergänzungsverfahren ist der »Rosenzweig-Picture-Frustration-Test«. Er ist quantifizierbar und lässt sich deshalb an den Kriterien der klassischen Testtheorie messen.

Eine letzte Gruppe der projektiven Verfahren bilden die Thematischen Apperzeptions Tests. Die bekanntesten davon sind der »TAT«, der »Children-Apperzeptions-Test« (CAT) und der Columbus-Test. Auch bei diesen Verfahren wird argumentiert, dass sie Auskunft über psychodynamische Zusammenhänge erlauben. Beispielsweise geben sie möglicherweise Auskunft darüber, mit welchen Übertragungsdispositionen ein Patient eine Therapie beginnen könnte. Sie geben Einblick in die interaktionellen Prozesse und sind ein Hilfsmittel, wenn das Ziel der diagnostischen Abklärung im Vorfeld von therapeutischen Bemühungen steht.

Zur Kritik der Tests hat sich speziell GRUBITSCH (1991) geäußert. Er ist der Meinung, dass die Antworten, welche mit einem Test gewonnen würden, von der methodischen und theoretischen Grundposition eines Psychologen und seinen individuellen Erkenntnisinteressen sowie von tätigkeitsspezifischen Rahmenbedingungen abhängig seien. Nach Grubitsch liefern Tests für sich und isoliert betrachtet meistens nur eine begrenzte Aussage über eine Person. Der Informationsgewinn speziell mittels projektiver Verfahren sei mit einer großen Fehlerquote behaftet. Der Untersucher sollte bei der Anwendung sowohl allzu starre Regelorientiertheit meiden als auch zu weit gehende Interpretation, sondern einen Mittelweg finden. Es gibt keinen Testbefund, keine Formel und keine Verhaltensform, welche dem Psychologen in seinem Urteil letztlich recht gibt. Der Autor weist auf die Gefahr des »Hallo Effekts« hin. Dieser besagt, dass eine anfangs gemachte positive oder negative Beurteilung des Klienten alle folgenden Eindrücke positiv oder negativ färbt. Ebenso kann die »self fulfilling prophecy« das Verhalten des Probanden in eine vom Untersucher vermutete Richtung verändern. Auch der erfahrenste Diagnostiker ist somit nicht in der Lage, sich so perfekt zu kontrollieren, dass die Fehlerquellen ganz ausgeschaltet werden. Die gegebenen politischen, ökonomischen und sozialen Machtstrukturen unserer Gesellschaft stehen laut Grubitsch zum Teil nicht gerade im Dienste eines transparenten diagnostischen Prozesses. Je vielschichtiger und komplexer eine Gesellschaft ist, desto größer ist das Klassifikationsbedürfnis. Es werden Prüf- und Auswahlsysteme entwickelt, die eine gewisse Ordnung in die wechselnden Rangordnungen und Rollen bringen. Diese Systeme dienen der Einstufung, Bewertung und Beurteilung des einzelnen Menschen.

A 1. Methoden der Psychodiagnostik

Neben diesem anthropologisch-psychologischen Erklärungsansatz verweist Grubitsch zusätzlich auf eine gesellschaftliche Begründung. So gesehen existieren in jeder Gesellschaft Regeln, sei dies das Rechts-, Werte- oder Normsystem, die dem Eeinzelnen einen Rahmen stecken, innerhalb dessen er sich bewegen soll. Das einzelne Mitglied der Gesellschaft ist dann angepasst und »normal«. Damit dieses Regelgefüge stabil bleibt, werden störende Elemente ausgegrenzt. Auch die Wissenschaft mit ihren Klassifikationssystemen ist unter diesem Gesichtspunkt zu sehen. Die Diagnostik hat somit ebenfalls die Funktion des Ordnens und Klassifizierens mit dem Ziel, abweichende Menschen wieder zu reintegrieren. Insofern sieht Grubitsch (1991, S. 227) eine Machtstellung beim Diagnostiker und meint, »dass die psychologische Diagnostik ihre repressive Bestimmung nicht erst in der Anwendung erhält, sondern bereits mitbringt in ihre Erkenntnisfunktion«.

Wie sind die projektiven Tests aus phänomenologischer Sicht zu bewerten?

Wenn Rauchfleisch grundsätzlich in der positiven Bewertung von projektiven Tests zuzustimmen ist, kann die Thematik aus unserer Sicht zusätzlich differenziert werden. Bei der Diskussion fällt auf, dass bei diesen diagnostischen Fragestellungen objektive versus subjektive Anschauung eine Rolle spielt. Es ist klar, dass diese Begriffe auf einem bestimmten Wissenschaftsverständnis beruhen, das nicht mehr reflektiert wird. Es wird nicht mehr gefragt, ob die Kategorie subjektiv versus objektiv in einem zwischenmenschlichen Kontext und im Hinblick auf die Erfassung von psychischer Wirklichkeit angemessen ist. Stattdessen wird das naturwissenschaftlich geprägte Vorverständnis tradiert, wonach eine »objektive« Wirklichkeit vorausgesetzt ist und dass dabei »objektive« Gegebenheiten »wahrer« sind als »subjektive« Sachverhalte. Eine phänomenologische Sicht argumentiert anders und hält sich gedanklich jenseits einer Subjekt/Objekt-Spaltung auf. In Bezug auf unser Thema der projektiven Tests ist dabei lediglich die Frage zu stellen, für welche Bezüge zur »Welt«, in welcher Stimmung der Proband offen ist. Dabei ist zu beachten, dass der gewählte Test einen bestimmten, wenn auch nicht eindeutigen Aufforderungscharakter hat, und es stellt sich die Frage, wie die Verarbeitung diesem Aufforderungscharakter entsprechend adäquat erfolgt oder ob die Verarbeitung relativ unabhängig von der Vorgabe ausfällt.

Ein weiterer wichtiger Punkt bezieht sich auf die Schlussfolgerungen, die aus projektiven Tests gewonnen werden. Rauchfleisch spricht davon, dass aus diesen Tests Hypothesen, speziell auch psychodynamische Hypothesen, die im intersubjektiven Raum zwischen Proband und Testleiter entstanden sind, gewonnen werden. Dabei stellt sich allerdings die Frage, ob bei diesen Gedanken nicht zu gegenständlich verfahren wird. Auch wenn in einer Untersuchung eine Hypothese gewonnen wird, geht es nicht nur um eine »Information«, die im Raum steht. Vielmehr ist die ganze Abklärung inklusive Tests ein Beziehungsgeschehen zwischen Untersucher, Kind und Familie. Der Un-

1.8 Zur Bedeutung und Kritik der projektiven Tests

tersucher ist Ansprechpartner, und es geht darum, im Rahmen eines Arbeitsbündnisses die möglicherweise beschränkte sprachliche Ausdrucksfähigkeit des Kindes mit der »Sprache« des projektiven Tests zu ergänzen. Dies geht weit über das Sammeln von Informationen und Hypothesen hinaus. Zum Begriff der viel gebrauchten Hypothese meint F. BREUER (1977), dass er sie grundsätzlich versteht als verallgemeinerte oder theoretische Erwartungen bzw. Vermutungen in Bezug auf Sachverhalte, Eigenschaften, Prozesse eines spezifischen »Gegenstandsbereichs«.
Wenn hier das Wort »Gegenstandsbereich« auch den naturwissenschaftlichen Hintergrund erfahren lässt, so ist doch eine Hypothese gemeint als ein vorläufiger und vermutlicher Sinnzusammenhang in Bezug auf wichtige Bedeutungen und Zusammenhänge des kindlichen Entwicklungsstandes mit seiner Familie und Umwelt. Zudem entsteht eine Hypothese im klassischen Sinn dann, wenn vom konkret beobachteten Ergebnis eines Tests auf etwas anderes, sei dies eine wie immer geartete Psychodynamik, ein Persönlichkeitsmodell oder ein systemisches Metamodell, geschlossen wird und das Testverhalten als hypothetischer Ausdruck eben dieser übergeordneten Struktur gedeutet wird. Mit anderen Worten wird hinter dem Phänomen schlussgefolgert und aus einem konkreten Ergebnis auf eine abstraktere Form geschlossen. Speziell wird auf Konstrukte wie Aggression, Autonomie, Abwehr, Ich-Identität oder andere psychologische Begriffe hin interpretiert. Hier wird deutlich, dass eine »Hypothese« sehr viel mit einem möglicherweise nicht sehr reflektierten Hintergrundverständnis zu tun hat. Stattdessen geht es darum zu verstehen, auf was das untersuchte Kind bezogen ist, was in seine Welt kommt, für was es offen ist. Dies zeigt, wie ein Kind in der »Welt«, das heißt in seiner Familie, in seiner schulischen und gesellschaftlichen Situation, steht. Insofern kann bei einer solchen diagnostischen Beschränkung auf das konkret Wahrnehmbare oder Mitteilbare nicht von hypothetischen Resultaten gesprochen werden.
Allerdings stellt sich jetzt die Frage: Wie verhält sich das phänomenologische Gesehene zu einem diagnostischen Klassifikationssystem? Die gängigen diagnostischen Konzepte wie psychiatrische Diagnosen nach ICD-10 oder psychodynamische tiefenpsychologische Konzepte sind eine eigenständige Ebene, wo ein Transfer eines phänomenologischen Verständnisses in diese Kategoriesysteme nötig wird, sofern man diese Systeme benutzt. Mir persönlich scheint dieser Übergang von einem System in das andere ein schwieriger Schritt der diagnostischen Arbeit, und viele der den Tests vorgeworfenen Unzulänglichkeiten liegen auch in dieser Schwierigkeit des Transfers begründet.
Insgesamt betrachtet liegt die Bedeutung von projektiven Tests bei der diagnostischen Beurteilung von Kindern darin, dass diese Tests die Wahrheit des kindlichen Bezogenseins auf die Welt in ihrer speziellen Eigenart aufzeigen. Dieses Bezogensein kann von

einem Kind im Gespräch mit dem Untersucher nicht immer verbal geäußert werden. Vor allem ist es einem Kind nicht möglich, die oft tiefere Ebene mit Worten darzustellen, die ein projektiver Test offenbar werden lässt. Mit tieferer Ebene ist gemeint, dass Rationalität, Kontrolle oder alltagsübliche Stereotypien in Bezug auf einen geschilderten Umstand unterlaufen werden und Ambivalenzen, Gefühlszustände oder die existenzielle Befindlichkeit in einer, beispielsweise symbolischen, Darstellung in einer Zeichnung gut zur Geltung kommen. Im Gegensatz dazu könnte ich eine ganze Reihe von Beispielen anführen, wo etwa standardisierte Fragebogenverfahren zu einzelnen Bereichen unauffällige Resultate bei Kindern gezeigt haben, wo es aber außer Frage stand, dass dies in Wirklichkeit nicht so war. Aufgrund der Anamnese, des klinischen Bildes und anderer Verfahren wurde klar, dass eine bestimmte Konstellation wirksam war, die in »wissenschaftlich« abgesicherten Verfahren nicht zur Darstellung kamen, weil mit diesen Verfahren die dazu nötige »tiefere Ebene« gar nicht erreicht werden kann.

1.9 Projektive Verfahren aus phänomenologischer Sicht

1.9.1 Der Baumzeichnungstest

Die Idee dieses Tests stammt vom Berufsberater Karl JUCKER. Er meditierte gerne über Baumzeichnungen und deutete sie intuitiv. Später haben Karl KOCH und sein Mitarbeiterstab in Schulen und Berufsberatungsstellen Bäume zeichnen lassen, sie gesammelt und nach bestimmten Kriterien untersucht.
Die Baumzeichnungen wurden in Bezug auf verschiedene Merkmale statistisch verarbeitet und umfassen einen Altersbereich der Zeichner vom 5. bis zum 15. Lebensjahr. Koch kam zum Schluss, dass sich der Baumtest als Hilfsmittel bei Berufseignungsuntersuchungen und zur Erziehungsberatung eignet, ebenso zur Kontrolle von Entwicklungsstörungen. Er hält den Baumtest nicht für einen Universaltest, sondern für ein Glied in einer Testbatterie.
Beim Vorschlag für das Kind, auf einem A4-Zeichenblatt mit Bleistift einen Baum zu zeichnen, wird das Blatt in der Diagonalen hingelegt. Das Kind kann damit das Längs- oder Querformat selber wählen. Fragt das Kind, ob es Äste, Früchte oder andere Sachen zeichnen soll, wird dies der Testleiter dem Kind überlassen. Zeichnet das Kind einen leeren Kugelbaum, so kann es aufgefordert werden, einen zweiten Baum mit Ästen zu zeichnen.

1.9 Projektive Verfahren aus phänomenologischer Sicht

Wenn der Testleiter dem Probanden vorschlägt, einen Baum zu zeichnen, stellen sich beide Beteiligte einen Baum vor. Für das Kind stellt sich damit die Frage, in welcher Art und Weise kann es einen Baum in seine »Welt« einlassen? Wie ist das Kind bei seinem Baum? Die Art, wie der Baum erscheint, hat allerdings damit zu tun, wie der Zeichner den Baum »zulassen« kann. So ist der Erfahrung zufolge eine Baumzeichnung nicht primär darum auffällig, weil ein Proband nicht gut zeichnen kann, abgesehen von Kindern mit einer echten Schwäche im Zeichnen etwa aufgrund eines Wahrnehmungsproblems. Vielmehr ist der Baum »gefiltert« durch die eigenen Möglichkeiten, überhaupt zu sein. Dieses eigene Sein-können bildet den Offenheitsbereich, durch den ein Baum als Idee im Modus des sich vergegenwärtigten Baumes einfallen kann. Er wird gemäß der eigenen Persönlichkeitsstruktur gesehen.

Bei der Auswertung können folgende Punkte beachtet werden:
1. Wie ist die Strichführung?
2. Wie ist die Raumeinteilung?
3. Ist der Baum altersgemäß gezeichnet?
4. Wie ist die Struktur des Baumes?
5. Was »sagt« der Baum?

Ich möchte auf die einzelnen Punkte noch genauer eingehen.

1. Wie ist die Strichführung?
Zeigen sich alleine durch die Strichführung eventuelle graphomotorische Probleme? Ist der Strich sicher oder zittrig? Zeigt die Druckverteilung spezielle Auffälligkeiten? Dies zeigt, zusammen mit anderen Merkmalen, wie zum Beispiel einem stereotypen Strukturaufbau, dass eine feinmotorische Unsicherheit vermutet werden kann. Was kann diesbezüglich während des Zeichnens beobachtet werden? Es gibt Kinder mit Wahrnehmungsproblemen und feinmotorischen Unsicherheiten, bei denen die Baumzeichnung auf den ersten Blick auffällt und sich die Frage einer hirnorganischen Funktionsstörung stellt.

2. Wie ist die Raumeinteilung?
Hat der Baum Bodenkontakt, schwebt er in der Luft? Steht der Baum in der linken Blatthälfte oder strebt er der rechten Seite zu? Nach der bekannten Raumsymbolik wird die linke Blattseite mit dem mütterlichen Prinzip, der Vergangenheit oder der Introversion assoziiert. Die rechte Blattseite wird eher dem väterlichen Prinzip, der Zukunft und der Extraversion zugesprochen. Die untere Blattseite symbolisiert Unbewusstes, der obere Rand Geistiges oder Bewusstes. Der linke, untere Quadrant zeigt die primäre Struktur, den Anfang oder Retardierungen. Der rechte, obere Quadrant ist die Zone der aktiven Auseinandersetzung mit dem Leben. Die Frage ist, ob ein Quad-

A 1. Methoden der Psychodiagnostik

rant durch die Zeichnung speziell betont ist und sich dadurch erste Vermutungen über ein spezielles Problem einstellen.

3. Ist der Baum altersgemäß gezeichnet?

Nach Koch (1972) gibt es gewisse statistische Grundlagen zur Konstruktion des Normalbaumes: Die Verhältnisse Stamm/Krone sind annäherungsweise:

    im Kindergartenalter, 6–7 Jahre   21,5 : 10

    in der Grundschule, 8–13 Jahre   10,4 : 10

    in der weiterführenden Schule, 13–16 Jahre   6,7 : 10

Die rechte Kronenhälfte ist dabei eine Spur breiter als die linke. Das Verhältnis von Kronenbreite und Kronenhöhe beträgt im Mittel etwa 10 : 7.

Das folgende Schema verdeutlicht dies noch einmal:

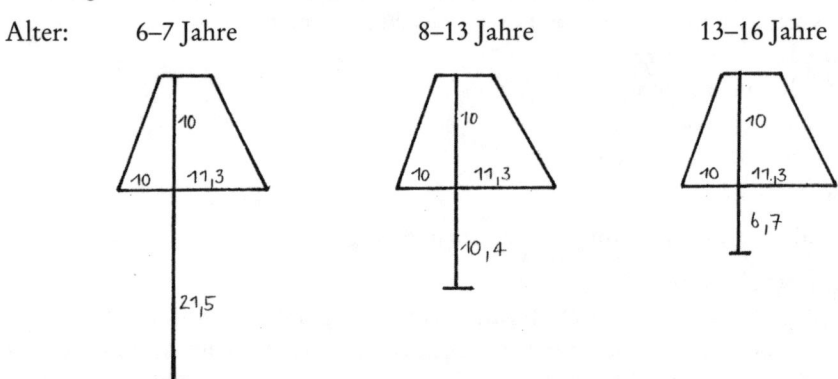

Der Aufbaumodus des Baumes gestattet zudem eine grobe Einteilung in Frühformen, Sonderformen und Normalformen.

3.1 Frühformen zeigen Baumformen mit primitiver und frühkindlicher Strukturierung. Bei diesen Formen ist eine Deutung vor allem unter Entwicklungsaspekten sinnvoll. Frühformen zeichnen Kinder im Alter zwischen drei und sieben Jahren.

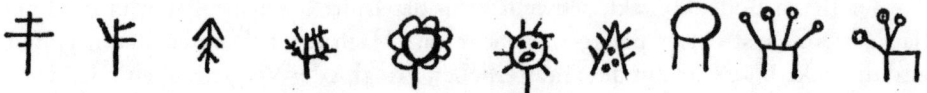

3.2 Sonder- oder Torsoformen sind auffällige oder unvollständige Formen. Sie sind im Allgemeinen ein mögliches Indiz für Störungen aller Art. Dabei sollen sowohl Strichführung und Raumwahl beachtet werden als auch die Hinweise aus anderen Tests.

1.9 Projektive Verfahren aus phänomenologischer Sicht

3.3 Normalformen sind alle Formen, die nicht bei 3.1 und 3.2 zugeordnet werden können.

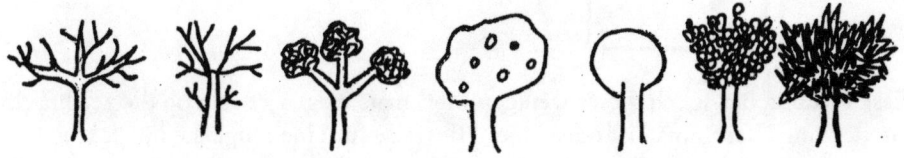

Es empfiehlt sich, unabhängig vom Aufbaumodus, insbesondere aber bei »Normalformen«, einen Gesamteindruck zu formulieren und die einzelnen Deutungen immer wieder mit ihm in Beziehung zu setzen.

Das Vorkommen von Lötstamm, Strichästen und der Stammbasis auf dem Blattrand zeigt folgende Darstellung:

Lötstamm

Vorkommen:
bei 10-Jährigen 22%
bei 11-Jährigen 13%
bei 12-Jährigen   1%
Diese Werte werden durch Avé-Lallemant (1980, S. 19) folgendermaßen ergänzt:
bei 7-Jährigen 71%
bei 8-Jährigen 44%
bei 9-Jährigen 38%

Strichäste, nicht doppelstrichig gezeichnet

Vorkommen
bei 10-Jährigen 26%
bei 11-Jährigen 29%
bei 12-Jährigen 10%
bei 13-Jährigen 27%

A 1. Methoden der Psychodiagnostik

Stammbasis auf Blattrand

Vorkommen
bei 10-Jährigen   31%
bei 11-Jährigen   14%
bei 12-Jährigen   3%

Diese Prüfung bezüglich dieser wenigen Merkmale zeigt vielfach, ob die zeichnerische Entwicklung altersgemäß ist oder ob es Hinweise für eine mögliche intellektuelle oder emotionale Retardation gibt.

4. Wie ist die Struktur des Baumes?

Wie ist der Baum aufgebaut? Wie wirkt er als Gesamtes, ist er stabil oder droht er zusammenzukrachen? Tragen die Äste die Krone, verzweigt sich der Stamm gut in die Äste? Werden die Äste vom Stamm gehalten oder stechen sie in die Luft? Wie ist der Wachstumsprozess des Baumes verlaufen, zeigen sich Komplikationen, kommen sich die Äste in die Quere? Ist der Baum verwurzelt, ist er expansiv im Raum oder zeigt sich eine Wachstumshemmung? All diesen Fragen kann gut nachgespürt werden, wenn der Testleiter sich imaginär in den Baum versetzt und von den Wurzeln her den ganzen Wachstumsprozess des Baumes nachvollzieht. Wie würde er sich als Baum fühlen? Die genaue Deskription der Struktur des Baumes erfasst die wirkenden Prinzipien des Wachstumsprozesses. Wird dies vom Testleiter ausformuliert und bei den auffallenden Punkten als Gerundium mit der Schlusssilbe ›-sein‹ ausgedrückt, zeigen sich die spezifischen Eigenheiten des Dargestellten. Sind beispielsweise die Äste im »Außenbereich« abgeschnitten, so zeigt sich das Abgeschnittensein des Fehlenden vom Bestehenden. Es stellt sich für die weitere Auswertung die Frage, ob dieses Abgeschnittensein sich nicht nur in der Baumzeichnung stellt, sondern auch im Leben des Zeichners. Es wäre weiter zu klären, was genau von welchem Teil »abgeschnitten« ist.

Der Versuch, die Struktur der Baumzeichnung auf diese Weise zu erfassen, ist nichts Subjektives des Testleiters. Im Gegenteil versucht er nur das aufzunehmen, was sich vom Baum her selber zeigt. Ebenso wenig sind damit schon endgültige Meinungen über den Zeichner als Person gemeint. Vielmehr stellen sich dem Testleiter neue Fragen, auf die man in anderen Tests eingehen kann.

Die Deutungen Kochs oder anderer Autoren über spezifische Formen beispielsweise der Äste oder der Krone gehen mir persönlich zu weit. Ich schließe nicht aus, dass es

1.9 Projektive Verfahren aus phänomenologischer Sicht

zwar möglich ist, aufgrund einer guten Intuition gute Deutungen aus der Baumzeichnung herauszulesen. Die Frage stellt sich aber, wie spezifisch solche Aussagen sind. Zudem verleitet die Zuordnung von bestimmten Merkmalen zu bestimmten Persönlichkeitszügen zu einem kochbuchartigen Vorgehen auch bei Testleitern, die persönlich noch keinen reichen Erfahrungsschatz haben.

Noch einmal zusammengefasst, könnten zur Struktur des Baumes folgende Fragen gestellt werden.
– Wie entwickelt sich der Stamm?
– Wie entwickelt sich der Kronenübergang?
– Wie entwickelt sich die Krone mit den Ästen und Zweigen?

Dabei gibt es erfahrungsgemäß eine Entsprechung des Wurzelbereichs zur frühen Lebenserfahrung. Der Stamm verweist auf Anlage oder Biographisches. Er symbolisiert Entwicklung, Vitalität, Konstitution oder je nachdem Verwundungen und Traumen in der Entwicklung. Der Kronenübergang scheint mit der Ich-Entwicklung im Zusammenhang zu stehen. Gerade Kinder mit einer erschwerten Entwicklung des Selbstwertgefühls zeigen einerseits oft keinen »Ich«-Ast, das heißt, aus dem Stamm entwickelt sich kein mittlerer Hauptast, ebenso gibt es den umgekehrten Fall, dass der Stamm in den Hauptast übergeführt wird, sich daraus aber keine vernünftige Krone entwickelt.

Herrscht in der Krone eine Betonung der Zweierform beispielsweise bei einer Aufgabelung vor, ist zu überlegen, inwieweit der Zeichner in Oralbeziehungen steht. Bei einer Dreierform ist zu prüfen, ob die Entwicklung des Zeichners die ödipale Phase erreicht und überwunden hat. Bei einem Fehlen der Mitte des Baumes oder wenn die Äste im Stamm nicht integriert sind, ist zu prüfen, ob eine Persönlichkeitsstrukturstörung vorliegt.

Wunden bei den Ästen können auf gestörte Umweltbeziehungen hindeuten. All diese Überlegungen sind nicht mehr als erste Hinweise und bedürfen der weiteren Überprüfung.

5. Was sagt der Baum?

Kindern kann die Frage gestellt werden, was der gezeichnete Baum erzählen würde, wenn er reden könnte. Nicht immer, aber manchmal, erfahren wir dabei eine interessante Geschichte, die viel über die soziale oder emotionale Verfassung eines Kindes aussagt. Bei älteren Kindern oder Jugendlichen kann ein Einstieg in ein Gespräch die Frage sein, wie der Baum auf sie wirkt. Selbstunsichere Kinder beschreiben den Baum oft als komisch und sind nicht zufrieden mit ihrer Zeichnung.

Eine weitere anschließende Frage für den Untersucher kann sein: Wenn der Baum jetzt dies oder jenes erzählt hat, ist dies auch ein Thema für das Kind?

A 1. Methoden der Psychodiagnostik

1.9.2 Der Wartegg-Test*

Der Zeichentest nach Ehrig WARTEGG (1968) wird in der angewandten und klinischen Psychologie verwendet. Der Autor hat bei diesem Test acht fragmentarische Zeichen vorgegeben, die der Proband zeichnerisch weiterführen soll. Jedes Zeichen hat einen bestimmten Anmutungs- und Aufforderungscharakter. In der Art der Verarbeitung zu einer Lösung wird deutlich, wie der Proband auf den gegebenen Aufforderungscharakter reagiert. (Beschreibung im Teil C) Im Folgenden wird das Vorgehen genauer erklärt. Dem Probanden wird gesagt, dass in jedem Feld ein Zeichen vorgegeben sei, mit dem eine Zeichnung beginnen solle.
Der Versuchsleiter achtet darauf, wie das Kind auf die einzelnen Zeichen reagiert. Beispielsweise zeigen sich bei einem Feld besonders lange Reaktionszeiten, oder eine Lösung wird speziell kommentiert. Er notiert die Reihenfolge, in der die Felder gezeichnet werden. Nach dem Zeichnen erklärt das Kind die Zeichnung oder assoziiert eventuell dazu. Ferner soll das Kind, wenn möglich, die Bedeutung der Lösung selber aufschreiben.

Für eine Auswertung des Tests können folgende Punkte beachtet werden:
1. Was ist die Bedeutung des verwendeten Feldes?
2. Wie wird das Zeichen formal aufgenommen?
3. Was ist die inhaltliche Bedeutung der Lösung?
4. Wie kann die Bedeutung des Feldes mit der formalen und inhaltlichen Lösung verknüpft werden?
5. Wie zeigt sich die Reihenfolge der Lösungen?
6. Wie passen die Lösungen zueinander?
7. Wie verhalten sich die Lösungen zu Ergebnissen anderer Tests und zum klinischen Bild?

Auf diese Punkte soll anschließend genauer eingegangen werden.

---

* Die Abbildungen sind entnommen aus: Ehrig Wartegg (1968). Wartegg-Zeichen-Test, 2. Aufl. Göttingen: Hogrefe. © Hogrefe Verlag; Vervielfältigung nicht erlaubt.

1.9 Projektive Verfahren aus phänomenologischer Sicht

1. Zur Bedeutung der Felder:

Feld 1

Das Feld gewinnt seine Bedeutung aus dem vorgegebenen Mittelpunkt, der das Zentrum des Menschen anspricht.

Die Antworten können somit Aufschluss geben über:
- Selbstfindung – Selbstsicherheit (Wartegg)
- Selbstgefühl, Konzentration (Schott-Lossen)
- Starkes oder schwaches, eingeengtes oder expansives Ich (Bircher)

In Feld 1 geht es um die Frage, inwieweit der Punkt als Zentrum begriffen werden kann. Die Art der Antworten spiegelt, inwieweit der Zeichner sich als Zentrum seiner Erfahrungen und seiner Umwelt begreift. Somit ist das Zeichen Ausdruck der Ich-Identität.

Feld 2

Das Anfangszeichen in Feld 2 ist geprägt durch schwungvolle Bewegung. Außerdem wirkt seine raumsymbolische Stellung links oben auf die Einbildungs- und Vorstellungskraft ein und unterstreicht das Merkmal des Schwebens. Das Zeichen spricht die Gefühlsebene und das ästhetische Empfinden an.

A 1. Methoden der Psychodiagnostik

Die Antworten können somit Aufschluss geben über:
- Affektivität und Kontaktverhalten (Wartegg)
- Gefühlsbeschaffenheit und Umweltbeziehung (Schott-Lossen)
- Affektiv-spontane Gefühlsimpulse oder Gefühlshemmung, Starrheit und Angst (Bircher)

Bei Feld 2 geht es um die Frage, inwieweit die Aufforderungen zur wellenartigen Bewegung aufgenommen werden kann. Dies wiederum ist abhängig von der Gefühlsansprechbarkeit und dem ästhetischen Empfinden. Die Antworten können Aufschluss geben über die Art der Gefühle und Emotionen, über die Umweltbeziehung sowie über das ästhetisch-künstlerische Empfinden.

Feld 3

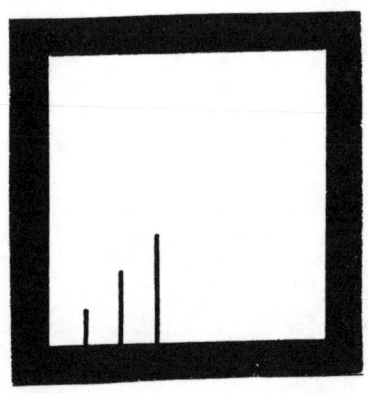

Den senkrechten Strichen des Feldes 3 wohnt der Anreiz zur Steigerung inne, der vom Zeichner, von der Zeichnerin aufgenommen oder abgelehnt werden kann. Dem entspricht auch raumsymbolisch die Lage des Zeichens links unten.

Die Antworten können somit Aufschluss geben über:
- Intensionale Dimensionen: gerichtet/ungerichtet, Ehrgeiz, Antriebskräfte (Wartegg)
- Ehrgeiz, Leistungsstreben, Selbstausdehnung, Minderwertigkeitsgefühle, Entwicklungsstörungen (Schott-Lossen)
- Zukunftsbezogenheit, Zielstrebigkeit, Ehrgeiz, Lahmheit, Lebensangst (Bircher).

In Feld 3 geht es um die Frage, wieweit der Zeichner die Aufforderung zur Steigerung zum Beispiel der Leistung oder der Anstrengung aufnehmen kann. Die Antworten geben Aufschluss über das persönliche Anspruchsniveau und die Erwartungen an das Leben sowie über die Art, ob und wie Ziele angegangen und erreicht werden. Dabei können Einsichten über Willenskraft, Spannkraft und Durchhaltefähigkeit einer Person gewonnen werden.

1.9 Projektive Verfahren aus phänomenologischer Sicht

Feld 4

Das schwarze Quadrat in Feld 4 besitzt die Anmutung der Schwere, die dadurch noch verstärkt wird, dass es rechts oben angebracht ist und herabzustürzen droht. Es vermag Gefühle von Angst und Unsicherheit auszulösen.

Die Antworten können Aufschluss geben über:
- Ängste, Zwänge, Schuldgefühle (Wartegg)
- Angst und ihre Sublimate, Übermacht oder Verdrängung von Fantasie (Schott-Lossen)
- Widerstand und Einstellung dazu, Angst und ihre Bekämpfung (Bircher).

In Feld 4 gehen wir vom Wissen um die verschiedenartigen Ängste aus, die jeder Mensch in seinem Leben empfindet. Angst ist natürlicher Bestandteil des menschlichen Lebens. Die Frage ist nur, wie mit dieser Angst umgegangen wird. Wir bekommen Aufschluss über die Angstverarbeitung aus der Art, wie dieses Zeichen verarbeitet wird.

Feld 5

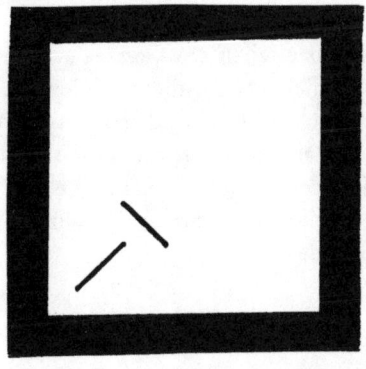

Die diagonalen Striche in Feld 5 drücken in ihrem Kontrast eine Spannung aus, die mit einem Impuls aufgelöst werden will. Dabei kommen Dynamik, Vitalität, Energie, Durchsetzungsfähigkeit zum Ausdruck.

A 1. Methoden der Psychodiagnostik

Die Antworten können Aufschluss geben über:
- Vitalität, positive Steuerung, Entschiedenheit (Wartegg)
- Dynamik, Triebhaftigkeit, Beherrschung, Verdrängung der Dynamik bis zur Vitalitätsschwäche (Schott-Lossen)
- Aktivität, Aggression, Opposition, Passivität, Lahmheit (Bircher).

In Feld 5 geht es um die Frage, ob der Zeichner die Aufforderung zum Aufbruch zur gezielten Organisation aller Energien, zur Durchsetzung aufnimmt und den Widerstand zu durchbrechen wagt.

Feld 6

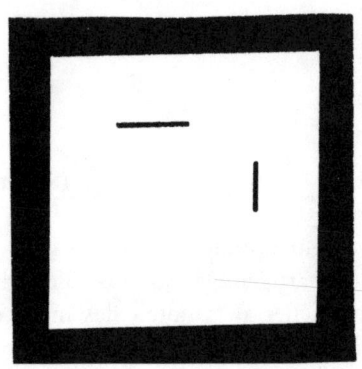

Die Ungebundenheit des waagrechten und des senkrechten Striches in Feld 6 fordert unwillkürlich zu ganzheitlicher Verbindung auf; ihre Gradlinigkeit legt überdies sachliche oder abstrakte Lösungen nahe.

Die Antworten können Aufschluss geben über:
- Integration, rationale Steuerung (Wartegg)
- Intellekt – Begabungsmangel (Schott-Lossen)
- Sinn für das Einfache, Praktische, Konkrete. Gute oder schlechte Realitätsbeziehung (Bircher).

In Feld 6 geht es also um die Frage, ob in den zwei Einzelteilen ein Ganzes gesehen werden kann. Dabei können sich der Sinn für das Naheliegende, die Fähigkeit zur Assoziationsbildung, zur Gedankenverbindung ausdrücken. Oft sind es Lösungen sachlicher, nüchterner, technischer Art. Wird das Ganze aber noch in eine fantasievolle Bildgestalt eingebaut, so können daraus über die Vernunftebene hinausgehende Kreativität und Ideenreichtum gesehen werden. Bleiben die beiden Striche getrennt, so ist dies oft der Ausdruck von Denk- und Lösungsblockaden.

1.9 Projektive Verfahren aus phänomenologischer Sicht

Feld 7

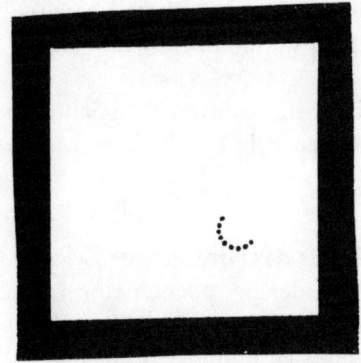

Der punktierte Halbkreis rechts unten im Feld 7 spricht auf gelockerte Zartheit und damit in verschiedener Weise auf die Sensibilität des Zeichners an.

Die Antworten geben Aufschluss über:
- Sensibilität, Hingabe, Takt, Feinfühligkeit (Wartegg)
- Erotik und Sexualität, männliche/weibliche Prägung der Sexualität, Weltfremdheit, Mystizismus oder Verdrängung (Schott-Lossen)
- Gestimmtheit, Weichheit, Empfänglichkeit, Labilität, Verstimmtheit (Bircher)

In Feld 7 geht es um die Frage, inwieweit das Feine, Runde, Gelöste, Sensible der Punktierung aufgenommen und in einer passenden organisch-zarten Bildgestalt weitergeführt werden kann. Je nach Art der Weiterführung kann die Sensibilität, die Gefühlsempfindlichkeit, die Einfühlungsbereitschaft, der Stellenwert der Gefühle sowie deren Ablehnung oder Verdrängung gedeutet werden.

Feld 8

Der überwölbende Bogen in Feld 8 oben erweckt vor allem den Eindruck schützender Geborgenheit und symbolisiert das Mütterliche. Eine Grundstimmung dieser schützenden Art pflegt der behüteten Kindheit eigen zu sein. Sie lockert sich später auf, geht verloren, oder der Drang nach Freiheit tritt in den Vordergrund.

A 1. Methoden der Psychodiagnostik

Die Antworten können Aufschluss geben über:
- Gemütsmäßige Fundierung, Ausgeglichenheit, Harmonie (Wartegg)
- Bindungsfähigkeit in emotionaler, ethischer, geistiger Hinsicht (Schott-Lossen)
- Bindungsfähigkeit, Schutz und Anlehnungsbedürfnis, Verlorenheit, Isolierung (Bircher)

In Feld 8 geht es um die Frage, inwieweit der Zeichner den mütterlichen Schutz bejaht, ablehnt, verdrängt oder davor in die Freiheit flüchtet. Feld 8 sollte immer in Verbindung mit Feld 1 betrachtet werden.

2. Wie wird das Zeichen formal aufgenommen?

Bei dieser Frage wird geprüft, ob und in welchem Modus das vorgegebene Zeichen in die Lösung integriert wird. Ein Zeichen kann zentral oder peripher in eine Lösung integriert sein; das Kind kann den Aufforderungscharakter gut aufnehmen oder ihn ignorieren. Das Feld kann gefüllt werden oder es kommt zu minimalen Lösungen. Es geht darum, zu beschreiben, wie der Modus des Sicheinlassens auf eine Aufforderung hin erfolgt und wie diese Verarbeitung formal aussieht.

Bei Feld 1 mag beispielsweise ein gefülltes Feld auf ein starkes Ich schließen lassen, ein eher leeres Feld, das die Zentrierung nicht aufnimmt, kann auf innere Leere hinweisen.

3. Wie wird das Zeichen inhaltlich aufgenommen und was ist die Bedeutung der Lösung?

Was zeigt die Lösung vom Inhalt her? Diese inhaltliche Bedeutung spricht den Probanden an. Darauf hin ist er bezogen und offen. Zum Wesen eines Inhaltes, der erscheint, gehören zwei Aspekte: Der erste ist die unmittelbare Bedeutung an sich, die sich verschiedenen Menschen in je unterschiedlicher Art offenbaren. Der zweite Aspekt bezieht sich auf die Verweisungen, die durch den thematisierten Inhalt aufscheinen. Wird beispielsweise in Feld 1 ein Ballon gezeichnet, liegt die Bedeutung in seinen sichtbaren Qualitäten, aber auch in den nicht unmittelbar sichtbaren Verweisungen. Der zweite Aspekt der Verweisungen meint, dass der tragende Boden entschwindet, die Art der Fortbewegung außen gesteuert und vom Wind abhängig ist oder dass ein Mensch den Ballon vielleicht aufgeblasen, dann aber freigelassen hat. All diese Qualitäten sind zwar im gezeichneten Bild nicht »sichtbar«, der Ballon kann aber kein Ballon sein, wenn es diese Verweisungen nicht gäbe. Ist diese Lösung in Feld 1 gezeichnet, wo die Ich-Identität angesprochen wird, sind diese Qualitäten des Ballon-haften auf dem Hintergrund der Ich-Identität zu deuten.

1.9 Projektive Verfahren aus phänomenologischer Sicht

4. Wie kann die Bedeutung des Feldes mit der formalen und inhaltlichen Lösung verknüpft werden?

Es gibt Kinder, die formal den Aufforderungscharakter eines Zeichens gut aufnehmen. Das heißt, sie sind ansprechbar, sich auf einen Lebensbereich einzulassen. Formal kann ein Zeichen aber expansiv oder reduzierend, fantasievoll oder karg, mit Energie oder lustlos angepackt werden. Weiterhin ist es möglich, dass sich die Art der formalen Aufnahme mit der entsprechenden inhaltlichen Lösung decken. Beide Aspekte passen dann gut zusammen. Umgekehrt gilt aber auch, dass beispielsweise die formale Aufnahme gut, die inhaltliche Lösung sich aber sehr problematisch zeigt. Es geht darum, das Verhältnis beider Faktoren zu begreifen und den Prozess des Entstehens der Lösung nachzuvollziehen. Zum Schluss wird dieser Prozess auf dem Hintergrund der Bedeutung des jeweiligen Feldes reflektiert.

Zusammenfassend kann also die Kernfrage so formuliert werden: Wie geht der Proband, wenn er mit einem bestimmten Aufforderungscharakter konfrontiert ist, darauf ein: a) In welcher Weise geht er darauf ein? (formaler Aspekt) b) Auf was ist er offen und bezogen? (inhaltlicher Aspekt)

5. Wie zeigt sich die gewählte Reihenfolge der Lösungen?

Die Wahl der Reihenfolge spricht einerseits die Angepasstheit des konfrontierten Probanden an, andererseits zeigt sie, welche Felder beziehungsweise welche Auseinandersetzungen leicht fallen und welche nicht. Möglicherweise zeigt der Zeichner bei einem Feld eine Blockierung, oder die Reaktionszeit ist viel größer als bei anderen Feldern. Es kann dann geprüft werden, ob dieser Themenkreis tatsächlich ein Problem ist.

Wird beispielsweise bei der Betrachtung der Sukzession klar, dass das Feld 2 an erster Stelle steht, kann überlegt werden, ob die Gefühlssphäre ein vordringliches Bedürfnis ist. Wird dieses Feld als letztes gewählt, geht es darum, zu prüfen, ob beim Zeichner eine Verleugnung gegenüber Gefühlen eine Rolle spielt.

6. Wie passen die Lösungen zueinander?

Hier stellt sich die Frage nach einem Gesamtüberblick im Wartegg-Test. Sind die Lösungen in den verschiedenen Feldern homogen, oder fällt eine Lösung völlig aus dem Rahmen, sei dies inhaltlich oder aufgrund der formalen Gestaltung?

Vor der Interpretation ist es sehr wichtig, Zusammenhalt, Dynamik, Reihenfolge und Strichführung zu beachten. Dabei müssen Alter und Entwicklungsstand des Kindes im Auge behalten werden. Innerhalb des Wartegg-Tests macht es Sinn, folgende Felder miteinander zu vergleichen und dies nach Themen zu gruppieren:

A 1. Methoden der Psychodiagnostik

Selbstwertgefühl:
    Feld 1   (Ich-Erleben)
    Feld 8   (Geborgenheit/Freiheit)
Kontaktfähigkeit:
    Feld 1   (Ich und Umwelt)
    Feld 2   (Emotionales Verhältnis zur Umwelt)
    Feld 7   (Sensibilität, Einfühlungsbereitschaft)
Aggressivität und Durchsetzungsvermögen:
    Feld 3   (Ehrgeiz, Strebungen)
    Feld 5   (Durchsetzungsvermögen)
Leistungsvermögen:
    Feld 3   (Ehrgeiz, Strebungen, Durchhaltevermögen)
    Feld 6   (Kombinationsfähigkeit, Blockaden)
Umgang mit Arbeit:
    Feld 4   (Angstfeld)
    Feld 6   (Anforderungen)
Mutterthemen:
    Feld 8
Vaterthemen:
    Feld 4
Weibliche Felder:
    Feld 7 und 8
Männliche Felder:
    Feld 4 und 5

7. Wie verhalten sich Lösungen zu Ergebnissen anderer Tests und zum klinischen Bild?

Als letzten Auswertungsschritt können die Lösungen in Beziehung gesetzt werden zu den Ergebnissen anderer Tests. Wie verhält sich das Selbstgefühl (Feld 1 und 8) zu der Struktur des Baumes, insbesondere zum Übergang des Stammes zur Krone? Wie passen die Emotionalität und Sensibilität (Feld 2 und 7) zur affektiven Ansprechbarkeit im Rorschach-Test? (s. S. 54) Was zeigen sich für Familienthemen bezüglich Geborgenheit (Feld 8) und beispielsweise Tafel VII im Rorschach-Test oder den Antworten im Düss-Fabel-Test?

Ebenso gibt es eine Entsprechung zwischen der aggressiven Durchsetzung auf Feld 5 und möglichen Schockreaktionen im Rorschach-Test. Ebenso bedürfen die Hinweise für Störungsbilder im Wartegg-Test der Überprüfung durch andere Angaben. Insbesondere zeigen sich oft bei Kindern mit hirnfunktionellen Störungen, wie auch bei

1.9 Projektive Verfahren aus phänomenologischer Sicht

Epileptikern, ausgeprägte Perseverationen. Kinder mit narzisstischen Problemen beharren oft in Feld 3 auf einem hohen Anspruch, der nicht in eine Entwicklung einbezogen ist. Kinder mit Wahrnehmungsstörungen zeichnen oft nur minimale Lösungen und können speziell Feld 6 nicht vervollständigen. Dagegen finden intelligente Kinder oft originelle und ungewöhnliche Lösungen in den verschiedenen Feldern.

1.9.3 Der Sceno-Test

Gerthild VON STAABS (1992) schreibt zur Entwicklung des als Spielkasten konzipierten Sceno-Tests, dass es ihr neben dem neurologisch-psychiatrischen Untersuchungsverfahren darum ging, eine Möglichkeit zu finden, relativ rasch und konkret Einblicke in die unbewusste Problematik und Konfliktlage des Patienten zu gewinnen. Sie führt weiter aus, dass mit erstaunlicher Bestimmtheit und Folgerichtigkeit Kinder und Jugendliche mit dem Scenomaterial Sequenzen spielen, die in irgendeiner Weise mit ihrem eigenen Erleben und ihren bewussten und unbewussten Problemen oder akuten Konfliktsituationen im Zusammenhang stehen.

Anleitung
Der Spielkasten soll dem Kind so präsentiert werden, dass es die Puppen direkt betrachten kann. Der Deckel wird vor das Kind gelegt. Der Versuchsleiter erklärt, dass sich im Kasten verschiedene Dinge befinden, mit denen das Kind im Deckel des Kastens etwas aufbauen kann. Bei älteren Kindern oder bei Jugendlichen kann ergänzt werden: so wie bei einer Theaterszene, die das Kind erfinden könne. Während das Kind spielt, kann der Versuchsleiter bemerken, das Kind solle ihm sagen, wann es fertig sei. (Die Abbildung eines Sceno-Test-Kastens findet sich auf Seite 67.)
Der Versuchsleiter notiert, wie und in welcher Reihenfolge das Kind die Gegenstände aufstellt. Am Schluss des Spiels kann das Kind erzählen, was es aufgestellt hat und was die Szene bedeuten soll. Zudem kann das Kind gefragt werden, wer von den gewählten Figuren es am schönsten hat, wer es am wenigsten schön hat und wer das Kind am liebsten selber wäre. Zur Dokumentation wird ein Foto gemacht.

Die Auswertung bezieht sich auf folgende Punkte:
1. Begleitende Beobachtungen
2. Formale Auswertung
3. Inhaltliche Auswertung
4. Die Verknüpfung der formalen und inhaltlichen Auswertung
5. Die Assoziationen des Kindes und seine Beziehung zu den Identifikationsfiguren

A 1. Methoden der Psychodiagnostik

1. Begleitende Beobachtungen
Zu diesem Punkt gehören Beobachtungen über Spielart, Spielintensität, Ausdauer und feinmotorische Geschicklichkeit. Wie werden Probleme angegangen und wie zeigt sich die Spielmotivation?

2. Formale Auswertung
Bei der formalen Auswertung kann unterteilt werden in:
- einfache Szene: im Aufbau und Inhalt zeigt sich ein Thema
- komplexe Szene: ein Thema ist aufgegliedert in Hauptthema und Unterthema
- mehrere Szenen: zwei oder mehrere Szenen werden aufgebaut, die aber nicht zusammenhängen
- keine Szene: die Gegenstände werden wahl- und beziehungslos ohne erkennbares Konzept aufgestellt.

Ein weiteres Kriterium, das betrachtet werden kann, ist die Kohärenz. Es kann unterschieden werden in:
- gute Kohärenz: Ein einheitlicher und logischer Zusammenhang in Thema und Gestaltung ist ersichtlich
- mittlere Kohärenz: Hier zeigen sich erkennbare Ansätze zur Gestaltung, daneben offenbart sich aber ein Widerspruch zwischen Testbild und Erklärung
- schlechte Kohärenz: Die Gestaltung ist hier nicht logisch und sinnwidrig.

Ein weiterer wichtiger Punkt ist die Beurteilung der Quadranten-Symbolik nach PULVER und WITTGENSTEIN.
Ausgehend von der Sitzrichtung des Patienten zeigt sich die folgende Schemazuordnung der einzelnen Quadranten zu der jeweiligen Bedeutung:

unbewusste Wünsche unbewusste Konflikte Zuschauerraum	Zukunft Ziel bewusste Wünsche Geborgenheit
frühe Mutter-Kind-Beziehung unbewusste Triebkonflikte	aktuelle Gegenwart bewusste Konfliktsituationen

Sitzplatz des Patienten

Eine Randbetonung wird assoziiert mit einer ängstlichen Haltsuche, eine konstruktive Mittebetonung der Szene gilt als Hinweis für ein ich-starkes und strukturierendes Element, eine leere Mitte dagegen dementsprechend als ich-schwaches Zeichen.

1.9 Projektive Verfahren aus phänomenologischer Sicht

3. Die inhaltliche Auswertung
Bei diesem Punkt kann überlegt werden, für welche Bezüge das Kind offen ist und für welche nicht. Der gewählte Gegenstand, das aufgestellte Tier oder der entsprechende Mensch spricht das Kind an und wird in seiner gespielten Welt zum Beziehungspartner. Welche Bedeutung und welche Verweisungen sprechen sich über die Figur dem Kind zu? Meist wird die Bedeutung präziser, wenn der Untersuchungsleiter dies anhand des eigenen Nachspürens und Nachfragens beim Kind präzisiert, als wenn von kurzschlüssigen Symboldeutungen ausgegangen wird.

4. Die Verknüpfung der formalen und inhaltlichen Auswertung
Bei dieser Frage wird ausformuliert, wie der formale und inhaltliche Aspekt zusammenhängen. Dabei kann sich ein spezielles Thema ergeben, in dem die Bedeutung des besetzten Quadranten mit der Offenheit für ein spezielles Thema verknüpft wird. Nicht selten platzieren Kinder beispielsweise im linken unteren Quadranten, der mit Geborgenheit oder Herkunft assoziiert wird, ein gefährliches Tier wie den Fuchs oder das Krokodil. Gleichzeitig erscheint im rechten oberen Quadranten, der mit der aktuellen, zeitlichen Perspekive zu tun hat, eine Kuh. Dabei stellt sich die Frage, ob das nährende, mütterliche Prinzip das betreffende Kind genügend abgesättigt hat oder ob die Geborgenheitserfahrung defizitär mit Erfahrung von Bedrohung geblieben ist.

5. Die Assoziationen des Kindes und seine Beziehung zu den Identifikationsfiguren
Die Vorüberlegungen zu den formalen und inhaltlichen Aspekten sowie deren Verknüpfungen werden manchmal gut ergänzt durch die Bemerkungen des Kindes zur dargestellten Szene. Es ist dabei wichtig, was das Kind zur Szene formuliert. Manchmal werden direkt konfliktbetonte Szenen dargestellt, und das Kind könnte nach einer möglichen Lösung gefragt werden. Ebenso ist es interessant zu erfahren, mit welcher dargestellten Figur sich das Kind identifiziert. Möglicherweise deckt sich dies mit der Bedeutung der dargestellten Figur. Manchmal zeigen sich Widersprüche, und es wird ersichtlich, dass das Kind Identifikationsprobleme hat.

Zum Schluss ist hier ebenso wie für andere Tests zu bemerken, dass definitive Schlüsse nicht aus dem Sceno-Test alleine geschlossen werden können. Zwar stellen Kinder mit einer narzisstischen Problematik oft möglichst hohe Türme mit Klötzen auf, ohne weitere Wahl des übrigen Scenomaterials. Depressive Kinder stellen nicht selten eine leere Szene dar. Kinder mit Wahrnehmungsstörungen legen möglicherweise ein zweidimensionales Haus auf die Fläche, ohne dies wirklich aufzubauen. Es kommt aber darauf an, nicht in kurzschlüssige Deutungen zu verfallen, sondern die Reaktionsweisen in einzelnen Tests zu verstehen und mit anderen Fakten, wie klinisches Bild und Anamnese, zu einem Gesamtbild zu verknüpfen.

A 1. *Methoden der Psychodiagnostik*

1.9.4 Der Rorschach-Test

Der Rorschach-Test wurde von H. RORSCHACH entwickelt und anschließend in verschiedenen Varianten angewendet. Er besteht aus fünf schwarz/weißen Tafeln und aus fünf farbigen Tafeln. Auf jeder Tafel sind schwarze oder farbige Kleckse zu sehen, die mehr oder weniger strukturiert sind und dem Betrachter erlauben, die eine oder andere Deutung darin zu entdecken. Der Testleiter sagt dem Kind, dass er ihm einige Tafeln zeigen wird. Das Kind soll ihm sagen, was das sein könnte oder was darin zu sehen sei. Das Kind darf dazu so viel oder wenig sagen, wie es möchte. Ebenso kann die Tafel zur Betrachtung gedreht werden. Die Zeit spielt dabei keine Rolle und es gibt auch keine falschen Antworten, weil jeder Betrachter etwas anderes sieht. Am Ende des Versuchs geht der Testleiter mit dem Kind in der sogenannten Inquiery das Ganze nochmals durch, um Unklarheiten festzustellen und um die Antworten später signieren zu können. (Siehe Beschreibung in Teil C)
Der Rorschach-Test als projektives Verfahren zeigt Aspekte der Persönlichkeitsstruktur, wie beispielsweise Affektivität, intellektuelle und emotionale Kontrolle oder soziale Ansprechbarkeit. Eine Schwierigkeit bei diesem Test besteht darin, dass er in der Auswertung als kompliziert gilt und dass umstritten ist, ob die Befunde objektiv sind und wissenschaftlichen Kriterien genügen. Auch hier gilt, dass mit dieser Argumentation schon eine Vorentscheidung vorausgesetzt wird, nämlich einerseits über die Frage der Methode und andererseits über die Persönlichkeit.
In der vorherrschenden wissenschaftlichen Sicht wird der Rorschach-Test nämlich in einem ersten Schritt signiert. Das heißt, verschiedene Parameter wie Erfassungsmodus (Ganz- oder Detailantwort), Determinanten (Art der kognitiven Erfassung [F] und eventuelle Mitbeteiligung der Affekte [Fb, Hd] sowie deren Mischung FFb, FHd etc.) und Inhalt (Objekte, Menschen, Tiere etc.) werden formalisiert.
In phänomenologischer Sicht ist eine Persönlichkeitsstruktur kein für sich abgekapselter und an sich bestehender objektiver Sachverhalt, ausgestattet mit den Parametern, Affektivität, Kontrolle oder soziale Kompetenz. Eine Affektivität an sich gibt es nicht, der Ausdruck stellt eine verdinglichte Abstraktion dar. Vielmehr wäre hier in phänomenologischer Sicht zu fragen: in welcher Stimmung ist der Proband für welche Bezüge zur Welt offen? Der Rorschach-Test beantwortet diese Frage in Teilbereichen dadurch, dass die unstrukturierte Vorgabe der Kleckse auf den verschiedenen Tafeln für den Probanden einen bestimmten Aufforderungscharakter haben. Beispielsweise sprechen die Farbtafeln die affektive Bereitschaft an, oder Tafel 3 legt eine Menschendeutung nahe. Die Wahrnehmung der Probanden wird mittels der Tafeln als Katalysator gemäß dem eigenen Weltbild strukturiert und damit eine Antwort provoziert. Dabei wird deutlich, dass die gegebene Antwort ein Offensein für dieses oder jenes

1.9 Projektive Verfahren aus phänomenologischer Sicht

Abb. 3   Die Rorschach-Tafeln

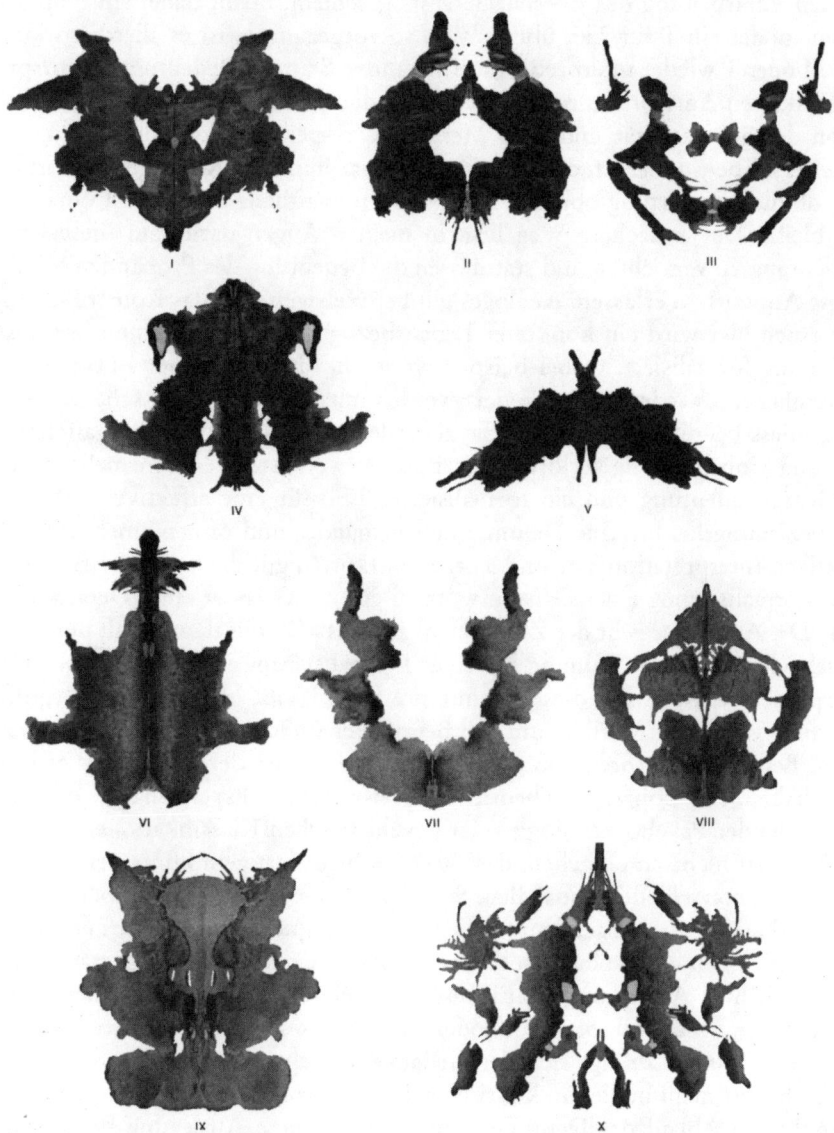

Die Abbildungen sind entnommen aus: H. Rorschach (1962). Rorschach-Test. Bern: Huber.
© Hans Huber Verlag; Vervielfältigung nicht erlaubt.

A 1. Methoden der Psychodiagnostik

bedeutet. Wird die Bedeutung dieser Antwort wieder formalisiert, wie dies in der statistischen Verarbeitung des Rorschach-Tests geschieht, bleibt dabei ein bloßes M für Menschen oder ein T für Tier übrig. Wird so vorgegangen, ist es allerdings klar, dass dieses M oder T wieder interpretiert werden muss. Statt die Bedeutung der ursprünglichen konkreten Antwort zu reflektieren, wird diese sekundäre Deutung völlig abhängig von der Subjektivität und dem Menschen- respektive Konstruktverständnis des Auswerters. Ebenso klar ist, dass damit ein Ansatzpunkt für Kritik gegeben ist mit der Frage, ob die Auswertung objektiv oder »wissenschaftlich« fundiert ist oder nur subjektiv bleibt. Der einfachere Weg liegt in meinen Augen darin, auf diese Um- und Rückdeutung zu verzichten und stattdessen die Bedeutung des Probanden für eine bestimmte Antwort zu erfassen. Analoges gilt beispielsweise für das Konstrukt »Affektivität«. Auch hier wird ein konkreter Lebensbezug in einer bestimmten gefühlsmäßigen Tönung formalisiert, wobei beispielsweise ein bloßes Fb oder FFb übrig bleibt, das anschließend wieder reinterpretiert werden muss. Noch viel entscheidender ist allerdings, dass bei diesem Vorgehen die zentrale Verbindung zwischen »affektiver Tönung« und »Inhalt« völlig verloren geht. Beispielsweise stehen ein formalisiertes M für eine Menschendeutung und ein formalisiertes FFb für eine affektive Mitbeteiligung völlig beziehungslos für eine Deutung nebeneinander und öffnen einer willkürlichen subjektiven Interpretation Tür und Tor. Zum Dritten gilt die analoge Argumentation für die Formalisierung einer Ganzantwort zu einem »G« oder einer Detailantwort zu einem »D«. Auch hier geht der Zusammenhang des »G« mit dem Inhalt und der dabei mitspielenden affektiven Tönung bei einer Formalisierung verloren und muss wieder reinterpretiert werden. Bei dieser Reinterpretation bleibt offen, welche Begriffe und Konstrukte verwendet werden, um den Begriff Persönlichkeitsstruktur zu operationalisieren. Bei einer Interpretation des Rorschach-Tests ist der Auswerter nicht zwingend gehalten, eine kohärente Theorie, beispielsweise der Psychoanalyse oder anderer Ansätze wie der Psychopathologie oder psychiatrischen Klassifikationen, zu verwenden. Damit ist nicht zu umgehen, dass bei verschiedenartigem Hintergrund die Interpretationen unterschiedlich ausfallen. So oder so werden Interpretationen vom konkreten Verlauf der Rorschachdeutungen abstrahiert, und es wird daraus ein Konstrukt gebildet, das einen eigenständigen Charakter zu haben scheint und gemäß dieser vergegenständlichten Auffassung als Eigenschaften einer »Autonomie«, eines »Aggressionspotenzials«, einer »Ich-Struktur« oder anderer Konstrukte beschrieben wird.

Aus diesen Gründen drängt sich der Gedanke auf, eine Methode zu finden, die den Rorschach-Test nicht in diesem klassischen Sinn interpretiert. Vielmehr geht es darum, den konkreten Ablauf der Deutungen auszulegen. Diese Auslegung belässt das vom Klienten Gedeutete in seinem primären Zusammenhang von Erfassungsmodus, Determinante und Inhalt, aber auch im Zusammenhang der Testsituation von Klient und

1.9 Projektive Verfahren aus phänomenologischer Sicht

Untersucher. Erst in einem weiteren Schritt, nämlich auf dem Hintergrund der Anamnese, des klinischen Befunds und der übrigen Tests, wird der Rorschach-Test als Mosaikstein zusammen mit den übrigen Befunden in eine diagnostische Klassifikation führen. Auch wenn dieser Transfer offene Fragen aufwirft, ist dies eine Frage des Transfers und nicht mehr des Rorschach-Tests an sich. Meiner Meinung nach herrscht ein Konsens unter den Diagnostikern, dass ein Test vor dem Hintergrund anderer Daten gesehen werden muss. Das Vorgehen bei dieser Art von Auswertung stützt sich also nicht ausschließlich auf die Signierung und Verrechnung der Rorschachdaten. Dies wird ja darum gemacht, um im Sinne einer statistischen Analyse und Verrechnung von Einzelprotokollen im Vergleich zu einer klinisch relevanten Vergleichsgruppe Ähnlichkeiten oder Differenzen festzustellen und diese Befunde als »wissenschaftlich« gesicherte Wahrheit dem Ergebnis des bloßen konkreten einzelnen Rorschachprotokolls überzuordnen.

Gleichzeitig heißt dies aber nicht, dass eine Signierung und Verrechnung völlig überflüssig werden. Es macht Sinn, neben der konkreten Auslegung für ein einzelnes Rorschachprotokoll einige Eckdaten zur Hand zu haben. Es bleibt nach wie vor sinnvoll, beispielsweise Normdaten für das Gelingen der intellektuellen Kontrolle bei der Wahrnehmung (F%) mit einem Einzelprotokoll zu vergleichen und daraus eine Beurteilung vorzunehmen. Anders gesagt ist die phänomenologische Auswertung ein zusätzliches Unterfangen zur üblichen Signierung und Verrechnung mit dem Vorteil, dass durch die Auslegung eine willkürliche Interpretation des Tests weniger möglich wird.

Das Vorgehen bei der Rorschachdeutung kann folgendermaßen aussehen:
1. Formale Auswertung in Bezug auf Erfassungsmodus und Determinanten
2. Inhaltliche Auswertung
3. Die Verknüpfung der formalen und inhaltlichen Aspekte
4. Der Verlauf der Sukzession über die ganze Serie unter der Berücksichtigung des Aufforderungscharakters der jeweiligen Tafel
5. Der Gesamtüberblick mittels statistische Eckdaten wie beispielsweise Angaben zur intellektuellen Kontrolle und die Berücksichtigung akzessorischer Phänomene, wie beispielsweise Perseverationen, Brechungsphänomene oder Defekte.

Dabei ist klar, dass diese Kurzübersicht zwar die wesentlichen Punkte eines Rorschachprotokolls ansprechen kann, das Hintergrundwissen, das beispielsweise in einem entsprechenden Kurs zu erarbeiten ist, nicht ersetzen kann. Ich gehe auf die einzelnen Punkte näher ein.

A 1. Methoden der Psychodiagnostik

1. Formale Auswertung
Die Formalisierung beim Rorschach-Test ist weitgehend standardisiert. Eine Deutung wird nach den drei Grundkriterien Erfassungsmodus, Determinanten und Inhalt formalisiert.
Beim Erfassungsmodus wird geprüft, ob die gegebene Antwort die ganze Tafel (G) betrifft, ob ein Detail der Tafel (D) oder ein Kleindetail (d) der Tafel gedeutet wird. Dazu kommen noch ein paar Spezialfälle, wie zum Beispiel, ob aus mehreren Detailantworten schließlich eine Ganzantwort wird oder ob von einem Detail assoziativ auf die ganze Tafel geschlossen wird. Für unser Ansinnen bleibt es allerdings wichtig, dass nicht nur die bloße Formalisierung gemacht wird, sondern dass gleichzeitig auch die Bedeutung des Erfassungsmodus auf der je speziellen Tafel, die Sukzession innerhalb einer Tafel sowie der Verlauf der Sukzession über die ganze Serie der zehn Tafeln nachvollzogen wird. Es ist wichtig zu verstehen, wie der Fokus einer Wahrnehmung sich auf dieser formalen Ebene von Antwort zu Antwort verändert. Die Veränderung muss auch auf dem Hintergrund des Aufforderungscharakters der Tafel, der Schwierigkeit der Tafel in Bezug auf eine Deutung und in Abhängigkeit von der inhaltlichen Deutung gesehen werden. Wenn das Augenmerk bei diesem Schritt sich nicht nur auf die Frage beschränkt, ob und dass eine bestimmte Antwort ein »G« oder »D« ist, kann man sich einiges an sekundärer Interpretation sparen. Stattdessen gewinnt der Untersucher den Blick dafür, wie die Wahrnehmung im Sinne des »Offensein für« sich beispielsweise schärft, im Verlauf einer Sequenz instabil wird und die Welt aus einem stereotypen Blickwinkel anschaut oder ob der Klient flexibel und der Situation entsprechend reagieren kann.
Insgesamt gesehen geht es darum zu verstehen, wie sich im Verlauf des ganzen Tests die Determinanten (z. B. F+, F–) zeigen und verändern, das heißt, ob eine Deutung adäquat oder inadäquat auf dem Hintergrund eines speziellen Aufforderungscharakters einer Tafel gesehen wird. Gleichzeitig soll verstanden werden, wie sich die Abfolge der übrigen Determinanten, welche die affektive Situation beschreiben (FFb, FbF, Fb, FHd, HdF, Hd), gestaltet.
Die Frage bei der formalen Auswertung stellt sich also folgendermaßen:
Wenn der Proband mit der Tafel (1–10) konfrontiert ist, die üblicherweise vom Aufforderungscharakter her Thema X anspricht, zeigt sich die Wahrnehmung so, dass es zu einer Gesamt (G)- oder Detail- (D,d) erfassung kommt. Dies verläuft im Modus des guten (F+) oder schlechten (F–) Erfassens oder im Modus einer affektiven (Fb) Mitbeteiligung, die entweder im Vordergrund (FbF) oder im Hintergrund (FFb) steht. Dabei ist der Klient offen für … (Inhalt). Es ist wichtig, dass die Mischung und Kombination der Form (F) und Farbe (Fb) als Parameter für die Affekte beziehungsweise die Hell-Dunkeldeutung (Hd) als Parameter für Verstimmungen ausformuliert

1.9 Projektive Verfahren aus phänomenologischer Sicht

werden. Dabei ist zu berücksichtigen, ob die entsprechenden Antworten auf einer Schwarz/weiß-Tafel oder auf einer farbigen Tafel vorkommen.

2. Die inhaltliche Auswertung
Eine inhaltliche Auswertung meint die Auslegung der Bedeutung einer Rorschachantwort. Sie ist aus phänomenologischer Sicht vielleicht der wichtigste Punkt und zeigt, worauf ein Klient bezogen ist. Gleichzeitig ist dies ein zugleich leichtes und schwieriges Unterfangen. Leicht darum, weil nur die Bedeutung einer Antwort zu suchen ist. Schwierig darum, weil ein Untersucher möglicherweise dazu tendiert, in einer Antwort entweder eine symbolische Bedeutung zu suchen oder er irgendwelche Konstrukte verwendet. Stattdessen geht es darum, bei der Deutung so zu verbleiben, wie sie der Klient gesehen hat. Besonders bei der inhaltlichen Auswertung macht aus phänomenologischer Sicht die Formalisierung eines Inhalts keinen Sinn. Im Gegenteil wird dabei das Spezifische, Wichtige und je Eigene einer Antwort geopfert.
Aus unserer Sicht bedeutet eine bestimmte Antwort im Rorschach-Test, dass der Klient mittels einer Rorschachtafel als Auslöser einen Bezug zu etwas freilegt, das in das Offene seiner »Welt« fällt. Sieht der Klient zum Beispiel eine Fledermaus, lässt er die Fledermaus in seine Welt und vergegenwärtigt sie sich. Er konstituiert damit einen Bezug zu einer Fledermaus. In dieser Auffassung bleibt dabei die Fledermaus das, was sie ist, und verwandelt sich nicht darum beispielsweise in etwas Symbolisches, nur weil sie mittels Rorschachtafeln thematisiert wird. Die Fledermaus ist dabei auch nicht plötzlich ein bloßes Engramm im Kopf des Deuters, sondern bleibt draußen, dort, wo sie hingehört und sich aufhält. Dies ist auch dann der Fall, wenn beim Denken und Sagen der Worte »Fledermaus« im Kopf des Deuters bestimmte neurophysiologische Prozesse ablaufen, die feststellbar sind. Die natürlichen Lebensbedingungen der Fledermaus und ihre Bezüge dazu, das, worauf die Fledermaus verweist, wird vom Klienten allerdings nicht mehr als Antwort thematisiert. Dies bleibt »unbewusst«, das heißt unbedacht. Damit wird deutlich, dass bei einer Antwort mit dem Rorschach-Test prinzipiell zwei Gegebenheiten angesprochen werden. Das eine ist die Bedeutung und das Wesen als Phänomen einer Gegebenheit, das andere sind die Verweisungszusammenhänge. Die Bedeutung eines Phänomens umfasst die sinnlich wahrnehmbare äußere Gestalt, aber auch das Wesen, das heißt, das je Eigene und Spezifische, hier beispielsweise der Fledermaus. Auch dies ist in einer Antwort nicht unbedingt erwähnt und muss vom Untersucher gefunden, das heißt ausgelegt werden. Zusätzlich verweist die Fledermaus auf ihre Welt. Dies kann das Dunkle der Nacht sein, das Freie der Natur, in der die Fledermaus umherfliegt und nach Beute jagt. Bei der Auslegung einer Deutung wird so deutlich, für welche Bezüge die Welt des Klienten offen ist. Die Bedeutung eines Phänomens und deren Verweisungszusammenhänge sind letzlich nie

A 1. Methoden der Psychodiagnostik

abschließend zu bestimmen. Verschiedene Untersucher werden dazu selten das genau Gleiche sagen. Meine Erfahrung ist aber, dass dabei das Prinzipielle gefunden wird. Eine solche Deutung ist nichts Subjektives, da nicht vom Standpunkt des Untersuchers willkürlich einem Phänomen eine Bedeutung übergestülpt wird. Eher ist es umgekehrt, dass je nach Offenheit des Untersuchers von der Fülle der Bedeutung und der Verweisungen unterschiedlich viel freigelegt und den Untersucher »ansprechen« kann. Dieses Offenlegen des unmittelbaren Bezogenseins eines Klienten, ausgelegt über alle zehn Rorschachtafeln, zeigt vielfach, wenn auch nicht immer, ein paar spezifische Eigenschaften des Klienten. Sofern sich diese Befunde an die konkreten Aussagen des Klienten halten und von hier aufgerollt werden, sehe ich wenig Grund dafür, dem Rorschach-Test vorzuwerfen, seine Ergebnisse seien spekulativ, nicht überprüfbar oder wissenschaftlich nicht gesichert.

Zusammenfassend wird die inhaltliche Deutung des Rorschach-Tests durch folgende Frage erhellt:
Für welche Bezüge, wofür ist der Klient offen?
Welche Bedeutung und Verweisungszusammenhänge sprechen sich ihm thematisiert und unthematisiert zu?
Wie reagiert er darauf?

3. Die Verknüpfung der formalen und der inhaltlichen Aspekte

Wenn im ersten Abschnitt von den formalen Kriterien wie Erfassungsmodus und Determinanten gesprochen wurde, im letzten Abschnitt von der inhaltlichen Bedeutung einer Antwort, geht es jetzt darum, beide Aspekte gleichzeitig und miteinander verknüpft zu sehen.

Eine Veränderung oder eine spezifische Ausgestaltung der Determinanten ist nicht zu verstehen, wenn der entsprechende »Inhalt« dazu nicht verstanden wird. In einer formalisierten Auswertung werden diese beiden ursprünglich zusammengehörenden Dinge künstlich auseinander genommen und getrennt voneinander wieder reinterpretiert. Es ist entscheidend zu verstehen, ob beispielsweise eine schlechte Formerfassung oder labile Farbwerte dann zum Vorschein kommen, wenn der Wahrnehmungsvorgang sich inhaltlich auf eine Wolke, einen Teufel oder einen normalerweise gut strukturierten Inhalt wie eine gefüllte Blumenvase bezieht. Die Determinanten können im Hinblick auf diesen Inhalt adäquat oder verzerrt erscheinen. Vielfach wird auch verständlich, wie ein entsprechender Inhalt mit einer auffälligen Determinante einhergeht.

Die Frage dazu lautet:
Wenn der Klient eine bestimmte Antwort gibt (Inhalt), geschieht dies im Modus eines Gesamtüberblicks (G) oder einer detaillierten Betrachtung (D), und zwar so, dass dabei die Wahrnehmung gut und adäquat (F+) funktioniert oder sich schlecht und irri-

tiert zeigt (F–)? Es stellt sich möglicherweise dabei eine gute adäquate affektive Mitbeteiligung (FFb+) ein, oder es kommt zu einem affektiven Problem (Schock, Fb), oder die Stimmung wird dabei labil (FbF, HdF).

4. Der Verlauf der Sukzession über alle zehn Tafeln

Unter dieser Verlaufsanalyse ist gemeint, dass die Veränderung von Antwort zu Antwort sowohl auf der gleichen Tafel wie auch über alle zehn Tafeln unter der Berücksichtigung der Determinanten, des Erfassungsmodus und des Inhalts, aber auch des Aufforderungscharakters der Tafeln verstanden werden will. Ein bedeutender Unterschied liegt beispielsweise in der Umstellung von einer Schwarz/weiß-Tafel zu einer Farbtafel, weil letztere einen stärkeren affektiven Aufforderungscharakter hat. Reagiert der Klient darauf adäquat oder zeigt er gar einen Schock, indem die Reaktionszeit plötzlich viel länger wird und sich die Determinante unstabil zeigt? Es gibt Tafeln, auf denen relativ leicht ein Gesamtüberblick möglich ist wie bei Tafel 5. Andererseits gibt es auch Tafeln, wo dies schwerer möglich ist wie auf Tafel 9. Vielfach zeigt gerade die Verlaufsanalyse die Dynamik der Wahrnehmungsprozesse. Es kann – verkürzt auf die Provokation durch das Testmaterial – beobachtet werden, ob die ganze Aufgabe stabil und flexibel angegangen wird oder ob es zu deutlichen Irritationen der Wahrnehmung in intellektueller und affektiver Weise kommt.

Die Frage lautet:

Gibt es Punkte im Rorschachprotokoll, wo eine formal adäquate und inhaltsreiche Deutung plötzlich abbricht und der weitere Verlauf unstabil wird? Was passiert genau bei diesen »Stromschnellen«? Worauf ist dabei der Klient inhaltlich bezogen, kommt dabei vom Aufforderungscharakter der Tafeln eine affektive Beanspruchung dazu? Kann sich der Klient wieder auffangen oder beeinflusst seine Irritation den weiteren Wahrnehmungsprozess?

5. Der Gesamtüberblick mittels der übrigen relevanten Daten

Neben der beschriebenen Verlaufsanalyse, dem Verständnis der einzelnen Deutungen im Zusammenhang mit Determinanten, Erfassungsmodus und Inhalt kann für das einzelne Protokoll ein Gesamtüberblick gewonnen werden. Dazu gehört die Frage, ob das Verhältnis von Ganz- zu Detailantworten im üblichen Rahmen ist, ob die kognitive Erfassung (F%) und die affektive Kontrolle (f+%) im erwarteten Bereich liegt. Wenn das nicht der Fall ist, kann anhand der dazu gehörigen Deutung verstanden werden, woran das liegt. Zusätzlich ist zu beachten, ob akzessorische Phänomene wie Spiegelungen, Komplexantworten oder Defektantworten vorkommen und wo und unter welchen Umständen dies im Protokoll auftaucht. Ebenso ist das Alter des Kindes mit seinem spezifischen Entwicklungszustand bezüglich der kognitiven Möglichkeiten zu berücksichtigen.

A 1. Methoden der Psychodiagnostik

1.10 Die phänomenologische Auslegung projektiver Tests

Das im vorhergehenden Kapitel Gesagte soll anhand einiger Beispiele illustriert werden. Ich konzentriere mich dabei auf die inhaltlichen Aspekte der Tests. Dabei soll aufgrund eines offenen Gewahrwerdens die Bedeutung der Phänomene von diesen selbst her freigelegt werden. Die Phänomene, »das, was sich uns zeigt«, haben uns etwas zu sagen. Sie sprechen uns letztlich mit einer unendlich tiefen Bedeutung an, von der wir je nach eigener Offenheit dieses oder jenes erfahren und erkennen. Darüber hinaus verweist das Phänomen gleichzeitig auf etwas anderes, was in einem wesenhaften Zusammenhang mit ihm steht. Diese Verweisungszusammenhänge gilt es ebenfalls darzustellen. Beispielsweise ist der Mensch offen für das »Wesen« des Baumes. Gleichzeitig verweist der Baum auf den Boden, in dem seine Wurzeln verankert sind, und auf den Himmel, wo ihm die Sonne Licht zum Wachsen gibt. Ebenso sagt der »Apfel«, dass er essbar ist oder dass früher eine Biene die Blüte befruchtet hat. Die phänomenologische Methode will in dieser Art das Wesen und die Bedeutungsfülle vom Phänomen her aufweisen, auch dann, wenn im Moment ein Phänomen verdeckt ist und quasi nur noch von ferne eine Verweisung aufleuchtet, die auf die vollere Bedeutung eines Phänomens hinweist.

Eine phänomenologische Diagnostik fragt deshalb,
– was zeigt sich, auf was ist der Proband bezogen?
– welche Verweisungszusammenhänge lassen die Phänomene erkennen, was ist verdeckt?
– wie reagiert der Proband darauf?
– Zeigt sich dieser spezifische Modus des Bezogenseins in andern Tests? Ist diese ein durchgängiges Muster?
– Spielt dieser spezifische Modus des Bezogenseins oder analoge, das heißt auf anderen Ebenen des Bezogenseins im Leben des Klienten eine Rolle?

Es ist die Absicht bei diesem Vorgehen, ungerechtfertigte Spekulationen aufgrund von Testuntersuchungen zu vermeiden. Allerdings zeigt die Erfahrung, dass dieses »einfache« Sehen erst nach einiger Übung geleistet werden kann. Einem ersten Impuls gemäß wird nämlich vielfach versucht, das Erscheinende in seiner primären Bedeutung zu übersehen und stattdessen etwas Dahinterliegendes, Symbolisches oder Psychologisches zu suchen oder Phänomene von ihrer »Ursache« her zu definieren. Ebenso ungewohnt ist es, auf Fachterminologie zu verzichten und nahe liegende und eingefleischte Konstrukte zu lassen. Hier kann es zu Missverständnissen kommen. Das, was üblicherweise als Symbol begriffen wird, kann dem sehr nahe kommen, was man im phänomenologischen Sinn als Bedeutung im weiteren Sinn respektive als deren Ver-

1.10 Die phänomenologische Auslegung projektiver Tests

weisung benennt. Die phänomenologische Ablehnung des Symbolbegriffs vermeidet fixe, subjektivistische, unbefragte Zuschreibungen willkürlicher Art. Außerdem wird betont, dass in phänomenologischer Sicht die Symbolik darum überflüssig ist, weil man nicht erst die volle Fülle eines Phänomens auf die so genannte tatsächliche Faktizität einengen soll, d. h. letzten Endes auf die messbare Qualität, um nachher den abgespaltenen Rest als Symbol wieder einzuführen. Ein paar Beispiele sollen das Gesagte illustrieren.

Sind im vorhergegangenen Kapitel die Auswertungsschritte theoretisch zusammengefasst worden, sollen jetzt praktische Beispiele zur Veranschaulichung folgen. Es handelt sich um Tests, die bei dem dreizehnjährigen Mädchen Veronika durchgeführt wurden. Der Patientin werden wir in Teil B wieder begegnen.

1. Der Baumzeichnungstest

Ich gehe auf die einzelnen Punkte gemäß der theoretischen Beschreibung ein, nämlich:
1. Wie ist die Strichführung?
2. Wie ist die Raumeinteilung?
3. Ist die Zeichnung altersgemäß?
4. Wie ist die Struktur des Baumes?
5. Was »sagt« der Baum?

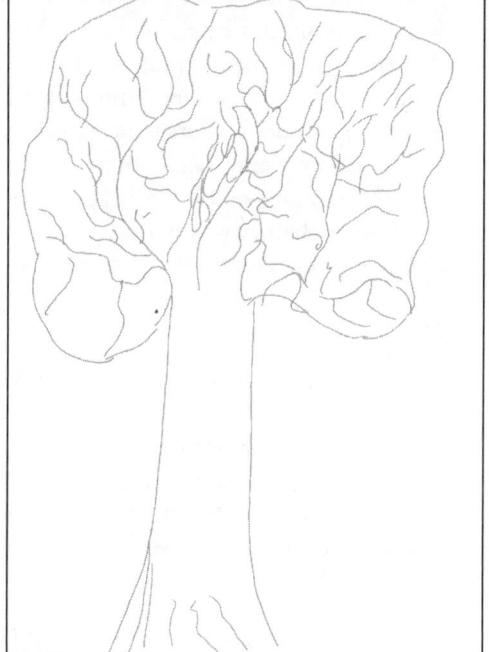

1. Die Strichführung ist motorisch sicher und lässt keine Hinweise für graphomotorische Probleme erkennen. Der Strichdruck ist allerdings, besonders im Stamm, schwach. Die Strichführung ist unsicher, im Stamm werden kleine »Löcher« sichtbar, die kurzen Striche sind nicht überall miteinander verbunden.
2. Die Raumverteilung beansprucht alle vier Quadranten des Blattes. Der Baum ist sehr groß gezeichnet und füllt das ganze Blatt aus. Er wird fast vom äußeren Rahmen des verfügbaren Raumes begrenzt. Es entsteht der Eindruck, dass der Baum noch größer geworden wäre, wenn mehr Platz zur Verfügung gestanden hätte. Im Blatt steht der Baum leicht auf der linken Seite.

63

A 1. Methoden der Psychodiagnostik

3. Die Zeichnung ist nicht ganz entwicklungsgemäß, da der Baum auf dem unteren Blattrand steht und für das Alter des Mädchens in der Ausführung differenzierter sein könnte.
4. Die Struktur des Baumes ist geprägt durch eine Verbesserung der linken unteren Stammseite, durch den energielos gezeichneten Stamm und durch die fehlende Ausdifferenzierung des Stammes in starke Hauptäste. Die Äste in der Krone sind am ehesten auf der linken Seite einigermaßen strukturiert, in der Mitte wirkt die Wachstumsrichtung der Äste unklar und verschlungen. Auf der rechten Seite der Krone fehlt das Verbundensein der Äste. Sie hängen in der Luft.
5. Auf die Frage, was der Baum sagen würde, wenn er reden könnte, meint die Zeichnerin, dass der Baum nichts sagt.

Der Baum zeigt also insgesamt folgende Merkmale:
Das Expansivsein, das Begrenztwerden durch den äußeren Rahmen, das leicht links – raumsymbolisch gesprochen – auf Mutterimagines-Zentriertsein, das leicht Retardiertsein, das Energielossein, das Undifferenziertsein bezüglich einer tragenden Struktur (fehlende Hauptäste), das Unklarsein bezüglich einer eigenen klaren Struktur (Mitte der Krone) und mögliche Unsicherheiten bezüglich einer – symbolisch gesprochen – »Vater-Imaginesstruktur« (rechte Kronenseite) und das verbal Blockiertsein (Baum sagt nichts).
Es wird sich zeigen, ob die Hypothese – so, wie ich selber bin, kann ich einen gezeichneten Baum anwesen lassen und ihn gemäß dieser Vorstellung darstellen – sich in den weiteren Tests bestätigt.

2. Der Wartegg Zeichentest

Ich folge wiederum dem Schema zur Auswertung, das wir vorgeschlagen haben, nämlich
1. Die formale Aufnahme des Zeichens
2. Die inhaltliche Bedeutung der Lösung
3. Die formale und inhaltliche Verknüpfung
4. Die Verknüpfung der Lösung mit dem Aufforderungscharakter der Zeichen

Feld 1
1) Die Aufforderung des Feldes 1 wird formal gut aufgenommen. Der Mittelpunkt wird betont.
2) Inhaltlich wird eine Blume gezeichnet. Die Blütenblätter bei dieser Lösung auf der vegetativ-pflanzlichen Ebene sind allerdings nicht als Blätter erkennbar, sondern wirken als bloße Striche etwas unentwickelt. Die Blume ist hier eine Vulgärlösung.

1.10 Die phänomenologische Auslegung projektiver Tests

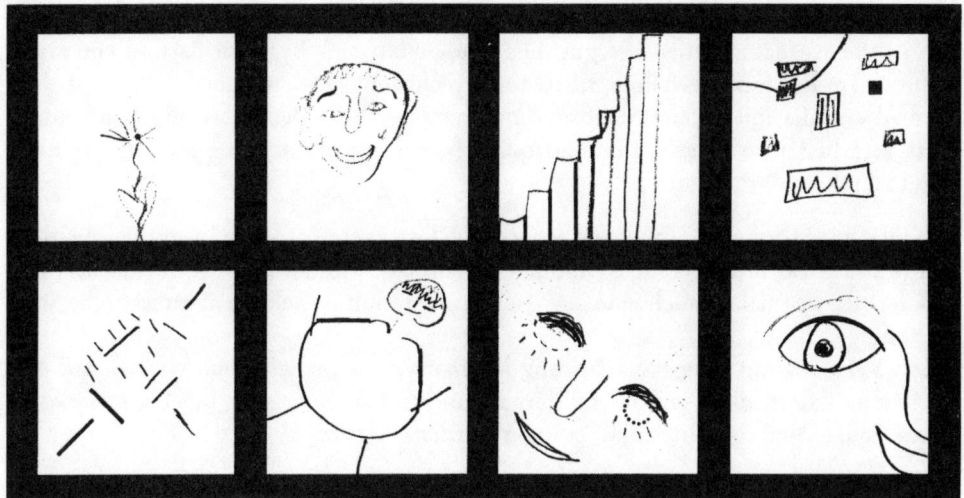

1 = Blume, 2 = Clown, 3 = Treppe, 4 = Roboter, 5 = Strichgesicht, 6 = Kind, 7 = Schlafgesicht, 8 = geteiltes Gesicht

3) Die formale und inhaltliche Verknüpfung gelingt gut und ist eine adäquate Leistung.
4) Wenn Veronika konfrontiert ist mit einem Aufforderungscharakter, bei dem die Ich-Identität angesprochen wird, dann konstelliert sich die Verarbeitung formal gut und inhaltlich auf einer vegetativ eher frühen Ebene in etwas ungereifter Form vor allem dort, wo der Austausch mit der Umwelt gefordert ist.
(Strichblätter)

Feld 2
Die Aufforderung in Feld 2, die eine affektiv-sensible Tönung hat, wird formal gut aufgenommen. Inhaltlich wird ein Clown gezeichnet. Ein Clown bringt andere zum Lachen, möglicherweise auch dann, wenn ihm selber nicht zum Lachen ist. Jedenfalls wird das Thema Gestimmtheit aufgenommen. Die Verknüpfung von formaler und inhaltlicher Bedeutung ist hier stimmig. Ein Menschenkopf in diesem Feld ist eine übliche Vulgärlösung. Wenn Veronika auf eine affektiv-sensible Aufforderung angesprochen wird, verknüpft sie dies mit der Phantasie eines Kontakts auf menschlicher Ebene zu einer männlichen Person, wo das Lachen und damit eine fröhliche Stimmung gesucht wird.

A 1. Methoden der Psychodiagnostik

Auf *Feld 3* nimmt die Zeichnerin den Aufforderungscharakter formal gut auf. Inhaltlich ist die Aufnahme ebenfalls gut. Die Treppe ist zum Begehen da und entspricht damit einem Leistungsverhalten, sie ist sogar recht steil gezeichnet.
Wenn Veronika mit einem Aufforderungscharakter bezüglich Leistung konfrontiert wird, verarbeitet sie dyiesen Input adäquat und scheint offen, dafür einen Energieaufwand zu leisten.

In *Feld 4* wird formal der gegebene schwarze Klotz in eine größere Deutung integriert. Der Mund wirkt nicht gerade freundlich. Inhaltlich ist dieses Gesicht devitalisiert und roboterhaft. Formal ist auch eine gewisse Perseveration respektive symmetrische Wiederholung sichtbar.
Wenn Veronika mit Angstverarbeitung konfrontiert ist, ist sie nach wie vor auf eine Beziehung fixiert, die dann devitalisiert ist und in der nicht sehr flexibel neue völlig eigenständige Verarbeitungsmodi gesucht werden.

In *Feld 5* geht Veronika formal ebenfalls auf das Vorgegebene ein, und zwar so, dass sie weitgehend das Vorgegebene perseveriert. Inhaltlich ergibt sich ein Strichgesicht, das zwar erkennbar ist, aber die Verknüpfung der formalen und inhaltlichen Ebene ist nicht optimal.
Wenn Veronika mit aggressiver Durchsetzung konfrontiert ist, kommt es zu einer Hemmung im konstruktiven Aggredi. Sie ist bei diesem Gedanken nach wie vor auf eine Person bezogen.

In *Feld 6* ist die formale Lösung schlecht beziehungsweise wirkt forciert. Es geht um eine Integration der beiden vorgegebenen Striche in eine übergeordnete Lösung. Diese Aufgabe löst Veronika zwar, inhaltlich ist aber das dabei dargestellte Kind in einer Position, in der es ihm nicht wohl sein kann. Wenn Veronika mit der Integration und dem Zusammenbringen von zwei Teilen konfrontiert ist, bringt sie das Kindsein als ausgleichenden Faktor hinein und will auf forcierte Weise etwas zusammenhalten.

In *Feld 7* ist die Aufforderung wieder sehr sensibel und adäquat aufgenommen. Inhaltlich zeigt sich ein schlafendes Gesicht. Ist Veronika mit einem sensiblen und emotionalen Aufforderungscharakter konfrontiert, bleibt sie nach wie vor auf eine Beziehung fixiert, die dann allerdings nicht im Wachzustand, sondern schlafend dargestellt wird.

Auf *Feld 8* wird formal gut auf die Vorlage eingegangen. Inhaltlich ist es ein Auge, das beobachten und erkennen kann. Ein Auge wird Allgemein in diesem Feld gelegentlich dargestellt. Auffällig ist allerdings, dass das Auge nicht als Auge betitelt wird, sondern als geteiltes Gesicht. Wird Veronika konfrontiert mit der Aufforderung der Geborgenheit, reagiert sie so, dass dieses Thema mit einem geteilten Gesicht erfahren wird.

1.10 Die phänomenologische Auslegung projektiver Tests

Insgesamt gesehen wurde der Wartegg-Test gut aufgenommen. Die Reihenfolge wird so gemacht, wie sie vorgegeben ist. Formal geht Veronika gut auf die Aufforderung ein. Auffällig sind die starken Beziehungsphantasien, die in sechs Feldern in der einen oder anderen Form angesprochen sind. Die Beziehungserfahrung scheint geprägt durch eine unsichere Geborgenheit (8), durch ambivalente Stimmungserfahrung (Rückzug 7), In-Szene-Setzen (2) und durch eine Aggressionshemmung (3). Insbesondere stellt sich die Frage, ob Veronika forcierte Integrationsleistungen vollbringen muss und ob die Aggressionsverarbeitung auch blockiert ist (5), wenn es um das Leistungsvermögen geht (3).

3. Der Sceno-Test:

Unser Mädchen wählt aus der Fülle des Spielmaterials erst die Bäume, die Blumen, dann ein Huhn, den Fuchs, die beiden Schweine sowie die Gans und den Vogel. Die ganze Szene stellt einen Wald dar. Der Fuchs will das Huhn fressen. Er wartet nur darauf, bis er es erwischen kann. Am schönsten in der ganzen Szene hat es der Vogel, er kann fliegen. Unangenehm ist es für das Huhn, weil es bedroht wird. Selber möchte Veronika am liebsten der Fuchs sein, weil dieser schnell rennen kann.

Formal und raumsymbolisch sind alle vier Quadranten besetzt. Eine Konfliktsituation ist im linken oberen Quadranten lokalisiert, wo der Fuchs das Huhn schnappen will. Ziemlich im Zentrum stehen das große und kleine Schweinchen.

A 1. Methoden der Psychodiagnostik

Inhaltlich zeigt sich eine vegetativ-pflanzliche Welt, die von Tieren, das heißt der animalischen Stufe, belebt werden. Diese Szene zeigt zwei wichtige Punkte: Im Zentrum des ganzen Geschehens ist eine Mutter-Kind-Beziehungskonstellation, dargestellt über die beiden Schweinchen. Links davon ist ein aggressives Potenzial über den Fuchs dargestellt. Das Mädchen identifiziert sich selber mit dem Fuchs. Der Fuchs steht nicht nur in der Nähe des Huhns, seine Blickrichtung trifft auch die Zweierkonstellation der Schweinchen und kann diese damit latent bedrohen.
Die Szene bietet deshalb Anlass zur Frage:
Spiegelt die dargestellte Szene die psychische Struktur des Mädchens wider, die geprägt ist durch eine zentrale Zweierbeziehungskonstellation vom Typ Mutter-Kind? Hat das Mädchen zusätzlich ein aggressives Potenzial entwickelt, das diese Zweierbeziehungskonstellation beenden will? Ist die Entwicklung aber durch diese beiden Komponenten auf dem entsprechenden Niveau blockiert, sodass noch keine Figuren auf der höheren Entwicklungsebene des Menschen in der Szene ersichtlich sind?

4. Der Rorschach-Test
Als vierten projektiven Test von Veronika besprechen wir den Rorschach-Test. Wir folgen dabei den angeführten Punkten, die wir für die Auswertung berücksichtigen, nämlich:
1. Die formale Auswertung
2. Die inhaltliche Auswertung
3. Der Verlauf der Sukzession
4. Die Eckdateninterpretation
5. Die akzessorischen Phänomene

Eine Schwarz/weiß-Reproduktion der Rorschach-Testtafeln zeigt die Abbildung auf Seite 55.

Veronika hat folgende Rorschachdeutungen gesehen:

		Erfassungsmodus	Determinanten	Inhalt
Tafel 1				
3 Sek.*	Teufel	Gzw	FFb'+	Teufel
	Maske	Gzw	F+	Maske
	Monster	Gzw	FFb'+	Td
Tafel 2				
3 Sek.	Blume	G	F-	Pfl.

* Reaktionszeit bis zur ersten Antwort. Erklärung der Signierung auf S. 54 ff.

1.10 Die phänomenologische Auslegung projektiver Tests

		Erfassungsmodus	Determinanten	Inhalt
Tafel 3 3 Sek.	Weste	D	F+	Kleid
Tafel 4 2 Sek.	Maske	G	F–	Maske, Pers.
	Fledermaus, fliegt	G	bF+	T
	Riese	G	F+	Fabelwesen
	Tier	G	F+	T
Tafel 5 1 Sek.	Schmetterling	G	F+	T V
	Augenmaske	G	FFG'+	Maske, Pers.
Tafel 6 3 Sek.	Katze	G	F+	T V
	Fell	G	F+	T – F
	Tier	G	F–	T
Tafel 7 2 Sek.	Ballettschülerin	Gzw	F–	M
	Hase	D	bF+	T
	Schaukel	D	mF+	Obj.
Tafel 8 3 Sek.	Muster	Gep	FbF	Abstr.
	Wal	D	F–	T
Tafel 9 5 Sek.	Wasserfarbe	Gep	FbF	Abstr.
Tafel 10 4 Sek.	Tiere, Krebs	D	F+	T V
	Vogel	D	F+	T
	Schaffell	D	F+	T – F
	Fleisch	D	FbF	Essw.

Die Signierung des Erfassungsmodus, der Determinanten und der Inhalte gehören zu Punkt 1 der formalen Auswertung. Diese Kennwerte sind hier mit angegeben.

Die Formalisierung des Protokolls ist auf Abb. 4, Seite 70, angegeben. Ich habe auf dem von uns verwendeten Schema nur die wichtigsten Werte aufgeführt.

A 1. Methoden der Psychodiagnostik

Abbildung 4

KG-.Nr.
Name
geb.
Datum

Alter
VL

Tafeln	I	II	III	IV	V	VI	VII	VIII	IX	X	Σ I–IV	Σ VIII–X	Total	ØRZ		I–IV	VIII–X	V	
Init.zt															Erf=AZ				
Tf-Zeit															Det.				%
Az															Inh.			RI	
Schocks		+					+	+										4	

Sukzession	ØRZ achromat.	ØRZ chromat.	O +	%
Deutungsbw	I, IV–VII	II, III, VIII–X	O –	%

Erfassungsmodi (Erf.)

G			D	übrige	d			Inhalte				
	G+ ex V	G+V	übrige	D+				M	)		%	Orn.
									)M			Abstr.
Ge	6	1	3	De 6	2	d	Zw (D)	Md	)			Maske 3
Gep			2					T	)			Symbol
Ø									)			Molke
Gsiko				Dsiko		dd	Zw(d)	Td	)T			Feuer
Gsuko				Dsuko		dr		Fell	)			Expl.
Gsum				Ds-j		de						Essen
Gs-j				DDl		di		Pfl.				Waffen
DG1				DD2		Do		Obj.				Fabelw.
DG2				dD				Nat.				
dG								Anat. w	)			
GZw	3		1	DZw		dZw	geb. Zw	A. hart)				
ZwG				ZwD		Zwd		A. Rönt.	)A			
								Blut	)			
								Sex	)			
Σ G	16			Σ D	8	Σ d	Σ Zw	Σ Zw. ink. geb. 4	Karte	)		
G%	66			D%	33	d%	Zw%	Zw% ink. geb. 16				

Erfassungsmodi (Erf.)

Reine F	B	Hd	Fb+	Fb
Fb+ 13	B+	FHd+	FHb'+ 3	FFb+
	B+V	FHdcol+		F/Fb+
	Bkl.	F(Fb)+		F↔Fb+
				F≠Fb+
%				
– 5				
–ubst		–ubst	–ubst	–ubst
F 18	B	HdF	Fb'F	FbF 3
+	übrige	HdFcol.	Fb'	Fb
b 2		Hd		Fb-N
m 1				Fb-Des
b+m 3		Hd-Werte 1 1/2		Fb-Werte 3
Klopfer		Pitrowski		
Fc	FK	Fk	Fc'	c'
cF	KF	kF	Fc*	c*
c	K	k		

	F	F% 75	F+	F+% 72
	f	f% 87	f+	f+% 76

Proportionen

B	: Fb-Werte	0:3
FFb	: FbF : Fb	0:0
G+ (ohne V)	: B	6:0
M + T	: Md + Td	2+9:2+0
b + m	: b + m	0:3

Akzessorische Phänomene

SSZ	Detaill.
OSZ	Defekt
Berechnungsphän.	Diffamierung
Konfab.	Symm
Komplex	Spiegelg.
Verneinung	Deskr.
Pers.	Impr.
Stereotypien	Ähnlichkeitsill.
Subjektkr.	Verschmelzung
Objektkr.	Initialzens.
ppt	Finalzens.
EQe	
EQa	

Beobachtungen, Bemerkungen

1.10 Die phänomenologische Auslegung projektiver Tests

Die Eckdaten
Eine formale Betrachtung der Eckdaten zeigt, dass mit drei Irritationen, wenn dies auch nicht einem klassischen Vollbild eines »Schocks« entspricht, auf den Farbtafeln 2, 8 und 9 eine verunsicherte affektive Reaktion erfolgt. Der Realitätsindex als Hinweis für realitätskonformes Denken erreicht mit einem Punktesystem 4 von 8 Punkten, was etwas knapp ist. Die Tierantworten sind mit 46% relativ hoch.
Die vier Zwischenraumantworten fallen auf, weil sie über die ganze erste Tafel persistieren.
Die Impulsantworten (3) sind für diese Gesamtantwortzahl relativ hoch und im Zusammenhang mit der labilen affektiven Reaktionsweise wahrscheinlich eher eine brisante Mischung.
Mit $1^1/_2$ Hd/Punktwerten wird eine Bereitschaft für Verstimmungen deutlich. Ebenso ist eine affektive Ansprechbarkeit mit 3 Fb Punktwerten gegeben, wobei diese Werte alle labil (FbF) und nicht stabil (FFb) sind. Im Gesamtzusammenhang ist damit zu rechnen, dass die Impulsbereitschaft (b) die labile Affektivität (FbF), die latente Opposition (zw) und die Verstimmungsbereitschaft (FFb') nicht nur pubertätsspezifische Labilität anzeigen, sondern sich in ihrer Spezifität gegenseitig »aufschaukeln«.
Zum Glück ist die Kontrolle mit f+76'/. soweit stabil.
Ich möchte die drei übrigen Punkte, nämlich die inhaltliche Interpretation, die Sukzession und die akzessorischen Phänomene, im gegenseitigen Zusammenhang diskutieren.
Die Wahrnehmung der ganzen ersten Tafel ist geprägt durch eine ängstliche Stimmung. Dies zeigen die Inhalte Teufel, Maske und Monster, aber auch der Fb' Eindruck. Der Teufel ist die Verkörperung des Bösen, hinter der Maske kann man sich verstecken oder sie kann Angst machen, so wie dies ein Monster ebenfalls macht.
Trotz dieser dunklen Tönung der Wahrnehmung bleibt die Formerfassung gut, ist aber geprägt durch den zw-Anteil.
Wie reagiert Veronika auf die nächste Tafel, die mit ihren Farben »Affekte« provozieren kann? Sie sieht eine Blume, also alles andere als das bisher als gefährlich Wahrgenommene. Allerdings wird hier ein Farbeindruck ausgespart, der naturgemäß recht gut zur Blume passen würde. Die »Affekte« lassen sich nicht ein auf das Blumige, für das Veronika jetzt offen ist. Die affektive Reaktionsbereitschaft zeigt sich hier blockiert, wenn sich inhaltlich mit dem Blumenhaften eine Annäherung an etwas Affektives, das heißt tiefer Empfundenes, anbahnt. Die Irritation zeigt sich auch am Abfallen der Antwortzahl von bisher drei auf Tafel 1 auf eine einzige Antwort. Hält dieser Trend auf Tafel 3 an, wo ebenfalls Farben vorkommen? Auch auf Tafel 3 gibt Veronika nur eine Antwort, nämlich »Weste«. Eine Weste ist ein Kleidungsstück. Sie bedeckt den Oberkörper, vielleicht um sich vor Kälte zu schützen oder um gut gekleidet zu sein. Ein

A 1. Methoden der Psychodiagnostik

Oberkörper – und nicht nur das, sondern zwei ganze Personen, könnten relativ leicht auf Tafel 3 gesehen werden. Dafür ist Veronika nicht offen. Eine Person, die sich Veronika zusprechen könnte, blendet sie aus. Stattdessen erreicht Veronika nur noch ganz peripher etwas von dieser menschlichen Begegnungsmöglichkeit in Form der Weste. Im Zusammenhang mit dem Verlauf auf Tafel 1 und 2 lässt sich deshalb sagen, dass eine spontane menschliche Begegnungserfahrung für das Mädchen blockiert, aber latent über die Weste noch peripher erfahrbar ist.
Wie reagiert Veronika auf Tafel 4, auf der vielfach Gefährliches oder Männliches assoziiert wird? Veronika sieht eine Maske. Das hinter der Maske Seiende ist damit verhüllt. Die Maske kam schon auf Tafel 1 zum Zug. Das heißt, das Maskenhafte ist etwas, das hier relativ schnell reaktiviert wird. Nachher sieht Veronika eine Fledermaus, einen Riesen und ein Tier. Obwohl möglicherweise die Maske etwas Angsterregendes ist, steigt die Antwortzahl hier auf vier Deutungen. Auch die drei letzten Deutungen auf dieser Tafel sind formal gut gesehen.
Auf Tafel 5 folgt die übliche Antwort »Schmetterling« – gut gesehen. Auffällig ist eher, dass anschließend zum dritten Mal eine Maske gesehen wird. Zusammen mit dem Fb' Eindruck lässt sich sagen, dass die üblicherweise unkomplizierte Tafel 5 »unnötigerweise« mit einem Reaktionsschema »Maske« überlagert wird. Auf die Frage, was dies für eine Maske sei, meint Veronika, dass es eine Maske zum Schlafen sei. Im Schlaf sieht der Schlafende nichts mehr, er verdeckt sein Gesichtsfeld. Diese »Abwehrstruktur« wird hier reaktiviert und zeigt an, dass dies offenbar auch nötig ist. Hat Veronika schlechte Erfahrungen gemacht?
Die Tafel 6 wird von ihr bis auf die letzte Antwort gut bewältigt. Mütze und Fell sind adäquate, oft gesehene Deutungen.
Auf Tafel 7 können leicht zwei Personen gesehen werden. In der Tat sieht Veronika hier eine Ballettschülerin. Diese Deutung wurde allerdings nicht dort gesehen, wo der Klecks dies gut vermuten lässt, sondern ungewöhnlich auf der um 180° gedrehten Tafel. Die Antwort ist schlecht gesehen. Formal spricht Veronika auf die Aufforderung der Tafel damit gut an, inhaltlich ist die Antwort schlecht. Das heißt, die Art und Weise, wie die Ballettschülerin »erscheinen« kann, ist nicht unproblematisch, weil komplizierter als nötig. Eine Ballettschülerin lernt, vor Publikum zu tanzen. Die menschliche Begegnung, der Beziehungsmodus, der hier damit angetönt ist, heißt: Beziehung ja, aber nicht ganz unkompliziert (Gzw F-). Beziehung ja, aber dann eher etwas Spezielles aufführen (Ballett). Dies passt zur Struktur auf Tafel 2 und 3. Der darauffolgende Hase und die Schaukel sind wieder stabil und gut gesehen.
Wie reagiert nun Veronika auf die nächste – farbige – Tafel 8, nachdem Tafel 4–7 nur schwarz/weiß waren? Setzt sich die Irritation fort, die wir bei Tafel 2 und 3 gesehen haben? Die Antwort auf Tafel 8 heißt: ein Muster. Ein Farbanteil wurde damit aufge-

1.10 Die phänomenologische Auslegung projektiver Tests

nommen (Fb), inhaltlich ist ein Muster aber völlig diffus und leblos. Die beiden farbigen Tiere, die man beispielsweise auf Tafel 8 sehr leicht sehen kann, werden völlig ausgeblendet. Anders formuliert: ist Veronika mit der Möglichkeit konfrontiert, ein affektives, klar strukturiertes und identifizierbares Gegenüber zu »entdecken«, geschieht dies nicht. Auch die zweite Antwort: »Wal«, ist schlecht gesehen. An sich wäre ein Wal nicht schlecht, um über ihn an tieferen Ebenen, das heißt am Ozean, teilzunehmen. Aber dieses »tiefer gehen« funktioniert nicht optimal.
Auf der Tafel 9 wird der gleiche Vorgang analog abgewandelt. Anstatt des Musters wird hier »Wasserfarbe« gedeutet. Der Formaspekt bleibt völlig diffus.
Auf der letzten Tafel 10 stabilisiert sich die Wahrnehmung wieder und die Deutungen werden formal gut. Allerdings geschieht dies um den Preis einer emotionalen Abkopplung, indem kein Fb Eindruck mehr gedeutet wird. Nur gerade bei der letzten Antwort (Fleisch) geschieht dies, hier bleibt dann allerdings der Formaspekt diffus.
Insgesamt gesehen kann aufgrund dieses Testergebnisses vermutet werden, dass Veronika ein Problem mit ihrer Affektivität und spontaner Beziehungsgestaltung hat, dass die »Ballettschülerin« aber als Ressource betrachtet werden könnte. Dazu kommt eine Leistungshemmung wegen der Angstbereitschaft und der irritierbaren Affektivität. Es ist allerdings hier eher verhüllend, wenn von »Affektivität« als solcher gesprochen wird. Wichtiger ist es zu verstehen, worauf Veronika in dieser affektiven störbaren Art gerade bezogen ist und wie die »Schlafmaske« wieder abgezogen werden kann.

Betrachten wir die Ergebnisse des Baum-, Wartegg-, Sceno- und Rorschach-Tests im Zusammenhang, so zeigt sich, dass die einzelnen Tests verschiedene Facetten der Persönlichkeit widerspiegeln. Das Gemeinsame kann darin gesehen werden, dass Teilbereiche der Persönlichkeit nicht optimal entwickelt sind. Im Baum-Test sehen wir das anhand der tragenden Struktur, die ungefestigt erscheint. Im Wartegg-Test ist die Ich-Struktur auf einer »vegetativen« Ebene entwickelt. Im Sceno-Test identifizieren wir die zentrale Beziehungsstruktur als Zweierbeziehungskonstellation vom Typ Mutter-Kind. Im Rorschach-Test ergänzt sich das Bild, in dem Elemente von Impulsbereitschaft mit latenter Opposition, labiler Affektivität und einer Beziehungsblockade auf Tafel 3 erscheinen. Trotz allem zeigt das Mädchen ein expansives Potenzial: Der Baum ist groß gezeichnet, die Treppe im Wartegg-Test unterstützt den Eindruck eines guten Leistungspotenzials, die drei menschlichen Lösungen im gleichen Test verweisen auf ein gutes Beziehungspotenzial, das allerdings mit dem geteilten Gesicht auf Feld 8 und laut Rorschach-Test mit einer »Augenmaske« (Tafel 5) nicht voll zugelassen werden kann. Aus diesen Befunden kann geschlossen werden, dass eine Psychotherapie erfolgversprechend sein könnte.

A 1. Methoden der Psychodiagnostik

1.11 Computergestützte Diagnostik für Kinder und Jugendliche

Computergestützte Diagnostik wird aktuell diskutiert und hat sich in der Praxis erst rudimentär durchgesetzt. Es stellt sich die Fragen, ob dabei wirklich psychologische Diagnostik »entmenschlicht« wird oder ob es zu einer Technisierung der Diagnostik durch Nicht-Psychologen kommt und ob eine Umsetzung herkömmlicher Tests in computergestützte Testversionen zu statistischer Inäquivalenz der Ergebnisse führt. (HAGEBÖCK, 1994; KALINGER, 1995)
Auf das Hogrefe-Testsystem hat HÄNSGEN (1996) aufmerksam gemacht. Der Autor findet es richtig, dass computerspezifische Tests verwendet werden, wenn das Prinzip des dynamischen Testens (GUTHKE, WIEDL, 1995) verfolgt werden soll. Er verweist speziell auf den Adaptiven Analogien, Lerntest, den Adaptiven Figurenfolgen, Test und den Adaptiven Zahlenfolgen, Tests, die alle für das Hogrefe-Testsystem adaptiert wurden. Sie weisen eine recht hohe Übereinstimmung mit Validitätskriterien, zum Beispiel Schulnoten, auf. HÄNSGEN stellt sich vor, dass Wissensdatenbanken, Informationsgewinnungsobjekte, zu denen Tests gehören, und Auswertungs-/Befundungsobjekte miteinander verschmelzen werden. Der Diagnostiker wird sich künftig in einer Datenbank beraten lassen und entsprechende Verweise auf Methoden und Tests erhalten. Die Wahl eines Tests wird jeweils die aktuellste Version von einem zentralen Server abrufen. Die Befunde werden auf der Basis der aktuellsten Normen erstellt. Die Psychodiagnostikerinnen und -diagnostiker werden nach HÄNSGEN aber die entscheidenden Personen bleiben. Computerdiagnostik kann allerdings nicht auf das Durchführen von Tests reduziert werden. Bei formalisierten Schritten des Diagnoseprozesses kann ein einfaches und leicht zu bedienendes System den Diagnostiker durch diesen Prozess hilfreich begleiten. Das Hogrefe-Testsystem für kinderdiagnostische Verfahren (KIDIS) enthält zur Zeit etwa dreißig Verfahren und ist offen für die Aufnahme weiterer Tests. Folgende Bereiche sind berücksichtigt: Motivation, Leistung, Selbst- und Fremdbild, Interessen, Persönlichkeit und spezielle Syndrome.
Ein zweites Testsystem ist das Wiener Testsystem nach SCHUHFRIED (Mödling, Österreich), in dem Intelligenz- und Leistungstest sowie Persönlichkeitsstrukturtest und klinische Verfahren wie zum Beispiel der Hamburger Neurotizismusfragebogen für Kinder und Jugendliche angeboten werden.
Das unter den Diagnosesystemen erwähnte Composite International Diagnostic Interview (CIDI) ist mit einer computergestützten Auswertung erhältlich. Das Programmpaket erlaubt die fehlerfreie Dateneingabe der Interviewdaten, die automatische Konsistenzprüfung, die automatische Auswertung nach ICD-10-Forschungskriterien,

ebenso eine Auswertung nach DSM-IV Kriterien. Neben dem Diagnoseausdruck werden Angaben zum ersten und letzten Auftreten, dem Schweregrad und zur Komorbiditätsstruktur angeboten.

2. Der psychodiagnostische Prozess in der wissenschaftlichen Diskussion

Aus der Vielzahl der Publikationen möchte ich ein paar Ansätze zum diagnostischen Prozess kurz zusammenfassen. Ich komme nochmals auf Rauchfleisch (1994) zurück. Nach seinen Ausführungen lässt sich ein diagnostischer Prozess im Wesentlichen in sechs Phasen aufteilen: 1) Das vorbereitende Gespräch zwischen Untersucher und Klient. 2) Die Planung der psychodiagnostischen Untersuchung. 3) Die Provokation des Verhaltens. 4) Die Registrierung des Testverhaltens. 5) Die Auswertung. 6) Die Interpretation der Befunde und die Arbeitsbildung.
Am Anfang jeder diagnostischen Abklärung findet ein Gespräch zwischen Untersucher und Klient statt. Im Sinne eines Arbeitsbündnisses geht es hier um das gemeinsame Kennenlernen, die Klärung und Ausformulierung eines Auftrags und um die Frage, ob dies zu erfüllen ist. Ferner ist das weitere Vorgehen festzulegen. Der Untersucher wird sich gewisse Hypothesen überlegen, aufgrund derer er mögliche Testverfahren auswählt. Gleichzeitig ist es wichtig, eine möglichst angstfreie Atmosphäre zu schaffen. Der Untersucher soll mögliche Erwartungshaltungen des Klienten ansprechen und offene Fragen mit ihm klären. Der Diagnostiker kann mit Hilfe dieses Vorgesprächs und den anamnestischen Angaben die aufgestellten Hypothesen verifizieren, modifizieren oder verwerfen.
REMSCHMIDT (1987) und STRUNK (1994) beschreiben den gesamten Abklärungsgang und die Diagnosestellung aus kinderpsychiatrischer Sicht. STEINHAUSEN (1996) gewichtet zudem Fragebogenverfahren stärker. Sein Zugang ist eher verhaltenstherapeutisch und medizinisch orientiert.
Der Diagnostiker macht sich Gedanken, mit welchen Testverfahren er die relevanten Informationen am besten gewinnen kann. Dies kann mit einer »Makrostrategie« oder einer »Mikrostrategie« (Rauchfleisch, 1994, S. 46) geschehen. Die Makrostrategie wird in der Praxis am häufigsten angewendet. Der Diagnostiker überlegt sich dabei, welche ihm bekannten und geläufigen psychodiagnostischen Verfahren als Ganzes die Beant-

A 2. Der psychodiagnostische Prozess in der wissenschaftlichen Diskussion

wortung der gestellten Fragen erlauben. Bei der Anwendung von Mikrostrategien werden nicht ganze Tests im herkömmlichen Sinn durchgeführt, sondern dem Klienten werden nur einzelne Items oder kleinere Itemmengen vorgegeben. Die Reaktionen des Klienten entscheiden dann den weiteren Testverlauf. Dies hat den Vorteil, dass damit ein individueller Abklärungsvorgang auf den Klienten abgestimmt werden kann. Die Untersuchung wird solange fortgesetzt, bis der Diagnostiker alle nötigen Informationen, die es zur Beantwortung der eingangs gestellten Frage braucht, zur Verfügung hat. Doch diese Untersuchungsstrategie hat auch ihre Nachteile: »Es besteht leicht die Gefahr, eine im wahrsten Sinne des Wortes ›technische‹, seelenlose Psychologie zu betreiben, die sich allein am Kriterium der exakten Messbarkeit orientiert, alle Beziehungsaspekte aber bewusst auszuklammern sucht« (Rauchfleisch, 1994, S. 47).

Einen neueren Ansatz des »Dynamischen Testens« verfolgen J. GUTHKE und H. M. WIEDL (1996). Die Autoren gehen von der Frage aus, ob herkömmliche Tests ein zutreffendes Bild über die intellektuellen Potenzen der Untersuchten vermitteln und ob eine übliche einmalige Testung genügt, um zuverlässige Aussagen über komplexe Sachverhalte wie »psychische Eigenschaften« zu treffen. Im Rahmen einer dynamischen Psychodiagnostik des Sozialverhaltens bei Kindern von 9–11 Jahren und ihre Nutzung für Fragen der Therapieindikation haben Guthke und Wiedl über den Weg der direkt-handlungsbezogenen, auf Mehrzeitpunktmessung basierenden Erfassung von relevanten Merkmalen einen Zugang zur kindlichen Persönlichkeit geschaffen. Geprüft wird das handlungsbezogene prozessorientierte reale Kooperations-, Wettbewerbs- und Konfliktsituationenverhalten. Registriert werden Verlaufs- und Mehrpunktemessungen. Dabei werden Persönlichkeitseigenschaften des Kindes über den Prozess der Tätigkeit diagnostisch abbildbar. Es lässt sich nachweisen, dass das Dynamische Testen eine deutliche Überlegenheit gegenüber konventionellem Testen zeigt.

Im Unterschied zur Leistungsmessung gibt es im Bereich der Persönlichkeit beziehungsweise der Charaktereigenschaften bisher nur wenig Ansätze zum dynamischen Testen. Nach Guthke und Wiedl könnte sich aber der dynamische Test weiter verbreiten. Beispielsweise ist das »Progressive Learning Interview« ein erster Ansatz zur Realisierung des dynamischen Testens auch im Bereich der Charakterdiagnostik. Die bisherigen Befunde zeigen, dass mit diesen Methoden neue diagnostische Informationen gewonnen werden können, die zum Beispiel die Prognose und damit auch Indikation von Therapiemaßnahmen verbessern. Die in letzter Zeit geforderte »therapieorientierte Diagnostik« lässt sich wahrscheinlich besser mit dynamischen Testprozeduren realisieren als mit der heute noch dominierenden Einpunktemessung.

BIRKENS (1968) legt sein Augenmerk mehr auf den inneren Prozess beim Diagnostiker und fragt nach dem Denkprozess, der sich beim praktizierenden klinischen Psy-

2. Der psychodiagnostische Prozess in der wissenschaftlichen Diskussion

chologen während eines diagnostischen Prozesses abspielt. Obwohl die Überlegungen von Birkens vor 30 Jahren formuliert wurden, ist die Fragestellung auch heute noch aktuell. Laut Birkens werden während einer Untersuchung explizite Hypothesen aufgestellt. Diese werden an neu auftauchenden Tatsachen überprüft. Danach kann dieser Gedankengang zu einer Interpretation eines Sachverhalts führen, was wiederum zu neuen Hypothesen führen kann. Daneben ist laut Birkens zu beachten, dass so genannte Perzeptionshypothesen entstehen. Dies entsteht aus einem Bedürfnis des Diagnostikers, bestimmte Arten von Ereignissen ganz genau zu beobachten und zu favorisieren. Beim diagnostischen Prozess sollte der Diagnostiker versuchen, »Bündel« empirischer Gegebenheiten zu finden, die jeweils auf ihre eigene Art das gleiche zentrale Merkmal aufweisen. Dabei soll der Kontext eine einzelne Information berücksichtigen, wobei die Bedeutung jeder einzelnen Antwort im Lichte aller übrigen Informationen zu sehen ist. Dieser Prozess hat einen kreativen Charakter. Es geht darum, den richtigen Ansatzpunkt für das Aufstellen der Hypothese und für deren Überprüfung aus den Personalien, den Beobachtungen und den Tests zu finden. Unter einer Interpretation versteht Birkens das Transponieren von Informationsdeuten aus den Befunden von Beobachtung, Gespräch und Tests in ein anderes Begriffsschema mit dem Ziel, psychologische Einsicht und Anknüpfungspunkte für die weitere Behandlung zu finden. Dabei können drei Ebenen der Interpretation unterschieden werden:

1. Die semantische Ebene. Hier wird das Material nach einem bestimmten Sprachsystem klassifiziert.
2. Die Ebene der Generalisierung. Hier werden Zusammenhänge nach allgemeiner Art hergestellt.
3. Die Ebene der Konstruktion. Konstruktionen werden einer Theorie entlehnt. Sie sind abstrakter als die Generalisierung und haben zum Ziel, eine bestimmte »Grundstruktur« zu erfassen.

Insbesondere geht es Birkens um die richtige Art schlusszufolgern. Viele Folgerungen während eines diagnostischen Prozesses beruhen auf Prämissen, die so nicht gültig sind, beziehungsweise hängen von der empirischen Fundierung der Major-Prämisse ab, d. h. des zuvor angenommenen Zusammenhangs. Eine formal logische Folgerung kann sich beispielsweise auf die folgende Major-Prämisse stützen: Ein hoher IQ ist ein Zeichen für eine große verstandesmäßige Begabung.

Bei der informalen Folgerung wird weder implizit noch explizit auf eine Major-Prämisse zurückgegriffen, sondern auf eine Vielzahl konvergierender Hinweise. Diese Hinweise fasst der Psychodiagnostiker alle als Teilmanifestation einer einzigen Eigenschaft oder Strukturdisposition auf. Die informale Folgerung kann weitgehend Ak-

A 2. Der psychodiagnostische Prozess in der wissenschaftlichen Diskussion

tionsformen des Verstehens benutzen. Das »Verstehen« ist das Erfassen psychologischer Sinnzusammenhänge. In diesem Sinne wird es dem kausalen Erklären gegenübergestellt. Der Bereich des informalen Folgerns ist allerdings größer als der des Verstehens. Das erlangte Material wird in ein bestimmtes Sprachsystem oder in einen allgemeinen Zusammenhang eingeordnet.

Bei der natürlichen Folgerung wird eine Schlussfolgerung gezogen auf der Basis der empfangenen Informationen, wobei diese Informationen nicht in einen Zusammenhang gebracht werden. Es wird als unmittelbares Wahrnehmen empfunden oder als Einfall.

Der Diagnostiker wendet in seiner praktischen Berufsausübung im Allgemeinen alle drei Methoden an, um zu seinen Befunden zu kommen.

HERZKA (1991) hat sich aus der Sicht der Kinderpsychiatrie mit dem diagnostischen Prozess auseinander gesetzt. Er sieht einen engen Zusammenhang zwischen Diagnostik und Therapie. »Diagnostik und Therapie haben zwar ihre eigenen Voraussetzungen und Regeln, aber das eine ist jeweils nur im Hinblick auf das andere und auf ein gemeinsames Ganzes sinnvoll« (Herzka, 1991, S. 224). Die Therapie soll nicht bis nach der Untersuchung aufgeschoben bleiben. Schon die Untersuchung kann eine klärende Hilfe sein. Im Laufe jeder Therapie ergeben sich aber neue Gesichtspunkte. Schon bei der Abklärung ist ein Blick auf die Befunde und Diagnosestellung sinnvoll. In diesem Sinne bleibt nach Herzka eine Art Kreislauf zwischen Diagnose und Therapie im Gang. Weiterhin verlangt die Beurteilung kindlicher Testergebnisse gute psychologische Kenntnisse auf verschiedenen Gebieten wie Test-, Entwicklungs-, Persönlichkeit und Tiefenpsychologie. Neben dem Wissen um verschiedene Krankheitsbilder muss der Diagnostiker die Befunde im Lichte der kindlichen Entwicklungspsychologie interpretieren. Herzka unterscheidet bei der Pathogenese drei Gesichtspunkte, nämlich a) die Reaktionsart des Kindes, b) die Konstitution und c) das Milieu. Neben dem psychopathologischen Erscheinungsbild soll beim Kind sein Potenzial im Sinne der Ressourcen beschrieben werden.

Die Diagnose ist eine Kurzform der Gesamtbeurteilung und variiert je nach Schulrichtung und Betrachtungsweise. Das Krankheitsbild ist nicht völlig identisch mit einer bloßen Diagnose. Herzka schlägt deshalb eine Haupt- und eine Nebendiagnose vor. Zusätzlich ist neben der Diagnose die Klassifikation, die unter anderem für statistische Zwecke oder zu Forschungszwecken erhoben wird, zu wählen.

Herzka, 1991, S. 226, stellt den diagnostischen Prozess in einem Schema dar (s. S. 79).

Es gibt weitere Überlegungen zum diagnostischen Prozess, wobei das Hintergrundverständnis je ein anderes ist. Für den psychodynamischen beziehungsweise psychoanalytischen Standpunkt formuliert beispielsweise MENTZOS (1984, S. 109) ein dreidimensionales Modell einer Diagnostik, das auch für Kinder geeignet ist, nämlich

2. Der psychodiagnostische Prozess in der wissenschaftlichen Diskussion

Abbildung 5
Aus: Herzka (1991, S. 226)

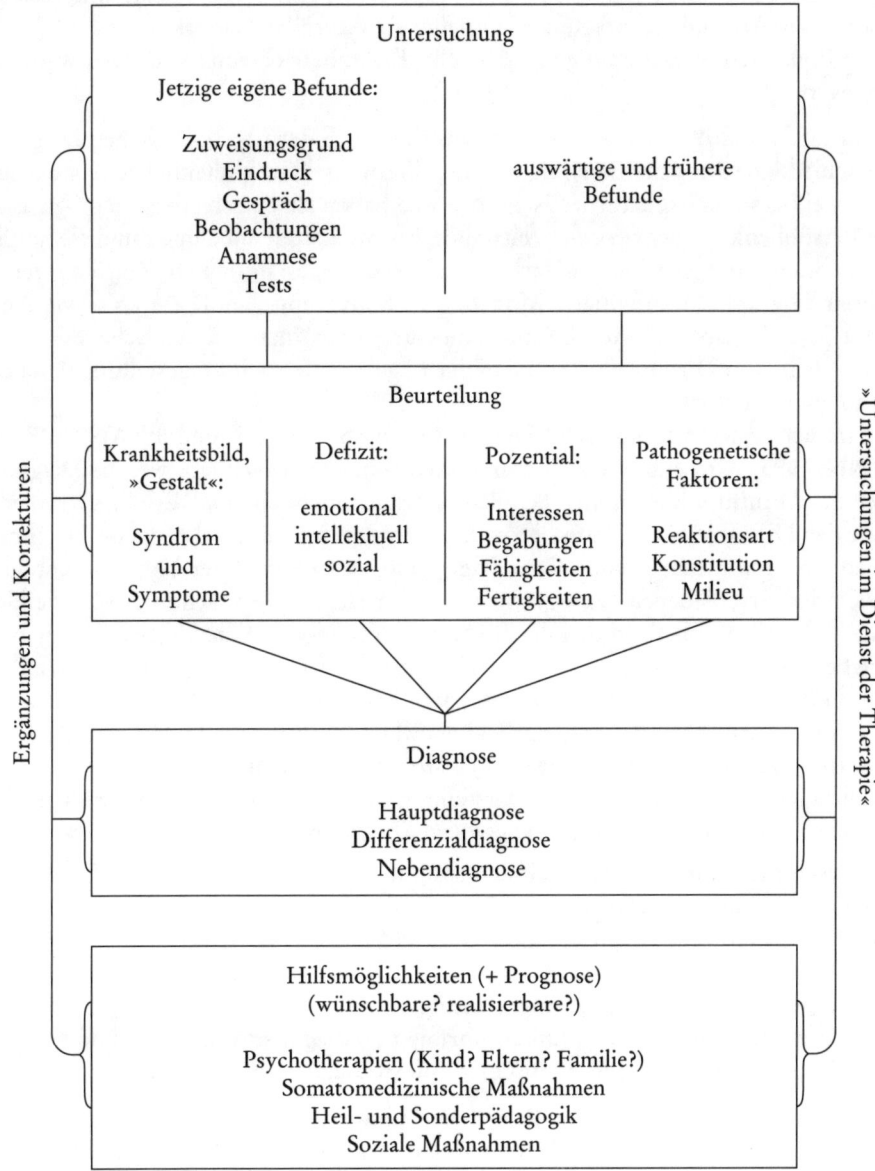

A 2. Der psychodiagnostische Prozess in der wissenschaftlichen Diskussion

a) die Art des zugrunde liegenden, zentralen Konflikts und der daraus entstehenden sekundären Konflikte
b) der Reifungsgrad, die Kohäsion, überhaupt die strukturelle Beschaffenheit des Ichs sowie die Art und Ausprägung eventueller struktureller Mängel
c) der Boden der Verarbeitung mit Abwehr, Ersatzbefriedigung und Reparationsvorgängen.

M. F. FISSENI (1997) beschreibt in seinem Lehrbuch der psychologischen Diagnostik unterschiedliche Modellvorstellungen, die allerdings kein einheitliches System ergeben. Zwei persönlichkeitstheoretische Ansätze haben sie entscheidend geprägt. Einerseits Persönlichkeitstheorien, die zeitstabile Eigenschaften annehmen und Persönlichkeitstheorien, die menschliches Verhalten als Prozessgestalt deuten. Zur letzteren Art gehören biographisch orientierte Modelle psychodynamischer Theorien sowie Ansätze mit kriteriumsorientierter Leistungsmessung oder interaktionistische Persönlichkeitsmodelle. Ein Diagnostiker sollte in der Lage sein, je nach Fragestellung den geeigneten Ansatz zu verwenden.

Im Sammelband Psychologische Diagnostik (R. S. JÄGER und FRANZ PETERMANN, 1995) wird eine Vielzahl von Einzelproblemen diskutiert, wie die Diagnostik unter dem Einfluss bestimmter Schulen, Fragen um Recht und Ethik, verschiedene Arten der Diagnostik als Status, prozess-, norm- oder therapiebezogene Diagnostik. Neben weiteren methodischen Grundlagen wie Testtheorie oder Hypothesenbildung werden die verschiedenen Daten aus der Anamnese, aus Beobachtung oder Teildaten diskutiert, um anschließend den diagnostischen Prozess und die Urteilsbildung zu beschreiben. Allerdings meint dazu A. MATTENKLOTT in R.S. Jäger und Franz Petermann (1995, S. 466), »dass der gegenwärtige Stand der psychologischen Theoriebildung hinter den Erwartungen zurückliegt. Der praktizierende Diagnostiker kann daher Integrationsregeln nicht wie ein bewährtes Instrument anwenden«.

Genauer geht Jäger (1986) in der Darstellung des diagnostischen Prozesses noch zu sämtlichen Zwischenschritten ein. Diese Zwischenschritte sind

- die rechtlichen und ethischen Gesichtspunkte
- die Präzisierungsstrategien
- die Kompetenz des Diagnostikers
- die Untersuchungshypothesen
- die Operationalisierung der Fragestellung
- die Untersuchungsplanung, Durchführung und diagnostische Urteilsbildung
- die Entscheidung über die einzuschlagende Strategie und Evaluation.

In all diesen Punkten entwickelt Jäger Ideen und entsprechende Flussdiagramme, die dargestellt werden. Das Ziel für Jäger war, ein Modell des diagnostischen Prozesses zu

2. Der psychodiagnostische Prozess in der wissenschaftlichen Diskussion

entwickeln, das normativ und wissenschaftlich ist. Außerdem expliziert er Randbedingungen und legt auf psychologische und methodische Implikationen Wert, aber auch ethische und berufsrechtliche Bedingungen, rechtliche Gesichtspunkte sowie gesellschaftliche Rahmenbedingungen.

Als diagnostischer Prozess bezeichnen AMELANG und ZIELINSKI (1997) die Abfolge von Maßnahmen zur Operationalisierung von diagnostisch relevanten Informationen. Sie zitieren dazu ein Modell von Jäger (1982)(s. Abb. S: 82). Der Diagnostiker muss bei einer Fragestellung entscheiden, ob sich die Frage in psychologische Hypothesen übersetzen lässt. Mit welcher Hilfe, das heißt welchen Verfahren, sind die inhaltlichen Ziele zu erreichen? Vielfach müssen Hypothesen zusätzlich abgesichert werden. Der diagnostische Prozess ist ein Geschehen, bei dem der Diagnostiker sich eventuell erst in mehreren Arbeitsdurchgängen der Beantwortung der Frage nähert.

Ich möchte den diagnostischen Prozess bei der Abklärung in der Kindertherapie folgendermaßen zusammenfassen: In einem Erstkontakt geht es darum, die Klienten kennen zu lernen und ein erstes Arbeitsbündnis herzustellen. Das Setting des Erstkontakts hängt von der Fragestellung und den Vorlieben des Untersuchers ab. Fachleute mit familientherapeutischer Ausbildung werden die ganze Familie einladen. Auf die Besonderheiten des systemischen Ansatzes werde ich im nächsten Kapitel eingehen. Fachleute, die von der Ausbildung her analytisch orientiert sind, werden in einem Erstgespräch wahrscheinlich die Eltern sehen wollen. Es kann keine Rede davon sein, dass nur ein Ansatz angemessen ist. Auch wenn die angewendete Methodik unterschiedlich sein mag, wird auch ein analytisch orientierter Untersucher die Familie eines Kindes in seinen Überlegungen berücksichtigen, und ein systemorientierter Untersucher wird stellenweise den Fokus auf die individuelle Entwicklung eines Kindes werfen. Während dieses Erstkontaktes, aber auch später, geht es nicht primär darum, notwendige Informationen zu beschaffen, die der Untersucher möglicherweise benötigt, um einem vorgegebenen Abklärungsschema zu genügen. Vielmehr ist der Familie beziehungsweise den Eltern und dem Kind Raum und Zeit zu lassen, das für sie Wichtige einer Situation darzustellen. Der Untersucher muss akzeptieren, dass die Klienten womöglich in anderen Kategorien als er selber denkt. Wenn sich eine vertrauensvolle Beziehung zwischen Klienten und Untersucher entwickelt, heißt dies aus phänomenologischer Sicht auch, dass der Untersucher die Probleme so aufnimmt, wie sie von den Klienten gemeint sind, und nicht von vorneherein in festgeschriebenen Kategorien denkt. Eine Gefahr kann sich hier bei der üblichen Hypothesenbildung ergeben. Sosehr es richtig ist, dass sich der Untersucher zu den Aussagen der Klienten etwas denkt und Zusammenhänge im Sinne von Hypothesen sieht, so sehr kommt es im Detail darauf an, was und welche Zusammenhänge der Untersucher sieht und denkt. Hypothesen haben sehr viel mit Konstrukten und vorgegebenen Theorien zu tun. Ich

A 2. Der psychodiagnostische Prozess in der wissenschaftlichen Diskussion

Abbildung 6
Aus: Jäger, 1982, S. 258

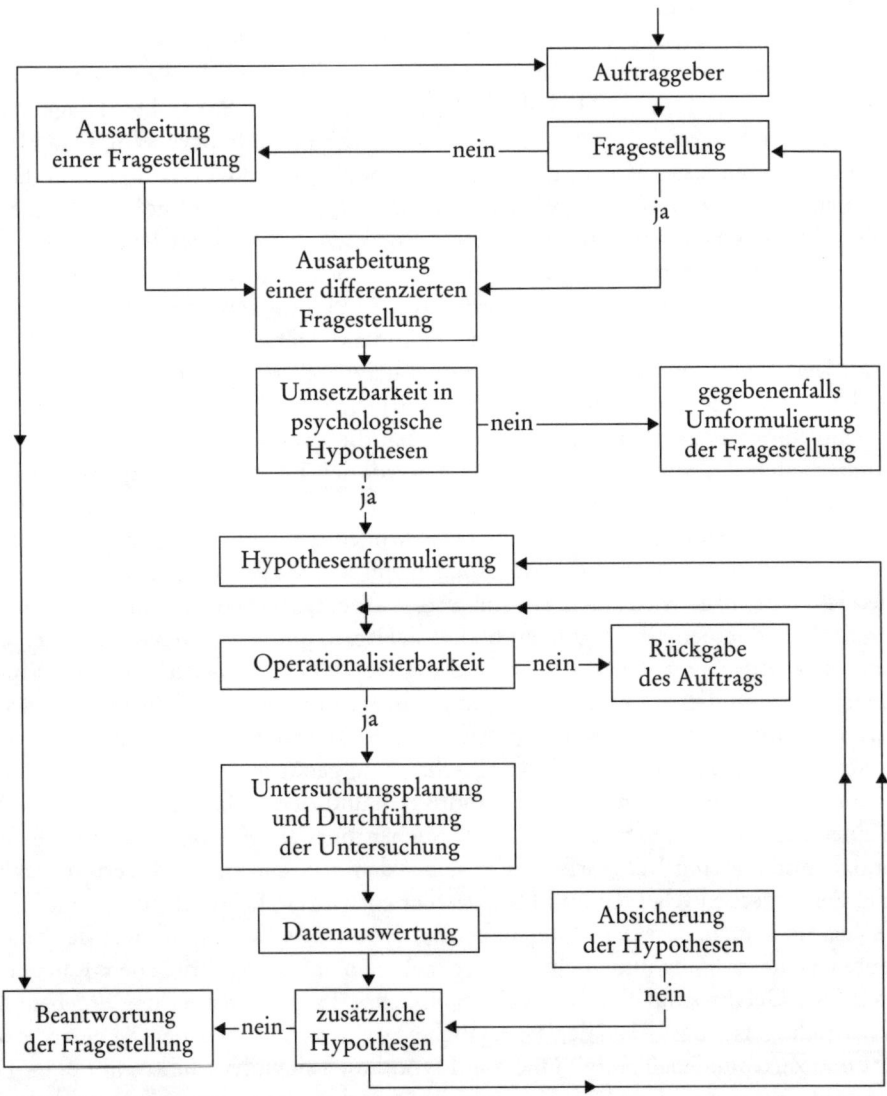

2. Der psychodiagnostische Prozess in der wissenschaftlichen Diskussion

ziehe es deshalb vor, mental zwischen Hypothesen und »Nicht-Hypothesen«, das heißt in einem Zustand des offenen Gewahrwerdens, zu pendeln. Es ist nicht derjenige Therapeut ein guter Untersucher, der möglichst schnell Hypothesen zu einem bestimmten Sachverhalt bilden kann. Stattdessen geht es darum, sich auf eine Darstellung so einzulassen, dass die dazugehörige Bedeutung für den Klienten deutlich wird und der Untersucher mental nicht vorschnellt und bereits etwas weiß, was im Grunde genommen noch ganz verdeckt ist. Dieses offene Interesse mag sich auch auf die Auswahl der Methoden auswirken, wenn beispielsweise bei einer Testabklärung ein projektives Verfahren vorgeschlagen wird, ohne dass damit eine explizite Hypothese bestätigt oder verworfen werden will. Einerseits braucht dies nicht viel Zeit und andererseits kann dies neue und bisher nicht bedachte Aspekte aufzeigen.

Zusammengefasst werden kann der diagnostische Prozess in folgenden Schritten:

- Wie ist die genaue Fragestellung, Zielsetzung und Motivation?
- Klient und Untersucher einigen sich auf ein Arbeitsbündnis.
- Welche Hypothesen werden gebildet und wie werden sie beantwortet?
- Welche Methoden der diagnostischen Abklärung sind sinnvoll, um die gestellten Fragen zu beantworten?
- Wie ist die Beurteilung beziehungsweise Diagnose und Klassifikation des dargestellten Problems?
- Wie wird diese Beurteilung den Klienten vermittelt und welches sind die vorgeschlagenen Maßnahmen?

Bei diesem letzten Schritt wird sich der Untersucher überlegen, in welcher Art die Befunde den Eltern und dem Kind mitgeteilt werden. Es macht keinen Sinn, in einer Schlussbesprechung nach einer Abklärung die Klienten in einer Fachsprache oder in inhaltlich nicht adäquater Art zu überfahren. Vielmehr ist es hilfreich, aufbauend auf den Vorstellungen und Konzepten der Familie selber, zu einem dargestellten Problem die Befunde in diesem Zusammenhang zu diskutieren.

Der Gesamtprozess der diagnostischen Abklärung ist in Abb 7 (S. 84) dargestellt. Wir haben auch Punkte aufgenommen, die klientenbezogen zu erheben sind. Zur Symptomatik gehört die Eigenschilderung des Patienten, ebenso diejenige der Familie beziehungsweise Eltern. Zur Anamnese gehört die Familien- respektive persönliche Anamnese. Beim Gespräch mit dem Patienten zählen seine averbalen und stimmungsmäßigen Botschaften dazu. Beim klinischen Eindruck sind der psychopathologische Befund und die Beobachtungen während der Untersuchung zu berücksichtigen. Die Testzusammenfassung beschreibt die wesentlichen Befunde aus den verschiedenen Einzeltests in einer Gesamtschau. Eventuell nötige Fremdangaben werden von Lehrern oder Erziehern erhoben. Eventuell sind Berichte einzuholen. Szenische Insze-

A 2. Der psychodiagnostische Prozess in der wissenschaftlichen Diskussion

Abbildung 7: Übersicht zur Psychodiagnostik

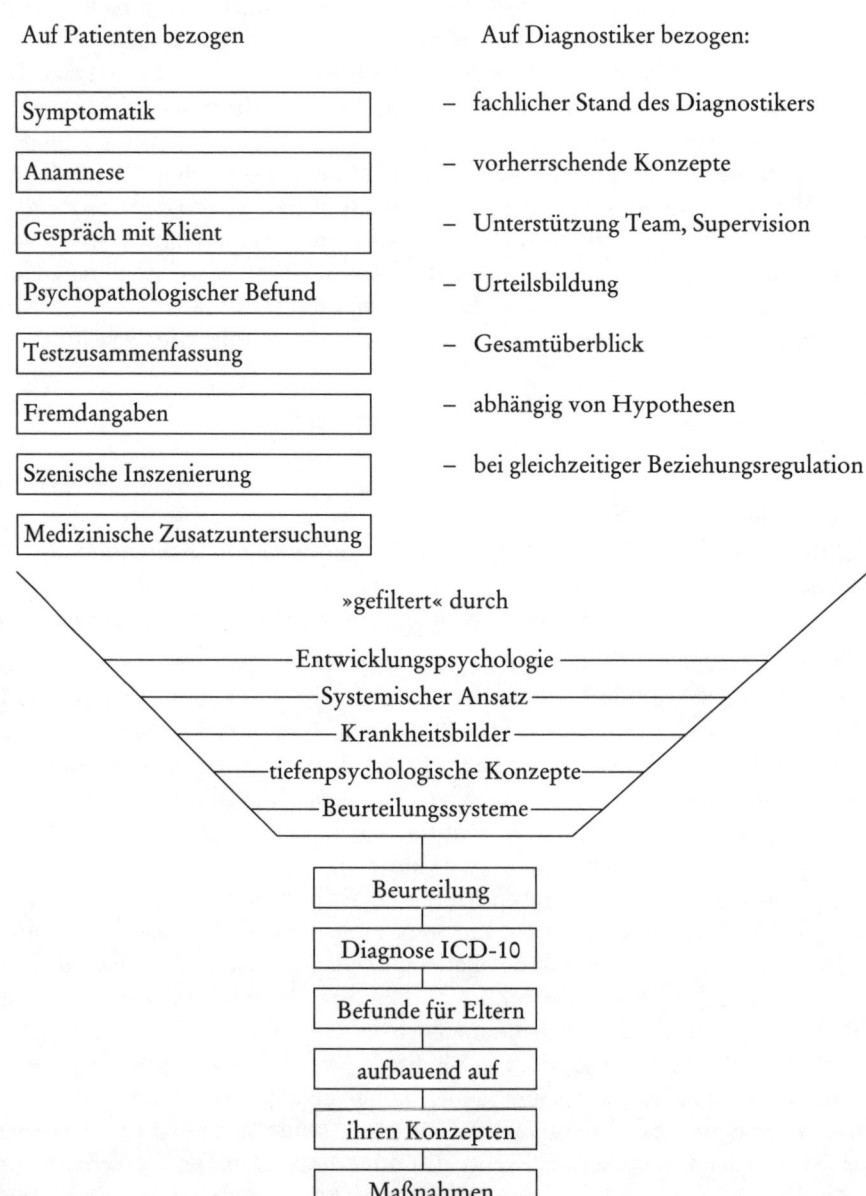

2. Der psychodiagnostische Prozess in der wissenschaftlichen Diskussion

nierungen können bei der Anmeldung oder während der Untersuchung beobachtet werden. Schließlich werden – wenn nötig – medizinische Zusatzuntersuchungen wie Neurostatus oder Elektroenzephalogramm erhoben. Um zu einer Beurteilung bei einer Abklärung zu kommen, werden all die genannten Angaben »gefiltert« durch folgende »Siebe«: Entwicklungspsychologie, systemische Überlegungen, Krankheitsbilder, tiefenpsychologische Systeme oder Diagnosesysteme. Üblicherweise wird dazu das ICD-10 oder DSM-IV verwendet. Der diagnostische Prozess ist auf der anderen Seite von verschiedenen Punkten beim Diagnostiker selber abhängig. Dazu gehört die Frage nach dem fachlichen Stand des Diagnostikers, seinen bevorzugten Konzepten und »Vorlieben«, seinem persönlichen Prozess bei der diagnostischen Arbeitsfindung und seinem Gesamtüberblick über die ganze Abklärung. Diese eher »subjektiven« Momente will gerade ein System wie das ICD-10 ausgleichen.

Der diagnostische Prozess, spezifisch auf die Testdiagnostik bezogen, ist demgemäß ein Teilbereich der diagnostischen Abklärung. Eine Testzusammenfassung sammelt die wichtigen Befunde aus den einzelnen Tests. Es ist ein zentraler Gedanke, dass ein einzelnes Testresultat nicht überbewertet werden darf, sondern in einer Gesamtschau der übrigen Daten bewertet werden muss. Wie diese Gesamtschau im konkreten Einzelfall aussieht, ist schwer allgemein gültig zu erklären. Wahrscheinlich erklärt dies, dass zu diesem spezifischen Punkt kaum konkrete Literatur vorliegt. Ein einzelner Fall ist zu differenziert, als dass ein allgemein gültiges Vorgehen formuliert werden könnte. Ein geübter Diagnostiker wird einzelne Daten aus verschiedenen Tests miteinander verknüpfen, um eine bestimmte Hypothese weiter zu erhärten oder sie im anderen Fall zu verwerfen. Beispielsweise stellt sich die Frage bei einem Leistungsproblem eines Kindes in der Schule, ob die intellektuellen Möglichkeiten eines Kindes beschränkt sind, ob Teilleistungsstörungen vorliegen, ob eine emotionale Krise das Kind belastet oder ob äußere Umstände wie die konkrete Schulsituation oder das Verhältnis zu einem Lehrer eine Krise auslösen. Hier gilt es neben der nötigen Befragung zu den einzelnen Fragen mit den Tests – sollten sie eingesetzt werden – die entsprechenden intellektuellen und emotionalen Bereiche abzuchecken.
Im Folgenden wird exemplarisch, aber nicht systematisch und vollständig, anhand einzelner Tests die gemeinte Verknüpfung dargestellt.

Was sprechen einzelne Tests beispielsweise an?

Baumzeichnungstest

1. Strichführung, wie zeigt sich die Graphomotorik .... B 1
2. Formale zeichnerische Gestaltung, gibt es Hinweise
   für zeichnerischen Rückstand .... B 2

A 2. Der psychodiagnostische Prozess in der wissenschaftlichen Diskussion

3. Raum/Lage des Baumes, zeigt sich eine Hemmung oder ein Expansionsdrang . B 3
4. Strukturaufbau des Baumes, fallen spezifische Strukturmerkmale auf .... B 4

Wartegg-Zeichentest

1. Ich-Gefühl, Identität .... W 1
2. Emotionalität .... W 2
3. Leistungsanspruch .... W 3
4. Angstverarbeitung .... W 4
5. Aggressionsverarbeitung .... W 5
6. Integrationsvermögen .... W 6
7. Allgemeine Verarbeitung .... W 7
8. Graphomotorik .... W 8
9. Primäre Geborgenheit .... W 9

Sceno-Test

1. Soziales Beziehungsverhalten .... S 1
2. Soziale oder emotionale Konflikte .... S 2
3. Allgemeines Entwicklungsniveau .... S 3
4. Ängste .... S 4

In einer Testzusammenfassung können die einzelnen Bereiche, die eine solche Aufstellung umfasst wie beispielsweise Emotionalität, Stimmung und sozialer Bereich, familiärer Bereich, aber auch zusätzliche Bereiche anhand von anderen Tests wie beispielsweise Intelligenz mit entsprechenden Wahrnehmungsfunktionen, Entwicklungsstand oder Konflikte, Reifungsstufen oder Abwehr den vorhin beschriebenen Merkmalen zugeordnet werden. Mit anderen Worten, es wird beispielsweise zum Thema Emotionalität in den verschiedenen Tests, die dazu etwas sagen können, nach Aussagen gesucht, die dieses Thema illustrieren können. Umgekehrt formuliert geht es darum, in allen Tests das zentrale Moment oder den »roten Faden« zu finden und ein Thema mit dem anderen in Beziehung zu setzen. Insgesamt gesehen können beim diagnostischen Prozess drei Verarbeitungsebenen gesehen werden. Ersten werden auf einer realen Ebene die sachlichen, »objektiven« Fragen geklärt. Zweitens spielt die psychodynamische Entwicklung zwischen Untersucher und Patient eine Rolle. Drittens gibt es Punkte, die nicht beachtet werden, indirekt aber eine Rolle für den Prozess spielen. Eine Zusammenstellung dieser Gedanken zeigt die Abbildung 8 (S. 87).

2. Der psychodiagnostische Prozess in der wissenschaftlichen Diskussion

Abbildung 8: Psychodiagnostischer Abklärungsprozess
Wahrnehmungs- und Verarbeitungsebenen

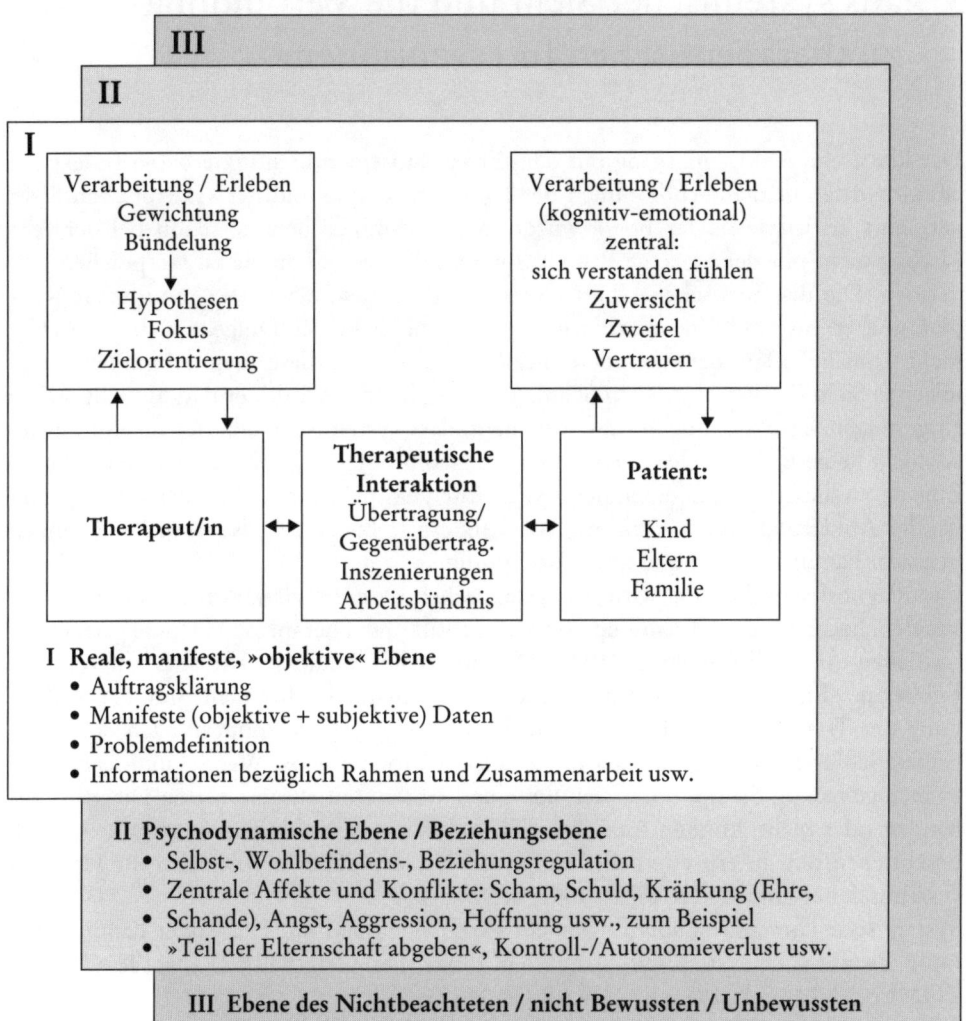

3. Der psychodiagnostische Prozess aus systemischer Sicht und die Verbindung zu therapeutischen Interventionen

Der klassische Abklärungsgang mit dem Fokus auf einen identifizierbaren Indexpatienten wurde mit dem Aufkommen der Familientherapie und der systemischen Sicht vermehrt kritisiert. In der Folge wurde in der Familientherapie schon bei der Abklärung nicht nur der einzelne Patient, sondern die ganze Familie zu Gesprächen eingeladen. Die diagnostischen Überlegungen sind in diesem Kontext modifiziert worden, und es entstand eine spezifische systemische Sicht der Dinge. Da dieser Arbeit nicht primär ein familientherapeutischer Hintergrund in dieser neu definierten systemischen Sicht der verschiedenen Schulen zugrunde liegt, wird hier darauf nicht weiter eingegangen. Trotzdem heißt dies aber nicht, dass systemische Überlegungen in unserer Sicht keine Rolle spielen. Sie werden sehr wohl beachtet, nur mag der methodische Zugang zu diesen Fragen ein anderer sein. Auch ein psychodynamischer Hintergrund bei der Abklärung und Behandlung von Kindern sieht die gegenseitigen Beziehungen in einem Familiensystem und deren Bedeutung.

Der diagnostische Prozess wird im systemischen Kontext als zirkulärer Prozess verstanden, und eine klare Trennung von Diagnostik und Therapie in einem je getrennten restlichen Ablauf ist nicht gegeben. Diagnostisches Handeln hat eine eingreifende Funktion. »Eine solche ökosystemische Grundannahme führt nicht nur zur Aufhebung der Trennung zwischen Diagnostik und Intervention, sondern auch zur stringenten Schlussfolgerung, dass der diagnostische Prozess selbst Wandel induziert. Und zwar unabhängig davon, ob es sich um einen systemisch ausgerichteten Diagnostiker handelt oder nicht, können Interaktionen und Wirkungsprinzipien systemtheoretisch beschrieben und interpretiert werden, ohne dass die dabei Involvierten ihr Handeln systemisch begründen« (KÄSER, 1993, S. 397).

Systemische Therapie ist allerdings nicht gleichbedeutend mit Paar- oder Familientherapie. Es gibt auch systemische Ansätze in Einzeltherapien (STIERLIN, 1980; BORSZOMENYI-NAGY, 1981; SCHWARTZ, 1998).

Die systemischen Therapieformen arbeiten mit Gedanken aus Systemtheorie, Informations- und Kommunikationswissenschaften, Kybernetik und Ökologie. Ein System ist nach WATZLAWICK (1972) »ein Aggregat von Objekten und Beziehungen zwischen den Objekten und ihren Merkmalen«. Die Objekte bilden die Bestandteile eines Systems, die Merkmale sind deren Eigenschaften, die Beziehungen ermöglichen den

3. Der psychodiagnostische Prozess aus systemischer Sicht

Zusammenhalt des Systems. Es gibt geschlossene und offene Systeme, letztere befinden sich im Austausch mit der Umgebung. Menschliche Systeme sind immer offen, wobei gestörte Familien oft versuchen, sich so weit wie möglich von der Umwelt abzuschotten. Im Zusammenspiel der Elemente des Systems gibt es Gesetzmäßigkeiten, die erkannt und beachtet werden sollen.

Für ein System ist kennzeichnend, dass die Veränderung eines Elementes immer Veränderungen der anderen Elemente und des ganzen Systems nach sich zieht. Ein System ist eine Ganzheit, also nicht einfach die Summe seiner Teile, sondern etwas Neues. Es wird durch positive und negative Rückkoppelungen gesteuert. Im Gegensatz zur herkömmlichen Krankheitslehre von Ursache und Wirkung geht es hier um zirkuläre Einwirkungen mit Feedbackmechanismen. Systeme sind zirkulär, multidimensional, multikausal und selbstregulierend. Sie können Informationen verarbeiten und speichern. Sie organisieren sich selbst, passen sich an die Umwelt an, können die Homöostase aufrechterhalten wie auch sich entwickeln.

Für die therapeutische Arbeit mit Systemen sind folgende Grundannahmen von Bedeutung: Man geht davon aus, dass das Symptom Ergebnis und Ausdruck von Beziehungen im System ist. Der Indexpatient erhält durch das Symptom die bisherige Struktur der Familie am Leben, wobei er nicht nur Opfer, sondern auch Mitspieler ist. Dies bedeutet, dass eine Heilung eine Veränderung der anderen Mitglieder und des ganzen Systems nötig macht; geschieht dies nicht, besteht die Gefahr, dass der Indexpatient krank bleibt oder ein anderes Familienmitglied zum Patienten wird. Der systemische Therapeut fragt sich, welche Aspekte des Problems, welche Interaktionen und Lösungsversuche das Symptom aufrechterhalten und durch welche Ereignisse sich die Beziehungen innerhalb der Familie so verändert haben, dass eine Entwicklung nicht mehr möglich ist. Von Bedeutung sind insbesondere die normativen, das heißt jede Familie oder jedes Paar betreffenden Entwicklungskrisen, die dann auftreten, wenn Reifungsschritte anstehen wie zum Beispiel die Geburt eines Kindes. Das System muss sich in solchen Situationen neu orientieren. Misslingt dies, weil die Anpassungskräfte des Systems überfordert sind, entstehen Schwierigkeiten und Symptome. Da die Familie ein offenes System darstellt, sind auch ihr Kontext und ihre soziale Situation von Bedeutung.

Das Ziel einer systemischen Therapie ist, das ganze System zu verändern, dysfunktionale Regelkreise zu durchbrechen und neue funktionalere Regelkreise zu schaffen. Um dies zu erreichen, richtet der Therapeut sein Augenmerk vor allem auf die Beziehungen und fragt sich, wie Regeln und Beziehungsmuster entstehen und wie vorhandene Muster so verändert werden können, dass die Entwicklung gefördert statt behindert wird. Wichtig ist dabei das »Hier und Jetzt«, das »Wie« und weniger das »Warum« beziehungsweise die Geschichte der Familie. Die ganze Familie wird als Klient ge-

A 3. Der psychodiagnostische Prozess aus systemischer Sicht

sehen, keiner kann für den anderen sprechen: Die Verhaltensbeiträge des Individuums sind wichtiger als seine Eigenschaften. Nicht der Indexpatient ist krank, sondern die Beziehungen. Es geht auch darum, die Kommunikation zu ändern, was sich wiederum auf die Beziehungen auswirkt. Angestrebt wird eine Familienstruktur mit klarer Ordnung, klar definierten Beziehungen, einer funktionierenden Hierarchie und adäquater Autonomie und Kompetenz für jedes Mitglied. Im Gegensatz zur klassischen Psychoanalyse geht es darum, Entwicklungen anzustoßen, nicht sie durchzuarbeiten; wichtig ist nicht nur, was in den Sitzungen, sondern auch im Alltag geschieht.

In der herkömmlichen, individuumzentrierten Krankheitslehre sind Symptome Hinweise auf eine bestimmte Krankheit. Für die Systemtherapeuten ist die individuelle Diagnose weniger wichtig. Sie sehen Symptome mehr im Kontext der Beziehungen als eine Art averbales Kommunikationssignal.

Symptome können eine Metapher sein (die Tochter verlässt ihr Bett nicht als Ausdruck der Depression der Mutter), sie können Nähe und Distanz regulieren, Konflikte neutralisieren (zum Beispiel eine Ehescheidung verhindern) oder eine Familienkrise spiegeln (Vater arbeitslos, Sohn hat Schulprobleme). Sie können auch fehlende Anteile ausdrücken (die Familie ist in sexuellen Dingen sehr streng, die Tochter wechselt oft den Partner), das Resultat nicht geleisteter Trauerarbeit sein oder zeigen, dass die Familie mit einem anstehenden Entwicklungsschritt nicht zurechtkommt. Symptome dienen als Schutz vor Anforderungen, die als bedrohlich erlebt werden, und helfen, Belastungen zu bewältigen oder Ansprüche durchzusetzen.

Der finale Aspekt eines Symptoms (wozu dient es?) weist auf ein mögliches therapeutisches Vorgehen hin. Es ist wichtig, sich klar zu werden, was Symptome verändern beziehungsweise was wäre, wenn es sie nicht mehr gäbe. Symptome können meist erst dann aufgegeben werden, wenn ihre Funktion auf eine andere Weise gewährleistet ist. Symptome sind eine Art Eintrittskarte in den therapeutischen Prozess. Ein Symptomwandel im Verlauf der Therapie ist nicht unbedingt ein Hinweis auf einen schlechten Verlauf, sondern kann eine Entwicklung des Systems anzeigen und Hinweise für das weitere therapeutische Vorgehen geben.

Seit Mitte der fünfziger Jahre dieses Jahrhunderts werden systemische Ansätze in Psychologie und Psychotherapie verwendet. Es haben sich seither viele verschiedene Ansätze und Therapieschulen entwickelt, die kaum überschaubar sind. Eine Übersicht mit verschiedenen Einteilungen findet sich im Buch »Das Buch der Familientherapie« von M. TEXTOR, das allerdings vergriffen ist. In neuester Zeit scheint die Entwicklung in Richtung einer Annäherung verschiedener therapeutischer Ansätze, zum Beispiel systemischer und psychoanalytischer Sichtweisen, zu gehen. Auch die einzelnen Schulen entwickeln sich fortwährend weiter. Zum Beispiel hat sich im Zürcher Team um JÜRG WILLI (1996) der Fokus von der Kollusion zur Koevolution verschoben;

3. Der psychodiagnostische Prozess aus systemischer Sicht

in diesem Zusammenhang werden Ressourcen stärker und Pathologien weniger gewichtet.

Unter familientherapeutischen Voraussetzungen gibt es im Erstgespräch drei Phasen: Die Einleitungsphase dient dazu, dass die Gesprächsteilnehmer sich kennen lernen (joining). In der Explorationsphase dreht sich das Gespräch um das aktuelle Problem. In der Abschlussphase fasst der Therapeut das Gespräch zusammen und schildert seine Einschätzung der Situation. Anschließend wird das weitere Vorgehen geklärt.

Mehrpersonentherapien sind vor allem dann indiziert, wenn ein Konflikt oder ein Symptom mehrere Systemmitglieder belastet oder eine wichtige Funktion im System hat, beziehungsweise wenn Bezugspersonen des Indexpatienten für die Bewältigung der Situation wichtig sind. Ein Beispiel wäre der Einbezug der Angehörigen bei chronisch psychotischen Patienten. Die Systemmitglieder müssen zum Gespräch bereit sein und sich auf einen gemeinsamen Auftrag einigen können. Kontraindikationen bestehen dann, wenn Systemmitglieder eine Mehrpersonentherapie strikt ablehnen oder extrem verletzlich sind oder wenn es keine Motivation der Systemmitglieder gibt, weiter miteinander zu arbeiten, wie es zum Beispiel bei einem Paar in Trennung leicht vorkommen kann. Für stark intrapsychisch bedingte Symptome und Konflikte ist eine Einzeltherapie angemessener. Wenn ein geordnetes Mehrpersonengespräch nicht möglich ist, muss eventuell versucht werden, anfangs mit den Beteiligten einzeln zu arbeiten. In Fällen von sexuellem Missbrauch, der vom Täter nicht zugegeben wird, ist von gemeinsamen Sitzungen mit Täter und Opfer abzuraten, außer das Opfer wünscht dies ausdrücklich und ist in der Bearbeitung seiner Erlebnisse so weit gelangt, dass die Äußerungen des Täters es nicht zu sehr verunsichern oder belasten. Im Folgenden sind einige spezielle Techniken für Mehrpersonengespräche angeführt:

Strukturieren: Mehrpersonengepräche müssen stärker strukturiert werden als Sitzungen mit einer Person, da die Gefahr besteht, dass die Interaktion destruktiv wird, die Teilnehmer einander entwerten und verbal verletzen, was die Spannungen im System zusätzlich verschärft. Aktive Führung ermöglicht ein Gespräch, in dem sich alle Systemmitglieder wohl fühlen können. In Mehrpersonensitzungen ist der Gesprächsleiter nicht nur für das Setting (Termine, Dauer und Frequenz der Sitzungen) verantwortlich, sondern auch für den Gesprächsstil (Wechsel zwischen netz- und sternförmigen Interaktionen). Eine einfache Strukturhilfe bietet die Regel, dass immer nur eine Person spricht, während die anderen ihr zuhören und sie ausreden lassen.

Spiegeltechnik: Einfühlsames und verständnisvolles Wiederholen von Aussagen vermittelt den Gesprächsteilnehmern das Gefühl, verstanden und als Gegenüber anerkannt worden zu sein.

A 3. Der psychodiagnostische Prozess aus systemischer Sicht

Reihumtechnik: Jedem Gesprächsteilnehmer wird der Reihe nach Gelegenheit gegeben, sich zu einem Thema zu äußern. Damit wird signalisiert, dass die Ansichten aller Systemmitglieder gleichwertig und für den Prozess gleich wichtig sind.

Grenzen betonen: Vor allem bei wenig abgegrenzten Familien ist es wichtig zu betonen, dass jedes Mitglied eine eigene Person mit eigenen Wünschen und Bedürfnissen ist. Dies kann deutlich werden, wenn nach der Meinung jedes Einzelnen gefragt wird. Es geht auch darum, dass Subsysteme wie Eltern, Ehepaar, Geschwister verschiedene Aufgaben oder Kompetenzen haben.

Positiv-konnotieren: Leistungen und Stärken des Systems und seiner Mitglieder werden anerkannt; dies schafft ein Gegengewicht zur Sichtweise in der Krise, wo vor allem das Negative wahrgenommen wird.

Negatives-in-Positives-umdeuten: Zum Beispiel aus einem Vorwurf an den Partner (»du bist nie zu Hause«) den Wunsch (»ich möchte mehr mit dir zusammen sein«) heraushören und aussprechen oder in einem von der Familie negativ bewerteten Symptom (»Hans sitzt immer zu Hause«) die Leistung für die anderen (»er kümmert sich um die Mutter, die oft depressiv ist«) sehen.

Hypothetisches Explorieren: Fragen stellen, die sich auf die Zukunft richten (»wie wird die Familie in zehn Jahren aussehen, wer wird noch zu Hause wohnen?«). Damit wird der Blick auf den steten Wandel des Systems gelenkt und vom Schauen in die Vergangenheit oder den Vorwürfen wegen früherer Fehler abgelenkt. Die Antworten geben Hinweise darauf, ob ein System sich Veränderungen vorstellen und sie in der Phantasie zulassen kann. Es ergibt sich so ein Probehandeln, welches den Spielraum des Systems erhöht.

Zirkuläres Explorieren: Der Gesprächsleiter fragt Mitglied A, was seiner Meinung nach Mitglied B über eine Frage denkt (Frage an den Vater »was meinen Sie, was denkt Ihre Frau, wenn sie hört, dass Ihr Sohn wieder nicht in der Schule war?«). Diese Technik kann mit dem hypothetischen Explorieren verknüpft werden. Auch können Interventionen in Frageform gekleidet werden (der Therapeut denkt, die Tochter sollte mehr mit Freunden unternehmen; anstatt ihr das direkt zu sagen, fragt er den Vater, was die Mutter machen würde, wenn die Tochter ihrem Alter entsprechend mehr ausgehen würde). Solche Fragen führen die Systemmitglieder zum Nachdenken über die Position der anderen und zur Einfühlung in deren Sichtweise. Durch die Reaktionen auf die Antworten gewinnt man zusätzliche Informationen. Allerdings kann es für Kinder heikel sein, offen zu sagen, was sie über die Eltern denken, sie können in Konflikt zwischen ihren Ansichten und ihrer Loyalität kommen.

3. Der psychodiagnostische Prozess aus systemischer Sicht

Hausaufgaben: Es geht darum, dass die Familie zwischen den Sitzungen am Problem arbeitet. Zum Beispiel kann das Problembewusstsein gefördert werden (Aufschreiben, wann ein Symptom vorkommt), oder es können neue Interaktionsmuster ausprobiert werden. Bei Paaren in Krisen haben sich als Aufgabe folgende Fragen bewährt: »was hat Ihnen der Partner ermöglicht?« und »wo sind Sie dem Partner etwas schuldig geblieben?« Solche Fragen können jedem Partner helfen, nicht nur sein Leiden und die Schuld des anderen zu sehen, sondern seine Anteile an den Problemen zu erkennen.

Paradoxe Interventionen: Man verschreibt zum Beispiel das Symptom mit dem Ziel, Protest in der Familie auszulösen. Dabei wird das Symptom zuerst positiv umgedeutet und als für die Familie notwendig hingestellt. Durch die Verschreibung des Symptoms gerät der Indexpatient in eine Double-bind-Situation, aus der er sich nur durch Rebellion, das heißt Weglassen des Symptoms, lösen kann. Die Mailänder Schule (Selvini-Pallarrdi) benutzt dieses Instrument sehr oft und hat damit gute Erfolge erzielt. Paradoxe Interventionen sind aber heikel, funktionieren oft nicht und können auch unerwünschte Folgen haben.

Enactment: Kritische Situationen aus dem Alltag werden in der Therapie gespielt.

Rollenspiele: Ähnlich wie enactment, wobei die Rollen auch vertauscht werden können, was helfen kann, die anderen besser zu verstehen. In einer akuten Krisensituation hat es allerdings wenig Sinn, die Systemmitglieder aufzufordern, sich in den anderen zu versetzen. Hier geht es darum, zunächst Wege zu finden, mit der Krise umzugehen.

Darstellungen: Man gibt der Familie die Aufgabe, etwas gemeinsam zu gestalten, zum Beispiel diagnostische Tests (Familiensceno, Rorschach, FAST) auszuführen oder eine Familienskulptur zu stellen. Letztere kann die Dynamik eines Systems sehr deutlich zum Ausdruck bringen, aber auch bei einzelnen Systemmitgliedern zu einer Destabilisierung führen.

Zuletzt noch zwei **Fragen für skeptische oder ambivalente Systemmitglieder**: »Wie müsste das Gespräch ablaufen, damit Sie am Schluss denken, es habe sich gelohnt, zu kommen?« und »Was müsste ich tun, damit Sie sicher nicht mehr kommen würden?« Die Antworten geben dem Therapeuten Hinweise darauf, was die Systemmitglieder erhoffen oder fürchten.

Bei der Anwendung der erwähnten Techniken ist es wichtig, sich bewusst zu sein, dass sie in einem System starke Erschütterungen auslösen können. Vor allem bei Familien, in denen einzelne Mitglieder wenig belastbar sind wie bei psychotischen Erkrankungen, Süchten oder Suizidgefahr, muss der Therapeut imstande sein, die ausgelösten Bewegungen aufzufangen. Insbesondere die paradoxen Interventionen und die darstellenden Verfahren wie Rollenspiel und Skulptur sollten mit Vorsicht angewendet werden.

ERPEN (1986) setzt sich mit der Systemtherapie und der Daseinsanalyse auseinander. Nach einer Definition von Systemtherapie und Daseinsanalyse, der Schilderung der Entwicklung und der philosophischen Voraussetzungen der Systemtherapie, der Diskussion der Menschenbilder beider Richtungen beschreibt er die erkenntnistheoretischen Unterschiede und das jeweilige Therapieverständnis. Der Autor kommt zum Schluss, dass sich Systemtherapie und Daseinsanalyse wesentlich unterscheiden. »Die Systemtherapie denkt begrifflich, die Daseinsanalyse besinnlich.« »Dieses Denken begrenzt das Vorliegende nicht durch Begriffe, sondern lässt es ankommen. In der Erkenntnistheorie der Systemwissenschaft wird die Wirklichkeit vermittels Modellen, welche die Wissenschaft selber schafft, gesehen und erfahren. Damit wird die Realität eine auf das Modell des Bezogenen (die Karte ist nicht das Territorium).« In der Daseinsanalyse ist es nicht nötig, zwischen das erfahrbar Seiende und den erfahrenden Menschen Modelle, Konstrukte und Abstraktionen zu schalten. In der Terminologie der systemischen Betrachtungsweise fällt Erpen der völlig technische Wortschatz auf und er stellt sich die Frage, ob »das System« als Begriff ein menschengerechter Zugang ist.

4. Familiendiagnostische Überlegungen
(nach M. CIERPKA)

Ist ein angemeldetes Kind wirklich immer das Hauptproblem in einer Familie? Welche Funktion hat die Symptomatik eines Kindes für einen ganzen Familienverband? Was bedeutet es für die Entwicklung eines Kindes oder eines Familiensystems, wenn das Kind beziehungsweise die Eltern oder die ganze Familie behandelt wird? Solche und ähnliche Fragen sind bei einer Abklärung zu berücksichtigen. Aus der Vielzahl der Literatur möchte ich zu diesem Thema die Arbeit von M. CIERPKA und Mitarbeitern (1996) anführen. Sie bietet einen guten Überblick über Fragestellungen und Methoden zur Familiendiagnostik sowie einen breiten Literaturüberblick. Das Handbuch beschreibt Richtlinien und Anleitungen für Erstgespräche und bietet ein theoretisch-klinisches Konzept, das verschiedene diagnostische und behandlungstheoretische Perspektiven vorstellt und die diagnostischen Verfahren zusammenfasst.

4. Familiendiagnostische Überlegungen

Nach Cierpka wird in der Familiendiagnostik die Interaktion der Familienmitglieder untersucht, wobei der Hintergrund einer Familiengeschichte ebenso eine Rolle spielt wie der Lebensentwurf für die Zukunft. Dabei operiert die Diagnostik auf den drei Ebenen der Individuen, der Dyaden beziehungsweise der Triaden sowie der Ebene des Familiensystems insgesamt.
Die Kriterien, nach denen familiendiagnostisch gehandelt wird, liegen auf der individuellen Ebene in biologischen, sozialen, affektiven, kognitiven und komplexeren intrapsychischen Konstellationen.
Auf der interpersonellen Ebene werden Aufgabenerfüllung, Rollenverhalten, Kommunikation, Emotionalität, affektive Beziehungsaufnahme sowie Kontrolle und Namen beurteilt.
Bezüglich des Gesamtsystems wird die Struktur, das heißt Hierarchien, intrafamiliäre Grenzen, Systemregeln und Pläne, Geschlossenheit versus Offenheit, Flexibilität versus Rigidität und Permeabilität der Familien-Umwelt-Grenzen beurteilt.
Die individuellen, dyadischen, die familiäre und außerfamiliäre Ebene werden durch diesen Ansatz miteinander verknüpft, wobei deren Interaktion berücksichtigt wird. Dabei kommt es zu »Schnittstellen« zwischen der interpersonalen mit der systemischen Ebene und zwischen der gesamtsystemischen Betrachtungsebene der Familie mit der intrapsychischen Ebene des Individuums. Mit andern Worten kommt es zu einer Integration von Psychoanalyse und Stystemtheorie, wobei mit diesen Ansätzen Aussagen über die verschiedenen Ebenen und deren Schnittstellen gemacht werden.
Der multimodale familiendiagnostische Ansatz will mit Hilfe von unterschiedlichen Methoden sowohl das präsentierte Problem, den Problemkontext, die Familiendynamik und das Therapeuten-Familiensystem während der Untersuchung beobachten. Dies entspricht einem »diagnostischen Fenster«, wobei die Phänomene in immer neuer Gestalt erscheinen. Die Wahl des »Fensters« entscheidet, welche Daten erhoben werden.

Die folgende Abbildung 9 ist Cierpka, 1966, entnommen und zeigt die diagnostischen »Fenster«

Die in einem Erstgespräch gewonnenen Informationen werden durch verschiedene diagnostische Fenster erfasst, in gegenseitige Zusammenhänge gebracht und interpretiert. Die systemisch-strukturelle Dimension eines Problems wird mit der psychodynamischen Dimension verknüpft und führt zu einer zusammenfassenden klinischen Urteilsbildung.
Ausführlich wird auf Probleme im Kontext von Familiendiagnostik sowie auf familiäre Lebenszyklen und Lebenswelten eingegangen. Daran knüpft eine Diskussion über die Mehrgenerationenperspektive und des Genogramms, die Diagnostik der Erzie-

A 4. Familiendiagnostische Überlegungen

Abbildung 9:
Aus: Cierpka (1966): Handbuch der Familiendiagnostik, S. 26

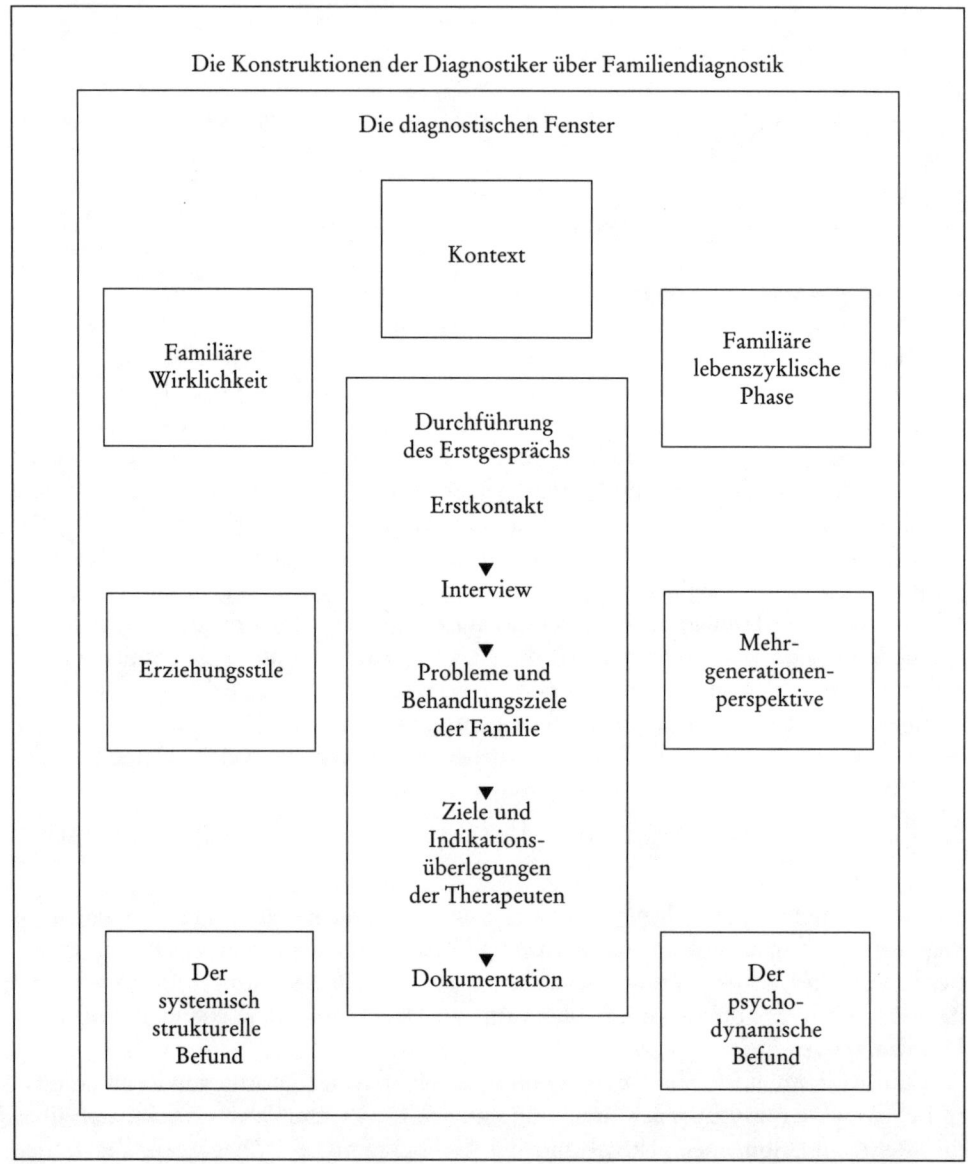

4. Familiendiagnostische Überlegungen

hungsstile, der psychodynamische Befund und die System- und Strukturdiagnose an. Skulpturverfahren, standardisierte Formen des Familieninterviews, familiendiagnostische Beobachtungsmethoden und Fragebogeninventare sowie Prozessmodelle und Ratingskalen schließen die Diskussion ab.

Ich möchte aus der Fülle der Anregungen nur auf einen Punkt näher eingehen, der im Zusammenhang mit unserer Arbeit interessant ist, nämlich ein Überblick über fünf Fragebogenverfahren zur Erziehungsstildiagnostik. (nach Cierpka [1996] S. 275)

Fragebogen	*Perzeptionsdimension, Erziehungsstildimension*	*Autoren*
Marburger Skalen zur Erfassung des elterlichen Erziehungsstils	Fremdperzeption; Erziehungspraktiken	Herrmann et al. (1971)
Erziehungsstilinventar (ESI)	Fremdperzeption; Erziehungspraktiken	Krohne et al. (1984)
Fragebogen zur Erfassung Selbstperzipierter Erziehungs-Einstellungen (FSE)	Selbstperzeption; Erziehungseinstellungen	Engfer und Schneewind (1976)
Skala zur Messung eines entwicklungsförderlichen Elternverhaltens (EFE-Skala)	Selbstperzeption Erziehungspraktiken	Peterander (1993)
Familiendiagnostisches Testsystem (FDTS)	Fremd- und Selbstperzeption, Erziehungseinstellungs, -ziele und -praktiken	Schneewind et al. (1985)

5. Der Abklärungsgang im Gesamten und ein Beispiel zur Abklärung

Welche Schritte sind bei der Überlegung zum Abklärungsgang im Gesamten zu beachten und in einer Krankengeschichte zu dokumentieren? Sicher kann diese Frage nicht allgemein beantwortet werden und hängt von den speziellen Verhältnissen einer Praxis oder einer Institution ab. Für unsere ambulanten kinderpsychiatrischen Dienste haben sich folgende Punkte herauskristallisiert:
Einweisungsgegebenheiten: Was ist der Grund für eine Anmeldung? Wer ist die einweisende Instanz? Von wem ging die Idee zur Anmeldung aus? Sind die Eltern eines Kindes motiviert zu einer Abklärung oder werden sie geschickt und stehen unter Druck von Schule oder Behörden? Warum kommt die Anmeldung gerade jetzt zustande? Welche Erwartungen haben die Einweiser an uns und können wir diesen Erwartungen entsprechen? Wurde eine Familie oder ein Kind schon einmal abgeklärt? Welches waren die Ergebnisse und welche Maßnahmen sind damals vorgeschlagen worden? Welche Erwartungen haben mögliche anderweitige Zuweiser an uns wie Schule und Behörden? Schließlich können wir nur eine Abklärung machen, die auf Freiwilligkeit und eigener Motivation der Eltern beruht.
Bei einem Erstkontakt mit der Familie stellen wir unsere Stelle vor und geben eine Patientenwegleitung ab, in der über das interne Prozedere bezüglich Abklärung orientiert wird und wo ferner auf einige rechtliche Aspekte aufmerksam gemacht wird. Dies betrifft die Möglichkeit zur Einsicht in die Krankengeschichte, das Selbstbestimmrecht der Eltern und möglichem Prozedere bei einem Konfliktfall, den Hinweis zur ärztlichen Schweigepflicht und dem Prozedere bei möglichen Beschwerden oder Unklarheiten.
Bei temporärer Arbeitsüberlastung führen wir ein Vorgespräch (Intake-Gespräch,) um die Eltern auf die bestehende Wartefrist aufmerksam zu machen und eventuelle Notfälle zu erkennen, die einer sofortigen Behandlung bedürfen.
Die weitere Arbeit steht im Spannungsfeld von »Beziehungsregulation« und »objektiver Datenerhebung«. Mit diesen beiden Begriffen ist gemeint, dass Eltern möglicherweise die Untersucher in einer Weise beanspruchen, die ihren Problemen entspricht, was aber eine ganz bestimmte subjektive Vorgehensweise bedeutet. Auf der anderen Seite geht es darum, eine Problematik »objektiv«, aus einem anderen Standpunkt oder von einem Blickpunkt aus zu sehen, für die die Familie im Moment noch nicht offen ist. Möglicherweise umschreiben diese Begriffe subjektiv/objektiv diese Problematik nur sehr unzutreffend. In der Praxis zeigt sich diese unterschiedliche Vorgehensweise

5. Der Abklärungsgang im Gesamten

jedoch zum Beispiel darin, dass vermehrt »objektive« Fragebogen eingesetzt werden, um eine Problematik »angemessen« zu beurteilen. Wir sehen in diesem eher medizinisch-naturwissenschaftlich orientierten Modell gewisse Gefahren, da diese scheinbar objektiven Methoden bei genauem Hinsehen ebenfalls ihre Fragwürdigkeiten aufweisen. Aus diesen Gründen ist es sinnvoll, diese Problematik sorgfältig abzuwägen und beide Pole eines Vorgehens in einer vernünftigen Balance zu halten und sich nicht stur auf die eine oder andere Seite zu schlagen. Eine ähnliche Problematik zeigt sich in der Frage, ob es im Einzelfall überhaupt Sinn macht, zum Beispiel psychologische Tests einzusetzen. Auch dieses Vorgehen will begründet sein. Jedes Konzept beruht auf Erfahrungen aus einer Vielzahl von Fällen. Im Einzelfall mag es gerade richtig sein, das übliche Vorgehen nicht zu übernehmen, um einer Problematik gerecht zu werden. Schließlich muss in Anbetracht möglicher Haftfälle auf Chancen oder Risiken einer Behandlung aufmerksam gemacht werden. Die Dokumentation nach einer Abklärung halten wir in folgenden Punkten fest:

1. Beteiligte Untersucher
2. Zuweisungsgrund (Kurzschilderung, wer weshalb angemeldet hat), Ergebnisse möglicher Voruntersuchungen
3. Beurteilung/Diagnose
4. Prozedere
5. Zur Familienanamnese
6. Persönliche Anamnese, Aktualanamnese, aktuelles Leiden
7. Befunde
    a) eigene Ergebnisse aus Gesprächen, Beobachtungen, Tests, Körperuntersuchung
    b) auswärtige Ergebnisse (zum Beispiel EEG-Befund, andere Zusatzuntersuchungen, Berichte der Lehrer)
8. Kurzprotokoll der Besprechung von Diagnose und Prozedere mit den Betroffenen

Die wichtigsten Punkte für den Psychodiagnostischen Abklärungsprozess sind in den folgenden Abbildungen 10–12 dargestellt:

A 5. Der Abklärungsgang im Gesamten

Abbildung 10:
Schema 1: Anmeldungsgegebenheiten

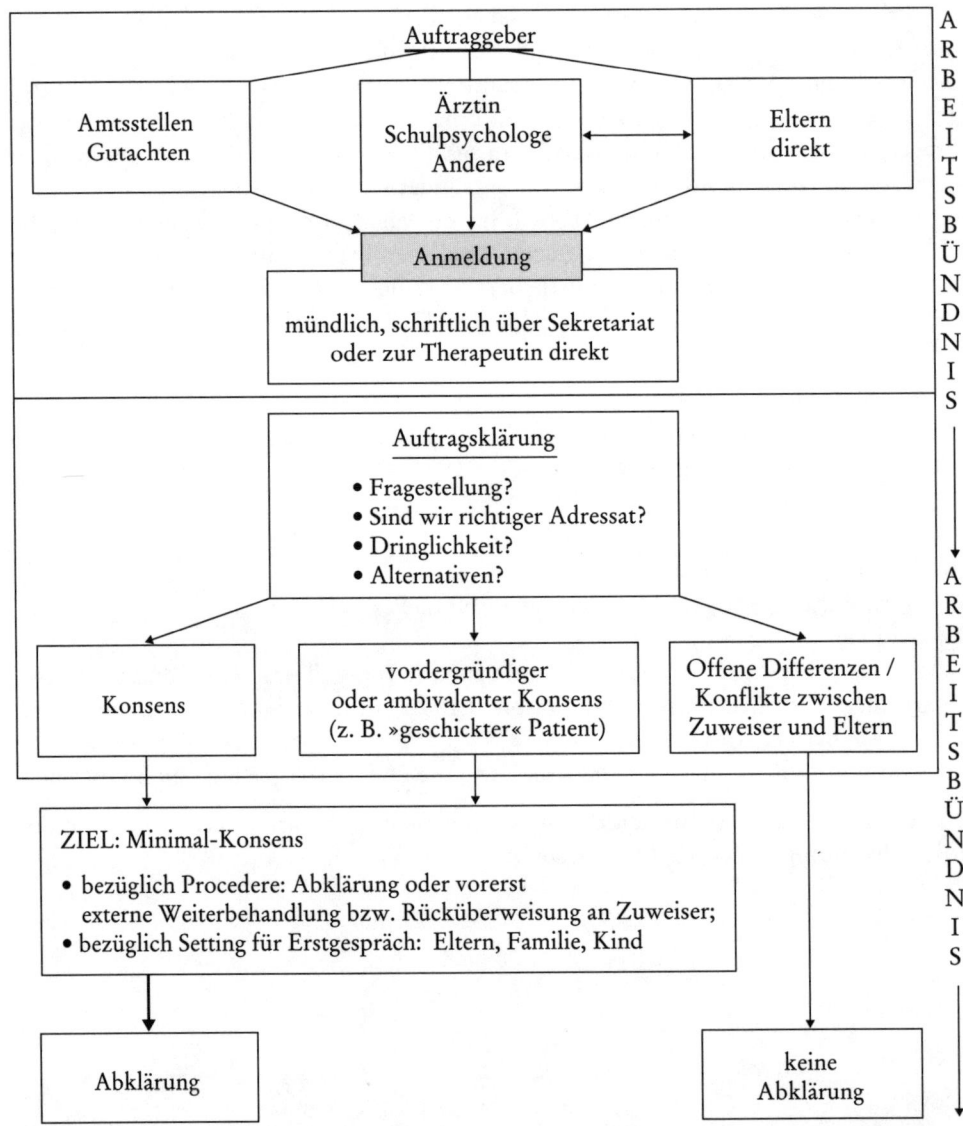

5. Der Abklärungsgang im Gesamten

Abbildung 11
Schema 2: Abklärungsbeginn

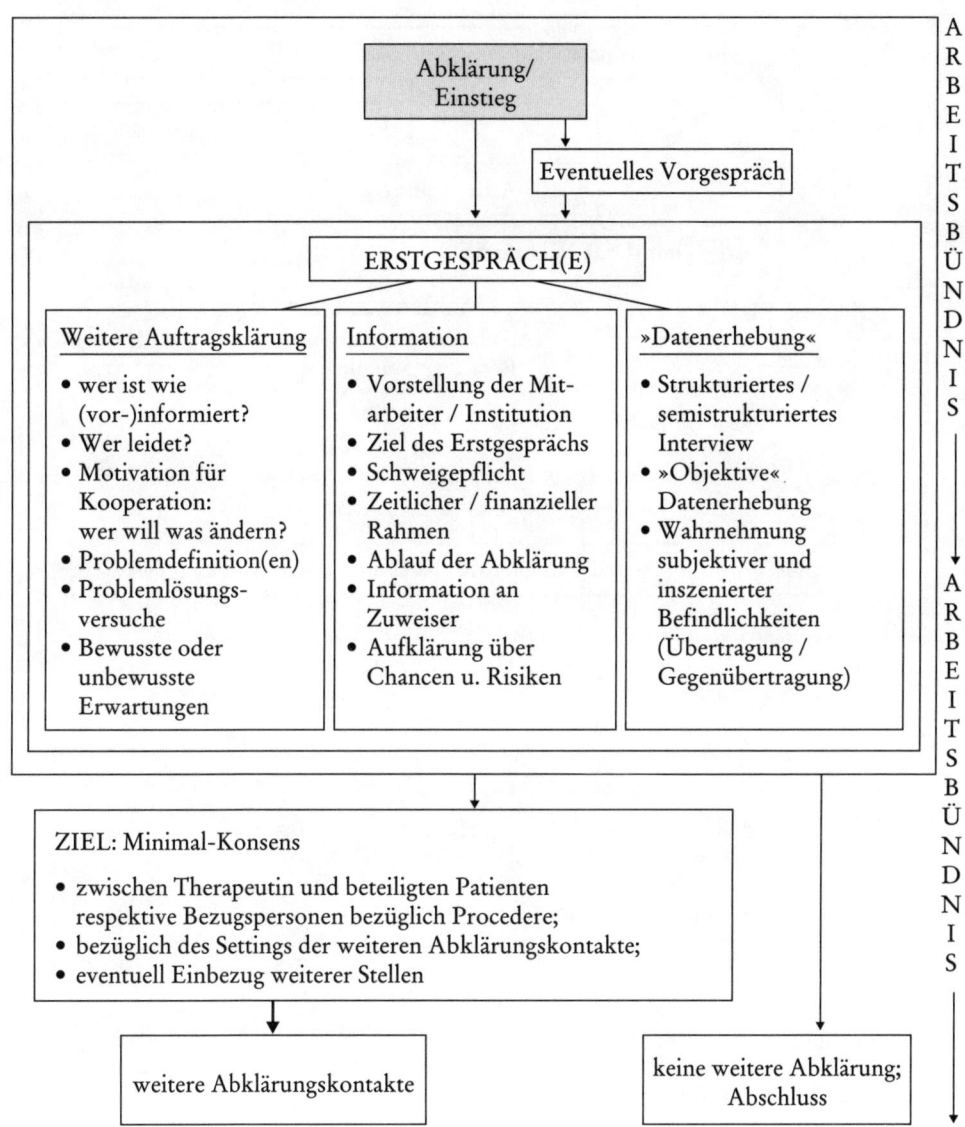

A 5. Der Abklärungsgang im Gesamten

Abbildung 12:
Schema 3: Weitere Abklärungskontakte

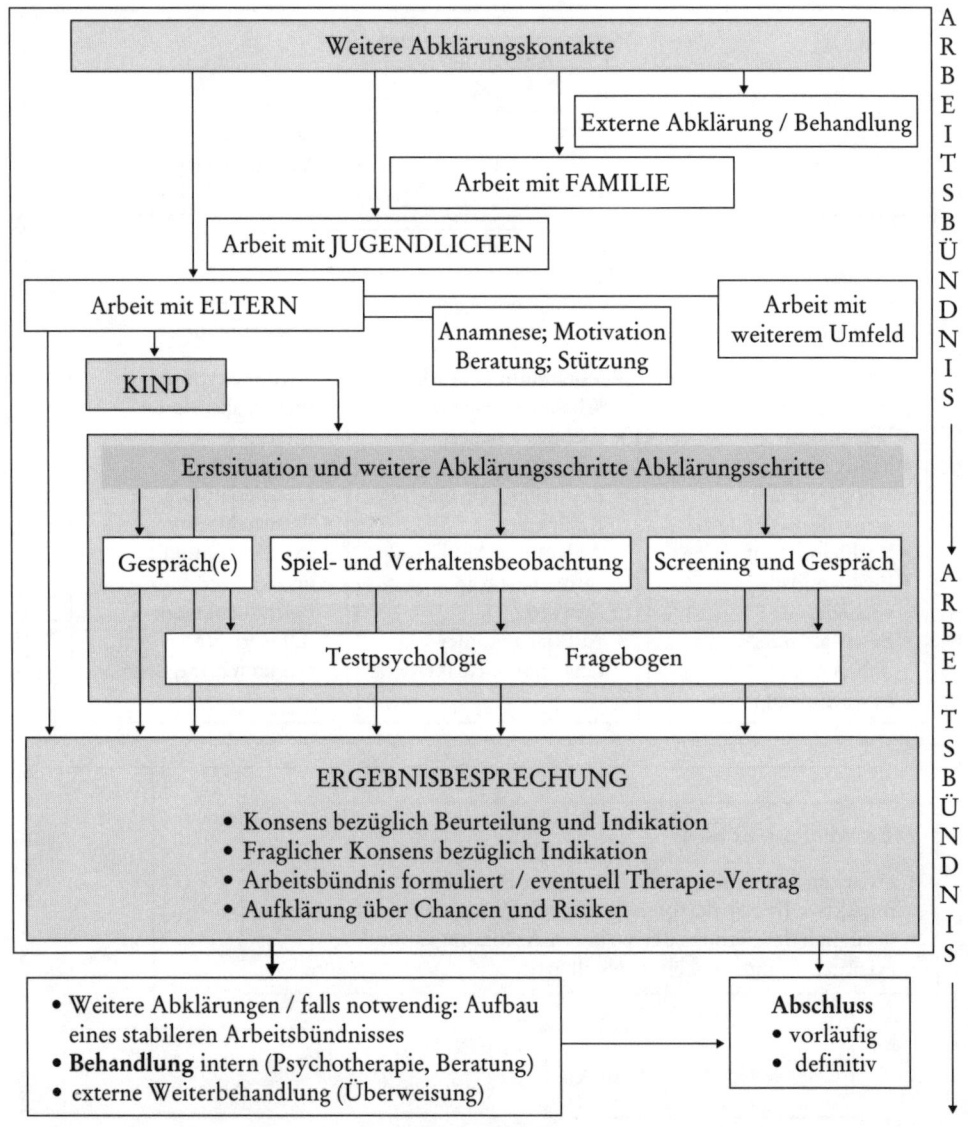

5. Der Abklärungsgang im Gesamten

Ein Beispiel:
Der elfjährige Klaus wurde auf Anraten des Hausarztes von den Eltern angemeldet. Aktueller Anlass war ein schulischer Leistungsabfall. Der Junge traue sich nichts zu, habe eine Art Nervenzusammenbruch gehabt und zur Mutter gesagt, er wolle nicht mehr leben. Der Junge stottere, sei sensibel, zum Teil hyperaktiv, in Ausnahmesituationen bekomme er schnell Fieber, zum Teil verhalte er sich aggressiv.
Er sei dem schulischen Leistungsdruck nicht mehr gewachsen, habe kein Selbstvertrauen, sei überdreht und könne nicht gut einschlafen. Ihm würde die Mitte fehlen, er sei jähzornig und zeige Wutausbrüche. Die Eltern fühlen sich an der Grenze ihrer Möglichkeiten und sind hilflos. Wenn sie von ihrem Jungen etwas verlangen, gäbe es Streit, Klaus reagiere aggressiv. Das Stottern habe in letzter Zeit zugenommen, eine bereits erfolgte Logopädie über zwei Jahre habe keinen deutlichen Erfolg erbracht. Ein kurzer Versuch mit Autogenem Training sei auch schon unternommen worden. Der Schulpsychologe wurde ebenfalls eingeschaltet. Dessen Abklärung erbrachte eine durchschnittliche intellektuelle Leistungsfähigkeit, die der Junge aufgrund von seelischen Blockaden aber nicht umsetzen könne. Als eine mögliche Wiederholung des Unterrichtsjahres mit der Familie diskutiert wurde, war Klaus damit gar nicht einverstanden und drohte, aus dem Fenster zu springen. Schließlich einigte man sich darauf, auf die Wiederholung zu verzichten, dafür aber die Hausaufgaben zu reduzieren. Ein zusätzlicher Stützunterricht durch den Lehrer führte zu einer gewissen Entlastung. Die Eltern hatten von der Möglichkeit einer frühkindlichen Hirnfunktionsstörung gehört und ließen dies ärztlich abklären. Nach der Untersuchung konnte diese Hypothese nicht bestätigt werden. Im Abschlussbericht wurde von einem intelligenten Kind gesprochen, das stottert und schwere nervöse Störungen aufweise mit phasenweise auftretenden depressiven Verstimmungen. Zusätzlich war Klaus besonders gereizt, wenn er zu viel Schokolade gegessen hatte. Die Eltern haben dies eine Zeit lang gestoppt beziehungsweise eine Phosphat-Diät eingehalten, was aber auch nicht viel genützt habe.
Zur Lebensgeschichte von Klaus befragt, erzählte die Mutter, dass die Schwangerschaft für sie eine Katastrophe gewesen sei. Wegen verschiedener Belastungen im sozialen und gesundheitlichen Bereich ging es der Mutter schlecht. Die Geburt von Klaus war nicht einfach. Die Nabelschnur war um seinen Kopf gewickelt, während der Geburt kam es bei Klaus zu einem kurzen Sauerstoffmangel. Die Mutter hatte wenig Milch, das Baby trank entsprechend wenig und wurde zusätzlich gefüttert. Nach fünf Monaten wurde die Mutter wieder schwanger, »völlig überfordert, psychisch und körperlich am Ende, nur noch Haut und Knochen«. Klaus hatte im zweiten Lebensjahr wenig Appetit, musste »zwangsernährt« werden und zeigte eine massive Trotzphase. Vor lauter Neugierde habe er in der Wohnung alles ausgeräumt und

A 5. Der Abklärungsgang im Gesamten

dabei viel kaputtgemacht. Im Kindergarten sei er ein »Haudegen« gewesen. Er war oft krank. In seinem fünften Lebensjahr wurde die Mutter noch einmal schwanger, Klaus reagierte sehr anhänglich, schmiegte sich an die Mutter und zeigte eine große Liebesbedürftigkeit. Bei der Einschulung nahm das Stottern deutlich zu. In der ersten Klasse arbeitete Klaus gut, schrieb »gestochen schön« und zeigte gute schulische Leistungen. Später zeigte sich Klaus eher von der fröhlichen Seite, war beliebt wegen seines sonnigen Wesens. In der Schule traten aber vermehrt Konzentrationsstörungen auf. Die Mutter musste anwesend sein, wenn Klaus an seinen Hausaufgaben arbeitete. Er verhielt sich dabei perfektionistisch. Der Schulbesuch wurde immer mehr zu einer Anstrengung.

Zur Familienanamnese war zu erfahren, dass eine Schwester der Mutter als Baby ertrunken sei. Die Großmutter habe in der Folge die drei übrigen Kinder eher überbehütend, aber lieb erzogen. Neben einer schönen Jugend sei dann die Schulzeit der Mutter von Klaus ein »Horror« gewesen. Eine andere Schwester der Mutter wurde in der Schulzeit depressiv und erkrankte später an einer Schizophrenie mit depressiven Verstimmungen, Suizidgedanken und Medikamentenabhängigkeit. Der Großvater der Mutter habe die Familie zeitweise wegen Depressionen verlassen. Der Vater von Klaus berichtete, dass er glücklich aufgewachsen sei. Seine Mutter sei aber zeitweise ebenfalls depressiv gewesen. Auch für den Vater sei die Schulzeit wegen eines strengen Lehrers zeitweise eine Qual gewesen.

Klaus war bei unserer ersten Begegnung recht nervös, unruhig und ängstlich. Er stotterte anfangs, was sich mit der Zeit aber legte. Seine Mitschüler würden ihn plagen und schlagen, erzählte er. Dies sei schon seit der Kindergartenzeit so. In der Umgebung, in der er wohne, habe er keine Freunde.

Während der Abklärung haben wir einige Tests gemacht.

Hawik-R-Test (Beschreibung siehe Teil C)
Im Hawik-R erreichte Klaus im Verbalteil IQ 117, im Handlungsteil IQ 104, dies ergab einen Gesamtwert von IQ 112. Die intellektuelle Leistungsfähigkeit liegt demnach im verbal-theoretischen Bereich im überdurchschnittlichen, im praktischen Handlungsteil im durchschnittlichen Bereich. Spezifische Ausfälle in einzelnen Teilleistungsbereichen waren nicht zu beobachten.

Bender-Test (Beschreibung des Tests siehe Teil C)
Die Reproduktion der Formen beziehungsweise Figuren gelingt gut (s. Abb. S. 105). Es sind daraus keine Hinweise auf visuelle Teilleistungs- oder Wahrnehmungsstörungen zu erkennen.
Die Reihenfolge ist relativ geordnet. Die ersten Figuren sind randorientiert. Der Druck ist relativ stark. Einzig die letzte Figur ist deutlich verkleinert.

5. Der Abklärungsgang im Gesamten

Bender-Test

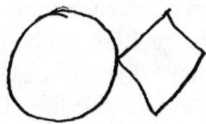
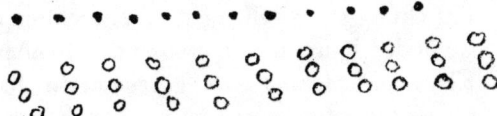
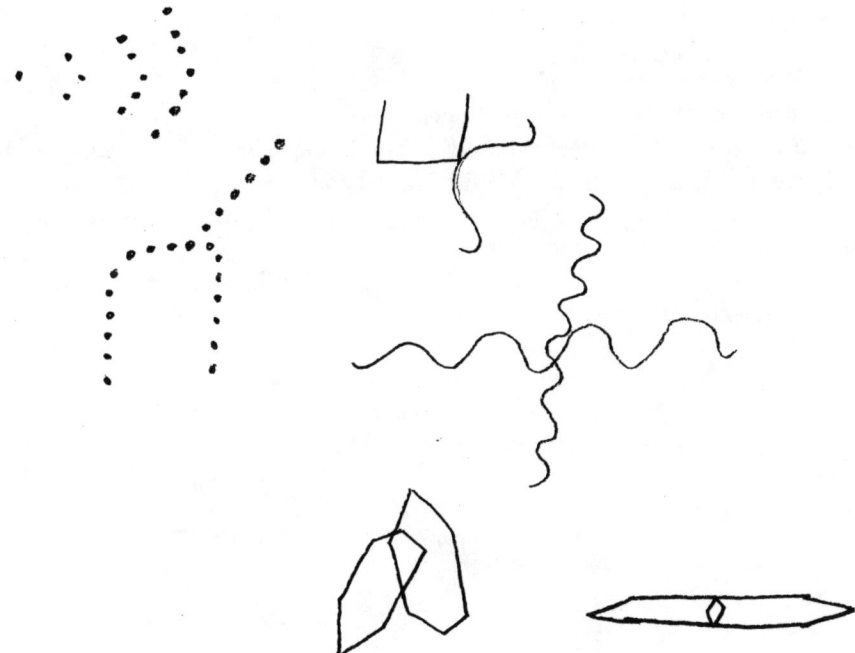

A 5. Der Abklärungsgang im Gesamten

Der Baumzeichnungstest

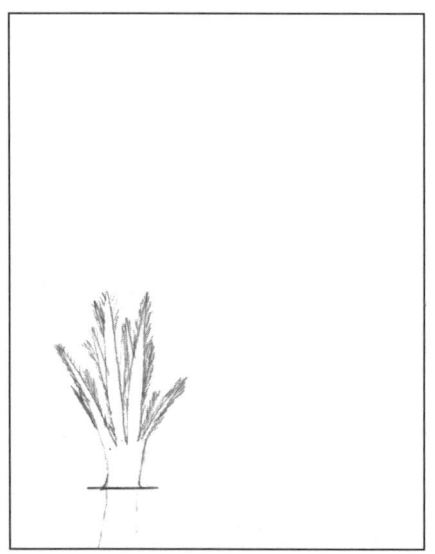

Der Baum steht links unten auf dem Blattrand. Das ganze übrige Blatt wird nicht genutzt. Aus dem Stamm führen vier Hauptäste, aus denen kleine feine Äste abgehen. In einem zweiten Schritt streicht Klaus den Stamm durch, verbreitert die Basis zu einem neuen Boden und verkürzt so den Baum um fast die Hälfte. Insgesamt wirkt der Baum in seiner Entfaltung stark gehemmt, er ist nicht expansiv in den Raum hineinwachsend. Offenbar ist Klaus mit dem zuerst gezeichneten Baum nicht zufrieden, versucht eine neue Lösung und schneidet damit dem ursprünglichen Baum den halben Stamm ab.

Es stellen sich somit folgende analoge Fragen:
- Ist Klaus selber auch in seiner expansiven Entfaltung gehemmt? Wie kann er unterstützt werden, sich den ihm zur Verfügung stehenden Raum aktiv einzunehmen?
- Sabotiert sich Klaus selber, nimmt er selbst gesetzte Impulse zurück und entwertet dadurch seine Leistungen und seine Art?
- In welchen anderen Tests oder mit welchen Fragen an Klaus oder seine Eltern sind diese Fragen zu beantworten?

Familienzeichnung

5. Der Abklärungsgang im Gesamten

Klaus zeichnet seine zwei Geschwister, seine Mutter und seinen Vater. Sich selbst lässt er weg.
Formal fällt auf, dass alle Personen auf unterschiedlichen Ebenen stehen. Eine Schwester läuft auf Stelzen, die Mutter schreitet auf einer Treppe, der Vater ist vom Rest der Familie am weitesten entfernt. Die Schwestern werden braun und orange gemalt. Die Mutter rot und schwarz, was die bevorzugten Farben von Klaus sind. Der Vater wird violett und grün gemalt, grün ist eine abgelehnte Farbe. Auffällig und nicht gut sichtbar ist, dass Klaus mit Grün die Augen und Lippen der Mutter nachmalt. Die zeichnerische Darstellung ist für einen Elfjährigen retardiert, besonders bei der Mutter ist der Kopf im Vergleich zum Körper zu groß. Ebenso springt ins Auge, dass der tragende Boden bei zwei Familienmitgliedern thematisiert wird. Eine Schwester und die Mutter sind nicht an einem fixen Ort, sie bewegen sich. Unter beide Schwestern zeichnet Klaus einen Strich, der den Boden andeuten soll.
Insgesamt stellt sich die Frage, ob sich Klaus zur Familie zugehörig fühlt und inwieweit er ein Zusammengehörigkeitsgefühl entwickelt hat. Hat er das Gefühl, dass seine Mutter unterwegs, »nicht fix an einem Ort und auch emotional nicht verfügbar ist«. Ist seine Beziehung zu ihr aufgrund der gewählten positiven und negativen Farbwahl ambivalent?

Ungricht Satzergänzungs-Test

Hier wird der erste Satz vorgegeben: »Der Junge legt die Hände auf den Rücken und schaut durch das offene Fenster in die dunkle Nacht hinaus«. Das Kind oder der Jugendliche wird aufgefordert, die Geschichte weiterzuführen. Der erste Satz legt quasi eine Projektionsfläche frei, auf der die Kinder eigene Gedanken und Gefühle ausdrücken können.

Der Knabe legte die Hände auf den Rücken und schaute durch das offene Fenster in die dunkle Nacht hinaus. Da sah er plözlich funkelnde Augen! AHH! Ein Ungeheuer in unserer gegend! Er holte schnell die Mutter, und weckte die Mutter auf. Mutter, es ist ein Ungeheuer auf der Strasse! Ach Qatsch. Sie holte die Taschenlampe und zundete aus dem Fenster. Ha Ha Ha Ha! Ein Ungeheuer, eine Katze Katze ist das!!!

Hier erblickt der Junge plötzlich funkelnde Augen eines Ungeheuers. Damit ist mit dieser Geschichte wohl eine latente Angstbereitschaft aktiviert worden. In dieser ängstlichen Stimmung erschließt sich dem Jungen ein Ungeheuer. Wäre der Junge nicht ängstlich, würden sich ihm möglicherweise ganz andere Erlebnismöglichkeiten erschließen. Hier ist zu fragen, wie reagiert Klaus darauf? Er weckt die Mutter auf und erzählt ihr von seinem Schrecken. Die Mutter findet das

A 5. Der Abklärungsgang im Gesamten

Quatsch und zeigt dem Jungen mit der Taschenlampe, dass das Ungeheuer in Wirklichkeit eine Katze ist. Die Mutter lacht dazu und es scheint, dass die Stimmung zwischen Mutter und Kind nicht die beste ist. Hat sich der Junge geirrt, fühlt er sich beschämt? Wollte der Junge erst in seiner Beunruhigung eine Unterstützung der Mutter? Sie ist die erste, an die sich der Junge wendet. Er ist in seiner Ängstlichkeit auf sie bezogen. Sie zeigt ihm, dass sein Schrecken nicht gerechtfertigt war. Gefühle und äußere Realität klaffen auseinander. Wie geht es weiter in diesem Missverständnis zwischen beiden? Der Untersucher könnte danach fragen. Er könnte auch danach fragen, ob es in Wirklichkeit analoge Missverständnisse zwischen dem Jungen und der Mutter gäbe. Möglicherweise erzählt der Junge etwas. In vielen Fällen erzählen die Kinder aber lieber nichts oder verneinen oder bagatellisieren mögliche Konflikte, weil sie nicht in einen Loyalitätskonflikt zur Mutter geraten möchten oder weil die Beziehung zum Testleiter in einer Abklärungsphase noch nicht so vertrauensvoll ist, dass über solche schwierige Punkte geredet werden kann. Für den Untersucher stellt sich aber die Frage, ob das Verhältnis zwischen Kind und Mutter von Missverständnissen und mangelndem emotionalem gegenseitigem Verständnis geprägt ist.
Insgesamt gesehen kann dieser Ungricht-Aufsatz inhaltlich wie ein Traum aufgefasst werden mit den Fragen
1) welche Bezüge zu was oder wem zeigen sich?
2) in welcher Stimmung passiert dies?
3) wie reagiert das Kind darauf?
4) gibt es analoge Beziehungsmuster?

Der Sceno-Test

Aus der Vielzahl der zur Verfügung stehenden Materialien nimmt Klaus nur gerade die Spielklötze und baut daraus ein Auto und eine Straße. Er arbeitet sorgfältig, aber auch kompliziert, da die Klötze über den Rollen, die die Räder darstellen, zuerst immer wieder abrutschen.
Klaus gab zum Ergebnis an, dass dies ein Lastwagen sei, der Hölzer zur Schreinerei bringe. Dort würde man Stühle daraus fertigen. Die Arbeiter hätten die Bäume so geschlagen.
Die ganze Inszenierung wirkt, abgesehen vom Lastwagen, leer. Weder Pflanzen noch Tiere noch Menschen werden zur Darstellung benutzt. Zum Inhalt des Dargestellten lässt sich sagen, dass der dargestellte Lastwagen ein Auto ist, das nicht an einem festen Ort verwurzelt ist. Er fährt von einem Herkunfts- zu seinem Bestimmungsort und trägt, wie schon der Name sagt, eine Last. Die dargestellte Straße ist ebenfalls kein Ort, wo ein stabiler Aufenthalt gegeben ist, sondern sie ist da, unterwegs zu sein. »Mit

5. Der Abklärungsgang im Gesamten

einer Last unterwegs sein« ist deshalb das Thema, für das Klaus offen ist. Neben dem dargestellten Thema findet nichts anderes mehr Platz, weder ein vegetativer, animalischer noch menschlicher Bezug wird thematisiert. Stattdessen wirkt die Szene leer. In einer Leere mit einer Last unterwegs sein ohne damit für andere, vitalere Möglichkeiten offen zu sein, ist deshalb eine präzisere Beschreibung der aktiven Inszenierung im Sceno-Test. Berücksichtigen wir noch die Assoziationen dazu von Klaus, erfahren wir, dass Arbeiter die Bäume geschlagen haben und dass daraus Stühle gefertigt werden sollen. Neu zeigt sich deshalb in der Vorstellungswelt, dass Menschen zugegen sind, die als Arbeiter die auf der vegetativen Stufe gegebenen Bäume fällen und damit den Bäumen ihre vitale Entfaltung als Baum rauben. Wir wissen nichts darüber, ob es gesunde Bäume waren, die noch hätten weiterwachsen können oder ob es alte Bäume waren, die in jedem Fall gefällt werden mussten. Wir erfahren implizit von einem Produktionsvorgang, bei dem ein Stuhl als Gebrauchsgegenstand gefertigt wird. Der Stuhl als Gebrauchsding verweist darauf, dass der Benützer ein Mensch ist und sich darauf niedersetzt, das heißt, nicht mehr unterwegs ist, normalerweise dann keine Last trägt, sondern sich beispielsweise mit anderen Menschen um einen Tisch setzt und ein gemeinsames Essen eingenommen wird. Wir wissen nicht genau, welche Funktion der gegebene Stuhl hatte, auf jeden Fall ist er dazu da, sich zu setzen. Ausformuliert hieße dann die ganze Sequenz: Klaus ist dafür offen, dass in einer Leere eine Last unterwegs ist, die damit zu tun hat, dass die vegetativen Lebensmöglichkeiten (Bäume) abgeschlagen wurden und dass das Unterwegssein (Lastwagen) aber zur Ruhe kommt und dass es eine Möglichkeit geben wird, sitzend zu ruhen. Dafür ist eine Anstrengung nötig, die im Produktionsprozess liegt. Das Unterwegssein und das Offensein für eine Arbeit, die nötig ist, um schließlich »sitzen« zu können, sind Energiepotenziale, die aktive eigene Lösungsversuche anzeigen können.

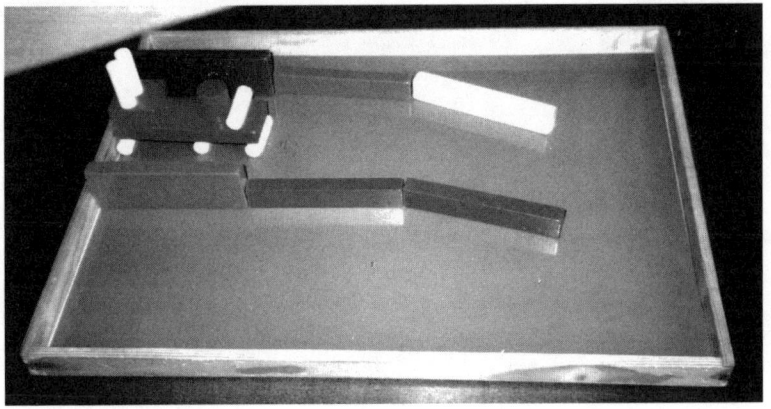

A 5. Der Abklärungsgang im Gesamten

Der Rorschach-Test

Ich gehe im Folgenden näher auf den Rorschach-Test ein, um das Vorgehen bei einer phänomenologischen Deutung zu illustrieren. Klaus hat folgende Deutungen gesehen:

Tafel 1	Deutung:		Signierung:	
1 Sek.	Gesicht eines bösen schwarzen Mannes oder Teufels	Gzw	FFb'+	Md
	Haken	G	F-	Obj.
	Flugzeug	G	F-	Obj.
Tafel 2				
5 Sek.	Knochen eines Körpers	D	F-	Anath
	Flugzeug, es fliegt, mit Feuer	zwD m	F+	Obj.
			Fb	Feuer
	Kittel (Sakko)	D	F-	Kl.
Tafel 3				
1 Sek.	Zwei Männer tragen einen Zinnkanister	D	B+ F+	M Obj.
	Masche, farbig	D	FFb+	Kl.
	Schere	D	F-	Obj.
Tafel 4				
1 Sek.	Bär	G	F+	T
	Pressluftbohrer	G	F-	Obj.
Tafel 5				
1 Sek.	Fledermaus	G	F+	T V
	Schmetterling	G	F+	T V
Tafel 6				
2 Sek.	Katze von oben	G	F+	T V
	Teppich	G	F+	Obj.
Tafel 7				
35 Sek.	Ohr, Schere	G	F-	Obj.
Tafel 8				
2 Sek.	ein Leopard	D	F+	T
	zwei Blätter	D	F+	Pfl.
	Pfeife	D	F-	Obj.

5. Der Abklärungsgang im Gesamten

Tafel 9
3 Sek.	kleines Schweinchen	D	FFb+	T
	Rennauto	D	F+	Obj.

Tafel 10
3 Sek.	Auge	D	FFb+	Anath
	Tausendfüßler	D	FFb+	T
	Tintenfleck	D	Fb'F	
	Ameise	D	F+	T
	Zwei Männer	D	F+	M

Die Verrechnung der Signierung ergab folgende Werte:

F '/. = 75   F + '/. = 62
f '/. = 93   f + '/. = 85

Der Realitätsindex belief sich auf 6 Punkte.
Eine Schockreaktion erfolgte auf Tafel 7.
Die Ganzantworten beliefen sich auf 38 '/.
Die Detailantworten auf 62 '/.

Determinanten sind: 12   F+
                         0   F-
                        1m
                         1   B+
                         1   FFb'+ } = 1½ Punkt Werte Hd
                         1   Fb' F }
                         4   FFb+   } = 3½ Punkt Werte Fb
                         1   Fb   }

Damit kann zur Interpretation Folgendes gesagt werden:
Das realitätsübliche Denken, gemessen am Realitätsindex ist gegeben (RI=6).
Das Bemühen um intellektuelle Kontrolle ist gut (75'/. F), das Gelingen hingegen etwas herabgesetzt (F+ 62'/.) Das Bemühen um emotionale Kontrolle ist sehr hoch (93'/ f), das Gelingen sehr gut (f+ 85'/.)
Die Antwortzahl ist (mit 25 Determinanten) im Rahmen. Die affektive Ansprechbarkeit ist ebenfalls gegeben und erfolgt vorwiegend in stabiler Art (4 FFb+), allerdings zeigt sich ein labiler Farbwert (1 Fb). Daneben zeigt sich eine Anfälligkeit für sensible Verstimmungen (1 FFb'+ und 1 Fb'F).
Impulse sind mit (1 m) nicht übermäßig gegeben. Ein Schock zeigt sich auf Tafel 7, bei der einerseits die Antwortzeit verlängert ist, andererseits die Deutung schlecht ausfällt.

A 5. Der Abklärungsgang im Gesamten

Will man den Rorschach-Test genauer verstehen, schauen wir jede einzelne Antwort an und fragen uns, für was Klaus dabei offen ist.

Tafel 1
1. Deutung:
Der Test beginnt mit der Deutung eines Gesichts von irgendeinem bösen schwarzen Mann oder Teufel.
Klaus ist damit offen für einen menschlichen Bezug, der sich ihm über das Männliche, das unbestimmt ist (irgendein, oder) und das böse ist, zuspricht. Was ist die Bedeutung eines schwarzen Mannes oder des Teufels und auf was verweist er? Zeigt sich Klaus das Männliche auf einer entwickelten Stufe oder ist dies defizitär abgewandelt? In welcher Stimmung ist eine solche Wahrnehmung überhaupt denkbar? Wahrscheinlich in einer angstbetonten, und der Fb' Aspekt der Deutung unterstützt diese Meinung. Der Teufel ist normalerweise eine Inkarnation des Bösen. Er macht den Menschen Angst. Das Angstmachende, Böse, Unbestimmte, das vielleicht nach einer Schulderfahrung auftauchende Bestrafende, ist der Modus, in dem Klaus als erstes nach einer provozierten Wahrnehmung durch die Tafel reagiert. Auf was verweist diese Deutung in Bezug auf einen späteren therapeutischen Prozess? Klaus müsste lernen, dass das Männliche, sei es das eigene Mannsein oder das fremde Männliche, nicht etwas ist, das von vornherein zu fürchten ist und das sich in einer ängstlichen Stimmung erschließt. Es muss auch nicht böse sein oder unbestimmt. Der Bezug zum Männlichen könnte auch selbstbewusst und in guter Stimmung erfolgen. Für diese Aspekte des Männlichen ist Klaus im Moment noch nicht offen. Er müsste dafür neue Erfahrungen machen.

2. Deutung: Haken
Nach dem Männlichen erschließt sich Klaus ein Haken. Er ist schlecht gesehen, eher eine ungewöhnliche Deutung, eine Ganzantwort. Wir wissen nicht genau, was für ein Haken gemeint ist. Man könnte das nachfragen. Es gibt Haken, an die man etwas aufhängen kann wie Kleiderhaken. Es gibt Angelhaken oder Haken eines Kranes. Der Haken ist jedenfalls ein Gegenstand, der dazu gemacht wird, dass etwas anderes an ihm an seinen Platz kommt, auf-, ab- oder angehängt wird. Ein Haken fängt etwas anderes auf. Ist irgendwo ein Haken? Dies ist auch eine Redewendung, die darauf hinweist, dass irgend etwas nicht in Ordnung ist.

3. Deutung: Flugzeug
Das Flugzeug ist wiederum eine Ganzantwort und auf dieser Tafel schlecht gesehen. Die Wahrnehmung von Klaus perseveriert in diesem Sinne. Sie passt sich nicht optimal den wahrzunehmenden Gegebenheiten an. Tafel 1 ist nicht so schwer zu deuten, dass es nicht auch zu gut gesehenen Deutungen kommen könnte oder dass beispielsweise keine Detailantwort möglich wäre. Wirkt die schlechte Stimmung aus der ersten Antwort immer noch nach, sodass das Ergebnis der Wahrnehmung nicht optimal ausfällt?

5. Der Abklärungsgang im Gesamten

Klaus sieht ein Flugzeug. Ein Flugzeug ist ein Verkehrsmittel, das den Passagier schnell durch die Luft von einem Ort zum anderen bringt. Ortsveränderung, weg- und zu etwas hingehen, schnell und mit viel Energie, das ist es, was sich Klaus nun erschließt. Gibt es einen Zusammenhang zu den beiden ersten Deutungen? Das Männliche macht Angst, der Haken hält etwas fest, das Flugzeug könnte mich wegbringen, sind das die Themen, die Klaus beschäftigen?

Tafel 2
1. Deutung: Knochen eines Körpers
Auf der ersten Farbtafel, die »Affekte« mobilisieren kann, bleibt die Deutung formal immer noch schlecht. Inhaltlich sprechen sich Klaus Knochen eines Körpers zu. Wie schon in der ersten Tafel thematisiert Klaus einen Bezug zum Menschlichen beziehungsweise ist hier unklar, ob es sich um Tierknochen handelt. In jedem Fall offenbart sich ein Körper, der devitalisiert ist und von dem nur noch die leblosen Knochen auf die vitale Fülle des zu ihm zugehörigen Körpers verweisen. Ein Körper muss schon tot sein, bis sich seine Knochen ohne zugehörigen Körper offen zeigen können. Klaus ist deshalb offen für das Körperhafte und letztlich auch Beziehungsmäßige zu einem Körper, was sich aber nur noch in abgestorbener und devitalisierter Weise erfahren lässt. Dies entspricht der Stimmung, die schon bei der ersten Tafel sichtbar wurde.
Als zweite Deutung thematisiert Klaus noch einmal ein Flugzeug. Jetzt ist es bewegt, es fliegt mit Feuer. Formal ist dies eine Zwischendeutung (zw), das heißt das Ausgelassene, nicht der Fleck selber wird gedeutet. Mit dem roten Feuer wird hier tatsächlich auf die »affektive« Bereitschaft angesprochen. Diese affektive Tönung ist allerdings recht unstrukturiert (Feuer) und impulshaft (es fliegt).
Als 3. Deutung sagt Klaus: Kittel.
Ein Kittel (Sakko) ist ein Kleidungsstück. Es verweist eindeutig wiederum auf einen Mann. Er zieht einen Kittel an, wenn es kalt ist oder wenn er ordentlich gekleidet sein will. Speziell geht es hier um den Oberkörper, der mit einem Kittel geschützt oder gekleidet wird. Formal ist dies eine schlechte Deutung.

Tafel 3
1. Deutung: Zwei Männer tragen einen Zinnkanister
Diese Deutung ist gut gesehen und entspricht dem Aufforderungscharakter der Tafel. Die Menschendeutung ist bewegter Natur, ungewöhnlich ist eher, dass der Kanister aus Zinn ist. Zinngefäße wurden in früherer Zeit verwendet.
2. Deutung: Eine farbige Schleife.
Diese Deutung ist ebenfalls gut gesehen und ist die erste Deutung auf den Farbtafeln, bei der durch die Farbe eine affektive Mitbeteiligung beim Erkennen und Wahrnehmen erfolgt ist.

A 5. Der Abklärungsgang im Gesamten

3. Deutung: Schere
Diese Deutung ist schlecht gesehen und auf dieser Tafel ungewöhnlich. Das »Innere Bild« der Schere hat einen stärkeren »Ausdruckswunsch« als es der Aufforderungscharakter des Klecks hat, gemäß der an adäquaten und gut gesehenen Deutungen.
Die Schere ist ein Gegenstand zum Zerschneiden. Das Zerschnittensein als Thema auf der Tafel 3, die einen starken Aufforderungscharakter Richtung Begegnung und Kontakterfahrung hat, spricht sich Klaus hier als Thema zu.

Tafel 4
1. Deutung: Bär
Diese Deutung ist gut gesehen und adäquat.
2. Deutung: Pressluftbohrer
Diese Antwort ist schlecht gesehen und eher ungewöhnlich. Ein Pressluftbohrer bohrt Löcher, bricht festes Material auf, zerstört aber auch. Vielfach wird er eingesetzt, wenn es um eine Erneuerung geht. Einerseits zeigt sich hier ein möglicher Gewalt- oder Machtaspekt, andererseits ist dies eventuell auch als Ressource zu verstehen, weil etwas Neues möglich werden könnte.

Tafel 5
1. Die Fledermaus und der Schmetterling sind gut gesehene Vulgärdeutungen.

Tafel 6
1. Deutung: Katze von oben
Die Katze ist höchstens darum speziell, weil sie von oben gesehen wird. Einerseits ist das adäquat, weil die Katze auf der Tafel eher flach gedrückt wirkt, andererseits bedeutet »von oben« eine Blickrichtung, in der das Gesehene »unten« ist. Blickt Klaus auch sonst gerne »von oben herab«?
2. Deutung: Teppich
Der Teppich ist gut gesehen.
Die Tafel 6 wird oft mit einer männlichen Qualität assoziiert. Weder die Katze noch der Teppich wirken speziell männlich. Von diesem Standpunkt aus betrachtet ist der Teppich eher ein Ding, das von Menschen betreten wird und als Einrichtungsgegenstand zur Verschönerung eines Zimmers dient.

Tafel 7
Hier fallen drei Punkte auf. Erstens reagiert Klaus schockartig mit verlängerter Reaktionszeit und schlechter Deutung. Zweitens ist dies die einzige Tafel, zu der Klaus nur eine Deutung gibt. Drittens ist hier die Schere als Deutung ungewöhnlich. Sie tritt auf einer Tafel auf, die überlicherweise mit weiblichen beziehungsweise mütterlichen Qualitäten assoziiert wird. Die Schere kennen wir schon von der 3. Tafel, auf der wir

5. Der Abklärungsgang im Gesamten

sie als Zerschnittensein im Zusammenhang mit Kontakterfahrung interpretiert haben. Hier wird das Thema noch einmal fokussiert und problematisiert. Die Kontakterfahrung wird hier möglicherweise noch präzisiert als »Kontakterfahrung im Zusammenhang mit mütterlichen Imagines«.

Tafel 8
1. Deutung: Ein Leopard
Nach der Irritation auf Tafel 7 erholt sich Klaus hier und gibt eine Deutung, die adäquat ist, allerdings auch leicht gesehen werden kann. Inhaltlich zeugt sie von Kraft.
2. Deutung: Zwei Blätter
Die Deutung ist gut gesehen, allerdings werden auf dieser Farbtafel keine Farben in die Deutung integriert.
3. Deutung: Pfeife (Keine Tabakspfeife)
Mit einer Pfeiffe macht sich der Benutzer bemerkbar. Braucht Klaus mehr Aufmerksamkeit?

Tafel 9
1. Deutung: Kleines Schweinchen
Diese Deutung ist differenziert, gut gesehen und mit integrierter Farbe gedeutet.
2. Deutung: Rennauto
Diese Antwort ist zwar gut gesehen, hier aber eher ungewöhnlich. Das Rennauto ist analog zum Flugzeug auf Tafel 1 und 2 eine Deutung, bei der impulshafte Energie latent eine Rolle spielt. Noch präziser gesagt, im Rennauto versucht der Fahrer schneller zu sein als seine Konkurrenten. Er versucht, den ersten Preis zu erringen. Er muss dazu seine Maschine beherrschen und verschafft sich möglicherweise dadurch ein intensives Erlebnis und erhält Anerkennung.

Tafel 10
1. Deutung: Auge
Das Auge ist gut gesehen. Die Deutung integriert einen Farbaspekt. Als erste Deutung ist hier das Auge aber eher ungewöhnlich. Ein Auge sieht, durch Augen wird man gesehen.
2. Tausendfüßler
Diese Deutung ist ebenfalls gut gesehen.
3. Deutung: Tintenfleck.
Hier fällt Klaus mit seiner Leistung ab. Ein Tintenfleck bleibt amorph und unstrukturiert. Durch die Fb' Beteiligung scheint ein Verstimmungsimpuls am Werk zu sein, der eine bessere Deutung verhindert.

A 5. Der Abklärungsgang im Gesamten

4. Deutung: Ameise
Diese Antwort ist gut. Zusammen mit dem Tausendfüßler werden Insekten thematisiert, Tiere also, die recht klein sind. Im Zusammenhang mit der Energie eines Flugzeugs oder Rennautos ergeben sich recht breite Schwankungen im impliziten Energiepegel.

5. Deutung: Zwei Männer
Zum Schluss der ganzen Sequenz werden zwei Männer gedeutet, was gut gesehen wurde. Die letzte Tafel provozierte am meisten Deutungen, nämlich fünf. Alle mit Ausnahme des Tintenflecks sind gut. Die beiden Männer nehmen nochmals das Thema der ersten Deutung auf Tafel 1 auf. Im Gegensatz zur ersten Tafel sind diese Männer aber nicht mehr böse oder schwarz. Dies zeigt an, dass eine positive Verarbeitungsmöglichkeit bei Klaus gegeben ist und seine Leistungen nach einer Irritation nicht noch weiter abfallen.

Zusammengefasst betrachtet lassen sich aus dem Rorschach-Test folgende Fragen stellen:
– Hat Klaus ein Problem mit seiner männlichen Identität? Ist er in seinem Mannsein verunsichert und devitalisiert?
– Ist Klaus verunsichert und abgeschnitten im Zusammenhang mit seinen mütterlichen Imagines?
– Zeigt er »Einbrüche« in seinem recht guten Leistungsverhalten, die durch Verstimmungen motiviert sind, wenn er mit den beiden oben genannten Punkten konfrontiert wird?
– Ist es möglich, dass Klaus seine latente Energie, die er hat, besser einsetzen könnte; aber auch durch Transformation etwas Neues schaffen könnte?
– Muss Klaus dazu an einem »Haken andocken« um bei Schwierigkeiten nicht symbolisch mit einem Flugzeug wegzufliegen, sondern seine Probleme zu verarbeiten?

Der Wartegg-Zeichen-Test

Neben der formalen Auswertung konzentriere ich mich hier vor allem auf die inhaltliche Auslegung eines Feldes.

5. Der Abklärungsgang im Gesamten

1. Gasbalone: Werbung Lista.
2. Gesicht, Kopf
3. Hochhaus
4. Listabalon und andere Balöne.
5. Strasse
6. Labyrint
7. Ein Schifflein auf dem Wasser.
8. Wenn mann den Kopf kehrt erscheint auch ein Gesicht.

In Feld 1 werden Gasballone mit einer Werbeaufschrift gezeichnet. Die formale Aufnahme des vorgegebenen Punktes in eine größere Struktur ist nicht direkt gegeben. Der Punkt wird vielmehr als kleiner Ballon aufgefasst, wobei das Thema perseveriert wird. Der vorgegebene Punkt erscheint dadurch in einer perspektivischen Verkleinerung. Zum inhaltlichen Auswertungsschritt ist zu sagen, dass die Bedeutung eines Ballons darin liegt, dass er ohne eigene Steuerung von Außeneinflüssen geleitet, ohne Bodenkontakt in der Luft schwebend weitergetragen wird.
In einem dritten Schritt wird dies neben der formalen und inhaltlichen Interpretation in Beziehung gesetzt zur Bedeutung des ersten Wartegg-Feldes. Dies hat zu tun mit dem »Ich-Gefühl« beziehungsweise der eigenen Identität. Diese Identität, das Bild von

A 5. Der Abklärungsgang im Gesamten

sich selbst, zeigt sich deshalb geprägt durch das, was in der formalen und inhaltlichen Deutung gesagt wurde. Ist das eigene Selbstsein – so wäre zu fragen – analog zum Ballon zu sehen, der ungefestigt, vom Wind getrieben, sich fast verliert und keinen festen Boden unter den Füßen hat?
In Feld 2, das die Stimmung und die Sensibilität anspricht, zeigt sich ein Offensein für einen Kopf. Ein Gesicht ist dargestellt, das vorgegebene Zeichen wurde zur Augenbraue. Das Gesicht verweist auf einen Menschen. Eine Kontakt- und Begegnungsmöglichkeit ist damit angesprochen. Obwohl das Gesicht selber offen wirkt, ist der Kopf doch losgelöst von einem Körper. Die Trennung des Rational-Kopfhaften vom Körperhaften ist damit ebenso dargestellt wie die Frage aufgeworfen, ob dies auch ein wesentlicher Zug im Leben des Probanden ist.
In Feld 8, das die Geborgenheit anspricht, ist ebenfalls ein Kopf dargestellt, allerdings ein »Kopf von der Seite«. Der Proband wählt im Ansprechbarkeitsbereich der Geborgenheit ebenso eine Beziehungsmöglichkeit. Diese ist nicht direkt in der üblichen einfachen Art verfügbar, sondern »zweiseitig«, »nicht eindeutig«. Damit stellt sich jedenfalls die Frage, ob der Bezug zur Geborgenheit nicht zwiespältig, vielgesichtig ist.
In Feld 7, das mit Feld 2 in Zusammenhang steht, zeigt sich ein Schiffchen auf dem Wasser. Sensibel aufgenommen wurde die Rundung der vorgegebenen Punkte zum Segelboot, das aber keine direkte Berührung zum Wasser hat, sondern über einer Welle schwebt. Ein zweites Boot, größer als das erste, wird dazugezeichnet, das besser in einer Welle liegt. Die Bedeutung des Segelbootes liegt darin, vom Wind, das heißt einem äußeren Element, angetrieben, auf dem ursprünglichen Element des Wasser getragen zu werden.
Im Zusammenhang mit der »affektiven« stimmungsmäßigen Befindlichkeit, die Feld 7 anspricht, ist es deshalb so wichtig zu sehen, dass hier ein Zweites und Größeres hinzugenommen wird. Allerdings wird dies von äußeren Kräften bewegt, schaukelt hin und her und ist so nicht auf stabilem Boden. Diese Weise des Seins kann auch als Frage an das Dasein des Probanden gestellt werden.
Feld 4 spricht die Angstbereitschaft und die Verarbeitung an. Auch hier sind, wie in Feld 1, Ballone dargestellt. Inhaltlich gilt deshalb das gleiche wie in Feld 1, allerdings wird dies jetzt vor dem Hintergrund und im Zusammenhang mit der Angstverarbeitung formuliert.
Feld 5 spricht die aggressive Durchsetzungsfähigkeit an. Hier ist eine Straße dargestellt. Eine Straße bietet die Möglichkeit, eine Entfernung zu überwinden, von einem Ort zum anderen zu gelangen. Das »Auf-etwas-Zugehen« passt deshalb zu diesem Thema. Allerdings sieht man aus der formalen Darstellung, dass der vorgegebene Strich links unten im Feld den weiter oben dazu quergestellten vorgegebenen Strich nicht »aggressiv« durchschneidet, eher wirkt der Strich als Hemmung. Der querge-

5. Der Abklärungsgang im Gesamten

stellte Strich wird zu einem Zebrastreifen ausgebaut, das Ganze mit einer Ampel gesichert. Die aggressive Durchsetzung wirkt demzufolge im Bild der Straße eher gehemmt. Ein Auto müsste hier vorsichtiger fahren und es besteht auch die Möglichkeit, dass das Signal auf Rot steht. Dieser Modus des Umgangs mit dem »Auf-etwas-Zugehen« ist das, was sich zeigt und kann ebenfalls als Frage an den Probanden gestellt werden.

Schließlich bleibt in Feld 6 ein Labyrinth. Auffällig ist, dass entgegen dem Aufforderungscharakter des Feldes die beiden vorgegebenen Striche nicht integriert und zu einer größeren Figur zusammengeführt werden. Integration ist denn auch die Bedeutung dieses Feldes. Der Integration eher entgegengesetzt ist die Bedeutung des Labyrinths. Hier geht es um die Suche nach dem richtigen Weg, um Unsicherheit, nicht wissen wohin, um das Suchen auf die Gefahr hin, sich zu verlieren und um eine Anstrengung, ans richtige Ziel zu gelangen. Ist dies auch die Art und Weise des Probanden, in der Welt zu stehen?

Insgesamt gesehen ergibt sich aus den Tests das Bild eines Jungen, der in seinem Selbstwertgefühl beeinträchtigt ist. Ich möchte dies nur punktuell anhand der verschiedenen Tests illustrieren. Bei der Baumzeichnung wird der Stamm gekürzt und der Baum steht dadurch verloren auf dem Zeichenpapier. In der Familienzeichnung lässt sich Klaus ganz weg und stellt sich damit als nicht zugehörig dar. Im Ungricht-Satzergänzungs-Test zeigt sich das Angewiesensein auf die Mutter, sowie die Kommunikationsprobleme zwischen Mutter und Kind. Im Sceno-Test wirkt die Welt leer, leblos und voller Lasten. Im Rorschach-Test zeigt sich neben andern eine emotionale Schockreaktion auf Tafel 7, was oft mit einem labilisierten Mutterbild einhergeht. Im Wartegg-Test erscheint die Ich-Identität ebenfalls nicht gefestigt.

Teil B

Methoden der Psychotherapie bei Kindern und Jugendlichen

1. Der therapeutische Prozess in der klinischen Kinderpsychologie
Die Überlegungen von Petzold, Urban und Herzka & Reukauf

Historisch betrachtet hat sich die Kinderpsychotherapie aus den tiefenpsychologischen Schulen entwickelt. In der heutigen Zeit scheinen die integrativen und schulenübergreifenden Überlegungen wichtiger zu werden. Ich wähle deshalb aus der Vielfalt von Publikationen einige Ansätze aus, um diesen Prozess zu verdeutlichen.
Im Buch von H. PETZOLD (Hrsg., 1982) über Methodenintegration in der Psychotherapie geht es um diese Fragen. So bespricht dort W. HERZOG die wissenschaftstheoretische Problematik der Integration psychotherapeutischer Methoden, W. DITTMER befasst sich mit theoretischen Aspekten der Methodenintegration, H. Petzold beschreibt Modelle und Konzepte zu integrativen Ansätzen der Therapie. U. DERBOLOWSKY beschreibt ebenfalls Möglichkeiten der Methodenintegration. A. LINSENHOFF, R. BASTINE und D. KOMMER befassen sich mit schulenübergreifenden Perspektiven in der Psychotherapie, während B. FIETKAU ein ganzheitliches Menschenbild als Kern einer integrativen Therapie wichtig findet, wobei G. AMMON und D. GRIEPENSTROH aus einer psychoanalytischen Sicht neben diesbezüglichen Möglichkeiten auch gewisse Gefahren sehen.
Einen integrativen Therapieansatz verfolgt auch W. J. URBAN (1983). Der Autor, ein Psychoanalytiker, vergleicht die therapeutische Situation mit der eines Schwimmers, der Land erreichen will. »Zu verschiedenen Zeiten und je nach herrschenden Bedingungen wird er dazu Kraulen, Brust-, Seiten- und Rückenschwimmen einsetzen.

1. Der therapeutische Prozess in der klinischen Kinderpsychologie

Jedesmal, wenn er seinen Schwimmstil verändert, bleibt das Hauptziel dennoch das gleiche – an Land zu kommen.

Die integrative Therapie verfügt über eine Theorie und klinische Methode und besteht im kombinierten Einsatz von Verfahren, die verschiedenen therapeutischen Modalitäten entstammen. Sie hat allerdings keine eigene Persönlichkeitstheorie und greift auf die Arbeit vieler Theoretiker zurück. Urban beschreibt die Grundzüge dieser Therapieform abgekürzt folgendermaßen:

– Basisbeziehung – Rapport: Rapport und Gleichheit zwischen Therapeut und Klient in Bezug auf einzelne Faktoren des Geschehens sind wichtig für eine wohltuende Atmosphäre.
– Wahl und Vertiefen des Fokus: Dies hängt von den Produktionen des Klienten ab. Um den Fokus zu vertiefen, greift der Therapeut sowohl verbale und nichtverbale Cues auf, die vom Klienten, aber auch als Reaktionen des Therapeuten, kommen.
– Wahl und Bewerten der Modalität: Der Therapeut entscheidet, ob zum Beispiel eine Gestalttechnik, eine Regressionstechnik oder ein kognitiver Ansatz den Fokus am besten bearbeiten kann. Der Therapeut bewertet, ob es dabei beim Klienten zu einem »bedeutenden Gefühl« kommt. Bewährt sich die gewählte Modalität oder kommt es zu Abwehr und Widerstand? Der Therapeut achtet darauf, wie viel Zeit er verstreichen lässt, um die gewählte Modalität zu bewerten.
– Fortsetzung der Modalität oder Übergang zu einer neuen Modalität: Entsteht eine bedeutsame Interaktion zwischen den Beteiligten, ist die Modalität richtig gewählt. Falls der Weg nicht der geeignete war, soll das dem Klienten in einer korrekten Form vermittelt und zu einer neuen Modalität übergeleitet werden.

Schließlich kann regressive Arbeit beim Klienten wichtig werden. Gleichzeitig sollte seine Aktivität unterstützt werden sowie die kognitive Verarbeitung und Stabilisierung des Rapports.

Als Beispiel eines integrativen Therapieansatzes möchte ich die integrative Kindertherapie von H. Petzold (1993, Bd. 3, S. 1089–1138) zusammenfassen. Er gliedert den Ansatz in sieben Punkte:

1. Das Verfahren
2. Der Kontext: Lebenswelt, social world
3. Konzepte zur Therapie
4. Entwicklungskonzepte und Diagnostik
5. Persönlichkeit
6. Das kindliche Unbewusste
    6.1 Das kindliche Unbewusste und die Kreativität
    6.2 Das kindliche Unbewusste und die Verdrängung

B 1. Der therapeutische Prozess in der klinischen Kinderpsychologie

7. Therapeutische Beziehung
   7.1 Übertragung und Gegenübertragung
   7.2 Widerstand und Abwehr
   7.3 Trennung, Verlust, Abschied

1. Das Verfahren
Das integrative Verfahren wurde als Verfahren ganzheitlicher Behandlung Mitte der sechziger Jahre in der Arbeit mit Kindern, Jugendlichen und alten Menschen entwickelt. Das Verfahren bezieht sich auf folgende Quellen:
– das Psychodrama Morenos
– die Gestalttherapie von Perls
– die aktive Psychoanalyse der ungarischen Schule (Ferenzi, Balint).

Die integrative Therapie ist im Wesentlichen aufgrund zweier Aspekte für die Behandlung von Kindern und Jugendlichen geeignet. Einmal ist die aktive Ausrichtung in der Kreativität und im Spiel zu nennen. Auf der anderen Seite praktiziert sie einen erlebnisaktivierenden Behandlungsstil auf der Grundlage einer mehrperspektivischen Sichtweise.

2. Der Kontext: Lebenswelt, social world
Therapeutische Arbeit findet immer in konkreten Kontexten statt, zum Beispiel dem Beziehungsnetz der Familie. Der Zugang, den der Therapeut zum Kind und zu seiner Familie finden muss, wird durch eine gemeinsame Partizipation am Milieu der Lebenswelt ermöglicht.

Unter dem Begriff der social world wird diese Lebenswelt, die durch vielfältige Faktoren bestimmt wird, verstanden. Die Analyse des social world nimmt eine zentrale Stellung ein. An diesen Analysen werden die Grob- und Feinziele erarbeitet.

3. Konzepte zur Therapie
Als zentrale Konzepte der integrativen Therapie werden folgende vier Punkte gesehen:
   a) *Setting, Methode und Form:* Vor Behandlungsbeginn sind in Abhängigkeit vom Krankheitsbild über den methodischen Ansatz und die Form der Behandlung zu entscheiden.
   b) *Kontakt:* In den Anfangsstunden geht es neben dem Kontaktaufbau auch um eine prozessuale Diagnostik.
   c) *Begegnung:* Voraussetzung für die Begegnung ist Kontakt, allerdings geht es auch um ein Erfassen des ganzen Menschen.
   d) *Beziehung:* Beziehung schließt die Erfahrung von gemeinsamer Vergangenheit und die Antizipation von zu erwartender gemeinsamer Zukunft mit ein.

1. Der therapeutische Prozess in der klinischen Kinderpsychologie

4. Entwicklungskonzepte und Diagnostik
Die integrative Kindertherapie richtet sich am Entwicklungsgeschehen aus. Die Therapie soll eine »fördernde Umwelt« bereitstellen, da endogene Reifungsprozesse eine solche »facilitating environment« brauchen, um sich entfalten zu können.
Entwicklung ist ein komplexer Prozess, der aus dem Gewinn von motorischer, sensorischer, perzeptueller, kognitiver und sozialer Kompetenz besteht und darüber hinaus auch den Gewinn von Strukturen und Funktionen miteinschließt. Entwicklung ist ein Geschehen zwischen innen und außen, was auch im Begriff der Enkulturation zum Ausdruck kommt. Aus diesen integrativen Entwicklungskonzepten resultiert die »Diagnostik im Prozess«, die immer im Verlauf der Behandlung stattfindet. Zur Diagnostik sind folgende vier Fragen zu beantworten:
   a) Welches sind die gesunden Anteile, die altersadäquat funktionsfähig sind, die erhalten werden müssen und auf die das Kind im Leben und in der Therapie zurückgreifen kann?
   b) Die nächste Frage richtet sich darauf, was gestört wurde und nicht mehr funktioniert; woraus folgt, welche Verhaltensweisen, Ausdrucksmuster oder Wertmaßstäbe in der Therapie zu restituieren sind.
   c) Die dritte Frage zielt auf die Defizite: Was war nie da und muss bereitgestellt oder substituiert werden?
   d) Die letzte Frage ist auf die ungenutzten Potenziale gerichtet: Was schlummert und kann entwickelt werden?

5. Persönlichkeit
Die integrative Therapie nimmt als Grundlage der Persönlichkeit den Körper, der sich aus dem »archaischen Leib-Selbst« entwickelt, das mit der Fähigkeit wahrzunehmen, zu reagieren und zu speichern ausgestattet ist. Am Anfang steht eine matte Awareness, die im Embryonalstadium und im frühen Säuglingsalter areflexiv, im späteren Säuglingsalter und der frühen Kindheit präreflexiv ist. Awareness entwickelt sich mit allen Teilbereichen der Reifung in Richtung auf ein »reflective consciousness«.
Das »Ich« wird aus der Wahrnehmungsfähigkeit der primären Struktur, des »archaischen Leib-Selbst« geboren, weshalb es als sekundäre Struktur bezeichnet wird. Als seine höchste Leistung schafft das »Ich« die tertiäre Struktur, die Identität.
Aus alldem folgt, dass die intersubjektiven Beziehungen im therapeutischen Geschehen von zentraler Bedeutung sind.

6. Das kindliche Unbewusste
Im Prozess der sich entwickelnden Awareness von der areflexiven Frühzeit zum reflexiven Ich-Bewusstsein werden die Bereiche des autochthonen Unbewussten immer weiter zugänglich. Die Quellen des Unbewussten fließen und speisen die Kreativität.

B 1. Der therapeutische Prozess in der klinischen Kinderpsychologie

6.1 Das kindliche Unbewusste und die Kreativität
Die Haltung der integrativen Therapie findet ihren Ausdruck im Konzept der Kokreativität. Dies bedeutet, dass man versucht, das Expressive im Kind durch kokreatives Tun zu fördern beziehungsweise zu erwecken.

6.2 Das kindliche Unbewusste und die Verdrängung
In der integrativen Therapie wird die Verdrängung als eine positive Möglichkeit des Organismus gesehen, die Schutz bietet. Es ist nicht die Verdrängung, sondern das Verdrängte, was schädigend wirkt.

7. Therapeutische Beziehung
Die methodenintegrativ arbeitenden Kindertherapeuten nehmen alles, was in den gemeinsamen Szenen des therapeutischen Geschehens auftaucht, aus der Kinderperspektive auf. Das heißt, dass sie sich innerlich in die Rolle des Kindes begeben, um die Erlebniswelt des Kindes zu erfassen und um mit ihm in eine therapeutische Beziehung zu kommen, die ihm entspricht und zugleich therapeutischen Charakter hat. Bei einer solchen Beziehung ist die Beziehung zu den realen Eltern, die miteinbezogen werden müssen, besonders im Auge zu behalten. Der Therapeut füllt Defizite, bleibt aber »Lückenbüßer«, um nicht in Konkurrenz zu den Eltern zu treten.
Die Ich- und Identitätsentwicklung geschieht in der therapeutischen Beziehung durch den Prozess der Grenzfindung. Die Ich- und Identitätsentwicklung ist Handeln um Grenzen.
In der integrativen Therapie wird davon ausgegangen, dass Beziehungen keine Objekt-, sondern Subjektbeziehungen sind; das heißt, die Beziehungen sind von einem Engagement für die andere Person getragen. Der Stil der therapeutischen Beziehung wird von Intersubjektivität getragen. Mit Kindern kann und soll man nicht abstinent arbeiten. Das bedeutet allerdings nicht, dass der Therapeut all seine Gefühle zeigt, sondern es wird hier von einem partiellen Engagement gesprochen.

7.1 Übertragung und Gegenübertragung
Aus der Sicht der integrativen Therapie stellt die unverstellte Intersubjektivität den gesunden Interaktionsmodus dar. Deshalb treten Übertragungen als pathologische Beziehungsformen auf. Deshalb gilt: Wo Übertragung war, muss Beziehung werden.
Die Übertragung des Therapeuten ist ebenfalls von entscheidender Bedeutung. Es handelt sich um eine unbewusste, in der Eigenproblematik des Therapeuten gründende Übertragungsdynamik, die in der Beziehung zum Kind ausagiert wird. Davon ist die Gegenübertragung zu unterscheiden, die als eine empathische Reaktion auf das Verhalten des Kindes gesehen werden kann.

7.2 Widerstand und Abwehr

Unter Widerstand wird die Fähigkeit des Ich, sich gegen Einflüsse auf das Selbst und auf die Identität zur Wehr setzen zu können, verstanden. Man unterscheidet zwei Grundformen von Widerstand:

Projektiver Widerstand: Dieser ist zunächst immer intrapersonal. Durch ihn wird verhindert, dass der Mensch mit schmerzlichem Erleben in Kontakt kommt, dass er von Emotionen etc. überschwemmt wird.

Mutativer Widerstand: Er wird als sich wehren gegen Veränderungen des Selbst und der Identität gesehen. Er ist interpersonal.

7.3 Trennung, Verlust, Abschied

Das Leben ist eine Kette von Trennungen. Trennungen stehen immer in Gefahr, zu einem Verlust mit zerstörerischem Auswirken zu werden, wenn vom Getrennten kein Abschied genommen werden konnte. Der Abschied wächst aus der Trauerarbeit, die ein starkes Ich voraussetzt und somit bei kleinen Kindern nicht möglich ist. Die archaische Trauerarbeit bei kleinen Kindern ist nicht dem Realitätsprinzip, sondern dem Wunschprinzip verpflichtet.

Abschließend noch einige Gedanken zur Methodenintegration in der Kinder- und Jugendpsychiatrie von H. S. Herzka und W. Reukauf:

Das Anliegen der zwei Autoren (in: KLOSINKI, 1989) ist eine Klärung der Beziehungen zwischen unterschiedlichen Therapieformen. Dazu beantworten sie zuerst die Frage, womit sich Psychotherapien überhaupt befassen: »Sie befassen sich mit dem einzelnen Menschen *und* mit seinen Beziehungen, mit Kommunikation und sozialen Gefügen. Sie interessieren sich für die menschlichen Bindungen, sei es an den Partner, die Eltern oder den Therapeuten, *und* für eine wachsende Autonomie. Dabei genügt die Hilfe des Therapeuten nicht, sondern es soll auch ein Selbsthilfeprozess aktiviert werden. Psychotherapie ist ein emotionaler *und* gleichzeitig kognitiver Prozess, an dem das realitätsbezogene *und* das imaginäre Bewusstsein beteiligt sind. Die therapeutische Kommunikation verwendet sowohl Bilder, Symbole und Metaphern als *auch* die verbale Sprache und die durch sie formulierten Begriffe und ist neuropsychologisch *sowohl* Sache der rechten *wie* der linken Großhirnhälfte. ›Gegenstand‹ ist *sowohl* das seelisch-geistige Leben *wie* der Leib, das Soma beispielsweise in den Bereichen Körpersprache oder Sexualität. Die Therapie betrifft den Patienten im ›Hier und Jetzt‹, der jedoch im Laufe seines Lebens – biografisch – so geworden ist. Therapie ist ferner – besonders bei Kindern und Jugendlichen – immer auch Erziehung und Selbsterziehung, und sie lässt sich mit Wissen *allein* weder durchführen noch erklären, sondern ist stets auch ein jenseits des Rationalen gelegener, das heißt transzendenter Vorgang.«

B 1. Der therapeutische Prozess in der klinischen Kinderpsychologie

Alle ernsthaften Therapieschulen und ihre zahlreichen Varianten, seien sie tiefenpsychologisch, lerntheoretisch, humanistisch oder kommunikationstheoretisch orientiert, beschränken sich verständlicherweise sowohl in ihren theoretischen Erklärungsmodellen als auch in ihren Methoden nur auf *einzelne* aufgeführte Aspekte und haben den einen *oder* anderen Gesichtspunkt zu ihrer Grundlage gemacht. Demgegenüber stehen die Bestrebungen für eine Integration oder Synthese der unterschiedlichen Therapieverfahren, um Einseitigkeiten zu korrigieren, Therapieindikationen zu spezifizieren oder die verloren gegangene Einheit wiederherzustellen. Dabei werden drei Ebenen unterschieden, auf denen Integration vollzogen werden kann: auf der theoretischen Ebene (Suche nach Gesetzes- und Bedingungswissen), der technologischen Ebene (Suche nach technologischen Theorien, nach brauchbaren Regeln wissenschaftlichen Handelns, nach Änderungsprinzipien und klinischen Strategien) und der Handlungsebene (praktisches, konkretes Vorgehen, Realisierung einer Strategie oder Technik und deren Effektivität). Der Therapieboom hat – so die Autoren – eine Vielzahl an Therapieansätzen hervorgebracht, die sich ›integrativ‹ nennen, aber Verschiedenes meinen. Die Autoren unterscheiden drei Ansätze unter den Integrationsbestrebungen: eklektische, im engeren Sinne integrative und pluralistische.
Beim *eklektischen Vorgehen* werden aus dem breiten Angebot Theorien respektive Methoden verschiedenster Herkunft miteinander vermischt, ohne das zugrunde liegende theoretische Gesamtkonzept zu beachten oder die unterschiedlichen Techniken in seine therapeutische Identität zu integrieren, sodass sie angelernt bleiben. Dieses Vorgehen gewinnt beim Praktiker zunehmend an Beliebtheit, weil es seiner Intuition und Kreativität viel Spielraum gewährt. Von Seiten der Psychotherapieforschung kommen jedoch Vorwürfe der ›Prinzipien- und Orientierungslosigkeit‹ auf der theoretischen Ebene beziehungsweise der ›unsauberen Vermischung von Therapiepraktiken‹ auf der Handlungsebene.
Integrativ im engeren Sinn sind Bestrebungen, in welchen versucht wird, divergierende Erklärungsansätze zu einer einheitlichen Synthese zu vereinigen, unter expliziter Bezugnahme auf eine Rahmentheorie. Mit Blick auf einige bekannte, allen Therapieformen gemeinsame Wirkfaktoren wäre es auch ›nahe liegend, auf der technologischen und der Handlungsebene nach Methodenkombinationen Ausschau zu halten, in welchen die spezifischen Vorteile jeder Hilfsmaßnahme – sei es in additiver, komplementärer oder sich gegenseitig sogar potenzierender Weise – zum Zuge gelangen‹. Die Wissenschaftstheorie wendet jedoch ein, dass sich die Komplexität des menschlichen Verhaltens grundsätzlich unitären und reduktionistischen Ansätzen entzieht.
In pluralistischen Lösungen werden Verdienste und Identität der Therapieschulen bejaht, aber deren Monopol- und Ausschließlichkeitsanspruch zurückgewiesen. Als theoretisches Modell für die Koordination und Kooperation von *Methoden unter*

1. Der therapeutische Prozess in der klinischen Kinderpsychologie

Wahrung ihrer Spezifität schlagen die beiden Autoren eine von der dialogischen Philosophie erarbeitete *duale Strukturierung* vor.

Zusammenfassend kommt es den Autoren bei all diesen Methoden und Settings darauf an, dass die Kooperation auf der Gleichberechtigung unterschiedlicher Ansätze beruht, dass das Interesse des Therapeuten über seine jeweils eigene Hauptrichtung hinausgeht, dass Persönlichkeitsfaktoren als wissenschaftliche Realität anerkannt werden und dass auf der Theorieebene ein Makroparadigma für die Zusammenarbeit besteht, wofür sich für sie der dialogische Ansatz bewährt habe.

An anderer Stelle gehen H. S. Herzka und W. Reukauf (1995, S. 291, ff.) näher auf die Dialogik ein.

»Die Dialogik ist Philosophie, die sich ausdrücklich nicht mit der Erörterung theoretischer Fragen oder Denkergebnisse begnügt, sondern in ihrem Ansatz die Anwendung des Denkens einschließt. Ihr Anliegen ist Erkenntnis und deren Verwirklichung im täglichen Leben. Sie ist im Sinne der Philosophie der Antike Lebenshaltung. Dialogik wurde von H. L. GOLDSCHMIDT (1964) in Weiterführung der Tradition dialogischer Philosophie entwickelt. Sie ist eine bestimmte Art des Denkens in Dualitäten, in ›Gegenübern‹, welche in enger Beziehung steht zu erkenntnistheoretischen Ergebnissen der modernen Physik, zu neueren Ansichten der Hirnforschung und zu zeitgemäßen wissenschaftstheoretischen Forderungen. Sie postuliert, dass zwei Gedanken, die man nicht gleichzeitig denken kann, oder zwei Begriffe, die sich gegenseitig ausschließen, gleichzeitig (das heißt nicht nacheinander) und gleichwertig (das heißt ohne Überlegenheitsanspruch des einen über das andere) gemeinsam ein Ganzes ausmachen. Zwischen den ›Gegenübern‹ bestehen eine Spannung und ein zu bestimmender Widerspruch. Dialogik impliziert dessen Bejahung, da er als grundsätzlich erachtet und andauernd vorhanden anerkannt wird. Dialogik basiert auf der Andersartigkeit des anderen und damit auf der Wertschätzung der Differenz und der Verschiedenheit. Gleichzeitig aber postuliert sie die definierte Kooperation sich widersprechender und ausschließender Bereiche, jeweils gleichwertig und gleichzeitig.

Dialogik ist eine bestimmte Form der Wahrnehmung des Seienden, eine Ontologie und Anthropologie. Sie ist ein Prinzip der Strukturierung und Ordnung und stellt damit eine Systematik zur Verfügung, aber ohne ein System zu bilden; vielmehr werden bestehende Systeme in einen bestimmten Zusammenhang gebracht.«

Die Dialogik als anthropologischer Zugang führte Herzka seit den sechziger Jahren in die Psychiatrie, die Therapie und die Medizin ein. Es geht um ein übergeordnetes Modell, ein Metaparadigma, das widersprüchliche Bereiche oder Begriffe für sich bestehen lässt, aber untereinander doch in eine sinnvolle Verbindung stiftet. Dabei entsteht keine einheitliche Theorie, die den Anspruch erhebt, für jede Problematik eine Antwort bereit zu halten. Aber es wird dem Rechnung getragen, voneinander getrennte Elemente zu einer Ganzheit zu verbinden. Die Autoren sehen die Bedeutung von integrativen Bestrebungen innerhalb der Therapiepraxis in der Suche nach Zuordnungs- und Kombinationsregeln zwischen den verschiedenen Therapiemethoden. Demgegenüber bedeutet Integration im Bereich der Therapietheorie die Schaffung von Rahmenkonzepten für Kombinationen therapeutischer Methoden. Nach ihrer Auffassung ist die Dialogik zweckmäßig für ein theoretisches Rahmenkonzept. »Die Besonderheit des dialogischen Ansatzes liegt darin, dass eine Koordination und Kooperation von Methoden unter Wahrung ihrer Spezifität ermöglicht wird. Das dialogische Denken stellt die therapeutischen Methoden, die ihre Identität behalten, in einen neuen Zusammenhang.

Die Methodenkooperation betrifft nicht nur systemorientierte und individuumorientierte Ansätze, sondern auch die Verbindung verschiedener tiefenpsychologischer Modelle untereinander sowie mit lerntheoretischen Ansätzen. Beispielsweise kann in einer Therapie der mehr auf das kollektive Unbewusste ausgerichtete Ansatz der Psychologie C. G. JUNGs ebenso von Bedeutung sein wie der ursprüngliche Ansatz Freuds, der das individuelle Unbewusste in den Vordergrund stellt, und eine analytisch orientierte Spieltherapie ist auch eine lernpsychologische Situation. Es sei wiederholt, dass bei jeder solchen Methodenkooperation keine Mischung gemeint ist, kein Kompromiss und keine bloß tolerante Koexistenz; solche Methoden müssen in der Regel auch nicht aufeinander folgen. Sie haben ihre eigenen Identitäten, die voneinander abgegrenzt und zueinander oft widersprüchlich sind, haben aber gleichzeitig und gleichwertig ihre Berechtigung und können und sollen daher je nach Situation miteinander verknüpft werden.

Eine solche Methodenkooperation nicht nur unterschiedlicher, sondern oft auch widersprüchlicher therapeutischer Schulen durchbricht die sonst in der Psychotherapie übliche schulenspezifische Isolation. Sie bedeutet die Überwindung des Ausschließlichkeitsanspruches, den die meisten psychotherapeutischen Schulen in ihrer Dogmengeschichte vertreten, und schärft die Bewusstheit der Therapeuten für den Einsatz von komplementären Verfahren.« (Herzka und Reukauf, 1995, S. 310)

2. Überblick über allgemeine therapeutische Maßnahmen

Nach einer Abklärung kann eine ganze Reihe von Maßnahmen ins Auge gefasst werden. Die psychotherapeutische Unterstützung einer Familie beziehungsweise eines Kindes ist in der klinischen Arbeit nur eine Variante unter vielen. Die folgende Zusammenstellung zeigt den möglichen Maßnahmenkatalog, wobei zu berücksichtigen ist, dass dieses Angebot nicht überall gegeben ist und von einer regionalen Versorgung von entsprechenden Dienstleistungen abhängig ist. Unsere konkrete Zusammenstellung von möglichen Dienstleistungen der Kinder- und Jugendpsychiatrischen Dienste bezieht sich auf die Region Ostschweiz.

- Klärung von Fragen der Eltern schon während einer Abklärung
- Klärung von Fragen mittels Berichte und Gutachten an den Auftraggeber, zum Beispiel Vormundschaftsbehörde, Gericht etc.
- Klärung über schulische Maßnahmen, eventuell in Zusammenarbeit mit dem Schulpsychologischen Dienst, zum Beispiel Versetzung in Sonderklasse, Platzierung in Schulheim, Lehrerwechsel, Lehrergespräche, Vermittlung zwischen Lehrer und Eltern
- Klärung über behördliche Maßnahmen, zum Beispiel Gefährdungsmeldung, Empfehlung zur Einrichtung einer Beistandschaft oder Vormundschaft
- soziale Interventionen: Hausbesuche, Erziehungsberatung, Familienberatung
- medikamentöse Therapie, zum Beispiel bei Hyperaktivität

Psychotherapien:

- Gesprächstherapien
- Imaginationstherapien
- Maltherapien
- Spieltherapie
- Familientherapie
- Elternberatung
- Gruppenpsychotherapie
- Zusammenarbeit mit anderen externen Fachpersonen / Helferkonferenz
- Interne interdisziplinäre Zusammenarbeit im Fachteam
- Motivations- / Vorbereitungsarbeit für Überweisungen oder Platzierungen:
  - Platzierung in Heim aus sozialen, schulischen und familiären Gründen
  - Platzierung in Tagesklinik

B 3. Ein Überblick über spezielle Psychotherapieverfahren

- – Stationäre Platzierung in kinderpsychiatrischem Therapiezentrum
- – Platzierung in heilpädagogischer Großfamilie
- – Platzierung in heilpädagogischer Notfallfamilie
- – Notfallplatzierung bei Suizidalität (Kinderklinik, Kinder- und Jugendpsychiatrische Einrichtungen)
- Konsiliardienste für Kollegen und Kliniken
- Triage an soziale Institutionen, zum Beispiel sozialpädagogische Familienbegleitung
- Überweisungen an externe Stellen:
  - – Weiterweisungen an Opferhilfe zum Beispiel bei sexuellen Übergriffen und Traumatisierungen
  - – bei Teilleistungsstörungen Überweisung für Spezialtherapien:
  - – sensorische Integration
  - – Ergotherapie
  - – Psychomotoriktherapie
  - – Logopädie
  - – Weiterweisung an Suchtberatungsstelle
  - – Vermittlung von Paartherapie
  - – Weiterweisung an Eheberatungsstelle
  - – Empfehlung für alternative Therapie (Rhythmik, Judo, Autogenes Training etc.)
  - – Weiterweisung für spezielle Lerntherapie
  - – Veranlassung von spezialärztlichen Untersuchungen wie EEG oder neuropädiatrischen Untersuchungen
- 24-stündige Erreichbarkeit über zentrales Ambulatorium für ÄrztInnen
- Krisenintervention

3. Ein Überblick über spezielle Psychotherapieverfahren bei Kindern und Jugendlichen

In der folgenden Zusammenstellung sind die wichtigsten Psychotherapieverfahren für Kinder und Jugendliche zusammengestellt. Die Auswahl erhebt keinen Anspruch auf Vollständigkeit. Die genauen Literaturangaben finden sich am Ende des Buches.

3. Ein Überblick über spezielle Psychotherapieverfahren

Kinderpsychoanalyse	Freud A. 1980
	Klein 1987
	Sandler 1982
	Haman 1993
	Reinhard 1995
	Fahrig in U. Lehmkuhl 1991
Individualpsychologische Kindertherapie	Els-Stadler in Biermann 1992
Jung'sche Kinderpsychotherapie	Broche in Petzold 1987
Tiefenpsychologisch fundierte Psychotherapie	Remschmidt u. Quaschner 1997
Nicht-direktive klientenzentrierte Spiel- und Familientherapie	Axline 1997
	Niebergall in Remschmidt 1997
	Schmidtchen 1991
	Boeck-Singelmann 1996
Integrative Kinder- und Familientherapie	Petzold 1993 Bd. 3
	Petzold in Metzmacher,
	Petzold u. Zaepfel 1996
	Metzmacher in Biermann 1992
Dialogische Kinder- und Familientherapie	Herzka in Biermann 1993
Sand-, Puppen- und Spieltherapie	Kalff 1979
	Petzold in Petzold u. Ramin 1987
	Rambert 1969
	Kampmann in Remschmidt 1997
	Krucker 1997
Katathymes Bilderleben und Imaginationstherapie	Leuner et al. 1997
	Kampmann-Elsas in Remschmidt 1997
	Krucker 1995
Kunst-, Gestalt-, Kreativitäts-, Mal- und Musiktherapie	Oaklander 1996
	Schottenloher 1989
	Schmeer 1995
	Petzold u. Orth 1990
	Riedel 1992

B 3. Ein Überblick über spezielle Psychotherapieverfahren

	Kramer in Biermann 1992
	Schutzmann in Biermann 1992
Traum-, Märchentherapie	Kast 1995
	Simon-Wundt 1997
	Ennulat 1998
	Sommer 1999
Gruppentherapie	Niebergall in Remschmidt 1997
	Aichinger in Biermann 1992
	Rahm 1997
Familientherapie	Mattejat in Remschmidt 1997
Elterntraining	Nossrat, Peseschkian in Biermann 1992
	Warnke in Remschmidt 1997
	Buchholz 1995
Verhaltenstherapie	Ross 1987
	Müller u. Quaschner in Remschmidt 1997
	Steinhausen 1993
Transaktionsanalyse	Hennig in Biermann 1992
Autogenes Training	Biermann 1996
Funktionelle Entspannung	Fuchs u. Elschenbroich 1996
Joga	Ohlig in Biermann 1994
Kombinierte Behandlung	Remschmidt 1997

4. Ein multimodaler Therapieansatz – unter Berücksichtigung des phänomenologischen Aspekts

Die bisherige Entwicklung der Kindertherapie hat G. BIERMANN (1988) zusammengefasst. Im Folgenden seien die wichtigsten Ansätze kurz erwähnt. Eine Schweizer Schule entstand nach einer Begegnung des Zürcher Pfarrers Pfister mit Sigmund Freud. H. ZULLIGER (1967), ein Schüler Pfisters, vertrat eine deutungsfreie Spieltherapie. Er wollte die Psychoanalyse pädagogisch anwenden. Gleichzeitig bildete sich unter dem Einfluss von Freud in Wien die analytische Kinderpsychotherapie heraus. A. ADLER legte den Schwerpunkt auf die sozialpädagogische Arbeit. Aichhorn engagierte sich in der Arbeit mit jugendlichen Delinquenten in ambulanten und stationären Einrichtungen. Auf der Basis der Freud'schen Psychoanalyse entwickelten sowohl Anna FREUD als auch Melanie KLEIN spezifische kindertherapeutische Ansätze. Ab den zwanziger Jahren wurden die kontroversen Anschauungen zwischen Anna Freud und Melanie Klein deutlicher. M. Klein gründete nach der Übersiedlung nach London eine eigene Schule für Kinderanalyse. Aus den Erfahrungen mit der »Frühanalyse des Kindes« zog sie die Schlussfolgerung, dass die emotionale Entwicklung des Kindes im ersten Lebensjahr eine entscheidende Bedeutung hat. Anna Freud gründete, ebenfalls in London, die Hampstead Child Therapy Clinic. Besonders bekannt wurden ihre Arbeiten über das »Ich und die Abwehrmechanismen« (1981) sowie »Wege und Irrwege in der Kinderentwicklung« (1981). A. Freud regte das Kind mit Spielmaterial zu Projektionen und Identifizierungen an, um eine intensive Übertragung beim Kind zu erreichen. Zum Kreis von A. Freud gehörten auch M. MAHLER und A. KATAN, die später nach Amerika ausgewandert sind.
Eine weitere Ausbildungsstätte entstand durch Margareth LOWENFELD. Sie entwickelte die »Welttechnik«, einen Sandkasten mit zahllosen Spielelementen, den Charlotte BÜHLER später zum »Welt-Test« standardisierte. Nach dem Krieg machte sich die Berliner Nervenärztin G. VON STAABS (1968) einen Namen mit ihrem Puppenspielverfahren und der Entwicklung des Sceno-Tests. Ebenso in Berlin arbeitete A. DÜHRSSEN (1980) mit einem psychoanalytischen Ansatz.
Für die jungianische Richtung der Psychoanalyse liegt kein geschlossenes Konzept zur Kindertherapie vor, C. G. Jung hat sich hierzu nicht geäußert. Verschiedene Autoren wie E. NEUMANN, D. KALFF und M. FORDHAM haben jedoch Jung'sche Erkenntnisse für die Kindertherapie verarbeitet. Bekannt wurde die Sandspieltherapie nach Dora Kalff (1979). Das Ziel der Therapie besteht darin, den Individuationsprozess anzuregen und die Vereinigung von Gegensätzen zu ermöglichen. Essenziell ist

B 4. Ein multimodaler Therapieansatz

das Gestalten und Erleben von inneren Bildern. In Amerika schließlich konzipierte Virginia M. AXLINE (1984) ihre nicht-direktive Spieltherapie, die gewisse Parallelen resp. Adaptionen mit der klientenorientierten Gesprächstherapie nach Rogers aufweist. Stephan SCHMIDTCHEN (1991) nannte in Deutschland seine Arbeiten denn auch »Klientenzentrierte Spieltherapie«. Für diese Therapien wurde eine Reihe von Strategien und Techniken aufgestellt, die bei Entwicklungsverzögerungen, Lern- und Leistungsstörungen günstige Ergebnisse zeigen.

Ein interessanter neuerer psychoanalytischer Ansatz stammt von H. FAHRIG (1991). Seine Technik knüpft an die Tradition von Zulliger und Dührssen an und steht im Gegensatz zur Methode von M. Klein und A. Freud. Auf einer symbolischen analogen Spielebene agieren die verschiedensten Figuren, wobei Entbehrungen und Konflikte inszeniert werden. Die unbewusste Offenbarung auf dieser Spielebene steht im Zentrum. Das Deuten der Zusammenhänge und der Abwehrvorgänge erfolgt bei Fahrig bevorzugt auf dieser analogen Ebene.

Speziell aus daseinsanalytischer Sicht hat sich H. RECK mit dem Spiel (1985) und der Phänomenologie des Kindes aus literarischer Sicht (1990) auseinandergesetzt. Ebenso machte sich H. WEISS (1993) Gedanken über »Spiel, psychotherapeutischer Prozess und kulturelle Erfahrung« Gedanken. E. SALADIN und R. SCHÜTZ (1991) setzten sich mit dem Sceno-Test und der phänomenologischen Auslegung des Spiels auseinander.

Nach diesen kurzen Hinweisen auf bisherige Publikationen möchte ich einen multimodalen Therapieansatz vorschlagen. In der Kindertherapie geht es darum, eine kindgerechte Art des Spielens zu ermöglichen. Die Sprache des Kindes ist die seiner Worte, aber auch die Sprache des Spiels und der Phantasie, die Sprache der Imagination und der Träume. Ebenfalls spricht das Kind mit seinem Körperausdruck, seinen Zeichnungen oder dem gestalteten kreativen Ausdruck. In erster Linie geht es darum, überhaupt einen Zugang zu den Kindern zu finden und ihnen die Möglichkeit zu bieten, sich auszudrücken. Es ist wichtig, sich als Therapeut die spezifischen kindlichen Ausdrucksformen anzuhören und dem Kind diejenige Form zur Verfügung zu stellen, die es ihm erleichtert, sich zu öffnen.

Die in der Praxis bewährten Zugänge sind:
1. Der gesprächsorientierte Zugang
2. Der imaginative Zugang
3. Der spieltherapeutische Zugang
4. Der maltherapeutische Zugang
5. Der Zugang über Träume
6. Der körperzentrierte Zugang
7. Der Zugang über die Eltern

Über all diesen Möglichkeiten steht der übergeordnete Prozess; er beinhaltet die Entscheidung des Therapeuten, welche Modalität bei welchem Kind zu welchem Zeitpunkt dem Therapieprozess am förderlichsten ist.

4.1 Der gesprächsorientierte Zugang

Am Anfang jeder Begegnung mit einem Kind steht das Gespräch. Was lässt sich über das Gespräch aus phänomenologischer Sicht sagen? G. CONDRAU (1986) meint, dass Phänomenologie, Hermeneutik, Mitteilung und Angesprochenwerden, aber auch Verstehen, Vernehmen und Antworten in die Situation der Sprache gehören. Alles Seiende besagt etwas und kommt über das Dasein in die Sprache. Sie ist mehr als bloße Verlautbarung oder ein Zeichen. In der Sprache wird das Begegnende erschlossen. Wenn jemand von einem Mitmenschen oder einer Sache angesprochen wird und darauf antwortet, geht der Begriff Sprache über das artikulierte Sprechen hinaus. Etwas zur Sprache bringen heißt aber nicht nur sprechen, sondern vor allem »hören« und »schweigen«, was allerdings nicht dasselbe bedeutet wie stumm sein. Das analytische Gespräch ist Erhellung der Lebensgeschichte, Begegnung, Katharsis ebenso wie Offenständigsein. Es meint Begegnung und Verhalten im weitesten Sinn. Wann ist Hermeneutik laut Condrau (1986, S. 229) nötig? Im daseinsanalytischen Sinn bedürfen die alltäglichen Mitteilungsformen, Gebärden, Mimik, Stimme, Worte, Taten und das Schweigen, in denen sich Sprachliches ereignet, keiner weiteren Interpretation. »Interpretation und damit Hermeneutik ist nur dort erforderlich, wo das Wortgeschehen gestört ist.«
HEIDEGGERs (1972) grundsätzliche Ausführungen, auf die sich Condrau bezieht, sind recht schwierig, und ich möchte deshalb nur am Rande darauf hinweisen, dass seine Untersuchungen in »Sein und Zeit« den Titel tragen: »Dasein und Rede. Die Sprache«. Danach hat die Sprache als Phänomen ihre Wurzeln in der existenziellen Verfassung der Erschlossenheit des Daseins. Heidegger unterscheidet zwischen Rede und Sprache. Bei ihm ist Rede ein ontologisch-existenzialer Terminus. Daneben beschreibt Heidegger vier konstitutive Strukturelemente der Sprache, nämlich das »Worüber« der Rede, das »Was«, worüber geredet wird, die Mitteilung als Teilung eines Verständnisses und viertens die Bekundung als aktuelle Verlautbarung, wobei die Befindlichkeit und stimmungsmäßige Erschlossenheit sichtbar werden. Dies zeigt sich etwa in Tonfall und Tempo des Sprechens und zeigt an, in welcher Gestimmtheit das Dasein ist.
Im Gegensatz zur phänomenologischen Sicht wird vielfach von einer rein instrumentalen Theorie der Sprache ausgegangen. Danach ist die Sprache ein bloßes Verstän-

digungsmittel. Ein Wort ist eine Bezeichnung für die jeweilige Bedeutung. Aber ist das verlautbarte Reden dagegen nicht immer schon ein entsprechendes Antworten auf das in seinen Bedeutsamkeiten bereits Vernommene? Was sagt ein Wort? »Das, was ein Wort oder ein Begriff oder die entsprechenden Worte anderer Sprachen jeweils miteinander sehen lassen, ist das identisch selbe, das durch alle verschiedenen Worte eines Dinges oder Begriffes sich durchhaltende Grundwesen. Es sind die Bedeutsamkeiten und Verweisungszusammenhänge des Wesenhaften eines Dinges, das uns bei jedem Wahrnehmen im vorhinein schon präsent ist« (BOSS 1974, S. 61). Die Sprache bezeichnet beispielsweise ein Ding nicht, sondern zeigt ein Ding, bringt es zum Vorschein und lässt es sein. Heidegger führt dazu ein Beispiel an:
»Wenn wir zum Brunnen, wenn wir durch den Wald gehen, gehen wir schon immer durch das Wort ›Brunnen‹, durch das Wort ›Wald‹ hindurch, auch wenn wir diese Worte nicht aussprechen und nicht an Sprachliches denken« (Heidegger, 1950, S. 306). Der Brunnen oder der Wald versammelt dabei dem Betrachter eine Fülle von Bedeutungen und Verweisungszusammenhängen, die auch dann angesprochen werden, wenn kein anderes Wort als »Brunnen« oder »Wald« dem Betrachter mitgeteilt wird. Der Wald erscheint auch einem Zuhörer mit tausendfältigen Bedeutungen, wenn der Begriff des Waldes durch einen Erzähler thematisiert wird. Wiederum erscheint auch einem Therapeuten der Wald mit seiner Bedeutung, wenn ein Kind in einer Therapiestunde von ihm spricht. Beide, Kind und Therapeut, halten sich dann gemeinsam bei etwas Drittem auf, nämlich dem Wald. Der Wald als gemeinsam Vernommenes stiftet damit eine Verbindung zwischen Kind und Therapeut im Sinne einer Beziehung. Beziehung meint ein Sich-Aufhalten der Beziehungspartner bei dem gemeinsam Vernommenen. Dabei ist allerdings nicht gesagt, dass für die Beteiligten – in unserem Fall Kind und Therapeut – sich aus dem Wald beiden Beteiligten die gleiche Bedeutung erschließt. Das Kind mag offen sein für einige Aspekte eines Waldes, der Therapeut sieht vielleicht andere Aspekte. Trotzdem zeigt sich beiden ein Wald. Daraus ergibt sich auch, dass der Begriff »Wald« nicht beliebig ersetzbar ist.
Warum sind schließlich die in der phänomenologisch-daseinsanalytischen Fachsprache verwendeten Begiffe andere als die in der herkömmlichen Psychotherapie gebräuchlichen? Was ist der Sinn des Redens von Dasein, In-der-Welt-Sein oder Offenständig-Sein? Warum sucht man beispielsweise vergeblich den Begriff der Psyche oder des Unbewussten?
Die Gegenüberstellung der herkömmlichen und der phänomenologischen Fachsprache macht deutlich, dass die Daseinsanalyse keine verdinglichten, gegenständlichen und damit »objektiven« Begrifflichkeiten verwendet. Dies darum nicht, weil es diese Dinge faktisch an sich nicht gibt. Stattdessen wird von einer veränderten philosophischen Ausgangsbasis her gesehen, dass das Grundwesen des Menschen ungegenständ-

4.1 Der gesprächsorientierte Zugang

licher Natur ist als ein Anwesen und Hinausstehen des Daseins in einen Offenheitsbereich, in dem die Gegebenheiten der Welt in ihrem Sein zum Vorschein kommen. Anders ausgedrückt: Das Bewusstsein ist nicht eine bloße Funktion des Gehirns und entsteht daraus. Selbst das Bewusstsein wird in phänomenologischer Sicht nicht als Begriff verwendet, da es »Bewusstsein« als reine Funktion ohne den Zusammenhang von »Körper« und »Welt« gar nicht gibt. Zudem ist es kein Widerspruch, dass die ungegenständliche Natur des Menschen einen gegenständlichen Körper miteinschließt. Der Körper ist allerdings nur dann gegenständlich, wenn er als ein naturwissenschaftlich zu erfassender Körper im Sinne eines apriorischen Verständnisses aufgefasst wird. Dies ist zwar möglich und erschließt viele Behandlungsmöglichkeiten in der Medizin. Trotzdem ist ein menschlicher Körper, solange er lebt, in einer völlig anderen Weise da, als es dies ein beliebiger Naturkörper ist. Es ist deshalb angemessener, in diesem Punkt von einer Doppelnatur zu reden, die einesteils als Körper, anderenteils als Leibsein aufgefasst werden kann.

So sind Substantive wie »Dasein« zwar als substantivierte Verben in Verbindung mit Adjektiven und Adverbien zu erkennen. Trotzdem fehlt diesen so gefassten Erscheinungen eine übliche Vergegenständlichung. Damit gibt dies nichts mechanisch Begreifbares oder technisch Anschauliches wieder. Die Gegebenheiten wirken unverändert als Eigenschaften, Umstände, Vorgänge oder Zustände.

MÜLLER-LOCHER (1987, S. 137 ff.) meint dazu: »Indem der daseinsanalytische Mensch bemüht ist, zergliederte Vergegenständlichungen phänomenologisch umfassender zu sehen und unsachgemäße Isolierungen wieder aufzuheben, kann er nur eine derartige Sprache pflegen. Dazu kommt, dass damit ein kausales Denken erschwert wird.«

Boss (1976) hat sich ausführlich mit dieser begrifflichen Bedeutung der Sprache auseinander gesetzt. Dabei muss jedoch klar unterschieden werden zwischen der Fundamentalontologie Heideggers und einer Anthropologie oder einer Neurosenlehre. Es ist falsch, das eine mit den Begriffen des anderen zu beschreiben. Entscheidend ist, dass das Denken Heideggers kein kausales Denken ist und dass die Welt nicht in der herkömmlichen Subjekt-Objekt-Vorstellung verstanden wird. Die grundsätzlichen Positionen können deshalb nur eine Grundorientierung abgeben, auf denen das therapeutische Handeln basiert.

Ebenso wird die Sprache innerhalb einer Therapie dadurch wesentlich geprägt. Einerseits fallen Fremdwörter oder psychologische Begriffe wie selbstverständlich weg, andererseits muss bei einem Kind nicht die ontologische Ebene eines Sachverhalts besprochen werden, sodass in der Therapie auch keine daseinsanalytische Fachsprache zum Zuge kommt. Die verwendete Sprache ist die alltägliche Sprache. Der Therapeut passt sich dabei dem Entwicklungsstand und dem Alter des Kindes an.

B 4. Ein multimodaler Therapieansatz

Die Sprache kann aber gut zur ontischen Strukturauslegung genutzt werden. Entsprechend den Existenzialien Heideggers (Boss, M., 1971) wird dabei deutlich, was dem Kind nahe geht, aber auch, was ihm verschlossen bleibt und damit ferne steht (Räumlichsein). Es wird klar, wie das Kind seine Zeit verbringt beziehungsweise welche Bezüge es zeitigt (Zeitlichsein). Es kann gefragt werden, in welcher Stimmung es sich zum Begegnenden einräumt und zeitigt (Gestimmtsein). Es zeigt sich, wie das Kind als geschichtliches Wesen seine Vergangenheit in seine Gegenwart anwesen lässt und wie es seine Zukunft gewärtigt (Geschichtlichsein). Ebenso erhellen sich durch das Gespräch mit dem Kind seine mitmenschlichen Bezüge. Wird dies ausgesprochen, halten sich Kind und Therapeut bei den gemeinsamen Phänomenen auf, die das Kind in seinen menschlichen Bezügen lebt (Miteinandersein). Nicht zuletzt zeigt sich das kindliche Dasein, wie es leiblich sein Existieren in der Welt austrägt (Leibsein). Gemeinsam bilden diese, und möglicherweise noch andere, Existenzialien wie das Sterblichsein, die Offenständigkeit des Kindes in seiner Welt. Mit diesem Verständnis in der therapeutischen Situation teilt der Therapeut die gemeinsame Welt mit dem Kind und beide tragen dadurch ihr Miteinandersein aus. In einem Gespräch zwischen den an einer therapeutischen Situation Beteiligten ereignet sich Beziehung. Dies schafft zusätzlich die Grundlage dafür, um je nach Situation und Notwendigkeit entweder zu verstehen, in Frage zu stellen, anzuregen, zu konfrontieren oder eine andere Sicht der Dinge ins Spiel zu bringen. Besonders im Anfangsstadium einer Therapie geht es darum, Vertrauen zu schaffen. Ein Kind spricht anfangs nicht selbstverständlich über Konflikte, schon gar nicht über das eventuell schwierige Verhältnis zu seinen Eltern. Stattdessen will es den Eltern gegenüber loyal bleiben. Ein Kind mag beispielsweise aus diesem Grunde sagen, dass es ihm gut gehe, auch wenn dies in Tat und Wahrheit nicht der Fall ist. Das Gespräch will die Wahrheit des Kindes offenbaren, ohne das Kind bloßzustellen und reguliert deshalb ein vernünftiges Nähe/Distanz-Verhältnis zu den angesprochenen Phänomenen.

Ein Kind ist stark geprägt von der Art, wie die Eltern mit dem Kind reden, sei dies in eher offener partnerschaftlicher oder in autoritärer Art. Die Grenzen der Rede sind enger als in der Erwachsenentherapie. Viele Kinder sagen das, was »man hören will«. Es braucht Zeit, bis sie spüren, dass ein Therapeut nicht wertend ist und sie zu ihrer eigenen Meinung stehen können.

Sprechen in der Therapie heißt für den Therapeuten je nach Notwendigkeit: akzeptieren, mittragen, klären, einordnen, strukturieren, Einsicht vermitteln, Partner sein oder eventuell auch Rat geben. Im Unterschied zu einem Alltagsgespräch geht der Therapeut teilweise mit anderen Worten an das Kind heran. Subjektive Wertvorstellungen des Therapeuten stehen zurück zu Gunsten des je Eigenen des Kindes und dem, was dessen Entwicklung dienlich ist.

4.1 Der gesprächsorientierte Zugang

Der Therapeut respektiert, was für das Kind wichtig ist, und er stellt sich dem Kind als Beziehungspartner so zur Verfügung, wie es das Kind braucht. Dies ist manchmal für den Therapeuten mühsam. Insbesondere dann, wenn es auszuhalten gilt, dass scheinbar nichts »Therapeutisches« sprich »Relevantes« läuft. Oft hält sich das Kind bei scheinbar alltäglichen Banalitäten auf, wo es nichts zu »bearbeiten« oder zu »deuten« gibt. Trotzdem teilt der Therapeut dabei die Welt des Kindes. Das Teilen dieser gemeinsamen Bezüge vertieft die gegenseitige Beziehung. Mir scheint, dass in Bezug auf ein Gespräch dieser spezifische daseinsanalytische Zugang eine breitere, aber auch einfachere Basis für einen Kontakt mit dem Kind schafft. Der Therapeut bleibt bei dem, was das Kind anspricht. Er kann dies erweitern, indem die dazugehörige Bedeutung und die Verweisungen des jeweiligen Phänomens offen gelegt werden. Auf jeden Fall interpretiert der Therapeut nicht im Hinblick auf eine metapsychologische Struktur oder einer bestimmten Entwicklungstheorie gemäß einem starren vorgegebenen Schema.

Ziel bleibt es, dem Kind einen größeren Offenheitsbereich anzubieten, als es bisher der Fall war. Mit »freischwebender Aufmerksamkeit« lässt er das Kind zu dem kommen, was sich von ihm her dabei in der »Übertragung« entwickelt. Dabei stellen sich vielfach früher oder später Elemente der »Lebensphilosophie«, der ontischen Struktur der verschiedenen Lebensbezüge dar. Bei den problematischen Bezügen wird der Therapeut eingreifen und versuchen, einen Wachstumsprozess des Kindes zu ermöglichen.

Bei diesem Bemühen geht es nicht so sehr darum, dass ein Kind die analytische Grundregel einhält, sondern dass der Therapeut mit seiner Grundhaltung dafür einen Boden bildet, wobei für das Kind ein Raum der Phantasie freigelegt wird. Die Abstinenzregel, wie sie von Freud für die Erwachsenenpsychotherapie formuliert wurde, gilt bei Kindertherapien in einem modifizierten Sinn. Einerseits soll der Therapeut zwar nicht den therapeutischen Raum mit eigenen Bedürfnissen füllen, andererseits muss ein Kindertherapeut viel aktiver, flexibler eingreifen und die eigene Person direkter einbringen, als dies bei Erwachsenen der Fall ist.

Wodurch unterscheidet sich ein Gespräch mit einem Erwachsenen von dem Gespräch mit einem Kind? Eine ganze Reihe von Entwicklungsmerkmalen eines Kindes wie prälogisch-symbolisches oder magisches Denken, vermehrtes Angewiesensein auf kindgerechtes »Sprechen« wie Spielen oder praktisches Tun haben in der Kindertherapie dazu geführt, dass das Setting dementsprechend verändert werden musste. Kindertherapien werden in der Regel mit einer Stunde wöchentlich veranschlagt, dazu kommt eine begleitende Elternberatung von zirka einer Stunde pro Monat. Da Kinder nicht nur reden, sondern sich entsprechend ihrem Alter auch »anderer Sprachen« bedienen, wie Spiel, Malen oder Gestalten, geht es darum, diese anderen »Ebenen« dem therapeutischen Prozess zu öffnen. Insbesondere schlägt der Kinderanalytiker

B 4. Ein multimodaler Therapieansatz

M. Fahrig (1991), in Übereinstimmung mit Zulliger, vor, Deutungen nicht im direkten Kontakt zwischen Kind und Therapeut auszusprechen, sondern – wenn überhaupt – auf eben dieser analogen Ebene im Spielgeschehen über entsprechende Spielfiguren zu realisieren.

Ein Beispiel: Was einen Jungen bewegt

Klaus, der Junge, der wegen seiner Schulprobleme und seines schwachen Selbstwertgefühls angemeldet wurde, hat einiges von sich erzählt. Ich möchte ein paar Gedanken von ihm hier anfügen.

> Klaus ist allgemein unzufrieden. Zeitweise ist er wütend auf seine Mutter. Sie verbiete ihm vieles. Wenn er um etwas bitte, komme das gar nicht in Frage. Dabei habe er gar keine großen Wünsche. Er würde nur gerne ein Video anschauen. Klaus fühlt sich dann von der Mutter nicht verstanden und akzeptiert. Sie beide hätten unterschiedliche Meinungen, aber die Mutter höre nie auf ihn. Aus diesem Grunde sage er zu Hause schon fast nichts mehr. Manchmal beleidige er die Mutter. Sie werde dann traurig. Ihm gehe das auch nahe, da er eine »dünne Haut« habe. Alle würden nur noch wegen Kleinigkeiten nörgeln. Klaus findet es nicht mehr schön und würde am liebsten fortziehen, sobald er volljährig ist. Bei einem Konflikt mit der Mutter bleibe diese immer die Stärkere.
> In letzter Zeit gebe es auch Kämpfe mit dem Vater. Auch hier gehe es um Kleinigkeiten. Der Vater sei dann stur, stelle beispielsweise einfach den Fernseher ab, auch wenn Klaus noch gerne eine Sendung sehen würde. Andererseits gäbe es aber auch gute Zeiten mit dem Vater.
> Vor Weihnachten berichtet Klaus, dass er vor lauter Freude und Stress geweint habe. Zudem habe er das Gefühl, bei seinen Kameraden nicht »anzukommen«. Er ertrage aber Probleme mit seinen Freunden nicht und getraue sich bei Auseinandersetzungen nicht zurückzuschlagen. Er fühle sich von ihnen ausgeschlossen. Aus diesen Gründen hat er sich neuerdings für einen Judo-Kurs angemeldet. Dort gefalle es ihm gut. Bei Streit mit den Kameraden fühle er sich als der Schwächere und kann sich nicht wehren. Sie hänseln ihn als »Mamihöck«, etwas, das er gar nicht verstehen kann, weil seine Mutter nie mit ihm in die Schule kommt. Schlimm ist seine Angst, wenn die Klasse ins Schullandheim fährt. Einerseits hat er immer Heimweh und vermisst seine Eltern, andererseits hat er Angst vor den Angriffen seiner Klassenkameraden. In seiner Phantasie ist er im Lager jeweils wieder bei den Eltern zu Hause. Wenn es Klaus schlecht geht, stellt er sich vor, dass er einen Fahrradunfall hat und daran sterben könnte. Er phantasiert, dass seine Bekannten und die Familie um seinen Sarg stehen und trauern. In letzter Zeit beginnt Klaus zu Hause zusätzlich zum Judo ein Körpertraining, durch das er seine Muskeln stärken will. Er stellt sich vor, dass eine Gruppe von Rockern ein Mädchen angreift. Er befreit das Mädchen und alle sagen, dass er jetzt der Größte und Stärkste sei. Dieses Training dauert jeden Tag fast eine Stunde. Es macht ihm weiterhin Spaß, das Mädchen vor der Bande zu schützen und diese in die Flucht zu jagen. Das wäre das Größte für ihn und er wäre dann ein Held. Ein anderes Ge-

fühl, das er habe, sei eine Art Sehnsucht, die sich einstellt, wenn er den Sonnenuntergang betrachte. Dies sei eine Art Heimweh, aber kein richtiges Heimweh, vielleicht eher eine Suche nach mehr Geborgenheit und Sicherheit. Manchmal weine er dabei im Bett. Wenn es jetzt Streit zu Hause wegen Kleinigkeiten gäbe, mache ihm das nicht mehr so viel aus. Er würde dann aber am liebsten nach Los Angeles fahren. Dort interessierten ihn die Wolkenkratzer. Er wisse auch nicht wieso. Oft erzählt Klaus von seinen Träumen, die in Amerika angesiedelt sind. Das Größte wäre für ihn ein Hochhaus im Sonnenuntergang. Dabei spiele immer eine Sehnsucht mit. Seine Mutter würde dies aber nicht verstehen. Klaus will intensive Erlebnisse spüren. Die Erwachsenen würden nicht verstehen, dass man quasi in einen Rausch komme, wenn man laute Musik höre. Er kämpfe dann in der Phantasie gegen eine Straßengang. Er erledige alle. Das Genre habe nichts mit dem Wunsch zu tun, jemandem weh zu tun oder Rache zu üben. Es sei nur das Erlebnis an sich. Im realen Leben würde er nichts Intensives erleben, dazu müsste er vielleicht auf einen hohen Berg klettern. Zu Hause findet er vieles langweilig. Er will in die Disco gehen und laute Techno-Musik hören. Kürzlich hätten sich Freunde von ihm bei einem Fest betrunken. Er selber glaube nicht, dass er in so was reinrutsche. Ein Mädchen dort habe Glück gehabt, dass es nicht schwanger geworden sei.
Das Körpertraining führe er weiter. Er trainiere intensiver denn je. Bedrohungen durch die Kameraden seien in letzter Zeit kein Thema mehr. Im Gegenteil, einige hätten gesagt, man müsse jetzt Respekt vor ihm haben. Auch in der Schule mache er leistungsmäßig Fortschritte. Bei einem Verwandtentreffen hat sich Klaus in ein Mädchen verliebt. Sie habe ihn berührt. Das habe ihm ein großes Geborgenheitsgefühl vermittelt. Wenn er jetzt daran denke, verfliege seine Sehnsucht. Es sei komisch, dass dies so stark wirke. Wenn die Mutter das Gleiche mache, spüre er nicht dieselbe Geborgenheit, obwohl er die Mutter nicht weniger gern habe. Später verliebt sich Klaus in eine Schulfreundin. Die Neigung bleibt eher einseitig. Er will ihr schreiben, da er nicht recht weiß, wie er mit ihr reden soll. Drei Tage lang habe er sich nicht mehr richtig konzentrieren können und zittrige Hände gehabt. Der Vater habe nicht viel dazu gesagt.
Später beginnt er ein Aikido-Training und will mir die neu gelernten Griffe zeigen. Er wolle, dass was läuft, mit jemandem kämpfen, jemanden fertig machen. Er hat aber keine Idee, wie er das konkret konstruktiv umsetzen könnte. Zeitweise interessiert sich Klaus für okkulte Angelegenheiten und Geistheiler. Gleichzeitig hat er aber auch Angst davor.

Die Äußerungen von Klaus werden hier so verstanden, wie er es gemeint hat. In phänomenologischer Sicht werden sie nicht als Ausdruck einer dahinter liegenden Strebung umgedeutet. Dadurch, dass Klaus seine Welt mit einem Therapeuten teilt und beide bei den geschilderten Themen sind, findet Klaus Halt. Diese Welt kann präzisiert, aus einem anderen Blickwinkel betrachtet oder in ihrer Bedeutung differenzierter diskutiert werden. So werden eventuelle Wahrnehmungsverzerrungen abgebaut.

B 4. Ein multimodaler Therapieansatz

4.2 Der imaginative Zugang

Obwohl imaginative Verfahren auch in der Erwachsenenpsychotherapie angewendet werden, ist ihr Einsatz bei Kindern darum geeignet, weil der Aufenthalt in der magischen Imaginationswelt viele Kinder gut anspricht. Bekannt wurde H. C. LEUNER (1997) mit seinem »Katathymes Bilderleben« genannten Verfahren. Der Autor hat auch einen speziellen Band zur Therapie bei Kindern herausgegeben. Leuner arbeitet mit einem didaktischen Modell einer Unter-, Mittel- und Oberstufe, wobei verschiedene Einstiegsmotive dargeboten werden. Der Autor hält dabei einen psychoanalytischen Hintergrund, speziell jenen der frühen Objektbeziehung, für sinnvoll. Ein anderer Autor, H. MAASS (1981, 1984, 1989), wurde zwar vor Jahrzehnten in der Anfangsphase dieses Verfahrens durch einen Vortrag von Leuner im Rahmen der Lindauer Psychotherapiewochen auf diese Therapiemöglichkeit aufmerksam, hat anschließend aber einen eigenen Weg mit diesem Verfahren eingeschlagen. Aus seiner Jung'schen Sicht überließ er den Verlauf dem Unbewussten des Patienten und gab nur als Einstiegsmotiv einen Märchenwald vor, um einen Freiheitsraum auf einer nicht rational kontrollierten Ebene zu gewährleisten. Es war die Idee von Maass, in einer Art Fortsetzungsroman in kontinuierlicher Art über einen längeren Zeitraum ein inneres Szenarium sich entwickeln zu lassen. Dabei hatte der Patient quasi die Hauptrolle inne und versuchte, mit all dem in der Imagination Auftauchenden eine Beziehung einzugehen. Die Erfahrung zeigte, dass dabei sehr schnell therapeutisch relevante Strukturen offen gelegt werden. Es ging nicht darum, passiv die Bilder anzuschauen, um sie, ähnlich wie Träume, anschließend zu besprechen. Vielmehr entwickelte sich ein psychischer Strukturaufbau dadurch, dass die Patienten in der Imagination aktiv an der Lösung der dort auftauchenden Probleme arbeiteten. Dabei zeigte sich das erstaunliche Phänomen, dass es so etwas wie eine »innere Steuerung« gab, die »wusste«, was dem Patienten für seine Entwicklung gut tut. Neben der Kraft des Widerstands wurde somit eine Kraft wirksam, die in der Sprache Jungs in Richtung Individuation zielte.
Aus phänomenologischer Sicht ist dieses Verfahren genauso gut anwendbar, wenn auch die Terminologie, die konkrete Deutung und das Verständnis des Hintergrunds je ein anderer ist (KRUCKER, 1995). So oder so geht es darum, dass das Kind in der Imaginationswelt offen wird für das ihm Begegnende. Es kann dem Angstmachenden zum Beispiel standhalten und versuchen, eine Beziehung einzugehen. Dabei erlebt das Kind zum Beispiel, dass sich Angstfiguren transformieren, sodass ein angstfreier Umgang mit ihnen möglich wird, was die Weltoffenheit des Kindes vergrößert. So wie mit der daseinsanalytischen Traumdeutung (Boss, 1974) die Nachtträume verstanden werden können, so kann damit der imaginäre Tagtraum verstanden werden. Im Unter-

4.2 Der imaginative Zugang

schied zum Nachttraum hat jetzt das Kind mit seinen größeren Möglichkeiten im Wachsein und mit der Unterstützung des Therapeuten die Möglichkeit, den Wachtraum aktiv handelnd zu beeinflussen und ihn in einer positiven Art weiterzuführen. Vielfach zeigt sich, dass dabei eine Nachreifung möglich ist. Als therapeutische Leitlinie erweist sich auch in dieser therapeutischen Modalität das Verständnis von Heidegger, wonach der Mensch »Hüter des Seins« ist. Obwohl Kinder selber Schutz und Fürsorge beanspruchen können, wird der Verlauf doch günstig beeinflusst, wenn neben der »regressiven Wunscherfüllung«, zum Beispiel mit dem Essen von Pudding in einem Schlaraffenland, die Kinder zusätzlich auf den Anspruch der Bilder eingehen: Einer verdorrten Blume soll Wasser gegeben werden, einem verletzten Tier geholfen oder eine verschüttete Hütte wieder aufgebaut werden. Wird dabei zusätzlich auf die Bearbeitung von Gegensätzen, speziell Verschmelzung versus Trennung, Gut versus Böse und Männlich versus Weiblich, geachtet, wird der Verlauf günstig beschleunigt.
Die imaginativen Bilder zeigen sich dabei als ein fundamentales Bezogensein auf die Welt. Dieses Bezogensein ist bei Kindern mit Entwicklungsstörungen durch verschiedene Gründe gehemmt, gestört oder nicht entwickelt. Wird an der Weltoffenheit des Kindes gearbeitet, können sich diese Bezüge nach und nach wieder manifestieren.
Die Prinzipien der Imaginationstherapie lassen sich folgendermaßen zusammenfassen: In einer Imaginationstherapie wird dem Kind (ab etwa neun Jahren) vorgeschlagen, sich mit geschlossenen Augen eine Geschichte vorzustellen. Dies geht besser, wenn man zuvor einige Visualisierungsübungen mit einfachen Gegenständen gemacht hat. Um eine breite und offene Basis zu gewährleisten, wohin etwas einfallen kann, stellt sich das Kind vor, es wäre in einem Märchenwald. Dabei lässt es seine Alltagswelt zurück und versucht nicht mit rationalen Überlegungen und mit Kontrolle zu steuern, was ihm einfällt. Das Kind überlässt sich dem, was es anspricht. Dies nicht primär von Worten oder Gedanken her, sondern vom Bild. In Wirklichkeit ist das Bild allerdings gar kein Bild, sondern die Welt des Kindes, in die es im Modus des sich Vergegenwärtigendem eintritt. Dabei achtet das Kind nicht nur auf visuelle Eindrücke, sondern ebenso auf akustische und taktil-kinästhetische Empfindungen.
Im herkömmlichen Sprachgebrauch würde man sagen, dass sich das Kind damit dem Unbewussten öffnet. In daseinsanalytischer Sicht ist das Unbewusste allerdings kein abgeschlossener innerer Bereich und als denkbarer Gegenpol eines Bewusstseins so auch nicht sachgerecht fassbar. Abgesehen davon ist dem Kind die sich ihm zeigende Welt in der Imagination alles andere als unbewusst. Das Bezogensein auf anderes als das, was dem Kind in der üblichen Alltagswelt offenständig ist, wird erfahren. Insbesondere wird deutlich, dass diese inneren Gegebenheiten »draußen in der Welt« sind, auch wenn diese Welt im herkömmlichen Sprachgebrauch die »innere Welt« ist. Unbewusst war dem Kind in diesem Sinn möglicherweise dieses andere Bezogensein aus

B 4. Ein multimodaler Therapieansatz

dem Blickwinkel seiner Alltagswelt. Beispielsweise mag dies heißen, dass ein Kind behauptet, keine Angst zu empfinden, sich in der Imagination aber plötzlich einer angsterregenden Figur gegenübersieht.
Das Kind schildert nun in einer fortlaufenden Geschichte über eine Serie von Stunden, was es in der Imagination erfährt. Vorher und nachher bleibt Zeit, dies mit dem Therapeuten zu reflektieren und Aktuelles zu besprechen. Dabei soll auf die Unterscheidung von Phantasie und Imagination geachtet werden. In der Phantasie ist eine Steuerung dessen möglich, was gesehen wird. Ebenso kann man sich beispielsweise Wünsche erfüllen. In der Imagination ist mehr Konzentration und Aufmerksamkeit gefragt, um offen zu werden für »Bilder«, die sich dem Kind zusprechen. Sie stellen sich vielmehr spontan und überraschend ein.
In einem zweiten Schritt wird das Kind in der nun fortlaufenden Geschichte die Hauptrolle übernehmen, die sich zeigende Welt entdecken und zu allem, was erscheint, eine Beziehung aufbauen. Dieser Beziehungsaufbau geschieht vielfach entsprechend der phylogenetischen Entwicklung, über vegetative Erscheinungen, den animalischen Bereich der Tiere und zum Schluss über Menschen beziehungsweise mythologische Gestalten. Manchmal macht es Sinn, diese Reihenfolge zu beachten und beispielsweise nicht einen Konflikt auf der menschlichen Ebene lösen zu wollen, wenn vorher noch kein Tier aufgetaucht ist, zu dem das Kind eine gute Beziehung hat.
In einem dritten Punkt zeigt sich, dass bei diesem gewünschten Beziehungsaufbau in Serie über mehrere Stunden das Kräfteverhältnis von Widerstand und Progression manifest wird. Hier setzt die Widerstandsanalyse ein. Der Therapeut greift nur dann ein, wenn ein Kind auf etwas bezogen ist und das dabei auftauchende Problem nicht lösen kann oder will. Beispielsweise bekommt das Kind Angst und will davonlaufen. Die Palette der Interventionen reicht hier von Schutz gewähren, Konfrontieren, Ermutigen, Vorschläge zur Problemlösung anbieten bis zu bloßem Infragestellen des aktuellen Verhaltens. Die Art der Intervention im Spektrum der ein- beziehungsweise vorausspringenden Fürsorge hängt vom konkreten Einzelfall, von der Tragfähigkeit und den je eigenen Möglichkeiten des Kindes ab sowie vom Stand der Therapie und der Tiefe der Beziehung zwischen Therapeut und Kind. Ziel bleibt in jedem Fall, dass das Kind lernt, mit der gegebenen Situation umzugehen. Das sich dabei möglicherweise ergebende Problem soll aktiv gelöst werden. Dabei wird das Verhaltensrepertoire erweitert. Allerdings geht es weit mehr als um eine bloße Modifikation des Verhaltens. Was bei diesem Prozess wichtig wird, ist eine veränderte Einstellung des Kindes zu seiner Welt. Mit einer größeren Akzeptanz gegenüber seiner Welt erlangt das Kind eine Vergrößerung seiner Freiheit. In diesem Ringen um ein vergrößertes Verhaltensrepertoire im Zusammenhang mit den auftauchenden Figuren, die in vielen Fällen zunächst böser Natur sind, zeigt sich ein erstaunliches Phänomen. Setzt sich das Kind

4.2 Der imaginative Zugang

mit diesen Figuren auseinander, wandeln sie sich und entwickeln neue positive Qualitäten. Das sowohl »nur Gute« oder »nur Böse« wird erweitert zu Gunsten einem »sowohl als auch«. Bei diesem Prozess ist es hilfreich, auf das paradoxe Phänomen einer scheinbar gegebenen »Instanz« in Form einer Figur zu hören, die mehr weiß als das Kind. Diese »Instanz« tritt zum Beispiel als Führungsfigur auf und unterbreitet dem Kind oft Vorschläge, wie die Geschichte weitergehen solle. Dies muss sich nicht unbedingt mit eigenen Wünschen decken. Dabei stellt sich heraus, dass bei Befolgung dieser Vorschläge auch entgegen eigenen Widerständen eine Entwicklung für das Kind möglich wird. Vielfach geht es bei dieser Entwicklung um die Bearbeitung von Gegensätzen, die in der Psychologie von Jung schon eine bevorzugte Rolle gespielt haben. Entsprechend der individuellen Entwicklung erscheinen oft folgende Gegensätze als von besonderer Bedeutung: Verschmelzung versus Trennung, Gut versus Böse, Männlich versus Weiblich.

Obwohl damit eine gewisse Beziehung zu der psychoanalytischen Entwicklungspsychologie und Phasenmodellen gegeben ist, scheinen mir doch diese Gegensätze allgemein menschliche Grundkonflikte zu sein, die in Imaginationen auch in späteren Jahren in Modifikationen wiederholt und versuchsweise gelöst werden (vgl. A. HICKLIN, 1984).

Die Indikationen zur Imaginationstherapie sind relativ breit. Leuner (1980, S. 50-51) nennt stichwortartig folgende Indikationen für das Katathyme Bilderleben:
1. So genannte neuro- bzw. psychovegetative Störungen und psychosomatische Krankheitsbilder mittelschwerer Art
2. Abbau der funktionalen oder psychischen Komponente bei internen oder anderen Erkrankungen
3. Angstzustände und Phobien
4. Neurosen mit vorwiegend psychischer Manifestation mit Ausnahme von Zwangsneurosen
5. Charakteristische Anpassungsstörungen
6. Psychoneurotische und charakterneurotische Störungen im Kindesalter
7. Anpassungsstörungen im Pubertäts- und Jugendalter.

Als Kontraindikationen nennt er:
1. Mangelnde Intelligenz mit einem IQ unter 80
2. Psychosen akuter oder chronischer Art oder psychosenahe Zustände
3. Hirnorganische Syndrome
4. Ausgeprägte depressive Verstimmungen (auch neurotischer Art)
5. Ausgesprochen hysterische Neurosen
6. Mangelnde Motivation, selbst für die einfache nicht-aufdeckende Therapie.

B 4. Ein multimodaler Therapieansatz

Beispiel: Die Erforschung der Unterwelt

Als Beispiel für den imaginativen Zugang möchte ich die ersten zehn Sitzungen mit Imaginationen des elfjährigen Jungen Klaus anführen. Bei der Besprechung der Tests von Klaus haben wir unter anderem sein schwaches Selbstwertgefühl angesprochen. Es wird sich zeigen, inwieweit sich dies in den Imaginationen bestätigt und wie Klaus seine Probleme hier verarbeitet.

1. Sitzung

»Ich gehe in den Wald. Ich sehe einen Bach mit ganz klarem Wasser. Er führt zu einem Wasserfall. Daneben ist eine Höhle mit einem Geheimgang. Nebenan sind Affen, Elefanten und Tiger, Vögel, Papageien, Panther und Hasen. Alle Tiere sind ganz lieb. Im Bach schwimmen Fische, die silbrig und golden glänzen. Ich frage einen Fisch, was er mache. Er gibt zur Antwort, dass er zu einem Freund spielen gehe. Der Geheimeingang sei ein unterirdischer Gang. Dort unten gäbe es ein Schloss, wo ein Walfisch wohne. Ich frage, ob er mich dorthin begleiten würde und ob ich dorthin gehen könne. Das sei möglich, weil der Wal der Freund des Fisches sei. Der Fisch bringt mich zum Wal. In diesem Reich der Wale glitzern alle Fische. Ich frage, wo hier der Blauwal und wo das Schloss sei. Der Fisch antwortet, dass wir zum Wal Nummer drei gehen würden. Ich darf auf den Rücken eines Wals sitzen, der mich zum Schloss bringt. Das Wasser wird heller und ich sehe das Schloss. Ich denke, dass es dort einen Schatz zu finden gibt.«

Diese erste Imagination verläuft verheißungsvoll. Das Wasser des Baches ist klar. Es gibt starke Tiere. Ein Geheimgang führt in die Tiefe. Das weitere Medium des Ablaufs ist jenes des Wassers im Vergleich zum Landleben eine frühere Entwicklungsstufe. Klaus erhält Hilfe von einem Wal, indem er auf dessen Rücken schwimmen darf. Weiter fällt auf, dass alle Tiere ganz lieb sind. Dies heißt, dass es um den frühen Gegensatz Gut – Böse geht, wobei das »Böse« wahrscheinlich noch nicht integriert wurde. Das Schloss verweist auf das Besondere und es ist motivierend, dort einen Schatz zu vermuten. Der Wal ist hier ein erster Beziehungspartner.

2. Sitzung

»Wir sind im Schloss. Nachdem wir durch dunkle Gänge geschwommen sind, finden wir einen alten Schatz. Ich sehe einen Armreif, rote Brillanten, verschiedene Goldfische, eine alte Perlenkette. Daneben steht ein alter Thron. Er ist ganz hell und leuchtet und steht auf einem Teppich. Er ist leer. Ich frage einen Goldfisch, wem der Thron gehöre. Die Antwort ist: Dem König des Meeres. Ich frage, wo er denn sei. Der Goldfisch meint, der König sei verschwunden, habe aber einen Zettel hinterlassen. Wir wollen den König suchen und fragen den Vater des Goldfisches, ob er den Aufenthaltsort des Königs wisse. Der Vater meint, er sei in einer Höhle. Wir schwimmen zur Höhle. Weil ein Tintenfisch vorbeigekommen ist, ist hier das Wasser ganz schwarz. Vor der Höhle stehen rote Palmen. Wir schwimmen in die Höhle und erschrecken. Wir sehen nur uraltes Gestein. Der Goldfisch meint, wir müssten keine Angst haben. Ein Wal, der uns begleitet, ruft in einer komischen Sprache. Jemand ruft zurück. Ich erkenne erst komische Flossen, dann den ganzen König. Er sieht aus wie ich. Es ist ein Mensch mit Flossen und einer Krone.«

Das Finden des Schatzes ist zwar für Klaus angenehm, für seine psychische Entwicklung ist aber entscheidender, dass das Thema des leeren Throns aufgenommen wird. Der König des Meeres ist verschwunden. Mit jeder Figur in der Imaginationswelt soll die Beziehung gesucht werden, besonders dann, wenn diese Beziehung problematische Aspekte zeigt. Dies ist hier der Fall, der König ist zwar »da«, allerdings im Modus des Entschwundenseins. Damit sind offene Fragen angesprochen. Die Intervention besteht darum im Vorschlag, den König zu suchen. Der König ist ein Mensch mit Flossen. Abgesehen davon, dass dies einer märchenhaften Qualität entspricht, bedeutet dies, dass der König eine Mischung aus Mensch und Fisch ist. Dies entspricht einem weiteren »frühen« Gegensatzpaar, nämlich jenem von Verschmelzung versus Trennung. Dieses Gegensatzpaar ist hier noch nicht getrennt.

3. Sitzung

»Ich frage den König, was er mir zeigen will. Er führt mich durch verschiedene Höhlengänge. Wir gehen erst in den dritten Gang. Der Gang hört plötzlich auf. Wir gehen in den neunten Gang. Am Boden liegt Schlamm. Ich frage den König, wo wir sind. Im neunten Gang. Es hat hier viele Schnecken und Fische, auch Unterwasserlöwen. Der Gang teilt sich. Wir gehen nach links. Plötzlich kommt mir das Ganze bekannt vor. Wir sind wieder am gleichen Ort wie vorher. Ich frage, was das soll. Der König meint, es müsse einen Gang geben, der weiterführt. Es sei aber schwer, den richtigen zu finden. Es sei ein geheimer Gang. Wir suchen einen anderen Gang, den der König noch nicht kennt. Wir betreten den fünften Gang. Er führt zu einer weiteren Höhle. Sie ist offen zu einem anderen Meer. Der König meint, wahrscheinlich sei dies das Reich eines anderen Königs. Wir entdecken hier Vasen mit Gold, Rubine und Perlen. Ein riesiger Thron ist verziert mit Gold und Löwenköpfen. Ich setze mich auf den Thron und höre plötzlich eine Melodie. Ich bekomme fast Angst und steige sofort wieder runter. Ich schaue nach, woher die Melodie kommt, finde aber nichts. Der König sagt, dies sei ein Zauberthron. Ich schaue den Thron nochmals an. Er wird weiß, weniger golden. Ich setze mich nochmals drauf. Jetzt wird er silbrig, anstatt Rubine sind nur noch Perlen dran. Plötzlich ist der ganze Thron nur noch aus altem Gestein. Eine unschöne Melodie ist zu hören. Der König sagt, der Thron verliere seine Macht, weil der hiesige König nicht mehr da sei. Ich sitze nochmals auf dem Thron. Er verkleinert sich. Bei der Lehne entdecke ich einen kleinen Löwen. Er bewegt sich etwas. Der Löwe ist aus Kupfer. Er kann nicht reden. Er sorgt dafür, dass dem Thron nichts passiert.«

Das Thema des verschwundenen Königs wiederholt sich hier. Es wird deutlicher, dass Klaus selber eine gewisse Versuchung spürt, den Thron zu besteigen. Dies löst aber Angst aus, als vom Thron eine Melodie ausgeht. Auch verwandelt sich der Thron in einen weniger wertvollen Thron, schließlich besteht er nur noch aus Stein. Die Er-

B 4. Ein multimodaler Therapieansatz

klärung, die Klaus selber über den König dazu liefert, leuchtet ein: Wenn kein König da ist, verliert auch der Thron seine Macht. Es zeigt sich deshalb zweierlei: Der König ist auch ein Mann. Dieses Mannsein – erfahren über den König – ist nicht erfahrbar und versammelt sich nicht über dem ihm zugehörigen Ort, dem Thron. Die Welt wird dadurch spürbar ärmer. Zweitens thematisiert Klaus, dass es auch um Macht geht, die transformieren kann. Hier wird dies über eine Veränderung des Materials am Thron demonstriert. Einerseits will Klaus teilnehmen an der königlichen Machtfülle, indem er sich auf den Thron setzt. Andererseits scheint er diesem Anspruch nicht gewachsen zu sein. Sobald er dies probiert, verkleinert sich sogar der Stuhl. Anders ausgedrückt: Klaus wird zwar konfrontiert mit der Möglichkeit, dass es machtvolle und wertvolle Verhaltensmöglichkeiten gibt. Er selber hat dies aber noch nicht übernommen. Diese Imagination wirkt überaus echt und nicht nur intellektuell ausgedacht.

4. Sitzung

»Ich frage den Löwen, wohin der zweite König gegangen sei. Mit piepsender Stimme erzählt der Löwe, dass sich der König in den Gängen verirrt habe. Wir wollen ihn suchen. Eventuell ist er am Verhungern. Ich frage den Fisch, wo der König wohl sei. In einem Gang, aber er traue sich nicht dorthin zu gehen. Es spuke dort. Wir probieren trotzdem dorthin zu gelangen und kriechen den engen Gang entlang. Ich klopfe an die Wand. Weiter vorne sehe ich durch das offene Ende des Ganges eine Art Fischdorf. Ich sehe nichts Genaues. Der Fisch schlägt vor, im Sand zu graben. Ich erschrecke und spüre etwas. Ein kleiner Fisch traut sich aus dem Sand. Ich frage, bist du der zweite Meereskönig. Ja. Wir begrüßen ihn. Ist das dein Königreich? Ja. Ein Wirbel hat mich vom Thron geschleudert, antwortet der König. Ich frage ihn, ob er zurück will. Ja. Jetzt ist der zweite König ganz ruhig und zutraulich. Seine Haut ist ganz schwarz. Sein oberer Körperteil sieht aus wie von einem Menschen, der untere Teil ist fischartig. Wir gehen zurück. Der zweite König kennt den Weg nicht genau. Endlich kommen wir wieder in helles Licht. Der König setzt sich wieder auf seinen Thron. Dieser leuchtet wieder hell. Ich frage ihn, ob er noch was brauche. Ja, Moos zum Essen. Der erste König bringt ihm Moos zum Essen. Ich entdecke, dass dieser König am Bauch eine Art Beutel hat, wie dies bei Känguruhs der Fall ist.«

Beim Thron hat Klaus einen kleinen Löwen aus Kupfer entdeckt, der sich etwas bewegt hat. Dieser Löwe bietet sich deshalb an ihn zu fragen, ob er mehr wisse. Die Antwort passt nicht so recht zu den Möglichkeiten eines machtvollen Königs. Er hat sich verirrt und ist eventuell sogar am Verhungern. Jeder Figur, die in Imaginationen in Schwierigkeit ist, soll geholfen werden. Deshalb sucht jetzt Klaus den König. Dieser taucht auch ganz unscheinbar aus dem Sand auf, ist ganz schwarz und hat seine ganze Macht verloren, weil ein Wirbel ihn vom Thron geschleudert hat. Auch dieser König ist ein Mischwesen zwischen Mensch und Fisch. Klaus fragt ihn, ob er an seinen angestammten Platz zurückmöchte, und kümmert sich um ihn. Erstaunlich ist, dass dieses

Wesen eine Art Beutel ähnlich einem Känguruh hat. Damit zeigt sich zweierlei. Zum einen hat der männliche König auch eine weibliche Seite, weil der Beutel, jedenfalls bei den Känguruhs, dazu da ist, ein Junges zu beschützen, solange es noch nicht eigenständig ist. Damit ist ein weiterer Gegensatz in der menschlichen Entwicklung angesprochen, nämlich der Gegensatz Männlich versus Weiblich. Die zweite Qualität besteht darin, dass sich eine implizite Mutter-Kind-Beziehung durch den Beutel konstelliert, der da ist, dass ein schutzbedürftiges Junges ganz nah bei der Mutter sein kann. Dies ist zwar nicht real so in Erscheinung getreten, wird als Möglichkeit aber thematisiert.

5. Sitzung
»Ich frage den zweiten König, was es mit seinem Beutel auf sich habe. Hier verstaue er alle seine Sachen. Früher hätten nur die Känguruhs das gehabt. Eines dieser Känguruhs hätte ein Junges geboren mit einem Menschengesicht. Von ihm würde der König abstammen. Ob ich dem zweiten König bei irgendwas behilflich sein könne. Nein. Aber wir könnten die Gänge weiterhin untersuchen. Jeder Gang ist anders, die Farben sind weißlich bis gelb. Wir finden uns wieder im Reich des ersten Königs. Ich frage den König, ob wir hier übernachten dürfen. Ja, so bleiben wir in der Höhle. Am nächsten Tag frage ich den ersten König, ob wir wieder zu seinem Schloss gehen. Ja. Der zweite König will nicht mitkommen. Wir verabschieden uns und suchen den unterirdischen Gang zum Schloss. Dort liegen viele Muscheln, rote und große Steine. Der Goldfisch weist uns darauf hin, dass es hier gefährlich sei und der Gang einstürzen könne. Ich frage, ob man dagegen etwas unternehmen könne. Nein. Schließlich gelangen wir zu einem dunklen Loch. Dies ist der Mittelpunkt der Erde. Es ist ganz dunkel und ich zucke zusammen und erschrecke. Der König auch. Wir tasten uns vor. Ich spüre etwas Flaches, dann eckige Steine, dann etwas Schleimiges. Es ist ein Fisch. Der König fragt, wer bist du? Der Fisch antwortet, ich bin einfach ein Fisch. Meine Mutter und mein Vater sind da im Loch drin.«

Wenn Klaus den König jetzt auf seinen Beutel anspricht, ist die Antwort nicht so, dass das Thema »Junges im Verhältnis zum Älteren« aufgenommen wird. Die Antwort scheint eher etwas oberflächlich und rationalisierend zu sein. Klaus bleibt hier stockend. Auf die Standardfrage, wie Klaus dem König behilflich sein könne, erfahren wir, dass die Gänge untersucht werden sollen. Aber der zweite König will hier nicht mehr mitmachen und verabschiedet sich. Dies ist eine »Stromschnelle« in dieser Geschichte. Soll der Therapeut dies so akzeptieren oder soll mit einer Intervention dafür gesorgt werden, dass der zweite König präsent bleibt und die Geschichte mit dem Beutel expliziert wird? Dies ist manchmal schwierig zu entscheiden. Erfahrungsgemäß tauchen wichtige Themen aber immer wieder auf. In unserem Fall entwickelt sich allerdings der Fortgang der Geschichte auch nicht schlecht. Nach einem gefährlichen Durchgang findet sich Klaus an einem dunklen Loch, das der Mittelpunkt der Erde ist. Die Stimmung ist dementsprechend unangenehm und muss ausgehalten werden. Hier

B 4. Ein multimodaler Therapieansatz

hält sich ein Fisch auf, der ein gewöhnlicher Fisch ist. Dessen Eltern sind im Loch. Damit ist unser ursprüngliches Thema doch wieder präsent, nämlich eine Kind-Eltern-Beziehung im Mittelpunkt und im dunklen Loch. Während es früher nur das »Nichts« eines Lochs war, dem Klaus begegnete, wird jetzt das Loch belebt durch Elternfiguren, in deren Nähe ein gewöhnlicher Fisch ist.

6. Sitzung

»Ich frage den Fischkönig, ob wir durch das Loch in die Höhle reingehen. Ja. Drinnen ist ein Tisch. Um ihn herum sitzen viele kleine Fische. Wir werden eingeladen mitzuessen. Die Fischmutter reicht uns ein Tablett mit Moos, Schlamm und Gewürzen. Es ist laut, ich höre mich selber kaum sprechen. Dann müssen die kleinen Fische ins Bett. Ihnen gefällt es aber und sie wollen noch bleiben. Ich frage, warum seid ihr im Mittelpunkt der Erde? Sie antworten, sie hätten einen leuchtenden Punkt auf ihrem Rücken. So wisse man, wer sie seien. Wir essen weiter. Der König isst sehr schnell, er hat viel Hunger. Ich frage, ob wir hier übernachten dürfen. Die Betten sind aber zu klein. So schlafen wir an dem Tisch. Zum Frühstück gibt es wiederum Moos zu essen. Dann wollen wir weiter. Ich verabschiede mich von den Fischen. Es wird hell, die Sonne blendet fast. Ich sehe wieder das Schloss. Der König holt seinen Schlüssel und schließt auf. Wir gehen ins Schloss. Es ist ganz dreckig.«

Diese Belebung innerhalb des Lochs schreitet hier gut sichtbar voran. Im Loch lebt eine Fischfamilie mit Mutter und Kindern. Das Loch hat seinen Schrecken verloren. Die Jungen werden sogar gefüttert und scheinen gut umsorgt. Die jungen Fische erzählen, dass sie einen leuchtenden Punkt auf dem Rücken tragen, damit erkennbar sei, wer sie sind. Damit gewinnen die jungen Fische an Identität. Das Essen gewährleistet ihre Entwicklung, und die familiäre Stimmung nimmt Klaus den Schrecken, den er ursprünglich verspürt hat. Dies scheint hier das zentrale Geschehen zu sein, da Klaus sich im Mittelpunkt der Erde aufhält und es somit keine tiefere Schicht gibt, die noch zu erforschen wäre.

7. Sitzung

»Wir gehen ins Schloss. Es ist ganz dreckig. Der König selber putzt. Es geht ihm gut. Im Schloss ist eine große Unordnung. Wir gehen zum Turm. Von dort hat man eine schöne Aussicht. Weiter hinten liegt ein Dorf. Der König meint, es gäbe hier im Land viel zu regieren. Wir dürfen noch in andere Zimmer des Schlosses schauen. Dort sind Betten, die aussehen wie Wiegen. Daneben stehen Kästen, wo Spielsachen drin stehen. Ich frage, ob ich noch den Glockenturm des Schlosses besichtigen darf. Wir gehen zum Turm und ich läute die Glocke. Ich frage, ob wir hier essen dürfen. Ja, gerne. Der König serviert verschiedene Wurstsorten mit Brot. Es schmeckt gut. Ich frage den König, ob das Schloss schon lange stehe. Ja. Er will mir noch andere Zimmer zeigen. Erst das Schlafzimmer, dann den Speisesaal. Er ist sehr groß mit schönen Lampen an der Decke. Daneben ist noch ein grüner Saal voller Schlamm. Dies sei sein Garten.«

4.2 Der imaginative Zugang

Nachdem der Mittelpunkt der Erde nun belebt ist, kehrt Klaus ins Schloss zurück. Dort herrscht eine große Unordnung. Der König ist aber im Begriff, mehr Ordnung zu schaffen. Jetzt spielt ein Turm eine Rolle, der zweimal ins Spiel kommt. Spielsachen, Wiegen als Betten und eine Verköstigung mit Brot und Wurst unterstreichen hier die kindgerechte und fürsorgliche Atmosphäre, die Klaus jetzt vorfindet.

8. Sitzung

»Heute will ich einen Ausflug ins Dorf machen. Wir gehen durch ein Tal und stolpern über Steine. Es ist ungemütlich. Anschließend müssen wir einen steilen Hang hinaufklettern. Der König hält sich an einem Seil. Ich verletze mich an einem Stein und beginne zu bluten. Beim Dorf angelangt, sehen die Häuser irgendwie komisch aus. Das Dorf heißt Walendorf. Ein Wal erwartet uns, der hier wohnt. Ich frage, ob es hier ein Restaurant gibt. Ich habe Hunger. Ja. Wir finden ein Lokal. Drinnen sitzen viele fröhliche Wale. Es gibt ein Reisgericht. Nach dem Essen gehen wir ins Schloss zurück. Auf dem Weg falle ich in ein Loch.«

Die Welt beginnt sich zu weiten. Die Aufmerksamkeit konzentriert sich nicht mehr auf das Loch, stattdessen will Klaus einen Ausflug ins Dorf unternehmen. Es zeigt sich, dass diese Weitung der Welt nur mit Anstrengung und Rückfällen zu erreichen ist. Der Weg wird beschwerlich und erfordert eine Anstrengung. Sogar eine blutende Verletzung muss in Kauf genommen werden. Das Dorf wirkt fremd. Trotzdem sind die hiesigen Bewohner fröhlich. Noch einmal wird die Versorgung mit Essen wichtig. Der Sturz in ein Wegloch ist nur vorübergehend und führt nicht zu einer deutlichen Blockade.

9. Sitzung

»Wir wollen heute eine Höhle auf der anderen Seite des Tals besichtigen. Der Meereskönig und ich werden von zwei Goldfischen und zwei gewöhnlichen Fischen begleitet. Der Weg zur Höhle ist mühsam, Steine liegen im Weg. Bei der Höhle angelangt, zünde ich eine Kerze an. Früher hat sich der König hier verlaufen. Damit das nicht mehr passiert, legen wir einen Wollfaden zur Orientierung. Wir gehen zum dritten Gang. Ich stoße mir den Kopf an. Eine Schlammwand behindert uns. Wir gehen zum nächsten Gang. Dort ist der Fels ganz weich, wie aus Gummi. Wir gehen weiter. Plötzlich wissen wir nicht mehr, wo wir sind. Der König meint, wir würden bald ein Licht sehen. Hinter einer Biegung wird es heller. Vor uns liegt eine Ebene, dahinter ein schwarzer Berg. Er sieht fast gefährlich aus. Vorne beim Gang erkennen wir eine alte verrottete Tür. Der Gang will nicht aufhören. Neben der Tür sind vergitterte Fenster. Dem König wird schwindlig. Ganz vorne am Ende des Gangs sehe ich unser Schloss. Ich finde den Weg mühsam.«

Nach dem Versuch, die äußere Welt zu öffnen, will Klaus hier noch einmal die unterirdische dunkle Welt erkunden. Wiederum ist dies mit Schwierigkeiten verbunden, die überwunden werden wollen. Klaus weiß sich dabei mit dem Wollfaden zu sichern,

B 4. Ein multimodaler Therapieansatz

trotzdem verliert Klaus die Sicherheit der räumlichen Orientierung und »steht am Berg«. Der König verliert in seinem Schwindel sogar den sicheren Boden. In dieser kritischen Situation zeigt sich aber eine verrottete Tür. Türen sind dazu da, Menschen ein- und hinauszulassen, dorthin, wo sich neue Räume auftun. Dass sich diese Möglichkeit durch eine verrottete Tür zeigt, legt nahe, dass es schon eine geraume Zeit her ist, dass diese Tür gefertigt wurde und dass sie wahrscheinlich seit langem nicht mehr benutzt wurde. Das »Sich-neue-Räume-Erschließen« ist deshalb eine Möglichkeit von Klaus, die er nicht aktuell »zeitigen« kann. Klaus muss darauf hingewiesen werden. Ich schlage deshalb vor, dass wir uns diese Tür nochmals genau anschauen sollten.

10. Sitzung

»Ich frage den König, ob wir den Korridor mit der alten Tür erforschen könnten. Wir entdecken eine Treppe und steigen hinab. Wir gelangen in einen riesigen Raum. Dort liegen alte Steine. Ein alter Kasten steht an der Wand. Der König verspürt Angst, es ist unheimlich. Im Kasten entdecken wir Kostüme und Spielsachen. Hinter dem Raum ist noch ein größerer Raum. Dort liegen Pralinen und Spielsachen. Ich frage, wem der Raum gehöre. Plötzlich erscheint ein Mann. Ich habe etwas Angst. Der Mann ist in einer Rüstung. Ich frage, ob wir hier übernachten dürfen. Ja. Ich frage weiter, wer er sei. Hier hätten früher Seeritter gewohnt und er sei der letzte davon. Alle anderen seien verrostet. Er gibt uns ein Gerät, um ihn zu rufen, wenn wir ihn brauchen. Der Mann erzählt, er sei zu viel alleine hier. Er selber würde aber mit seiner Rüstung nicht rosten, weil er ein Mittel dagegen habe. Ich und die Fische erklären ihm, dass wir bei ihm bleiben würden. Ich frage, ob wir was essen dürfen. Wir hätten Hunger. Ja, das sei möglich. Es gibt Käse. Ich frage, ob wir hier auch übernachten können. Ich wünschte mir ein kuscheliges Bett. Ja, auch das sei möglich. Wie ich mich umschaue, sehe ich, dass eine große Unordnung im Raum herrscht. Ich frage den Mann, ob ich helfen dürfe beim Aufräumen. Ja. Ein Fisch in diesem Raum schwimmt heran. Er ist ebenfalls bekleidet mit einer Ritterrüstung. Ich frage, ob es hier denn gefährlich sei. Ja, erklärt der Fisch, sie seien früher von Leuten angegriffen, und fast besiegt worden. Jetzt würden die Fische so mit Ritterrüstungen geboren.«

In dieser Sequenz weitet sich der Raum beträchtlich. Pralinen und Spielsachen, das Süße und Vergnügliche ist ebenfalls wieder anwesend. Zum ersten Mal erscheint nun ein Mann in menschlicher Gestalt. Es ist ein Nachfahre der Seeritter. Er ist mit einer Rüstung bekleidet. Klaus erfährt damit neu, dass sich ihm gegenüber das Mannsein jetzt zeigen kann, das zwar noch geschützt werden muss, indem es mit einer Rüstung gekleidet ist. Früher sind die Ritter verrostet. Das heißt, das Männliche konnte nicht überleben, es hat sich in seiner Substanz aufgelöst. Dies kann jetzt nicht mehr geschehen, da es ein Mittel dagegen gibt. Allerdings fühlt sich der Mann einsam. Klaus bietet ihm an, bei ihm zu bleiben. Dies ist leichter, wenn Klaus wiederum eine Stärkung zu sich nehmen kann und ihm ein kuscheliges Bett Geborgenheit vermittelt. Wie früher

4.2 Der imaginative Zugang

schon zeigt sich, dass Mann-Sein und In-Ordnung-Sein noch schwer miteinander zu verbinden sind. Die Unordnung packt Klaus aber an und ist bereit, beim Aufräumen zu helfen. Die Unsicherheit dieser neuen Erfahrung drückt der Fisch aus, der ebenfalls eine Rüstung trägt. Grund dazu sei ein Angriff, der früher stattgefunden habe. Wenn ein Angreifer auftaucht, ist er zwangsweise der Böse, der einem begegnet. Wir sind hier am gleichen Punkt, der im Rorschach-Test als erste Antwort thematisiert wurde, nämlich »irgendein böser schwarzer Mann«. Jetzt kann es darum gehen, diese Struktur zu verändern.

Ich fasse die weitere Entwicklung der Imaginationen kurz zusammen. Klaus entschließt sich nach einer dementsprechenden Intervention, die Angreifer zu suchen. »Ich steige auf den Rücken des Fischkönigs, und wir schwimmen mit Tempo los.« Dies bedeutet eine Entsprechung zur dritten Antwort des Rorschach-Tests (ein Flugzeug). Weiter meint der König in der Imagination: »ich soll mich festhalten«. Dies entspricht der zweiten Antwort der ersten Tafel des Rorschach-Tests (Haken). Weiter lautet die Imagination: »Es wird dunkler, wir nähern uns der Burg des Bösen.« Das Dunkle entspricht dem Fb' Eindruck im Rorschach-Test, das Böse haben wir schon festgehalten.

Es geht weiter:

> »Ich sehe einen riesigen Stein. Die Burg ist zum Teil unterirdisch. Beim Eingang steht ein Wächter. Wir wollen rein. Ich sage, ich will rein und das Schloss anschauen. Ich rufe das Wort ›Glühbirne‹ dem hier wohnenden König zu. Der Wächter lässt uns rein. Im Korridor sind Fackeln. Weiter vorne sind verschiedene Türen. Wir gehen hinein. In einem Saal sitzt ein König auf einem riesigen Thron. Der König hat keine Augen und keine Nase. Sein Kopf ist eine runde Kugel, sein Körper aus Eisen. Er fragt uns, was wir wollen. Ich frage zurück, warum hast du den andern König überfallen? Seine Antwort ist: Ich wollte die Macht übers ganze Meer. Ich frage, warum denn das? Weil ich eine andere Rasse einsetzen will. Ich frage zusätzlich: Warum hast du keine Augen? Der König antwortet, dass er nicht essen könne, nur Öl trinken. Ich bin erschrocken und die ganze Situation ist brenzlig. Ich frage den König: Bist du zufrieden mit deinem Metallkörper? Der König meint, er sehe komisch aus. Kann ich dir helfen, fragt Klaus. Nein, ist die Antwort des Königs. Aber er wolle sich ausruhen und dafür kämpfen, dass er König bleibe. Er fühle sich allerdings eher wie ein Schwächling. Der König zuckt vor Nervosität. Alles ist unheimlich.«

Weiter erzählt er, dass er früher in einem anderen Gebiet König war und verstoßen worden sei. Er würde gerne wieder dorthin zurück. Dann würde er sich wohler fühlen.

> »Wir beschließen, in das andere Gebiet aufzubrechen. Wir starten mit einem Unterwasserfahrzeug, das Uranus heißt. Es gibt einen immensen Druck und ich habe Angst, dass wir das Gefährt fast nicht steuern können. Wir fahren in ein südlich gelegenes neues Land. Dort werden wir begrüßt von roboterähnlichen Wesen ohne Augen, Nase und Mund. Ihr Körper sieht aus wie eine Ritterrüstung. Wir erklären den Wesen, dass der König von hier vor langer Zeit vertrieben worden ist und dass der König wieder gerne ins Amt eingesetzt wer-

B 4. Ein multimodaler Therapieansatz

den wolle. Die Wesen akzeptieren das. Die Wesen haben einen Stein, mit dem die Zukunft vorhergesagt werden kann. Ich frage die Wesen, ob sie Menschen werden wollen. Nein. Menschen zerstören alles, ist die Antwort. Wir brechen zum hiesigen Palast auf. Es ist ein großes Haus mit einem goldenen Adler als Verzierung. In einem Riesensaal ist ein Thron. Wir fragen den vertriebenen König, ob er hier wieder König sein wolle. Ja, und der Thron glitzert. Wir verabschieden uns von diesem König und fahren in unser Land zurück. Unser König macht bei der Rückkehr ein Fest. Er ist froh, dass wir zurück sind. Nach dem Dessert wird ein Theater aufgeführt. Zwei Fische streiten sich um einen Apfel. Es sind Mutter und Vater des mir bekannten Fisches. Wir haben alle ein schönes Gefühl.«

Später räumen Klaus und die Fische immer wieder mal die Zimmer auf. Die Höhlen werden weiterhin erforscht und es finden sich Schätze von Seeräubern mit Edelsteinen. Später sind Abenteuer mit einem riesigen Stachelfischkönig zu bestehen. Dann dreht sich das Geschehen um eine Schlange und einen Zirkusdirektor.

Insgesamt betrachtet setzt sich Klaus vielen Situationen und Gefahren aus und muss hier bestehen. Die Imaginationswelt weitet sich beträchtlich. Klaus lernt dabei, die auftauchenden Schwierigkeiten zu bewältigen. Die auftauchenden Figuren wandeln sich von Mischwesen Tier/Mensch im entwicklungsmäßig frühen Medium Meer schließlich bis zur Realität der wirklichen Welt eines Zirkusdirektors. Die Entwicklung erfolgt über die Bearbeitung der Gegensätze Verschmelzung versus Trennung, Gut versus Böse und Männlich versus Weiblich. Während der ganzen Zeit ist der Therapeut bei diesem Geschehen dabei und verfolgt sehr engmaschig das Geschehen, bei »Stromschnellen« greift er ein. Ontologisch gesprochen teilen sich Therapeut und Klaus ihr Mitsein bei den Dingen ihrer gemeinsamen Welt. Sie verwirklichen damit ein Existenzial des In-der-Welt-Seins. Gleichzeitig werden die anderen Existenziale deutlich. Auch das Räumlich- und Zeitlichsein des Menschen verwirklicht sich dadurch, dass Klaus sich Raum verschafft, seine Welt weitet und dass sich im Austrag seiner Bezüge zur Welt sich diese zeitigen mit den entsprechenden Erfahrungen. Auch wird sorgfältig auf das Existenzial der Stimmung geachtet, weil die Stimmung einen Erschließungscharakter zur Welt hat. Wir sahen diesbezügliche Stimmungen der Angst, des Erschreckens oder des Unheimlichseins. In der Imagination hilft es vielfach, wenn diese auftretende Stimmungslage einem Gegenüber mitgeteilt wird und es so zu einem Dialog kommt und sich die Stimmung verbessert. Tritt beispielsweise eine böse Figur neu ins Geschehen ein und erschreckt dabei der Imaginierende, soll er der Figur sagen, dass sie ihm Angst mache und ihn erschrecke. Meist gelingt anschließend ein Dialog, wobei der Klient weitere Seiten des »Bösen« erkennt, die weniger erschreckend sind.

So bleibt in phänomenologischer Sicht Klaus die Person, die er ist, und lässt sich ansprechen von dem, wofür er offen ist. Er tritt in einen therapeutischen Prozess und ändert sich dabei. Die Änderungen betreffen auf einer ontischen Ebene sein Mitsein, seine Stimmung, sein Räumlich- und Zeitlichsein, seine Offenheit schlechthin. Das Mitsein geht dabei weit über das psychoanalytische Verständnis von Übertragung und Gegenübertragung hinaus. Die Verbesserung des »Selbstwertgefühls« bedeutet, dass Klaus gelernt hat, eine wichtige Funktion für seine Welt zu übernehmen. Ohne ihn hätten die vielfältigen Figuren und Erlebnisse in der Geschichte gar nicht stattfinden können. Klaus hat gesehen, dass er schwierige Situationen bewältigen kann und dass auf seine Bedürfnisse eingegangen wird. Alles in allem kommt es durch diesen Prozess zu einer Umstimmung von Klaus und zu einer veränderten Einstellung zu seiner Welt. Im Zusammensein mit dem König nimmt er speziell teil an der »männlichen« Welt, kann diese teilen, übernehmen und damit auch besser den weiblichen Aspekten gegenübertreten. Die Größe und Macht eines Königs mit seinem wertvollen Thron werden vielfach in narzisstischer Weise bei emotionalen Defiziten als Kompensation gesucht. Sie verlieren im ganzen Prozess an Bedeutung, und es genügt, wenn gegen Schluss des Geschehens ein ganz gewöhnlicher Fisch oder ein Mann in Erscheinung tritt.

4.3 Der spieltherapeutische Zugang

Vielfach zeigen sich Befindlichkeiten, Beziehungsmodi und Stimmungen bei Kindern direkter im Spiel als im rational-kontrollierten Gespräch. Es macht deshalb Sinn, in einer Therapie nicht nur Gesellschaftsspiele mit starren Regeln und vorgegebenem Ablauf anzubieten, sondern vor allem eine möglichst offene Spielwelt bereitzustellen, in der das Kind seine Phantasien inszenieren kann. Bewährt hat sich ein kindgerecht gearbeitetes Kinderspiel-Therapieset von über hundert Figuren, mit dem ein breites Spektrum menschlicher Erfahrung angesprochen werden kann (Krucker, 1997). Diese szenisch-analytische Kinderspieltherapie kann eine kindgerechte Form mit einer leicht praktikablen Art verbinden. Dabei werden Anteile der »Übertragung« auf eine vom Kind szenisch dargestellte Spielebene verlagert. Dort werden die Konflikte dargestellt und vom Kind mit Hilfe des Therapeuten, wenn möglich, selber gelöst. Das Spielset wird dabei zum Medium eines Prozesses, in dem anhand von Spielfiguren die therapeutisch relevanten Strukturen offen gelegt und bearbeitet werden.
In Übereinstimmung mit den anerkannten Verfahren der Kinderspieltherapie geht es darum, ein therapeutisches Klima mit dem Aufbau einer guten Beziehung zwischen Kind und Therapeut zu schaffen. Der freie Spielausdruck des Kindes soll gefördert werden. Die während eines Spielprozesses auftauchenden Schwierigkeiten und Widerstände werden berücksichtigt und – wenn möglich – gelöst. Das Kind bemüht sich selber um die Lösung der von ihm dargestellten Konflikte. Bei kleineren Kindern auf der

B 4. Ein multimodaler Therapieansatz

magischen Entwicklungsstufe ist eher ein Ausagieren als eine verbale Problemlösung möglich. Ein Ziel ist dabei, dass das Kind zu den verwendeten Figuren in Beziehung tritt und auf deren Anspruch eingeht. Das Verhaltensrepertoire und die Flexibilität im Umgang mit Situationen wird dabei erweitert. Diese erweiterte Kompetenz spielt sich nicht nur verbal-theoretisch ab, sondern das Kind übt diese Situation konkret in einem Handlungsablauf.

Anwendungsmöglichkeiten einer Spielsituation sind beispielsweise:
- Die Darstellung eines Erstbildes zu diagnostischen Zwecken, wie dies im Sceno-Test gemacht wird.
- Die Verwandlung der Herkunftsfamilie in Tiere und deren Darstellung und die weitere Entwicklung dieser Szene.
- Die Entwicklung einer eigenen Märchen- beziehungsweise Phantasiegeschichte.

Näher eingehen möchte ich auf diese letzte Anwendung, nämlich die Darstellung einer eigenen Märchengeschichte durch das Kind.
Die Vorgabe eines Märchenmotivs eignet sich gut für Kinder, weil es ihnen vertraut ist. Das Märchen spricht in der Sprache des Kindes. Es lässt dem Kind einen möglichst weiten Raum, wo sich seine Phantasien entwickeln können. Der Therapeut schlägt dem Kind vor, einige Figuren auszuwählen und sie so zu platzieren, wie es für die Szene stimmen mag. Das Kind soll sich anschließend spielerisch vorstellen, was nun passiert und was sich entwickelt. Dieses Vorgehen, vergleichbar mit der freien Assoziation bei Erwachsenen, wird mit der Zeit die spezifischen Beziehungskonstellationen des Kindes konstellieren. Es macht Sinn, die letzte Szene einer Darstellung fotografisch festzuhalten. Dies unterstreicht dem Kind gegenüber die Bedeutung und Wichtigkeit der von ihm dargestellten Szene. In der folgenden Stunde kann der Ablauf kurz rekapituliert und daran angeknüpft werden. Als didaktische Hilfe für den Therapeuten hat sich bei diesem Prozess die Bedeutung folgender Punkte herausgestellt:
- Analyse der formalen Darstellung
- Analyse der inhaltlichen Bedeutung der Figuren
- die Verknüpfung des formalen und inhaltlichen Aspektes
- die Bedeutung der Sukzession im Ablauf
- die Nachbefragung zur Bedeutung der Figuren beziehungsweise des Geschehens
- die Moderation des Verlaufs durch den Therapeuten
- die Beachtung des Fokus mit möglichen Konflikten oder Schwierigkeiten einerseits, aber auch des Potenzials an Bedeutungen andererseits sowie die szenische Konfliktlösung mit entsprechenden Interventionen des Therapeuten und schließlich
- die Reflektion des therapeutischen Geschehens durch den Therapeuten und die Konsequenzen für den Therapieprozess.

4.3 Der spieltherapeutische Zugang

Bei der formalen Analyse geht es um Überlegungen, die vom Sceno-Test her vertraut sind. Wie ist die Verteilung der Figuren im zur Verfügung stehenden Raum und der gegenseitigen Beziehung zueinander? Das phänomenologische Vorgehen kommt eher beim nächsten Punkt, der Inhaltsanalyse, zum Zuge. Welche Figuren wurden ausgewählt, welche nicht? Was verkörpern sie, welches ist ihre Bedeutung und auf was verweisen sie? Eine genaue Freilegung des ursprünglichen Wesens der gewählten Figur zeigt im Allgemeinen mehr, als es auf den ersten Blick scheint, und manche Banalität wandelte sich in aktuellen Sinn. In welcher Welt lebt diese Figur, welches sind ihre Lebensbezüge? Worauf verweisen die spezifischen Möglichkeiten und Fähigkeiten dieser Figuren? Dieses ständige Fragen und Erschließen wird dem therapeutischen Prozess gerechter als kurzschlüssige Zuschreibungen einer bestimmten Symbolik zur entsprechenden Figur.

Die Verknüpfung dieser inhaltlichen Bedeutung mit den formalen Aspekten verbindet im Grunde Möglichkeiten des Seins mit den Örtlichkeiten und Positionen des Raumes, dem das Kind seine Figuren »einräumt«.

Wird etwa im linken unteren Quadranten ein junges Tier mit seiner Mutter aufgestellt, entspricht dies der Raumsymbolik der Herkunft der Geborgenheit. Wird gleichzeitig im rechten oberen Quadranten ein Krokodil platziert, wird dieser Ort raumspezifisch mit Zukunftserwartung oder realer Außenwelt assoziiert. Verknüpft man diese beiden Fakten, kann es für das betroffene Kind wichtig sein, in einer geborgenen Mutter-Kind-Beziehung zu stehen, wobei gleichzeitig dieser Bereich im Kontakt zur äußeren Welt mit Gefahren verbunden sein könnte.

Die Nachbefragung zur Szene macht deutlich, dass Kind und Therapeut die dargestellte Spielwelt teilen. Sie sind miteinander bei den gemeinsamen Dingen dieser Spielwelt. Welche Möglichkeiten und Begrenzungen werden damit offenbart? Welche Gedanken, Wünsche oder Ängste glaubt das Kind von den Figuren her zu vernehmen?

Bei der Initiierung eines Spielprozesses weitet sich die dargestellte Welt zu neuen Möglichkeiten, die dem Kind anfangs noch unvertraut oder verborgen sind. Dem Kind fallen neue und andere Verhaltensmöglichkeiten zu, die es über die Tiere erfährt. Oft entsteht der Eindruck, dass es erst diese Distanz vom Eigenen erlaubt, anhand des scheinbar Fremden, eben der Figuren, diese oder jene Verhaltensweise zuzulassen. Tatsächlich ist der Zusammenhang mit dem Kind als »Autor« gegeben und wurde in der klassischen Analyse als Projektion oder Identifikation beschrieben.

Der entscheidende Punkt, an dem sich die Freiheit des Kindes vergrößert, ist jene der Konfliktlösung. Hier entstehen neue Verhaltensmöglichkeiten, die vom Therapeuten aufgegriffen und gefördert werden müssen. Eine Konfliktlösung, sofern ein Konflikt überhaupt sichtbar wird, ist allerdings nicht bei allen Kindern zu erwarten. Vielfach, und besonders bei kleineren Kindern, gilt es zu akzeptieren, dass entsprechend des

B 4. Ein multimodaler Therapieansatz

kindlichen Entwicklungsstandes des magischen Denkens unangenehme Situationen damit »gelöst« werden, dass eine böse Spielfigur zu Tode kommt. Totsein heißt bei kleinen Kindern allerdings auch, dass dieselbe Spielfigur bei nächster Gelegenheit wieder agieren kann.

Wie im Einzelfall ein Therapieprozess auch fortschreiten mag, in jedem Fall wird dem Kind vermittelt, dass schwierige Situationen beachtet und aufgenommen werden und nach Lösungen gesucht wird.

Als letzter Punkt bei einer Spielsequenz stellt sich für den Therapeuten die Frage, was er im ganzen Verlauf für eine Rolle spielt. Er versucht nicht, das Spielgeschehen zu steuern, gleichzeitig ist er mehr als ein bloßer Spielpartner. Er wird als Therapeut mehr und anderes sehen als das Kind und reflektiert so von einem übergeordneten Standpunkt das Geschehen. Er erfasst die Bedeutung und Verweisungszusammenhänge der verwendeten Spielfiguren und versucht, Abwehrvorgänge zu sehen. Dabei wird es möglich, an diesen Stellen sinnvoll einzugreifen, um zu gewährleisten, dass der Prozess weiter voranschreitet.

Zur Indikation für die Spieltherapie hat sich STEINHAUSEN (1993) geäußert. Spezielle Indikationen für die klientenzentrierte Spieltherapie sind
- emotionale und leichtere dissoziale Störungen
- Selbstkonzeptdiskrepanzen, verringertes Selbstvertrauen, allgemeine Ängste
- soziale Isolation und Scheu
- Anstöße für die seelische Entwicklung, Verbesserung der allgemeinen Lern- und Leistungsfähigkeit, Motivierung und Abbau von Defiziten.

Als Kontraindikationen nennt er
- schwere dissoziale Störungen
- Intelligenzminderung
- hirnorganische Störungen.

Beispiel: Der depressive Junge Tobias und seine aggressiven Spielfiguren

Ein achteinhalbjähriger Junge Tobias wird von den Eltern auf Anraten der Lehrerin angemeldet. Der Junge sei ängstlich und sehr zurückgezogen. Wegen gesundheitlicher Probleme war er zusätzlich in ärztlicher Behandlung. Der Vater des Jungen litt selber neben einer chronischen Krankheit zusätzlich an einer Epilepsie. Deshalb war er nur zum Teil arbeitsfähig. Die wirtschaftliche Situation der Familie war damit angespannt und erforderte viele Einschränkungen. Die Eltern fragten sich, ob der Junge mit der eigenen und vor allem mit der Krankheit des Vaters nicht zurechtkam und er deswegen psychisch belastet war.

4.3 Der spieltherapeutische Zugang

Die Schwangerschaft empfand die Mutter als »Stress«, und sie fühlte sich dauernd »unter Spannung«. Die Mutter fand schon früh, dass das Kind anders als die Geschwister war und sensibler und zurückgezogener reagiert habe. In der späteren Kindheit stellten sich psychomotorische Schwierigkeiten ein und dazu eine Legasthenie. Der Junge konnte sich nicht ausdrücken, wenn ihn etwas bedrückte. Wurde er von Kindern geplagt, zog er sich in sein Zimmer zurück. Er lachte wenig und drückte kaum je irgendwelche Wünsche aus. Besonders wenn seine schulischen Schwächen offenbar wurden, reagierte der Junge mit Verstimmungen. Er explodierte oder schlug auf seine Geschwister ein.
Bei der Abklärung sah ich einen Jungen, der eine unsichere Motorik und visuelle Teilleistungsschwäche in der Formwiedergabe zeigte. Er sprach mit leiser Stimme, sehr knapp und zurückhaltend. Seine Energielosigkeit, seine Ängstlichkeit und seine Verstimmung waren gut spürbar. Er berichtete, dass seine Schulkameraden frech zu ihm seien. Ein Bruder provoziere ihn dauernd und beiße ihn. Er sei zudem allergisch auf Gras. Deshalb bleibe er meistens im Haus. Er habe keine Lust, weit zu laufen, und sitze gerne vor dem Fernseher, um Trickfilme zu schauen.
Eine Psychotherapie mit begleitender Elternberatung war hier sicher angezeigt. Aufgrund des Alters, der zurückhaltenden Art und seinem entsprechenden Interesse entschlossen wir uns für eine Spieltherapie. Ich fasse die ersten drei Sitzungen als beispielhaften Verlauf zusammen.

> In der ersten Sitzung wählt der Junge aus dem Angebot von verschiedenen Figuren eine Reihe von Tieren aus und stellt sie auf der Spielfläche auf. Dazu gehören der Seehund, das Krokodil, das Nilpferd, der Hund und die Eule. Dazu legt er den Teich und ergänzt die Szene mit einer Tanne. Der Junge meint, dass dies ein Tierpark sei. Das Krokodil will sofort den Seehund angreifen. Speziell sei aber, dass der Seehund, aber auch das Nilpferd elektrisch aufgeladen seien. Nun verfolgt das Nilpferd die Eule und will sie fressen. Der Seehund will sich vom Geschehen entfernen. Das Krokodil rennt ihm aber nach. Der Hund beteiligt sich an der Verfolgung und beißt jetzt beim Seehund zu. Der Hund zuckt nun zusammen; er ist vom elektrischen Strom getroffen. Der Hund wird wütend und packt den Seehund erst recht.
> Da einige Tiere in dieser Szene Hunger haben und andere Tiere fressen wollen, das Ergebnis wegen der dabei auftretenden Stromstöße aber nicht angenehm ist, war es ein Vorschlag, dass der Junge die hungrigen Tiere mit imaginären Fleischstücken füttern könne. Tobias nimmt den Vorschlag sofort auf. Die Angreifer beruhigen sich, und die Tiere bekommen genug zu fressen. Sie haben es anschließend gut.

Die Szene zeigt, worauf der Tobias bezogen ist. Es ist ein Tierpark ohne menschliche Figuren. Die Art und Weise, wie sich diese Welt unserem Jungen zu eröffnen vermag, ist als erstes geprägt durch einen Konflikt. Das Krokodil will den Seehund angreifen. Das Krokodil verkörpert in seiner archaischen Art und seinem großen Maul auch ent-

B 4. Ein multimodaler Therapieansatz

sprechende Möglichkeiten dazu. Ungewöhnlich ist, dass der Seehund und das Nilpferd elektrisch aufgeladen sind. Diese elektrische Ladung ist einerseits ein latentes Energiepotenzial, andererseits hemmt sie den Aggressor beim Zubeißen, weil er dadurch einen Schlag erhält. Der Hund, der sich am Kampf beteiligt, wird ebenfalls von diesem elektrischen Schlag getroffen und wird wütend.

Die Energielosigkeit, der Rückzug und die Verstimmung des Jungen, die beim Gespräch den Eindruck beherrschten, wird bei diesem Spiel nun durch andere Eindrücke erweitert. Schnell wird seine Konfliktbereitschaft deutlich. Die elektrische Ladung bei den Tieren erinnert an die Aussage der Mutter, dass sie während der Schwangerschaft dauernd »unter Spannung« gestanden habe, sowie an die epileptische Erkrankung des Vaters. Die depressive Blockierung konnte der Junge im Spiel aufbrechen und in aggressive Regungen umsetzen. Diese aggressive Seite beobachteten auch seine Eltern, wenn Tobias seine Geschwister schlug. Es wird darauf ankommen, den depressiven Rückzug, aber auch die aggressiven Ausbrüche zu bearbeiten. Im Spiel zeigt sich eine Erschwernis beim aggressiven Ausdruck, der durch den dabei auftretenden Stromschlag ausgedrückt wird. Von der Mutter war zu erfahren, dass sich Tobias sehr viele Gedanken um seinen kranken Vater mache. Einerseits spüre der Junge die Beschwerden des Vaters und er wolle ihn nicht belasten. Andererseits werde die Vitalität des Jungen zurückgebunden, indem der Vater, aber auch beide Eltern mit den Kindern wegen der beschränkten Möglichkeiten nicht sehr viel unternehmen können. Es scheint deshalb so, dass im Spiel einiges von dieser Struktur, nämlich Rückzug, aufgestaute Energie, blockierte Aggressionsmöglichkeit, Wutausbrüche und Bestrafung im Spiel, über die Elektrizität erfahren, komprimiert szenisch dargestellt wird.

> In der zweiten Sitzung wählt Tobias folgende Tiere zum Spielen aus: Bär, Elefant, Maus, Panther, Nilpferd, Vögel und Schildkröte. Dazu gesellt sich ein Junge. Zwei Bäume vervollständigen das Bild.
> Das Nilpferd ist faul und müde. Der Elefant merkt nicht, dass eine Maus auf seinem Rücken sitzt. Der Bär ist ganz zahm. Der Hund will auf den Vogel losgehen. Die Schildkröte läuft weg. Der Panther schaut dem Geschehen zu. Ein kleines Kind schaut den Vögeln nach. Das Nilpferd bewegt sich nicht gerne. Plötzlich greift es das Kind an. Die Figur des Jungen flüchtet und läuft dabei in eine Umzäunung, die elektrisch geladen ist. Es tut ihm weh. Der Junge ist aber selber schuld. Er müsste eine Woche lang lieb sein, dann hätte ihn das Nilpferd nicht angegriffen. Die Schildkröte schärft unterdessen ihre Zähne. Die Maus auf dem Rücken des Elefanten fällt nun auf den Boden. Das passt ihr nicht und sie findet den Elefanten blöd. Der Elefant reagiert ebenfalls verärgert, und er tötet die Maus. Dafür wird er nicht eingesperrt. Die Maus ist selber schuld. Der Hund versucht die Vögel zu jagen. Die Vögel fliegen aber einfach weg. Der Hund erwischt aber doch noch einen Vogel, tötet und frisst ihn. Dann hat er keinen Hunger mehr. Alle Tiere legen sich anschließend zum Schlafen.

4.3 Der spieltherapeutische Zugang

In dieser Szene werden kraftvolle und vitale Tiere ausgewählt, die einen großen Energiepegel verkörpern. Dazu gehören der Bär, der Elefant, der Panther und das Nilpferd. Gleichzeitig erscheint die Maus, die im Vergleich zu den übrigen Tieren klein und schwach ist. Die Schildkröte zeichnet sich dadurch aus, dass sie in ihrem Panzer gut geschützt ist. Als erstes drückt sich die über das Nilpferd erfahrene Stimmung des Faulseins und der Müdigkeit aus. Man könnte sagen, dass die latent erfahrene Energie und Vitalität, hier erfahren über das Nilpferd, blockiert ist. Der Elefant merkt nicht, dass eine Maus auf seinem Rücken sitzt. Diese Gegensätze an Größe, Gewicht und Kraft werden vom Elefanten nicht wahrgenommen. Erneut treten die Spannungen und Konflikte zu Tage. Dabei tötet der Elefant die Maus. Das Problem des Böseseins und der Schuld trifft die Spielfigur des Jungen wieder über den elektrischen Zaun. Es wäre besser, lieb zu sein. Aber sogar die geschützte Schildkröte schärft unterdessen ihre Zähne. Offenbar brodelt es in ihr und mit scharfen Zähnen könnte man zubeißen. Nach den aggressiven Ausbrüchen verpufft die Energie, und die Tiere legen sich schlafen.

> In der dritten Sitzung kommentiert Tobias sein Spiel, dass aus der Sonne eine Kugel abgeschossen werde, die die Giraffe trifft. Ein Mann will Tiere schlachten und schlägt ihnen den Kopf ab. Das Nilpferd, der Panther und die Giraffe umzingeln den Hund und zerquetschen ihn. Die Tiere sind sehr lebendig, und in ihnen zirkuliert elektrischer Strom. Sie haben es kalt und wärmen sich mit dem Strom. Der Hund ist am Schluss nur noch ein Haufen Knochen. Die Tiere sind glücklich. Der Junge stellt einen Bauernhof zur Szene, dazu Vögel und Bäume, den Seehund und die Spielfigur des Jungen.
> Die Szene stellt wieder den Tierpark dar. Ein Hirte kommt mit seinen Schafen dazu. Der Spieljunge gibt dem Hirten ein Mittel, das er einnimmt. Der Hirte stirbt daran. Dies geschähe ihm recht, weil er seine Schafe schlecht behandelt habe. Der Hirte fällt tot in eine Schlucht, Der Spieljunge findet diesen Tod doch schade und meint nun plötzlich, am liebsten wäre er nicht mehr auf der Welt. Der Spieljunge lässt sich ebenfalls in die Schlucht stürzen und begeht Selbstmord. Andere Kinder tauchen auf und finden den Hirten und den Jungen. Plötzlich leben der Hirte und der Junge wieder. Sie werden von ihren Entdeckern in den Bauernhof zurückbegleitet. Es geht ihnen gut. »Ende gut, alles gut.« Der Hirte und der Junge sind jetzt im Haus. Der Schlüssel der Tür geht aber verloren, und die beiden Eingeschlossenen können nicht mehr heraus. Es ist heiß, es gibt nichts zu trinken, und beide sterben.

Die Bedrohung durch aggressive Impulse, jetzt erfahren über die abgeschossene Kugel aus der Sonne, trifft die animalische Welt, die die Giraffe verkörpert. Wenn schon die Sonne von alters her symbolisch männliche Aspekte verkörpert, tritt hier nochmals ein Mann konkret auf, der den Tieren den Garaus macht. Das Leben ist bedroht. Um dies noch einmal zu demonstrieren, zerquetschen die Tiere den Hund. Bei diesem grausamen Spiel fühlen sich die Angreifer lebendig und glücklich. In der nun folgenden Se-

B 4. Ein multimodaler Therapieansatz

quenz wird die Opfer-Täter-Rolle umgekehrt. Jetzt ist es der Hirte, auch ein Mann, der vom Jungen vergiftet wird. Es ist Aufgabe eines Hirten, die ihm anvertrauten Schafe zu hüten und für sie zu sorgen. Dies habe er schlecht gemacht. Dafür hat er den Tod verdient. Die Reaktion von Schuld folgt sofort. Der Junge begeht Selbstmord. Es zeigt sich ein Konflikt zwischen einer väterlichen Figur und einem Jungen, der für beide Beteiligten nicht zu lösen ist und tödlich endet. Zum Glück ist dieser Tod nicht ein absoluter Tod, sondern gemäß der magischen Entwicklungsstufe ein symbolischer Tod. Andere Kinder tauchen auf.
Diese Belebung der menschlichen Figuren ist aber nur von kurzer Dauer. Dem eingeschlossenen Hirten und dem Jungen fehlen die vitalsten Bedürfnisse. Dies endet tödlich.
Die drei Sitzungen geben Einblick in die Spielwelt des Jungen. Es ist eine Welt voller Spannungen, Konflikte und ausweglosen Situationen. Dass der Junge dies so spielt, ist nicht zufällig. Er spielt das, was ihn beschäftigt und worauf er bezogen ist. Er spielt aber auch das, worüber er mit Worten nicht reden kann. Zum Glück ließen sich eventuelle Befürchtungen nicht bestätigen, wonach der Junge ebenfalls analog der Spielfigur suizidal sein könnte. Aber es war klar, dass er viel Unterstützung, Halt und Zuwendung brauchte. In den folgenden Sitzungen ließ die Dramatik des Geschehens dann auch nach. Allerdings nützten Interventionen, die darauf abzielten, späteren Opfern zu helfen oder Unglück zu vermeiden, wenig. »Man könne da nichts machen«, sagte Tobias bei entsprechenden Hinweisen in gefährlichen Situationen.
Insofern war bei diesem Beispiel eine szenische Konfliktlösung lange nicht möglich, sondern es ging um Leben und Sterben, später um Konflikte zwischen Armen und Reichen. Die depressive Blockierung löste sich ein Stück weit. Im Verlauf der späteren Therapie wurde aber deutlich, dass die Ressourcen der Familie doch eingeschränkt waren. Die Therapie gewann einen stützenden Charakter. Als der Junge etwas älter war, arbeiteten wir mit Imaginationen weiter. Vor allem brauchte die Mutter des Jungen Unterstützung, die sie sich mit medikamentöser und psychiatrischer Hilfe holte.

4.4 Der maltherapeutische Zugang

Malen und Zeichnen ist ein weiterer Weg, sich auszudrücken. Anstelle des gesprochenen Wortes tritt das gestaltete Bild. Bilder sagen manchmal mehr als Worte. Sie können anderes zeigen als Worte, und es kann Kindern leichter fallen, mit Bildern etwas mitzuteilen, als sie dies mit Worten vermöchten.
Aus diesen Gründen lag es nahe, das bildnerische Gestalten als therapeutisches Medium zu nutzen. In den traditionellen psychotherapeutischen Richtungen in der Kin-

4.4 Der maltherapeutische Zugang

derpsychotherapie wird Malen als zusätzliches Medium verwendet. Es entstand aber auch ein spezifischer kunsttherapeutischer Ansatz, wobei das Malen zum zentralen Medium des Prozesses wird. Schon zu Beginn dieses Jahrhunderts regten Kraeplin und Bleuler an, Zeichnungen in der Diagnostik zu berücksichtigen. Die Kunsttherapie wurde als Berufsrichtung in Amerika erstmals von M. Naumburg definiert. Sie erkannte als Kunsterzieherin an der von ihr gegründeten Schule die Bedeutung von Kinderzeichnungen in der Psychotherapie und initiierte ein Forschungsprogramm zu spontanem Malen von Kindern in der Psychotherapie, das 1947 veröffentlicht wurde.
Nach SCHOTTENLOHER (1989) ist der Vorteil des bildnerischen Prozesses, dass er in jedem Fall auf die Psyche wirkt, ob nun darüber gesprochen wird oder nicht. Malen und Gestalten erlauben, die Phantasie und Gestaltungskraft der Kinder zu entwickeln und dabei Einblick in die innere Welt zu bekommen. In der Kunsttherapie geht es weder primär noch ausschließlich um die Erschließung des Unbewussten. Der Prozess des Gestaltens steht im Vordergrund. Auf der anderen Seite versteht sich eine tiefenpsychologisch-analytisch orientierte Kunsttherapie als Möglichkeit, durch die Unbewusstes sichtbar und somit bearbeitet wird und interpretiert werden kann. Dabei kommt der Bewusstmachung über die Sprache eine bedeutende Rolle zu. Mittlerweile gibt es eine Vielfalt von Konzepten, die irgendwo zwischen diesen beiden Varianten angesiedelt sind. Die Theorien orientieren sich an der Verhaltensmodifikation, der Gestalttherapie, der humanistischen oder analytischen Therapie.

Grundprinzipien einiger Methoden

Die Mal- beziehungsweise humanistische Kunsttherapie nach EGGER (1995) verbindet das Ausdrucksmalen mit gestalttherapeutischen Grundlagen. Die Arbeit umfasst drei Ebenen:
1. Die Arbeit am Bild. Der Klient hat die Möglichkeit, sich innere Bilder zu schaffen und mit ihnen in Kontakt zu treten. Bilder werden nicht erklärt, sondern geklärt.
2. Arbeit am Prozess. Der Therapieprozess entfaltet sich um die unmittelbare Bildrealität. Vermeidungen und Blockierungen werden erkannt, und dabei werden neue Lösungen gesucht.
3. Die Arbeit an der Beziehung. In der Auseinandersetzung mit dem Therapeuten kann der Klient sich über seine wirklichen Bedürfnisse klar werden. Der Therapeut schaut nach »Bruchstellen«, schaut, ob das Bild Offensichtliches in Frage stellt. Geachtet wird auf Raumperspektive (Ausblick, Richtung, Proportion), Bildschärfe (das Unbekannte, Fehlende, Gegenteil), Zeitperspektive und Vermeidungsstrategien (Symbolisieren, Übertreiben, Unterlassen).

In der Kunst- und Gestaltungstherapie nach Schottenloher (1989) werden Konfliktsituationen im Bild ausgedrückt, über die das Kind nicht spontan sprechen würde. Das

B 4. Ein multimodaler Therapieansatz

Kind erlebt es als Hilfe, zum Beispiel das Furchterregende, das in ihm steckt, in eine sichtbare Form zu bringen. Der verbale Zusammenhang kann geschaffen werden, indem man das Kind Geschichten zu seinen Bildern erzählen lässt. Somit kann das Kind im Medium der Sprache ausdrücken, was durch das Malen im Unbewussten angeregt ist. Diese Arbeit umfasst als ersten Punkt die Phantasie und das bildnerische Gestalten.

Der zweite Punkt bezieht sich auf eine Befreiung durch das Malen. Es wird dem Kind die Möglichkeit gegeben, sich von affektiven Stauungen und blockierten Gefühlen zu befreien. Spannungen, die sonst das Denken und Fühlen besetzt halten, werden gelöst. Sinn dabei ist, Planen, Nachdenken, Analysieren und Kritisieren möglichst auszuschalten, um einen intuitiven Malprozess zu ermöglichen, bei gleichzeitigem Anbieten einer verlässlichen Struktur.

Der dritte Punkt bezieht sich auf den Zusammenhang zwischen Körpererfahrung und Malen. Schottenloher empfiehlt, dass nach Körperübungen, wie Entspannungsverfahren, jeweils gemalt wird.

Schließlich werden bei diesem Ansatz Polaritäten dargestellt. Zum Beispiel soll das Kind seine Haltung nachfühlen, die gegenseitige einnehmen, um dann beide bildnerisch darstellen.

In der psychoanalytisch-systemischen Kunsttherapie nach G. SCHMEER (1994) steht der Erkenntnisprozess im Vordergrund. Das Erkennen und Bewusstwerden bezieht sich auf die aus der Psychoanalyse bekannten und vertrauten psychischen Abläufe. Ich-Entwicklungsdiagnosen werden anhand von Bildern interpretiert und betreffen Angstniveau, Niveau der Objektbeziehungen, Niveau der Abwehrmechanismen. Wichtig ist die tragende Beziehung zum Therapeuten. Ebenso wichtig ist ein Bündnis mit den Ressourcen im Bild. Symbole wollen verstanden werden. Es ist aber oft nicht angezeigt, dem Patienten die Deutung mitzuteilen, da sonst die Abwehr verstärkt wird. G. Schmeer beschreibt eine Vielzahl von praktischen Interventionen wie Bildbesprechung, Reframing (u. a. das Bild neu sehen), Abrunden (bei abgeschnittenen Bildern Interventionen auf der Bildebene durch Anlegen weiterer Blätter), Integrieren (bei Abgrund ohne Boden weitere Blätter dazulegen), Sprung ins Dreidimensionale (vom Bild zur Sceno-Aufstellung) und andere Verfahren. Speziell sei noch die dialogisch-therapeutische Bildgeschichte erwähnt. Dabei wird nicht über das Bild gesprochen, sondern die Bildelemente sprechen selbst und auch miteinander. Der Therapeut macht den Anfang, indem er ein neutrales, nichtssagendes Bilddetail auswählt und quasi damit ein wahrnehmendes »Hilfs-Ich« etabliert. Der Therapeut beginnt damit andere rätselhafte Bildelemente behutsam zu fragen »Wer bist du? Was machst du hier? Was willst du?« Als Sprecher dieser Bildelemente kann das Kind mit diesen, mit

4.4 Der maltherapeutische Zugang

primären Gefühlen besetzten, Bildelementen in Kontakt treten. Im Dialog mit dem fragenden Therapeuten kann das Kind den Fluss einer Geschichte aufnehmen und dies dem »Drama« einer Handlung zuführen.

In der Maltherapie mit Jung'schem Hintergrund nach I. RIEDEL (1992) beruht die Arbeit auf der Vorstellung einer natürlichen Entfaltungstendenz eines jeden Lebewesens. Dieses Ausprägen der ureigenen Gestalt ist der Individuationsprozess. Der Selbstgestaltung kann das Bild erst dienen, wenn das Ich mit ihm in Kontakt tritt. Aktive Imagination und Gestalten von Bildern können methodisch untereinander verbunden werden. Nach Jung ist die bloße darstellerische Tätigkeit ungenügend. Er fordert darüber hinaus ein intellektuelles und emotionales Verständnis der Bilder, wodurch diese in das Bewusstsein integriert werden. Ziel ist das Erreichen eines seelischen Zustandes, in dem der Patient anfängt, mit seinem Wesen zu experimentieren und wo Veränderungen möglich werden.

Die Wirkfaktoren beim therapeutischen Malen sind erstens der Gestaltungsvorgang. Da bildnerisches Gestalten nach Stimmigkeit und Balance ruft, bringt Gestalten das Kind in Kontakt mit den Selbstregulierungskräften der Psyche und wirkt dabei integrierend. Einer Suchphase folgt eine Inkubationsphase, die Bildidee verdichtet sich zur klaren Bildvorstellung und wird in den Gestaltungsvorgang umgesetzt.

Zweitens stellt sich der Malende im Symbolisierungsvorgang auf ein Thema und eine Emotion ein. Dies wird durch das Gestalten anschaulich. Das Kind kommt so in Kontakt mit den Ressourcen seines Unbewussten. Dabei wird ermöglicht, das Problem auf einer neuen Ebene zu sehen und es zu »überwachsen«.

Der dritte Punkt bezieht sich auf den Besprechungs- und Interpretationsvorgang. Der Malende spricht darüber, was das Bild für ihn bedeutet. Der Therapeut fragt nach und bringt Ergänzungen und Assoziationen. Schließlich wird das Bild durch den Therapeuten interpretiert, zum Beispiel im Sinn einer finalen oder prospektiven Deutung. Wie bei der Traumdeutung können Gestalten objektstufig und subjektstufig gedeutet werden.

Im vierten Punkt des Begegnungs- und Beziehungsvorgangs wird die Wahrnehmung und Handhabung von Übertragung und Gegenübertragung wichtig. Das Bild enthält auch eine Widerspiegelung der therapeutischen Beziehung. Möglicherweise erscheint die Störung der Beziehung im Symbol, was die therapeutische Beziehung spürbar entlasten kann.

Was sagen die Ansätze im Lichte einer phänomenologischen Betrachtung? Es ist dabei möglich, einerseits die Begriffe, den theoretischen Hintergrund und die entsprechende Philosophie zu betrachten. Andererseits kann das Augenmerk auf das praktische Vorgehen eines therapeutischen Prozesses gerichtet werden, d. h. auf die konkreten »Tech-

B 4. Ein multimodaler Therapieansatz

niken« des Vorgehens. In den beschriebenen Ansätzen gibt es eine Verbindung zwischen den theoretischen Vorstellungen und der Praxis. In phänomenologischer Sicht würde man allerdings den theoretischen Hintergrund und die verwendeten Begriffe anders fassen. Formuliert man das Ziel einer daseinsanalytischen Behandlung so, dass die Weltoffenheit und damit Freiheit und Verantwortung vergrößert werden soll, so scheinen die dargestellten praktischen Vorgehensweisen in daseinsanalytischer Sicht weitgehend vernünftig. Das Miteinandersein zwischen Kind und Therapeut ist bei dieser Arbeit ganz beim Bild, seiner Bedeutung und seinen Verweisungen. Dieser Bedeutung und den Verweisungszusammenhängen wird gemeinsam nachgegangen, und dabei wird nicht auf eine metapsychologische Struktur hingedeutet. Die Weltoffenheit des Kindes wird vergrößert, indem es Bilder in Geschichten überführt. In Geschichten zeigen sich dem Kind das ihm Erschlossene und es steht in Beziehung dazu und kann mit dem Neuen und anderen umgehen. Obwohl dabei das Kind in einer Interaktion mit der Therapeutin steht, bedeutet Malen unter Umständen eine gewisse Distanzierungsmöglichkeit in Bezug auf den direkten zwischenmenschlichen Kontakt. Dies kann bei Kindern entlastend wirken und zur Folge haben, dass das Kind mehr zulassen kann. Überlässt die Therapeutin das Motiv des Malens dem Kind, so öffnet sich das Kind einer möglichen »Idee«. Diese Idee spricht es besonders an und hat dem Kind etwas zu sagen. Es ist eine Gegebenheit der Welt selber, zu der das Kind in Bezug steht und die das Kind mit Worten allein kaum ausdrücken könnte.

Beispiel: Die Katze entdeckt die weite Welt

Das dreizehnjährige Mädchen Veronika wurde wegen Leistungsproblemen in der Schule angemeldet. Wir besprachen ihre projektiven Tests in Teil A. Nach der frühen Scheidung der Eltern verstand sich das Mädchen nicht immer gut mit seinem Vater, und die Besuchstage bei ihm verliefen unbefriedigend. Das Mädchen zeigte von frühester Kleinkinderzeit eine ängstliche Grundhaltung mit einem unsicheren und vorsichtigen Kontaktverhalten. Zeitweise litt es in der Kinderzeit an Bauch- und Kopfschmerzen. Aktuell störten das Mädchen Konzentrationsprobleme und Ablenkbarkeit. Stimmungsmäßig war es laut Mutter reizbar und affektlabil. Die Scheidung erfolgte, als das Mädchen fünf Jahre alt war. Es erinnerte noch genau eine Szene als Dreieinhalbjährige, in der es um Auseinandersetzungen zwischen Mutter und Vater ging. Wegen früher Schulprobleme erfolgte früher einmal eine Abklärung beim Schulpsychologischen Dienst. Damals war das intellektuelle Leistungsvermögen im Grenzbereich der Sonderschulleistungen. In der gegenwärtigen Situation beteiligte sich Veronika wenig am Unterricht. Die Mutter schrieb das dem geringen Selbstwertgefühl zu. Das Mädchen wirke müde, alles sei eine Last für sie und sie habe Mühe, Freundinnen zu finden. Die Mutter und die Lehrerin dachten bei diesem zurückgezogenen, ernsten und scheuen Mädchen in der Pubertät an eine Maltherapie. Das Mädchen konnte sich eine Therapie auch bei einem Mann vorstellen, blieb während der Abklärung aber eher reserviert und nahm auch wenig averbalen Kontakt auf.

Wir konnten uns dem Gedanken an eine Maltherapie anschließen. Einerseits zeichnete und malte das Mädchen gerne, andererseits war es seelisch deutlich belastet, und zum Dritten schien die verbale Ebene der Kontaktaufnahme für das Mädchen eher schwierig zu sein. Der Eindruck entstand, dass das Respektieren von Grenzen und eine nicht zu große Nähe im Moment wichtig waren.

Die Mutter berichtete von zwei Seiten ihrer Tochter. Einerseits sei sie spritzig und lebendig, andererseits wieder verschlossen. Sie könne die Mutter auch nicht spontan umarmen. Wenn sie es aber tue, wirke dies forciert und unsicher.

In der ersten Stunde stellte sich die Frage, was Veronika zeichnen wolle. Im Moment konnte sie es nicht sagen. Ich schlug ihr vor, ein Bild zu malen, das ihr spontan einfiele. Sie solle dazu die Augen schließen und sich vorstellen, dass sie irgendwo anders wäre und dass sich dabei etwas zutragen würde. Das Mädchen nahm diesen Vorschlag bereitwillig auf und erzählte folgende Geschichte:

> »Ich bin auf einer Wiese. Vorne steht ein Haus. Es gibt dort viele Tiere wie Katzen, Hunde und Hühner. Ein kleiner Weg führt durch die Wiese. Es gibt einen Brunnen. Auf einer großen Linde ist ein Vogelnest. Dort sitzen Vögel drinnen und es gibt Vogeleier. Auf der Wiese sind viele Blumen. Ein Reh ist mit seinem Jungen da und frisst Gras.«

Folgende Elemente zeigen sich dem Mädchen in seinem Erstbild: Ein ländliches Umfeld, Haustiere, Bäume und Blumen. Ein Vogelnest, wobei ein Kind-Eltern-Verhältnis impliziert dargestellt wird, was mit dem Reh nochmals aufgenommen wird. Für all das ist das Mädchen offen und darauf bezogen. Anschließend malte das Mädchen das folgende Bild 1.

Das Bild kann formal in drei Bereiche unterteilt werden. Ganz links steht das Haus. Hier fällt allerdings auf, dass es nur ein halbes Haus ist. Die linke Seite fehlt. Die Mitte der Zeichnung ist recht belebt. Hier sind viele Tiere, Blumen und Häuser gemalt. Die Rehe sind oberhalb des vorderen Baumes. Das genannte Vogelnest fehlt, dafür ist in einem Baumstamm in der Mitte oben eine Höhle, in der ein Vogel sitzt. Ein paar Blumen im Vordergrund sind schwarz umzäunt, wobei nicht klar ist, warum gerade diese Blumen so deutlich eingeschlossen werden. Ein verschlungener Weg trennt die Mitte des Bildes vom rechten Teil, der seltsam leer ist. Dieselbe verschlungene Art zeigen die Äste des vorderen Baumes. Seine Wurzeln scheinen tiefen Boden zu suchen.

Wenn wir die Raumsymbolik in Betracht ziehen, wie sie uns vom Sceno-Test vertraut ist, zeigt sich Folgendes: Aus der Vergangenheit (links) zeigt sich der häusliche Bereich

B 4. Ein multimodaler Therapieansatz

Bild 1

als ein halber und abgeschnittener Raum. Der Zugang dazu, die schwarze Tür, wirkt düster. Im Haus scheint es warm zu sein, da offenbar geheizt wird. Ein Mutter-Kind-Verhältnis zeigt sich über die Vögel gerade neben dem Haus. Die Blumen, die das Haus berühren, sind freundlich und von einem warmen Rot. Nicht ganz, aber fast im Zentrum des Geschehens steht die Linde. Sie wird oben berührt wiederum von einer Mutter-Kind-Konstellation, dargestellt über die Rehe. Der verschlungene Weg umschließt diese Szene fast. Er endet anschließend in einen Wald, wobei es nicht klar erscheint, wohin dieser Weg führt. Seine letzte Wegbiegung dreht außerdem nach links und unterbricht damit den Impuls, der ursprünglich beim Weg von links nach rechts führt.

Die aktuelle Zukunft, die Realitätsbewältigung symbolisch unter anderem »das Männliche« auf der rechten Seite des Blattes ist dagegen relativ leer. Der Weg dazu ist nicht offen. Dieser Bereich ist unentwickelt. Stattdessen scheint die Zweierbeziehungskonstellation Mutter-Kind der zentrale Fokus zu sein. Die Frage stellt sich: Vermisst das

4.4 Der maltherapeutische Zugang

Mädchen die Triangulation, ein »ganzes« Zuhause und wird deshalb diese Struktur geschützt? Betrachten wir nämlich nochmals die eingezäunten Blumen, stellen wir fest, dass hier eine Dreierkonstellation eingeschlossen ist. Zwischen einer gelben und einer roten Blume, die auf der rechten Seite steht und deren Stengel analog dem Weg auch geschlungener ist, wächst eine kleine Blume, die ebenfalls gelb ist. Die Tiere, besonders der Vogel mit den drei Jungen, laufen auf diese Blumen zu.

Die Auslegung dieses Bildes zusammen mit der geschilderten Geschichte legt damit viele Fragen offen, die für das weitere Vorgehen aufgenommen werden könnten. Da das halbe Haus wenigstens formal dem Betrachter ins Auge sticht, wurde hier eine Intervention angeknüpft. Wir besprachen, dass man nicht wissen und sehen könne, was mit der linken Seite des Hauses los sei. Es folgte der Vorschlag, dies in einer weiteren Zeichnung zu vervollständigen.

Die zweite Zeichnung zeigt die linke Seite des fehlenden Hauses. Das Gebäude wird recht groß. Auf dem Dach des Hauses liegt ein Vogelnest mit zwei Eiern drin. Die Vo-

Bild 2

B 4. Ein multimodaler Therapieansatz

gelmutter fliegt gerade dorthin. Das Nest wirkt allerdings nicht sehr gesichert. Ein Teil davon hängt in der Luft. Ein Windstoß könnte dem Nest gefährlich werden. Auf der linken Seite der Zeichnung stehen zwei Bäume. Sie werden verbunden durch einen Balken. Daran hängt eine Schaukel. Ein Mädchen sitzt darauf. Auf dem vorderen Baum ist nochmals ein Vogelnest mit zwei Vögeln zu sehen. Ein Mädchen liegt geschützt unter einer Decke und scheint sich an der Nähe einer Katze zu freuen. Eine Frau hält ein Schweinchen an der Leine. Beide wirken freundlich.
Formal wirkt die ganze Zeichnung analog der ersten Zeichnung auf der linken Seite belebter. Formal und farblich wirken die beiden mütterlichen Figuren der Frau und des Vogels oben am stärksten. Die Zweierkonstellation wiederholt sich hier sechsmal: 1) zwei Eier im Nest oben, 2) Mutter-Kind-Beziehung im Nest oben, 3) zwei Bäume, die verbunden sind, 4) die Frau ist mit dem Schwein verbunden, 5) das Mädchen ist mit der Katze zusammen, 6) im Nest vorne sind zwei Vögel. Damit kann gesagt werden, das ursprünglich Fehlende bei der ersten Zeichnung zeigt sich als ein Fehlendes, das durch eine betonte Zweierbeziehung vom Typ Mutter-Kind charakterisiert wird. Allerdings zeigt sich eine Dreierkonstellation ebenfalls. Neben den beiden großen Bäumen steht vorne ein kleiner Baum. Abgesehen davon ist die individuelle Struktur der Bäume insofern fragil, als keine starken Hauptäste aus dem Stamm wachsen. Eine weitere Dreierkonstellation zeigt sich in der Kombination der Bäume mit dem Mädchen auf der Schaukel. Insgesamt betrachtet ist die Zeichnung im Vergleich zur ersten Zeichnung farblich viel blasser und wirkt weniger vital. Wie entwickelt sich das Geschehen weiter?
Das Mädchen überlegt sich eine Fortsetzung der Geschichte und sagt dazu:

> »Die Katze, die beim Mädchen ist, will wissen, wie die große Welt aussieht. Ein Hund, den sie kennt, soll ihr den Weg zeigen. Der Hund zögert zuerst und fragt nach einer Gegenleistung. Die Katze schlägt ein gutes Essen vor. Die Katze ist einverstanden, und beide machen sich über das Futter her. Der Hund will der Katze nun die Welt zeigen. Beide rennen zum Wald. Auf dem Weg sehen sie noch ein paar Kühe. Das hat die Katze noch nie gesehen. Beide kommen zu einem Wald und gehen ein Stück weit hinein. Es sind keine Tiere da. Man sieht nur Abfälle von einem Picknick von Leuten. Es ist etwas unheimlich. Die Katze hört ein Geräusch und bekommt Angst. Wahrscheinlich ist ein böser Wolf in der Nähe. Der Hund soll die Katze beschützen.«

Wiederum stellt das Mädchen die Szene in einer Zeichnung dar:
Auf dieser Zeichnung sind vier große starke Bäume sichtbar. Der Hund, der beschützen soll, ist ganz links hinter dem Baumstamm, die Katze davor. Ganz rechts erscheint der böse Wolf, der bellt. Im Gegensatz zu den beiden früheren Zeichnungen ist die Asymmetrie in der Ausführung auf der linken und rechten Seite nicht mehr so deutlich. Die Zeichnung wirkt als Ganzes homogen. Trotzdem ist nicht zu übersehen, dass

4.4 Der maltherapeutische Zugang

Bild 3

die beiden Bäume auf der rechten Blatthälfte weniger stabil sind. Besonders der Baum ganz rechts ist ziemlich schief und scheint fast umzukippen. Neben dem Baum ist eine Bank gezeichnet. Eine Bank ist dazu da abzusitzen und zu verweilen. Sie verweist auf einen Mensch. Dies erstaunt, weil die Nähe zum Wolf sehr klein ist. Auf der linken Seite ist die Sonne zum Teil sichtbar. Ihre Helligkeit wird zum Teil durch zwei dunkle Wolken geschmälert. Am Boden liegen Blätter und Abfall von Menschen.
Was zeigt sich mit anderen Worten? Zentral umrahmt von den Bäumen ist der Abfall. Menschen haben etwas hinterlassen, was das Mädchen stört. Dies entspricht der unheimlichen Stimmung, die herrscht. Zusammen mit der Geschichte offenbart sich dem Mädchen Folgendes: Nachdem auf der letzten Zeichnung Zweierbeziehungen vom Typ Mutter-Kind-Beziehung im Zentrum standen, weitet sich jetzt der Horizont. Die Katze will die große Welt sehen. Da das Mädchen die Geschichte phantasiert, kann man sagen, dass sie über die Katze ihre Welt weiten will. Ein Hund soll der Katze dabei behilflich sein. Hunde und Katzen haben allerdings üblicherweise ein anderes

B 4. Ein multimodaler Therapieansatz

Verhältnis zueinander, nämlich ein gespanntes. Hier ist davon allerdings nichts zu spüren. Es ist jedoch anzunehmen, dass diese implizite Spannung die Welteroberung nicht einfacher macht. Zuerst muss man sich für dieses Vorhaben stärken. Beide Tiere bewegen sich auf den Wald zu. Damit wird ein Thema der letzten Zeichnung aufgenommen, in der ein Weg ebenfalls zum Wald führt. Interessant ist, dass auf diesem Weg in die weitere Welt einige Kühe gesehen werden, die der Katze völlig fremd sind. Der Ausflug in den Wald endet jedoch in einer unerwarteten Stimmung. Der Wolf als Prototyp des »Bösen« tritt in die Welt. Dies entspricht der alten Erfahrung, wonach es in imaginierten Geschichten sehr oft um den Gegensatz Gut-Böse geht. Es geht darum, dass jetzt vermehrt Schutz benötigt wird. Das Mädchen muss mit dieser Situation fertig werden und für diesen Konflikt eine Lösung suchen. Die Entwicklung von Gegensätzen ist auch in Anbetracht der beiden Bäume links noch nicht optimiert. Die beiden Kronen sind miteinander verschmolzen und nicht sichtbar abgetrennt.

Das »Böse«, das Zurücklassen von Unangenehmem, das von Menschen stammt, hier in der Form des Abfalls, das schiefe, nicht sicher Stehende, hier erfahren über den nicht gradstehenden Baum auf der rechten Bildseite, sind Aufgaben, die das Mädchen zur Verarbeitung erwarten. Die Bank rechts lässt hoffen, dass diese Aufgabe das Mädchen nicht überfordert. Gibt es doch impliziert auch in der Nähe des »Bösen« einen Platz, wo man es aushalten und wo man verweilen kann. Um das angetönte Schutzbedürfnis aufzunehmen, war eine Intervention angebracht. Die Katze soll den Hund bitten, sie zu beschützen.

In der späteren Fortsetzung nimmt der Hund dies auf und erklärt gegenüber dem Wolf,

> »dass er ein Freund der Katze sei und dass es darum gehe, dass man sich hier das Revier erkämpfen wolle. Sie beide wollen hier bleiben, weil ihre Familie in der Nähe wohne. Der Wolf akzeptiert das und lässt beide Tiere in Ruhe. Die Katze lernt hier andere Katzen kennen. Eine davon hat kein Zuhause. Die Katzen überlegen, wie sie ein Zuhause finden, und suchen die Nähe einer Stadt. Dort gibt es ein Mädchen, das eine Unterkunftsmöglichkeit für die Katzen sucht. Schließlich nimmt eine alte Frau die Katzen auf. In der Stadt gibt es einen Brunnen, an dem die Katze erst gewaschen und gepflegt wird.«

Das Bild 4 wirkt wiederum recht homogen. Das halbe Haus auf der rechten Seite ist uns als Thema bekannt. Hier wirkt die Darstellung jedoch spontan und in Anbetracht der Gesamtkomposition nicht primär auffällig. Im Vordergrund in der Mitte steht der Brunnen, der durch das fließende Wasser lebendig wirkt. Die genannte Großmutter wäscht die Katze. Die Schaukel rechts kennen wir ebenfalls. Jetzt wird sie nicht mehr benutzt. Ihre Sitzfläche ist in einem betonten Schwarz gemalt. Auffällig sind nach wie vor die schlingenden Bewegungen durch das ganze Bild. Sie stellen den Rauch dar, der aus den Kaminen der Häuser aufsteigt. Über die Rauchfahnen sind alle Häuser mitein-

4.4 Der maltherapeutische Zugang

Bild 4

ander verbunden. Die Sonne im Hintergrund wird nicht mehr durch Wolken verdeckt.

Der bisherige Verlauf der Geschichte zeigt: Aus der bisherigen primären Mutter-Kind-Beziehungskonstellation entwickelt sich der Wunsch, die Welt, das heißt vielfältigere und offene Beziehungen zu Verschiedenem zu entwickeln. Dazu muss ein Raum, hier ein Revier, erkämpft werden. Dies ist nicht einfach. Schwierigkeiten in Form des bösen Wolfes stehen dem entgegen. Diese Schwierigkeit wird überwunden, und die eine Katze bleibt in dieser Absicht vorsichtig, weil sie in der Nähe ihrer Familie bleiben will. Das fehlende Zuhausesein spricht sich unserem Mädchen über die entsprechende Katze zu, und es stellt sich die Frage, wie dazu eine Lösung zu finden ist. Die alte Frau mit der mütterlichen Qualität nimmt sich dieses Problems an, und die Katze findet in ihr eine gute Pflegerin. Insofern werden zwei Entwicklungslinien verfolgt. Einerseits gibt es eine Richtung, die auf progressive Fortentwicklung »in die Welt« zugeht. Andererseits wird das Bedürfnis, zu Hause zu sein und gepflegt zu wer-

B 4. Ein multimodaler Therapieansatz2

den, abgesättigt. Einer Beziehung wird insofern Raum gegeben, als eine alte Frau sich dem Jungen und zu Pflegenden zuwendet. Während das Mädchen dies zeichnet, gibt sie dieser Konstellation die ihr zugehörige Zeit. Stimmungsmäßig ist unser Mädchen nach dem Zeichnen recht zufrieden. Das heißt, sie verknüpft das dargestellte Thema mit ihrer Person und einer positiven Stimmung. Schließlich weitet sich ihr Mitsein über die dargestellten Figuren, aber auch mit dem anwesenden Therapeuten. Damit werden diese beiden Entwicklungstendenzen durch die konkreten Handlungen und Erlebnisse verwirklicht, sie kommen ins Leben, so wie das fließende Wasser des Brunnens dies anzeigt. Auch wird ein weiteres Problem verwirklicht, indem die bisher anwesende Qualität des »Nicht-zu-Hause-Seins« transformiert wird in die Erfahrung, ein Zuhause finden zu können. Es würde zu diesem Gedanken passen, dass der Rauch aus den Kaminen diese Verbundenheit der Häuser beziehungsweise der fehlenden Hausteile darstellt. Nicht zuletzt kann es nämlich nur dann Rauch geben, wenn zuvor in den Häusern ein Feuer entfacht wurde, das den Bewohnern die Wärme gibt, die sie offenbar suchen.

In einer weiteren Sequenz geht die Geschichte weiter:

> »Die Katze will neue Länder kennen lernen und beschließt, nach Italien zu reisen. Sie gelangt ans Meer. Der Hund begleitet sie. Am Strand vergnügen sich Hunde und Katzen und spielen Beachball. Plötzlich bemerkt unsere Katze, dass draußen im Meer jemand um Hilfe schreit. Es ist eine andere Katze, die am Ertrinken ist. Der Bademeister, der die Strandaufsicht hat, bemerkt diesen Vorfall nicht, weil er schläft. Unsere Katze rettet ihre Artgenossin. Sie ist bewusstlos und muss ins Spital gebracht werden. Dort wird sie gesund gepflegt. Diese Katze weiß dann zu erzählen, dass sie in ihrem bisherigen Leben nicht viel erlebt habe. Das einzige Wichtige sei bis jetzt der Aufenthalt im Spital gewesen. Ihre Eltern seien früh weggegangen. Der Vater habe die Mutter verlassen. Die Mutter sei dann mit der jungen Katze allein nicht zurechtgekommen. Während die Katze dies erzählt, wird sie ganz traurig. Unsere Katze tröstet die traurige Artgenossin.«

Das Mädchen zeichnet den Badeunfall (Bild 5).
Die Zeichnung zeigt die vom Erstbild bekannte Struktur der lebendigen Mitte und der leeren rechten Seite. Hier, es ist in Riccione, spielen Hunde und Katzen Beachball. Die linke Seite des Bildes wird damit formal verbunden mit der Mitte des Bildes. Der Bademeister sitzt auf seinem Beobachtungsposten. Ganz rechts ruft die Katze um Hilfe.
Die Geschichte und die Zeichnung zeigen Folgendes: Zwar gelingt es, die Welt zu weiten. Auch Katzen geht es gut in Riccione. Allerdings muss bei der Entwicklung einer psychischen Struktur immer wieder mit Rückfällen gerechnet werden. Wenn man sich auf die rechte Seite vorwagt, hat das rein symbolisch mit dem Väterlichen, der aktuellen Zukunft, dem Neuen, dem, was nach der Mutter-Kind-Welt symbolisiert wird, zu tun. Es wird aber brenzlig, wenn der Boden dazu noch nicht gefestigt

4.4 Der maltherapeutische Zugang

Bild 5

ist. Dass der Boden noch nicht gefestigt ist, sahen wir schon in der ersten Zeichnung. Hier wird dies mit der Wasserfläche des Meeres dargestellt. Auch Meerwasser ist kein sicherer Boden. Jetzt ist die Katze überfordert. Sie hat sich offenbar zu weit vorgewagt und ruft um Hilfe. Das »Männliche«, hier über den Bademeister erfahren, ist kraft seiner Aufgabe zwar für diese rechte Seite zuständig, verschläft aber seine Aufgabe. Der Hilferuf ist aber an ihn gerichtet. Er ist der Nächste, den das Ganze angeht. Sein Gesichtsfeld ist allerdings abgeschirmt, sodass es kein Wunder ist, dass er nichts sieht. Die Botschaft aber heißt: »Männliche« Seite im weitesten Sinn, wach auf, hilf mir, ich habe in deinem Zuständigkeitsbereich keinen festen Boden.

In der dann folgenden Zeichnung (Bild 6) wird der Heilungsvorgang nach dieser dramatischen Episode dargestellt.

Die Zeichnung stellt ein Kinderkrankenhaus dar. Formal ist die linke und rechte Blattseite gleich stark betont. Die zwei Etagen werden durch das Dach eingerahmt. Katzen werden hier gepflegt und versorgt. Unsere fast ertrunkene Katze Natalie ist an einer

175

B 4. Ein multimodaler Therapieansatz

Bild 6

Infusion angeschlossen. Die erzählende Katze besucht sie gerade. Trauer wird in der linken Ecke dargestellt, wo eine Mutter sich Sorgen um ihr Junges macht. Auf der rechten Blattseite unten geht es um Auskunft. Daneben ist der Operationssaal. Hier noch einmal: Fragen stellen und Wiederherstellen ist auf der rechten Seite gefragt.

In dieser zehnten Therapiestunde erfahren wir zudem ein Ereignis aus dem Leben der Katze. Sie hat bisher nicht viel erlebt. Ihre Eltern haben sich früh getrennt. Die Mutter kommt im Moment mit dem Kind nicht zurecht. Trauer steigt auf. Dies entspricht einer analogen Erfahrung von Veronika. Ihre Eltern haben sich ebenfalls getrennt. Der Mutter ging es während und nach der Scheidung ebenfalls schlecht. Diese reale Erinnerung des Mädchens wurde jetzt offenbar über die dementsprechende Erzählung der Katze analog reaktiviert. In unserem Fall wurde dies aber nicht mit dem Mädchen besprochen und an dieser Stelle mit der eigenen Geschichte des Mädchens verknüpft. Ein solches Vorgehen würde die Symbolisierungsebene stören und zu einer Intellektualisierung und Rationalisierung führen. Dies schließt allerdings nicht aus, dass man ge-

4.4 Der maltherapeutische Zugang

trennt von dieser Geschichte analoge reale Erinnerungen des Mädchens aufnimmt und darüber reden kann. Vielfach werden Kinder dann allerdings plötzlich sehr knapp in den Auskünften, und es fragt sich, ob das viel zur Verarbeitung beiträgt. Mindestens dann, wenn dies nicht so brisant ist, dass ein Kind spontan diese Erlebnisse zum Gesprächsthema macht.
Nachdem Katze und Hund wieder weitergewandert sind, gelangen sie eines Tages auf einen Hügel.

> »Die Nacht ist sternenklar. Es ist kalt. Die Katze legt sich schlafen und beginnt zu träumen: Sie ist daheim bei ihrer Mutter und den Geschwistern. Sie gehen spazieren. Plötzlich spürt die Katze keinen Boden mehr unter ihren Füßen, und sie stürzt ab. Sie kann aber fliegen und schwebt über den Wolken. Die Katze fällt ins Leere, ihre Mutter und ihr Vater sind verschwunden. Die Katze erwacht, weckt den Hund und meint: wir müssen eine Weltreise machen, sonst ist es zu spät.«

Hier thematisiert das Mädchen noch einmal eine analoge Erfahrung, die dem Traum der Katze zugesprochen wird. Was sich schon bei der Zeichnung der ertrinkenden Katze gezeigt hat, nämlich der fehlende sichere Boden, wird hier noch einmal im Zusammenhang des schwierigen Kind-Eltern-Verhältnisses deutlich. Der tragende Boden geht dann verloren, wenn die Eltern für das Kind, hier die Katze, nicht präsent sind. Anschließend reisen die Katze und der Hund nach Florida.

> »Dort treffen sie ein Mädchen. Nach einem Gespräch streichelt das Mädchen die Katze und schlägt vor, sie und den Hund in ihrer Familie aufzunehmen. Das Mädchen wohnt mit ihren Eltern auf einem Bauernhof mit Kühen, Schweinen, Hühnern, einem Pferd und Katzen. Die Tiere werden gut mit Futter versorgt. Der Vater des Mädchens geht zur Heuernte, die Mutter kocht Tee. Alle sitzen um den Tisch und lassen es sich mit Gebäck gut gehen. Ein Baby schläft in der Wiege vor dem Feuer.«

Formal ist die Zeichnung (Bild 7) auf der linken und rechten Seite wiederum ausgeglichen. Inhaltlich zeigt sich ein harmonisches Familienleben. Das Feuer brennt im Kamin. Das Geschehen spielt sich jetzt vorwiegend auf der menschlichen Ebene ab. Die Mutter strickt, der Vater raucht eine Zigarre. Ein Mädchen spielt Flöte, Kinder spielen am Boden. Das Baby schläft gut behütet im Bett. Auf der rechten Seite sorgt die Stiege dafür, dass von hier aus das zweite Stockwerk erreicht werden kann. Die Katze liegt bequem auf einer roten Unterlage. Einzig das Plakat der Popgruppe der »Ärzte« erinnert noch indirekt an die notwendige medizinische Unterstützung. Verglichen mit der ersten Zeichnung ist damit ein deutlicher Unterschied festzustellen.
Die Maltherapie zeigt einen eindrücklichen Verlauf sowohl anhand der begleitenden Geschichte als auch anhand der formalen und inhaltlichen Bedeutung der dargestellten Bilder. Das Verständnis des ganzen Prozesses wurde ausschließlich aus der Auslegung dieser Geschichte und der malerischen Darstellung gewonnen. Der Therapeut hat die-

B 4. Ein multimodaler Therapieansatz

Bild 7

sen Prozess begleitet und den maltherapeutischen Zugang auf diese analoge Ebene des Malens geöffnet. Bei diesem phänomenologischen Vorgehen nimmt der Therapeut teil an der dargestellten und hier gemalten Welt. Es kommt darauf an, diese Welt zu weiten, die auftauchenden Konflikte zu lösen und einer Entwicklung Raum und Zeit zu gewähren. Die Entwicklung wird dadurch gefördert, dass man gezielt genau das aufnimmt, was das Mädchen darstellt, und bei Bedarf Vorschläge macht, wie aufgrund einer spezifischen Lage das Geschehen weitergehen könnte. Dies ist allerdings ein Unterschied zu möglichen metapsychologischen Interpretationen. Vor allem werden nicht dem Mädchen aufgrund des dargestellten »Bildmaterials« auf dieser theoretischen Ebene irgendwelche »Deutungen« bezüglich ihrer Person oder Lebensgeschichte gemacht.

In der Lebensrealität von Veronika kam es in der Zwischenzeit zu einem Klassenwechsel. Unerwarteterweise verbesserten sich danach die Schulnoten deutlich, und das Mädchen fand Freundinnen, mit denen sie sich gut verstand.

Die Mutter wusste in der Zwischenzeit zu berichten, dass sich Veronika positiv verändert habe. Sie habe sich geöffnet und sei selbstbewusster geworden. In den Ferien habe sie sich unerwarteterweise in einen Jungen verliebt.

Die Therapie verlief über gut dreißig Stunden mit einer Stunde wöchentlich. Nachdem Mutter und Kind eine weitere Fortführung der Therapie zur Diskussion stellten, beendeten wir die Therapie einvernehmlich.

Insgesamt gesehen wurde in dieser Therapie im Vergleich zu üblichen Kindertherapien wenig verbal kommuniziert. Die Entwicklung der Phantasiegeschichte um die Katze brauchte im Vergleich zu den Malstunden wenig Zeit. Sie wurde vom Therapeuten im Wesentlichen nicht gesteuert, allerdings versuchten wir, das Wesentliche einer Sequenz aufzunehmen, es zu thematisieren und in den verschiedenen Konfliktpunkten eine Lösung für das genannte Problem zu suchen. Der theoretische Hintergrund folgte dabei den gleichen Prinzipien, wie er in der Imaginationstherapie sinnvoll ist. Anders wurde hier auf formale und inhaltliche Punkte der Zeichnung Rücksicht genommen und diese Zeichnungen als analoges Medium des Therapieprozesses verwendet.

4.5 Der Zugang über Träume

Während in der Erwachsenenpsychotherapie die Traumauslegung eine wichtige Rolle spielt, scheint dies in der Kindertherapie weniger der Fall zu sein. Auch wenn ein Therapeut nachfragt, berichten Kinder weniger von Träumen. Ein Blick auf die Literatur bestätigt dies.

S. Freud (1960) rät von der Interpretation von Kinderträumen ab wegen der fehlenden Fähigkeit des Kindes zur freien Assoziation. A. Freud (1980) erwähnt ebenfalls den Ausfall der freien Assoziation beim Kind. Die nur selten gelieferten Einfälle zu den Traumelementen würden keinen verlässlichen Weg vom manifesten zum latenten Traum liefern. F. GREMPEL (1975) hebt das affektive Erleben im Kindertraum als Spiegel der Menschwerdung hervor. M. HOPF (1980) spricht vom Wunsch nach Selbstwerdung und der damit verbundenen Angst als einem Hauptthema des Kindertraums. H. FAHRIG (1983) kommt bei einer inhaltsspezifischen Untersuchung von Kinder- und Erwachsenenträumen zum Schluss, dass beide Gruppen bezüglich der Art des Trauminhalts übereinstimmen. In Kinderträumen kommen jedoch Tiere und eine aktive Fortbewegung häufiger vor. Fahrig misst der Traumarbeit in der Kinderpsychotherapie eine geringe Rolle zu und beobachtet eine ausgesprochene Scheu des Therapiekindes, sich seinen Träumen zuzuwenden. Nach Fahrig liegt es daran, dass

B 4. Ein multimodaler Therapieansatz

die Kinderpsychotherapie als ein in frei assoziierten Handlungsabläufen agiertes Phantasiespiel abläuft. Was in der Analyse bei Erwachsenen die freie Assoziation ist, ist in der Kindertherapie die frei assoziierte Spielhandlung. Ähnlich wie im Traum sind im Phantasiespiel Zeit, Ort und Logik aufgehoben, und Handlungen können an fremde Personen delegiert werden. So kann das Kind beispielsweise im Spiel Totschlag und Versöhnung geschehen lassen. Wird das Kind aber nach Traumdetails gefragt, kann man ein völlig ratloses und blockiertes Kind erleben. Insofern bedeutet unbewusstes Agieren im Spiel etwas völlig anderes, als mit einem Traum zu arbeiten.

ZIERL (1973) nennt verschiedene Gründe, warum sich die Trauminterpretation nicht in die Kinderpsychotherapie integrieren konnte. Zum einen sind Kinderträume oft undifferenziert, naiv-geradlinig oder beinhalten oft simple Wunscherfüllungen. Zum anderen zeigen sich Umdichtungen nach Maßgabe des Wachbewusstseins und konfabulatorische Ausschmückungen. Weiter gelinge es kaum, die Kinder zum freien Assoziieren anzuregen.

BOSS (1974, 1975) hat in zwei Büchern die phänomenologisch-daseinsanalytische Traumauslegung ausführlich dargestellt. Im ersten Buch »Der Traum und seine Auslegung« setzt sich der Autor mit den neuzeitlichen Traumtheorien von S. Freud, C. G. Jung, H. Schultz-Henckes, E. Fromm, R. Bossard und L. Klages auseinander und stellt diesen Ansätzen ein phänomenologisches Traumverständnis gegenüber.

Im zweiten Traumbuch »Es träumte mir vergangene Nacht« geht Boss ganz auf die Praxis ein und beschreibt in differenzierter Weise die therapeutische Anwendung. So lässt sich bei jedem Traum bedenken, wofür der Träumer offen ist. Zugleich erweist sich damit, was der Träumer nicht in seine Welt hineinlassen kann. Zweitens zeigt sich die Art und Weise, wie sich der Träumer zum Geträumten verhält und in welcher Stimmung er für die Traumwelt offen ist. Schließlich kann gefragt werden, wie der Träumer auf das sich ihm Zeigende reagiert. Nach einem ersten Schritt der Traumauslegung erfolgt in einem zweiten Schritt die therapeutische Anwendung dieses Verständnisses. Es geht um die Frage, ob im Wachen dem Träumer jetzt freiere und offenere Verhaltensmöglichkeiten als im Traum aufgehen und er sich diese aneignen kann.

Für den Therapeuten, der dennoch mit Kinderträumen arbeiten will, im Folgenden einige Anregungen. Zu bedenken ist dabei, dass Kinder selten ein Traumgeschehen reflektieren und schwerlich Gedanken zur Bedeutung oder gar zu Verweisungen formulieren können.

- Der Therapeut fragt aktiv nach Träumen des Kindes.
- Zum Inhalt fragt der Therapeut nach, um den Trauminhalt zu präzisieren und zu klären. Speziell interessiert die Frage: Was lässt das Kind in seine Welt? Wie und in welcher Stimmung passiert dies? Wie reagiert das Kind auf das Geschehen?

4.5 Der Zugang über Träume

- Der Therapeut betont das Positive, das Neue, die eigenständigen Leistungen sowie die Ressourcen im Traum. Ist das Kind im Traum gefährdet, wird er dies zwar registrieren, aber nicht in den Vordergrund der Besprechung rücken. Eher kann darauf eine notwendige Schutzfunktion als wünschenswerte Notwendigkeit formuliert werden.
- Es kann nach analogen Situationen des Traumes gefragt werden, wobei die phänomenologische Auslegung zur Strukturierung und Klärung der Situation genutzt werden kann.
- Viele Kinder haben Freude daran, das Geträumte zu malen. Angsterregende Inhalte werden damit auf ein Blatt gebannt. Im Zusammensein mit dem Therapeuten kann sich das Kind nochmals einem Angsttraum stellen.
- Traumfiguren können mit Ton nachgeformt werden. Die Annäherung an eine beispielsweise bedrohliche Traumfigur geschieht dabei handgreiflich-nahe und aktivhandelnd. Die Täter-Opfer-Rolle wird dabei umgekehrt beziehungsweise nicht wiederholt, sodass das Kind nicht Opfer der gleichen Situation wird, sondern die Kontrolle behält.
- Um es nicht nur beim Erzählen eines Traumes zu belassen, ist insbesondere bei Konflikt- und Angstträumen eine Neuinszenierung mit Imagination sinnvoll. Das Kind entspannt sich, geht mit geschlossenen Augen nochmals in die Traumsituation zurück und beschreibt genau, was passiert. Bei Konfliktsituationen bewährt hat sich folgendes Interventionsschema: Der Therapeut fragt nach der Stimmung des Kindes oder nach dem Eindruck, den eine Figur auf das Kind gemacht hat. Diese Stimmungslage soll das Kind der entsprechenden Figur gegenüber ausdrücken und sagen, worum es ihm geht. Ebenfalls kann das Kind fragen, um was es der Figur geht und was sie von ihm will. Damit kommt ein Dialog zwischen Kind und Figur in Gang, wobei das Kind ebenfalls für die Figur spricht. Der Therapeut unterstützt den kindlichen Ausdruck. Wichtig wird dabei die Suche nach einer Lösung des Konflikts. Wenn dies nicht möglich ist, wird die Suche nach einer Schutzstrategie wichtig, durch die sich das Kind abgrenzen kann. Das Grundprinzip verfolgt das Ziel, offener sich einer Auseinandersetzung stellen zu können, das Verhaltensrepertoire zu erweitern, etwas zu lernen, was im Traum selber noch nicht möglich war. Vielfach ergibt sich dabei für das Kind eine Funktion, die seinen Selbstwert stützt. Möglicherweise fällt dem Kind eine Aufgabe zu, die niemand anders als es selbst lösen konnte, weil im gegenteiligen Fall der Beurteilung des Traumes niemand gekommen wäre, um das Problem zu lösen.
- In analoger Weise können Träume mit einem Spielfigurenset nochmals nachgestellt und durchgespielt werden. Ziel ist ebenfalls die Neuinszenierung der Beziehungskonstellationen, der Stimmung und der Reaktionsmöglichkeiten des Kindes. Auch

B 4. Ein multimodaler Therapieansatz

hier können Impulse in Richtung größerer Freiheit gegeben werden. Hier wie in der imaginativen Weiterführung eines Traumes geht es in phänomenologischer Sicht darum, auch dem Anspruch der Figuren entsprechend zu handeln.

Beispiel: Die imaginative Weiterführung eines Traumes

Ich möchte hier als Beispiel eine Serie von Träumen anführen. Sie wurden von Klaus geträumt, dem Jungen, dessen Tests wir besprochen hatten. Auf der Tafel sieben des Rorschach-Tests stellten wir fest, dass seine Beziehung zum Mütterlichen wahrscheinlich schwierig ist. Die folgenden Träume belegen dies nun. Viele Träume sind recht kurz und wurden zum Teil nur als Fragmente erinnert.

Das Schwierige an der problematischen Mutterbeziehung ist neben der Angst, die Mutter zu verlieren, auch das Gefühl, die Familie befreien zu müssen, überfordert zu sein oder sich verstiegen zu haben.

Träume

- Ich träume von der Mutter, es ist aber nicht meine richtige Mutter. Ich habe ein komisches Gefühl.
- Ich will ins Zimmer zur Mutter. Sie ist ganz alt. Ich gehe wieder raus. Ich fühle mich belastet und denke, dass ich bald keine Mutter mehr haben werde.
- Ich treffe eine Vogelscheuche im Keller. Ich werde wütend auf meine Mutter. Ich sage ihr, sie soll nicht solche Scherze machen.
- Ich schaue Fernsehen. Ich will der Mutter freudig danke sagen. Sie sagt, sie wisse von nichts. Der Fernseher ist plötzlich verschwunden.
- Meine Eltern sind gefangen. Sie wurden irgendwie befreit.
- Ich sehe Geister. Sie machen mir Angst.
- Ich bin mit der Familie auf einem Spaziergang. Die Mutter und die Geschwister schauen blöd zu mir her. Sie lösen sich plötzlich auf.
- Ich muss die Familie befreien.
- Ein kleines Männchen stellt mir sieben Aufgaben. Ich gebe schnell auf, schaffe das nicht. Ein Löwe taucht auf und ermuntert mich.
- Ich werde von einem Wesen geschlagen und sehe einen Scheiterhaufen. Plötzlich erwache ich vor einem Abgrund.
- Ich sehe im Traum die Mutter und denke, dass ich sie verliere und dass sie bald stirbt. Ich verfalle in Panik. Plötzlich finde ich sie in einem anderen Zimmer. Sie hat wegen mir schlechte Laune und fragt: Warum bist du nicht früher gekommen? Das gibt mir ein komisches Gefühl.
- Ich sitze auf einem Strommast und habe das Gefühl, dass die Welt untergeht oder etwas Schlimmes passiert. Ich bin vom Mast heruntergestiegen. Nichts ist passiert. Es war ein schlimmes Gefühl.
- Ich bin mit meiner Klasse auf einem Ausflug und trage einen Rucksack. An einem Berg lehnt eine Leiter und ich steige rauf. Die anderen Schulkameraden sind schon oben auf

4.5 Der Zugang über Träume

der Leiter. Plötzlich kippt die Leiter. Ich drehe den Kopf und habe Angst zu fallen. Ich wache auf.

In den Therapiestunden haben wir diese Träume besprochen und darauf hingewiesen, wie wichtig eine positive Beziehung zur Mutter ist, und Klaus hat zum Teil diese Traumsequenzen gemalt oder imaginativ weitergeführt. Auf diese imaginative Weiterführung möchte ich anhand eines Beispiels weiter eingehen. Der Traum ist darum interessant, weil im Gegensatz zu den übrigen Imaginationen hier der Bezug zum Mütterlichen angesprochen wird. In der Imagination hingegen ging es primär um das Männliche. Allerdings ist auch hier erstaunlich, dass die Großmutter oder allgemein das Weibliche dann doch nicht im Zentrum steht, weil sich sonst genügend Brisantes ereignet.

Traum:

»Ich fahre mit meiner Großmutter in einem Unterseeboot nach Mallorca.«
Wir besprachen, dass sich Klaus diese Szene nochmals genau vorstellen sollte. Dann sollte Klaus darauf achten, wie sich die Bildabfolge entwickle.
»Ich sage der Großmutter, wir sollten ein schwarzes Loch entdecken. Wir fahren zu einem Loch und der Kapitän meint, dass drinnen ein Wrack von einem alten Schiff sei. Ich bin nicht sicher, ob dies wirklich ein Wrack ist. Ich schaue selber durch das Fernrohr und sage dem Kapitän, dass er mir auf die Nerven gehe. Ich sehe nämlich nichts. Es ist relativ dunkel. Dann entdecke ich die Masten des Wracks. Wir schwimmen zum Wrack. Tote liegen da, leere Behälter, ein Tagebuch. Ich lese drin, dass jemand Angst hatte, die Heimat zu verlieren. Schon früher habe es Tote gegeben. Ein Zauberer habe da mitgespielt. Die Leute hätten sich selber ermordet. Es ist ein fatales Durcheinander hier. Ich habe eine wahnsinnige Angst. Ein Stress, ich finde das nicht gut für meine Nerven. Es ist schlimm, sich selber zerstört zu haben. Ich habe das Gefühl, allein auf der Welt zu sein. Es ist dasselbe Gefühl, wie wenn ich ins Skilager gehen muss. Ich nähere mich einem Toten und schüttle ihn. Er wird sofort wach und erzählt, dass bewaffnete Männer sie angegriffen hätten. Sie seien völlig ausgeliefert gewesen. Wir wollen die restlichen Leute zum Leben erwecken. Dazu wollen wir andocken.
Es ist dunkel. Die Leute sehen aus wie Tomaten, rot-schleimig. Ich frage sie, warum sie so aussehen. Die Leute geben zur Antwort, dass sie ursprünglich von Fröschen abstammen. Sie werden wieder ganz lebendig. Ich schlage vor, dass sie mit den Angreifern Frieden schließen. Sie sind damit einverstanden. Ich bin müde und will schlafen gehen. Doch plötzlich nähern sich schwarze Gestalten. Sie wollen wieder angreifen. Der Häuptling der wiedererweckten Leute zeigt mir plötzlich eine runde Kugel und fixiert sie. Dann ertönt Musik aus der Kugel. Er berührt den Angreifer mit der Kugel. Sie heilt den Angreifer. Ein Blitz schlägt neben uns ein mit blauem Licht. Die Kugel leuchtet ganz golden.«

Schon im ersten Satz bei der imaginativen Weiterführung scheint Klaus einen Kernpunkt seiner psychischen Struktur anzuvisieren. Es ist das »schwarze Loch«. Der

Bezug von Klaus zum schwarzen Loch heißt: Ich beziehe mich auf das Fehlende, das Loch, die Leere, das, was mich nicht trägt und mir keinen Boden bietet. Es ist schwarz und dunkel, sodass nichts anderes als das Schwarze sich mir zu zeigen vermag. In ein schwarzes Loch zu fallen meint auch in depressive Verstimmungen zu fallen, weil sich stimmungsmäßig die wahrzunehmende Welt derart verkleinert, dass außer der Leere nichts mehr anwesend sein kann. In der Tat zeigt sich Klaus das menschliche Leben nur noch in abgestorbener Form und man verliert dabei das Gefühl der Heimat. Ergebnis ist ein Stress und Durcheinandersein sowie viel Angst. Dass sich diese Phantasien einstellen, hat jedoch bei allem Unglück auch etwas Gutes. Das Fehlende des »schwarzen Lochs« wird konkretisiert und in eine direkte Erfahrung gebracht. Die Intervention bei dieser imaginativen Technik besteht darin, dass Klaus versuchen soll, die Toten wieder zum Leben zu erwecken. Dies gelingt auch. Allerdings tauchen jetzt die Verursacher des Desasters auf. Klaus muss sich ihnen stellen und eine Strategie entwickeln, um damit fertig zu werden. Die Lösung kommt unerwartet nicht direkt von Klaus, aber über den Häuptling. Eine Kugel mit goldenem Licht hat eine heilende Funktion. Sie bringt für den Moment Frieden. Entscheidend beim ganzen Vorgang ist eine Anstrengung von Klaus, seine Angst auszuhalten, eine Lösung zu suchen und die Erfahrung, dass sich das »schwarze Loch« wieder belebt.

4.6 Der körperzentrierte Zugang

Neben den bisher beschriebenen Modalitäten des Zugangs zu einem Kind bietet sich in verschiedenen Fällen ein körperzentrierter Zugang an. Dies ist beispielsweise sinnvoll bei hyperaktiven Kindern, bei Kindern mit psychosomatischen Beschwerden oder bei Kindern, bei denen die anderen Zugangsmodalitäten blockiert sind. Ich beschränke mich auf zwei Verfahren, die bekannt sind, und fasse deshalb einige Grundgedanken dazu kurz zusammen:
Das eine Verfahren ist die funktionelle Entspannung nach Marianne FUCHS (1996). Die Methode der funktionellen Entspannung wurde zwischen 1945 und 1963 in Heidelberg in Zusammenarbeit mit der Medizinischen Universitätsklinik entwickelt. Es ist ein Therapieverfahren, das sich um einen Ausgleich gestörter vegetativer Funktionsabläufe bemüht. Der Patient lernt dabei, seinen Körper nicht mehr als störenden Fremdkörper zu sehen, sondern als Teil seiner menschlichen Existenz. Die funktionelle Entspannung bildet die elementare Grundlage für die Beziehung zu sich selbst und damit zu anderen. Das Gespräch über einen konkreten Konflikt ist zweitrangig. Thema ist und bleibt der Körper, wobei der Patient seine Befindlichkeit beschreibt

und seine Beschwerden schildert. Durch das rhythmisierende Entspannen erhält er einen neuen Zugang zu sich. Die funktionelle Entspannung strebt ein »Fließgleichgewicht« an, das Loslassen und Halt, Entfaltung und Grenzen voraussetzt. Dieser Bezug zum eigenen Rhythmus kann durch ein körperlich erfahrbares Sich-Sammeln und Sich-überlassen-Können gefunden werden.

Je nach Alter, Reife, Vorstellungs- und Begriffswelt wird das Kind aktiv beteiligt, indem Dinge, die es kennt, spielerisch miteinbezogen werden. Das Kind wird sich zum Beispiel in ein Tier verwandeln, es kann wie eine Katze im weichen Fell schnurren oder sich brummend wie ein fauler Bär behaglich hinkuscheln. Wichtig ist, dass daraus nur kleinste Bewegungen werden und dass der Stimmungsaufwand möglichst klein bleibt, und zwar in der kraftsparenden Ausatemphase.

Das zweite Verfahren ist das Autogene Training mit Kindern (G. BIERMANN, 1996). Dieses Verfahren zählt sich zu den pragmatischen, aktiv-klinischen Psychotherapieverfahren. Es spielt in der Kindertherapie eine wichtige Rolle als selbstständiges wie ergänzendes Therapieverfahren. Die konzentrative Selbstentspannung versucht, die in innere und äußere Unordnung geratene Funktion des Körpers in leib-seelischer Harmonie miteinander in Einklang zu bringen. Das Autogene Training zählt zu den autosuggestiven Therapieverfahren. Suggestion wird hier nicht abwertend verstanden, sondern als ein wesentlicher Bestandteil des Heilens. Suggestive Einflüsse werden nur wirksam, wenn eine Bereitschaft zur Behandlung besteht. Damit die Autosuggestion wirksam wird, bedarf es einer gewissen Ich-Stärke und der Möglichkeit, über sich selbst zu reflektieren. Deshalb wurde die untere Altersgrenze für das Erlernen des Verfahrens auf das 10. Lebensjahr gesetzt. Durch das laute Vorsprechen der Vorsatzformeln durch den Leiter in der Gruppe wird er beim selbstständigen Üben des Kindes zu dessen Co-Therapeut. Zu Hause üben die Kinder dreimal am Tag – morgens, mittags und abends. Angeleitet wird das AT meist in Form eines Gruppentrainings und einer Gruppentherapie. Die Gruppe trifft sich zum Erlernen der Grundstufe zweimal wöchentlich. Biermann empfiehlt dabei die »Königshaltung« im Sitzen. Die Fußsohlen stehen fest auf dem Boden, die Unterschenkel sind parallel, die Oberschenkel berühren sich nicht. Die Kniegelenke sind senkrecht über den Fußgelenken. Die Arme ruhen auf den Oberschenkeln, der Kopf wird aufrecht gehalten. Die Vorsatzformeln in der Grundstufe lauten: Ich bin ganz ruhig, der rechte Arm wird schwer, der rechte Arm ist schwer, der rechte Arm wird warm, der rechte Arm ist warm. Das Herz schlägt ruhig und gleichmäßig. Auch die Atmung geht ruhig und gleichmäßig, es atmet ganz von selbst. Das Sonnengeflecht strömt warm. Mein Kopf ist ganz frei. Diese Vorsatzformeln werden in der Ausatemphase gesprochen. Sie werden im Dreierrhythmus gesprochen. Das Zurücknehmen des hypnoiden Zustandes wird er-

B 4. Ein multimodaler Therapieansatz

reicht durch ein Aufrichten des leicht zusammengesunkenen Körpers, durch Strecken und Beugen der Arme sowie durch das Öffnen der Augen.

Das Autogene Training beginnt immer mit der Ruheeinstellung. Die Schwereübung spricht die ich-nahe Skelettmuskulatur an. Die Wärmeübung spricht die veränderte, verstärkte Durchblutung von Muskeln und Gefäßen an. Bald nach Übungsbeginn kommt es zur Generalisierung der Empfindungen auf den ganzen Körper. Nach der Generalisierung der Wärme- und Schwereübung kann mit der Herzübung begonnen werden. Eine zentrale Übung ist die Atemübung. Die von J. H. SCHULTZ ursprünglich vorgeschlagene Vorsatzformel »es atmet mich« wurde von Biermann abgewandelt. Abschließend wird die Leib-Seele-Einheit angesprochen mit der Kopfübung. Diese wird von Kindern und Jugendlichen am schwersten realisiert. Mit dem AT gewinnt das Kind die Möglichkeit, auf gewohnheitsmäßige Fehlregulationen einzuwirken.

Speziell zur Indikation für das Autogene Training hat sich G. KRAMPEN (1992, S. 67) geäußert. Wegen der erhöhten Ablenkbarkeit und der noch fehlenden Reife eines Kindes ist das Autogene Training erst ab dem Alter von 9–10 Jahren angebracht. Spezielle Indikatoren sind

- körperliche und psychische Erschöpfungszustände und Belastungen
- Nervosität und innere Anspannung
- psychosomatische Symptome, psychophysiologische Disregulation
- Leistungs- und Verhaltensschwierigkeiten
- Schmerzbelastung
- Probleme mit der Selbstbestimmung und Selbstkontrolle
- Verhaltensstörungen und neurotische Belastungen.

Dabei wird das Autogene Training relativ selten als Primärtherapie, sondern als Bestandteil der allgemeinen Behandlung eingesetzt.

Gegenindikationen sind schwere Kontaktstörungen, die Angst auslösen, psychosenahe Ich-Störungen, neurotische Verwahrlosung oder schwere Magersucht.

Beispiel: Die Anwendung des Autogenen Trainings bei einem Jungen mit einer Panikattacke

Vom Hausarzt wurde bei uns der neunjährige Alfred angemeldet. Während eines Trainings in seinem Fußballclub traten plötzlich Atemnot und Herzrasen auf. Eine Kontrolle beim Hausarzt und eine kardiologische Abklärung im Kinderkrankenhaus erbrachten keine pathologischen Befunde. Als der Junge wieder zu Hause war, trat vor allem bei Abwesenheit der Mutter Herzklopfen auf.

> Bei der Abklärung mit den Eltern erfuhren wir von keinen aktuell bedeutenden Ereignissen in letzter Zeit. Alfred war erfolgreich in der Schule, war bei seinen Schulkameraden an-

erkannt und trieb bis dahin ohne Probleme Sport. Die beiden Elternteile beschrieben sich als nicht ängstlich. Allerdings habe die Schwester von Alfred ebenfalls gewisse Ängste und zeige eine allgemeine Unruhe. In der familiären Situation traten keine speziellen Konflikte auf. Der Vater betrieb ein eigenes Geschäft und die Mutter engagierte sich im dörflichen Vereinsleben.

Aus dem weiteren familiären Umfeld berichteten die Eltern, dass die Großmutter mütterlicherseits unter »Platzangst« in geschlossenen Räumen oder im Stau in Tunnels leidet. Bei dieser Großmutter trat ebenfalls in solchen Situationen Herzrasen auf. Eine Tante mütterlicherseits leide ebenfalls unter nervösen Problemen mit Ängsten und sei deswegen oft in ärztlicher Behandlung. Ein Sohn einer Schwester der Mutter hatte zwischen der 1. und der 3. Klasse ebenfalls unter Angstzuständen gelitten.

Zu den anamnestischen Daten berichtete die Mutter, dass die Geburt des Jungen »happig« war. Er habe mit »Vakuum herausgezogen werden müssen«, war aber glücklicherweise gesund. Die frühkindliche Entwicklung verlief unauffällig. Als der Junge drei Jahre alt war, verlor er einmal seine Mutter für kurze Zeit in einer Menschenmenge aus den Augen und reagierte mit Panik. Die spätere Entwicklung des Jungen war laut Eltern gekennzeichnet durch eine forcierte geistige Entwicklung. Der Junge entwickelte sich in Teilgebieten zu einem Perfektionisten, reagierte aber auch sensibel auf unerfreuliche Nachrichten, zum Beispiel in der Tagesschau.

Bei unserer ersten Begegnung traf ich einen Jungen, der ängstlich wirkte und eine sehr ernste Grundstimmung zeigte. Er atmete schwer, war im Kontakt scheu und angepasst. Auf den besagten Vorfall angesprochen, meinte der Junge, dass er beim Training keine Luft mehr bekommen habe. Er habe sein Herz in seinen Ohren schlagen hören. Er habe Angst gehabt, dass sein Herz nicht mehr weiterschlagen würde. Er habe eine Art Panik gespürt, es habe im Magen gekribbelt und sein Körper sei ganz warm geworden. Der Notfallarzt habe ihm eine Tablette gegeben, daraufhin sei es besser gegangen. Seine Mutter sei an jenem Abend nicht zu Hause gewesen. Der Junge kann sich den ganzen Vorfall nicht erklären und bleibt darüber ein Stück weit irritiert. Auf die Frage, was ihm denn sonst noch Angst machen würde, berichtete der Junge von einem Traum: Er war in der Küche mit seiner Mutter zusammen. Er weinte wegen Kopfschmerzen. In der Küche bemerkte er plötzlich ein ungefähr 30 cm großes Kind aus Afrika von etwa fünf Jahren. Sie hätten dann das Licht löschen wollen, in diesem Augenblick sei das Kind explodiert. Allerdings nicht wie eine Bombe, sondern wie ein Feuerwerkskörper. Funken sprühten, und vom Kind sei nur Asche übrig geblieben. Die Mutter holte sofort den Vater. Dieser warnte davor, näher zu gehen, es könnte nochmals einen Knall geben. Sie hatten dann die Asche nach draußen gebracht.

Auf die Aufforderung hin, etwas zu zeichnen, stellte der Junge einen Sprengkörper dar, der eine Atombombe sei. Der Junge drückte in weiteren Zeichnungen und Tests ebenfalls viel mehr aus, als durch das Gespräch über seine aktuelle Situation und sein Umfeld zu erfahren war. Es entstand das Bild eines Jungen, der eine sehr ambivalente Elternbeziehung hatte. Einerseits suchte er die Nähe zu ihnen und war darauf fixiert, andererseits suchte er ebenfalls Distanz und Autonomie. Beispielsweise identifizierte er sich im Sceno-Test mit einem dargestellten Lokomotivführer, der wegfuhr und »den man nicht mehr sieht«. Der lebensge-

B 4. Ein multimodaler Therapieansatz

schichtliche Hintergrund war geprägt durch eine Angstbereitschaft von Verwandten auf der mütterlichen Linie sowie durch die »happige« Geburt und durch das Panikerlebnis beim Verlieren der Mutter im Alter von drei Jahren.

Aufgrund der Abklärung und dem Ergebnis der körperlichen Untersuchung schien es plausibel, dass die Panikattacke leiblich etwas ausdrückte, was es zu verstehen galt. Die Energie der Angstbereitschaft hatte ein hohes Niveau erreicht, es ging um Leben und Tod. Dies wurde sowohl durch den eigenen Körper während der Panikattacke als auch durch den Traum mit dem kleinen Kind aus Afrika erfahren. Der eigene Körper und die Befürchtungen um ihn wurden in den Vordergrund gerückt. In der Besprechung mit der Familie wurde deshalb Wert darauf gelegt, den Vorfall als Manifestation von Angst zu verstehen, wobei das Herz als Organ als gesund beurteilt wurde, auch wenn es sich jetzt gemeldet hat und ins Zentrum der Aufmerksamkeit gerückt wurde. Mit den Eltern verfolgten wir diese Gedanken und stärkten einerseits die »Brücken« zwischen Kind und Eltern im Sinne einer starken Beziehung und gleichzeitig die Selbstständigkeit, das eigene Selbstsein und damit Möglichkeiten zur relativen Unabhängigkeit des Jungen dort, wo es sinnvoll und möglich war. Der Konflikt, entstanden aus dem Widerspruch Nähe (zum Beispiel ist die Mutter im Traum beim Jungen) und Distanz (das afrikanische Kind impliziert eine spezifische Distanz Europa-Afrika), soll nicht mehr wie im Traum zur Vernichtung der ferneren, afrikanischen kindlichen Welt führen, sondern gelöst werden. In der anschließenden Therapie des Jungen arbeiteten wir wegen der hohen energetischen Betonung des Körpergeschehens mit dem Autogenen Training. Neben der Wichtigkeit der Fortführung des Körpertrainings im Fußballclub sollte das Autogene Training wieder eine positive emotionale korrektive Erfahrung des Körperempfindens bewirken. Gleichzeitig ging es darum, das unsichere »Ich-Empfinden«, das sich in den Tests ebenfalls gezeigt hat, in der Einheit mit dem Körper in den Übungen zum Autogenen Training zu stabilisieren. Diese Übungen empfand der Junge als angenehm.

Gleichzeitig arbeiteten wir mit Imaginationen. Dort zeigte sich, wie in der Realität, eine starke Angewiesenheit auf die reale Mutter. In der Imagination lernte der Junge ein Zwergenland kennen und entwickelte eine Geschichte rund um die Themen Autonomie und Abhängigkeit. Wegen einer anschließend auftretenden Blinddarmentzündung musste der Junge für eine kurze Zeit ins Krankenhaus, wo er eine zeitweise ängstliche Stimmung zeigte, die Panikattacken aber nie mehr auftraten. Alfred und seine Eltern beendeten die Therapie nach zwanzig Wochenstunden, und wir schlossen nach einem weiteren Kontrollgespräch ein halbes Jahr später die Therapie definitiv ab.

4.7 Der Zugang über die Eltern – Elternberatung bei Kinderpsychotherapien

Die Elternberatung bei Kinderpsychotherapien ist ein überaus komplexes Thema. Es ist eingebettet in den Prozess einer Therapie, die je nach Art der Therapie und deren Verständnis den Fokus der Arbeit unterschiedlich ansetzt. Eine systemisch orientierte Psychotherapie setzt andere Schwerpunkte als eine analytische Therapie. Andererseits wird heute niemand bei Kindertherapien eine Extremposition einnehmen, wonach Einflüsse und wesentliche Positionen der jeweils andern Sicht nicht auch in die Betrachtung einbezogen wird. Dazu kommt die Tatsache, dass auch eine analytisch verstandene Therapie kein einheitliches Gebilde mehr ist und dass die verschiedensten Ansätze neue Impulse für die Praxis setzen. Schließlich ist es eine Erfahrungstatsache, dass die Persönlichkeit des Therapeuten Grundpositionen eines kohärenten theoretischen Bezugsrahmens in der Praxis stark verändern kann. Bei aller Verschiedenheit dieser Grundpositionen ist es schwierig, allgemein gültige Richtlinien für eine Elternberatung darzustellen. Andererseits soll trotzdem versucht werden, aus unserer Erfahrung einige Punkte zusammenzufassen.
Ich gehe zuvor kurz auf einige Literaturhinweise ein.
E. VON STRACHWITZ in J. ZAUNER (1976) diskutiert einige Gesichtspunkte einer analytisch orientierten Elternarbeit aus der kinderpsychotherapeutischen Ambulanz. Aus der vortherapeutischen Situation beeinflussen zum Beispiel Fakten aus dem soziokulturellen Umfeld wie Weltanschauung, Grad der soziokulturellen Stabilität oder Bildung beziehungsweise Substrukturen wie das Leben in einer Groß- oder Kleinstadt die familiären Strukturen.
Ebenso spielen innerfamiliäre Beziehungsformen der Eltern eine Rolle sowie Bindungen durch die Familiengeschichte oder Folgen von Eltern-, Kind- oder Lehrerübertragungen.
In der therapeutischen Situation selber dominieren eigene Schwierigkeiten der Eltern aus ihrer Kindheit, die sich auf das aktuelle Geschehen ihrer eigenen Kinder auswirken. Zudem geht es bei den Eltern um das Umlernen von sozialen Verhaltensschemata, was schwierig ist, wenn geheime Phantasien oder Vorstellungen über das, was wichtig ist, im Mittelpunkt stehen. Wichtig ist dabei, dass die realen Probleme von den neurotischen unterschieden werden.
Bewusst Erlebtes oder alltäglich Offenkundiges wird zum Teil selten zwischen den Eltern ausgetauscht.
Eine weitere Schwierigkeit sind Ambivalenz-Konflikte. Hier wird eine analytische

B 4. Ein multimodaler Therapieansatz

Deutungsarbeit nötig. Der Therapeut regt Gemeinsamkeiten, Kompromisse und neue Aufgabenverteilung innerhalb der Familie an.

»In der Einschätzung des Zumutbaren relativ zum vorhandenen therapeutischen Angebot liegt die Grenze zwischen ›Beratung‹ und Analyse.« (E. von Strachwitz, 1976, S. 29)

R. ADAM beschreibt in seinem Artikel »Die Familiendynamik als Indikationskriterium zur Kinderanalyse« (in J. Zauner, 1976) einige Schwierigkeiten bei der Elternberatung. Beispielsweise wird vom Therapeuten erwartet, dass er Störungen beseitigt, aber die bisherige Erziehung nicht in Frage stellt.

Der Therapeut soll weiterhin Entlastung schaffen, den Lebensstil der Eltern aber nicht stören. Der Therapeut wird zum »Kollegen« gemacht, oder die Eltern begrüßen zwar die therapeutischen Anstrengungen, doch ein Erfolg ist trotzdem unerreichbar. Ferner kann es geschehen, dass der Therapeut über die Therapie des Kindes einen Elternteil bestätigen soll. Schließlich geht es darum zu beachten, dass der Therapeut nicht von einem Elternteil im Machtkampf gegen den Ehepartner missbraucht wird.

In neuerer Zeit setzt sich H. FIGDER (1997, S. 106) grundsätzlich mit der Frage Psychotherapie versus Beratung auseinander. Der Autor empfiehlt ein Zwei-Etappen-Modell: »Man beginnt mit den Eltern zu arbeiten und versucht, alle Möglichkeiten der Veränderung von potenziell pathogen wirkenden Beziehungsgestaltungen auszuschöpfen. Sollten die dadurch erzielten Auswirkungen auf die psychische Struktur des Kindes, die bei den Eltern oder in der Psychostruktur des Kindes liegen, nicht zufriedenstellend sein, wird in einer zweiten Etappe mit der Therapie des Kindes begonnen.«

Auf die Bedingungen, die zu Abbrüchen von Kinderpsychotherapien führen können, sowie auf die Probleme der Elternarbeit in der Psychotherapie mit Kindern und Jugendlichen (1996) geht M. T. DIEZ GRIESER (1994) weiter ein. Sie zeigt, wie unbewusste Wünsche und Bedürfnisse der Eltern ihre Beziehung zum Kind und zu seinem Therapeuten verzerren. Wichtig wird dabei eine sorgfältige Analyse der Übertragungs-/Gegenübertragungs-Dynamik in den Elterngesprächen.

In seinem Beitrag zu einer »Integrativen Eltern- und Familientherapie beziehungsweise -beratung (IFT)« beschreibt H. PETZOLD (1996) einige Kernkonzepte. Die Eltern werden in der IFT als Teil eines Netzwerkes gesehen, in dem vielfältige Einflüsse bestehen. Es geht darum, Ressourcen und Potenziale der Familie und ihres Netzwerkes zu erfassen und zu nutzen. Die IFT ist einer »sozialwissenschaftlichen Phänomenologie und ernüchterten Tiefenhermeneutik verpflichtet«. Ich zitiere die beschriebenen Punkte zur integrativen Familientherapie (Petzold, 1996, S. 192–194) und verweise auf die entsprechende Literatur.

4.7 Der Zugang über die Eltern

- Sie versteht Familien eingebettet in übergeordnete soziale Netzwerke, die in den diagnostischen und interventiven Rahmen einbezogen werden müssen.
- Sie ist sozioökologischen Perspektiven verpflichtet, nimmt den konkreten Lebensraum der Familie, ihre mikro-, meso- und makroökologische Situation in Blick und versucht, in diesen hineinzuwirken.
- Sie bezieht sozialisationstheoretische Perspektiven ein, insbesondere geschlechtsspezifische Rollen- und Verhaltensmuster und Wertorientierungen.
- Große Aufmerksamkeit wird der Frage der Macht (Gehorsam, Kontrolle, Gewalt) in der Familie und ihrer Handhabung geschenkt (Orth, Petzold 1995a).
- IFT ist dezidiert entwicklungspsychologisch ausgerichtet und berücksichtigt die kognitive, emotionale und kommunikative Entwicklungsebene jedes Familienmitgliedes – eine Perspektive, die die systemischen Schulen der Familientherapie weitgehend ausgeblendet haben.
- Sie berücksichtigt dezidiert die »kollektiven Kognitionen« innerhalb der Familie und ihres sozialen Netzwerkes, weil bei Familienkonflikten häufig »spezifische social worlds« hinter den einzelnen Familienmitgliedern gesehen werden müssen (zum Beispiel die der 17-jährigen Tochter und ihrer »peers« und die des 45-jährigen Vaters und seiner sozialen Bezugssysteme und Wertewelten).
- Sie arbeitet nicht nur auf der Ebene der offenen familiären Interaktionen, sondern auch auf der Ebene der bewusst und unbewusst in jedem Familienmitglied differenziell repräsentierten (das heißt verinnerlichten) Familie mit ihrer jeweils spezifisch gesehenen Familiengeschichte und der in dieser vorhandenen positiven und negativen Ereignisketten.
- Es wird damit eine »Entwicklungspsychologie der Familie« als Perspektive eingeführt, und es werden »Convoy«-Qualitäten betrachtet.
- Es wird eine Mehrgenerationen-Familienperspektive betont, die dem Prinzip der »social inheritage« verpflichtet ist, also Sozialisationstraditionen untersucht, »believe systems« betrachtet, sich aber von obskurantistischen Deutungsschemata (eine Überbetonung familiärer Mythen und familiärer Skripts, die kontextenthoben eine monokausale Wirkungsmechanik in Gang setzen, vgl. Orth, Petzold, 1995a) abgrenzt.
- In der Mehrgenerationen-Familienarbeit werden die Bedürfnisse und Probleme jeder Generationsebene im Sinne der wechselseitigen Einflüsse der einen auf die andere Generation aufgenommen und bearbeitet, sodass zum Beispiel die von Kindern und Enkeln verursachten Verletzungen für die Großeltern genauso Platz haben wie Positiv- und Negativeinflüsse von Großelterngenerationen zu den Enkeln hin (Petzold, 1979).

B 4. Ein multimodaler Therapieansatz

- Es wird mit protektiven und kritischen Lebensereignissen und Ereignisketten für die Familie und ihre Mitglieder gearbeitet.
- Es wird auf die sozioökologischen Bedingungen familiärer Interaktion (social affordances, effectivities) Wert gelegt.
- Es wird die Netzwerkorientierung und -einbettung untersucht.
- Es wird mit Familienklimata und -atmosphären gearbeitet.
- Es wird nach zentralen Themen und Konflikten in der Familie Ausschau gehalten, und auf den Umgang mit diesen wird geachtet.
- Es wird Übertragungskonstellationen in der Familie Aufmerksamkeit geschenkt, um mit ihren Mustern von Nähe und Distanz, Bindung, Lösung, Trennung umzugehen.
- Es wird der Psychodynamik in der Familie und in der Familientherapie Aufmerksamkeit geschenkt, zum Beispiel Übertragungskonstellationen. (Was geschieht mit Eltern, die in einer familientherapeutischen Sitzung in Gegenwart ihrer Kinder eine Elternübertragung auf das Paar der Familientherapeuten entwickeln, in der Wahrnehmung und in den Augen ihrer Kinder? Welche Position [Großeltern?] erhalten hier die Familientherapeuten, und wie ist mit derartig komplexen Konfigurationen umzugehen? Welche bewussten und unbewussten Phantasien entstehen, welche spezifischen Abwehrmechanismen? – Perspektiven, denen die systemischen Ansätze zu wenig Aufmerksamkeit geschenkt haben.)
- Es wird lösungs-, ressourcen-, potenzial- und konfliktorientiert gearbeitet.
- Es wird den Problemlösungs- und den Copingstrategien der Familie als Gesamtsystem Aufmerksamkeit geschenkt.
- Es werden die Wege, zu »shared meaning« zu finden, untersucht und damit die soziale Kompetenz und Performanz der Familie als Gesamtsystem betrachtet und entwickelt.
- Es wird das »Familienkonzept« der Familie und ihrer einzelnen Mitglieder (Welche Vorstellungen haben sie von »guter Familie«?) in den Blick genommen und bearbeitet.
- Es werden die Erziehungsideologien der Familie und ihr Herkommen untersucht.
- Es werden die Lebensphilosophien, religiösen Orientierungen und Werte der Familie in die Arbeit einbezogen.
- Es wird die »Spielkultur« und die »Freizeitkultur« der Familie betrachtet und entwickelt.
- Es wird der emotionalen und kommunikativen Kultur zentrale Beachtung geschenkt.
- Es wird der Umgang mit »Leiblichkeit« und »Zwischenleiblichkeit« zu einem

4.7 Der Zugang über die Eltern

Kernthema der therapeutischen Arbeit (einschließlich der Ernährungs- und Bewegungsgewohnheiten – bewegungsaktiver, bewegungspassiver Lebensstil).
- Es wird der Umgang mit Stresssituationen (Petzold, 1996) untersucht. (Was sind die Strategien des Umgangs mit »Stressereignissen«? Wie sind die Möglichkeiten der Entspannung, der körperlichen Beruhigung?)
- Es wird den Fragen des Zusammenhalts, der Loyalität, der Freiräume und der familiären Liebe eine zentrale Stelle gegeben.

Auf was soll bei einer Elternberatung speziell geachtet werden? Einerseits ist der Berater Ansprech- und Beziehungspartner für zum Teil schwierige Situationen der Eltern mit deren Kindern, die in einem geschützten Rahmen und in einem besonderen Vertrauensverhältnis besprochen werden können. Die Eltern haben die Erwartung, dass fachliche Kompetenz gepaart mit einer wohlwollenden offenen, nicht kritisierenden Haltung des Beraters gegeben ist. Dies heißt allerdings nicht, dass nicht auch gegenteilige Positionen zu einem Problem vertreten werden können, allerdings in einer Art, die die Eltern respektiert und ihre Autonomie bezüglich Entscheidungen innerhalb des Erziehungsrahmens und des familiären Umfeldes sichert. Dies hat allerdings dort seine Grenzen, wo mögliche Übergriffe von Erwachsenen das Wohl der Kinder gefährden und wo in Extremfällen beispielsweise eine vormundschaftliche Maßnahme angezeigt ist.

Wird während einer Abklärung ein Arbeitsbündnis zwischen Eltern und Berater installiert, so geht es in einer Elternberatung darum, dieses Bündnis weiter zu stützen und auszubauen und das weitere Setting bezüglich Beratung festzulegen. Wenn auch von den äußeren Bedingungen her wie Kassenregelung, verfügbare Zeit, gewisse Grenzen gesetzt werden, scheint mir doch eine individuelle flexible Regelung des Settings entsprechend den Bedürfnissen des Klienten und des Therapieprozesses wichtig. Es mag Zeiten geben, in denen beispielsweise bei kleineren Kindern und bei akuten Problemen ein engmaschiger Kontakt zu den Eltern sinnvoll ist. Bei Jugendlichen im anderen Extrem ist bei entsprechenden Umständen ein lockeres Elternsetting möglich oder gewünscht. Nötig sind dabei offene Ohren und eine Bereitschaft, auch stimmungsmäßige Befindlichkeiten von Eltern aufzunehmen, um das in die Sprache zu bringen, worum es im Moment geht. In phänomenologischer Sicht wird besonders Wert darauf gelegt, anstatt fixer Konzepte, theoretischer Vorstellungen oder angelesener Überzeugungen seitens des Beraters sich auf das einzulassen, was sich von den Eltern her im Gespräch zeigt, sich eventuell inszeniert oder sich stimmungsmäßig im Kontakt zwischen Klienten und Berater entwickelt.

Bezüglich des Settings ist es eine alte Erfahrung, dass vielfach die Väter mehr Mühe haben, eine Beratung zu suchen, als die Mütter, sei dies aus Gründen der Arbeitssitua-

B 4. Ein multimodaler Therapieansatz

tion, des Interesses oder der elterlichen Aufgabenteilung. So muss individuell abgeklärt werden, was möglich ist. Häufig sind die Väter vielfach motivierter, als es nach Äußerungen der Mütter scheint, wenn sie direkt eingeladen werden.
In der Elternberatung geht es darum, eventuelle nötige Informationen über die kindliche Schwierigkeit zu vermitteln, aber auch dafür offen zu sein, inwieweit – systemisch gedacht – eine spezifische Familienstruktur die kindliche Schwierigkeit verstärkt oder gar erst inszeniert. Für viele Eltern ist es ein großer Schritt, eine Beratung aufzusuchen, und es ist oft mit Ambivalenzen, Schuldgefühlen, Scham oder dem Gefühl des eigenen Versagens verbunden.
Von daher kann es eine große Überwindung bedeuten, einer vorläufig fremden Person Probleme anzuvertrauen. Schon hier kann der Fokus darauf gelegt werden, nicht nach Schuld oder Ursachen zu fragen, sondern nach neuen besseren Möglichkeiten zu suchen.
Bei einer Beratung liegt der Fokus auf dem, was sich aktuell in der Familie ereignet, gleichzeitig soll das Gespräch des Beraters mit den Eltern ein Modell dafür sein, wie eine Kommunikation positiv gestaltet werden kann und wie offene Fragen aufgenommen werden können. Der dritte Aspekt besteht darin, dass die Eltern aus ihrer Geschichte heraus mögliche Zusammenhänge mit dem Kind verstehen oder sich fragen, was sie damals als Kinder von ihren eigenen Eltern in schwierigen Situationen gebraucht hätten. Leitplanke ist der Fokus mit dem höchsten Energiepegel.
Für den Verlauf der Therapie eines Kindes bleibt wichtig, dass ein Vertrauensverhältnis der Eltern zum Therapeuten laufend ausgebaut wird und dass Motivationsschwierigkeiten des Kindes, die immer wieder einmal auftauchen können, dem Therapeuten gemeldet werden. Vorteilhaft ist es, wenn die Eltern dem Kind vorschlagen, seine Fragen in der Therapiestunde direkt an den Therapeuten zu richten.
Eltern sind in diesem Zusammenhang nicht nur Eltern, sondern auch Paare, die in dieser Rolle bleiben wollen. Für die eigenen Interessen der Paare wird auch Raum gebraucht.
Die Frage nach Ressourcen und dem Umgang mit einer Schwierigkeit hat großes Gewicht. Die Ressourcen beziehen sich dabei genauso auf die elterlichen Möglichkeiten, gerade bei überlasteten Müttern; am schlimmsten bei geschiedenen oder alleinstehenden Müttern, die aus finanziellen Gründen arbeiten gehen müssen und gleichzeitig Kinder aufziehen müssen, wird deutlich, dass diese ganze Problematik einen gesellschaftlichen Aspekt hat und es oft schwierig ist, für die betroffenen Mütter Entlastungsmöglichkeiten zu finden. Eine sozialpädagogische Familienhilfe kann hier eine vorübergehende Entlastung bringen.
Schwierigkeiten bringen es automatisch mit sich, dass dabei der Blickwinkel auf die problematischen Komponenten eines Kindes oder einer Beziehungskonstellation ge-

4.7 Der Zugang über die Eltern

legt wird. Vielfach ist es entlastend zu sehen, dass weder Eltern noch Kinder allein für eine spezielle Schwierigkeit verantwortlich sind, sondern dass das ganze Umfeld davon betroffen ist.

Ebenso kann es aus diesem Grunde wichtig sein, die vor lauter Problemen oft nicht mehr besprochenen positiven Anteile des Kindes zu sehen.

Spezielle Schwierigkeiten ergeben sich bei Eltern, die größte Mühe mit einer therapeutischen Unterstützung haben und an Erfolgsmöglichkeiten einer Therapie zweifeln. Der Therapeut kann hier leicht gekränkt werden. Vielleicht ist es so, dass sich ein Kind trotz Therapie im Alltag nicht ändert und weiterhin erziehungsschwierig bleibt. Die Weiterweisung an eine Erziehungsberatungsstelle ist hier oft nur ein theoretischer Ausweg, entweder gibt es keine solche Beratungsmöglichkeit oder die Eltern wollen nicht nochmals den Berater wechseln oder die Hemmschwelle dafür ist zu groß. In Einzelfällen ist auch der kulturelle Hintergrund zwischen Eltern und Berater ein anderer, möglicherweise auch sehr groß, sodass zu sehen ist, dass unsere Normen und Werte nicht für alle gelten.

Ein weiterer wichtiger Punkt liegt darin, dass Eltern und besonders Mütter dazu neigen, sich die Schuld bei einer schwierigen Entwicklung des Kindes zuzuweisen. Auch psychologische Theorien sind nicht immer frei von entsprechenden Gedanken, besonders dann, wenn das elterliche Verhalten als Ursache von kindlichen Störungen etwas kurzschlüssig herangezogen wird. Es ist nicht zu bestreiten, dass in Einzelfällen ein negatives elterliches Verhalten dem Kind schadet. Genauso gibt es Fälle, in denen sich bei einem Kind eine Schwierigkeit entwickelt, ohne dass die Eltern ihre Erziehungsaufgaben verletzen. Es ist nur an die Faktoren Teilleistungsstörungen, unterschiedliche Temperamente oder Charakterstrukturen bei Eltern und Kindern, Schwierigkeiten infolge von körperlichen Erkrankungen oder widersprüchliche Anlagen innerhalb einer Persönlichkeitsstruktur oder gesellschaftlichen und kulturellen Einflüssen zu denken. Es bringt nichts, diese komplizierten Verflechtungen auf einfache Ursache-Wirkungs-Mechanismen zurückführen zu wollen. Im Gegenteil schaden manchmal Selbstbeschuldigungen und mangelndes Wissen, um einem Kind optimal beistehen zu können. Oft entsteht ein Teufelskreis von schwierigem Verhalten der Eltern, das durch eine Initiative seitens der Eltern in eine andere Richtung aufgebrochen werden muss. Ein Ziel der Elternarbeit müsste demzufolge sein, dass die Eltern ihre Erziehungsfunktionen möglichst unbeeinträchtigt ausüben können. Es ist deshalb wichtig, Informationen zur Bedeutung und Entwicklung von kindlichen Schwierigkeiten den Eltern zu vermitteln. In Fällen, in denen dies nicht genügt, können eventuell auch die Vorstellungen, Bilder und Erwartungen der Eltern über ihre Kinder beziehungsweise der Elternschaft angesprochen werden. In einigen Fällen, wenn auch nicht oft, entschließen sich Eltern, selber eine Therapie zu machen.

B 4. Ein multimodaler Therapieansatz

Zusammenfassend sollten bei einer Elternberatung folgende Punkte beachtet werden:
- In welchem Setting können die beschriebenen Schwierigkeiten am besten behandelt werden, wo sind die besten Möglichkeiten zur Intervention und für neue Lernprozesse?
- Mit welchen Methoden sind diese Ziele zu erreichen? Sind dies gesprächsorientierte Zugänge, tiefenpsychologische Konzepte, familiendynamische Vorstellungen, Bearbeitung von szenischen Inszenierungen? Bleibt es bei einem bloßen Gespräch darüber oder kann das Besprochene ganz konkret im Alltag umgewandelt werden?
- Ist diese Beratung geeignet, als Modell zu dienen, an dem alle Beteiligten ein Lernprozess ermöglicht wird?
- Beruht dieser Prozess auf Vorstellungen der Eltern, worauf aufgebaut und modifiziert werden kann, oder ist dieser Prozess zu theoretisch und zu sehr theorie- oder ausbildungsorientiert und dient eher den Bedürfnissen des Therapeuten als den Eltern?
- Welche Informationen brauchen die Eltern, um mit den Kindern weiterzukommen? Sind sie über ein mögliches spezifisches Störungsbild eines Kindes orientiert? Wird die Bedeutung eines Symptoms den Eltern klar? Kann symptomverlängerndes Verhalten aufgegeben werden? Was tut sich stattdessen an neuen Möglichkeiten auf?
- Können Eltern eigene Anteile zur Modifikation des familiären Umfeldes aufnehmen? Gibt es starke Verzerrungen der Wahrnehmung oder Übertragungen, spezielle Familienkonstellationen, Wiederholungen, fixe Erwartungen an Kinder, die aus der Geschichte der Eltern selber eine unbewusste Fixierung bedeuten?
- Werden die Ressourcen des Kindes und der Familie genügend berücksichtigt? Wo gibt es Inseln der Erholung für Kind und Eltern?
- Wird bei all diesen Themen der Prozess zwischen Eltern und Therapeut so gestaltet, dass die Motivation zur Weiterbehandlung erhalten bleibt? Fühlen sich die Eltern verstanden? Können sie mehr Kompetenz übernehmen und fallen sie nicht in vermehrte Abhängigkeit von einem Berater?
- Kann der Berater die positiven Möglichkeiten zwischen Schule, Elternhaus, Umfeld aktivieren und entsprechende Kontakte vermitteln?
- Sind die Eltern genügend über den Therapieprozess des Kindes informiert und wird gleichzeitig der therapeutische Rahmen des Kindes geschützt und entsprechende Information des Kindes nicht unbedacht an Dritte weitergegeben?

4.7 Der Zugang über die Eltern

Beispiel: Was Eltern bei einem Jungen bewegt

Ich fasse die Gespräche mit den Eltern, der Mutter alleine, den Eltern und Klaus zusammen.

Die Eltern fühlen sich manchmal am Rande ihrer Kräfte wegen der übergroßen Bedürftigkeit von Klaus nach Bestätigung und Anerkennung. Es sei wie ein Fass ohne Boden. Man könne das gar nicht auffüllen. Sie kommen zu einem Punkt, an dem sie nicht mehr können und sich abgrenzen müssen. Dazu kommen die Schwierigkeiten in der Schule mit der mangelnden Belastbarkeit von Klaus und seinen ausgeprägten Konzentrationsstörungen. Der Junge verlangt immer mehr, auch im materiellen Bereich, und sieht keine Grenze. Ebenso hat er immense Lust auf Süßes, besonders Schokolade, und kann das nicht dosieren. Er esse eine ganze Tafel auf einmal. Allerdings esse er auch Fleisch und Salat. Nachher sei er wieder ganz ruhig. Die Eltern ließen vor lauter Besorgnis den Blutzucker des Jungen messen. Es ergab sich keine Auffälligkeit. Beim Essen hinterlässt der Junge in der Küche ein Chaos. Er spiele auch gerne mit Feuer, zeige keine Sorgfalt gegenüber Sachen. Wenn die Mutter keine Energie mehr hat und selber einmal die Nerven verliere, reagiere der immerhin schon dreizehnjährige Junge völlig desorientiert. Das belaste ihn sehr. Der Junge verlange dauernd mehr Freiheit, was der Mutter Mühe macht. Sie hat Schuldgefühle, weil es ihr in der Schwangerschaft schlecht ergangen war und sie es möglich findet, dass dies einen Einfluss auf die Problematik des Jungen gehabt habe. Der Junge habe auch massiv auf einen Lehrer- und Klassenwechsel reagiert. Er sei in jener Zeit ganz bleich gewesen und habe gezittert. Dazu starrte er ins Leere vor sich hin. Er habe gesagt, dass dies sein letzter Geburtstag sein könnte. Die Mutter hat Angst, dass der Junge in eine Drogen- oder Alkoholabhängigkeit hineinrutschen könnte. Er nehme schon jetzt Vitamintabletten zu sich und sei diesbezüglich sicher gefährdet. Nach einem kurzen Spitalaufenthalt des Jungen habe er vermehrt unstabil und unkonzentriert gewirkt. Die beginnende Ablösung der Pubertät tut der Mutter weh. Das sei für sie ein schmerzlicher Prozess. Die Mutter entwickelt gesundheitliche Probleme und berichtet, dass sie zeitweise den Jungen kaum mehr erträgt und ihn wegstößt. Gegen Schluss beginnt sich die Mutter zu fragen, ob sie selber eine Psychotherapie beginnen solle. Der Junge findet allerdings seine Mutter völlig normal. Die Mutter berichtet, dass sie sich zeitweise selber hasst. Schon als Kind sei sie mit sich unzufrieden gewesen.

Der Lehrer berichtet, dass der Junge nur das Negative sehe. Er habe ein schwaches Selbstwertgefühl. Er ist bereit, den Jungen zu unterstützen. Die Eltern und der Lehrer treffen sich jeden Monat einmal, um sich auszutauschen. Etwas später, in Anbetracht der massiven Konfrontation mit den Problemen, kommt der Lehrer zum Schluss, dass man jetzt die frühkindlichen Traumen auffinden müsse und man »das Ganze religiös«

anschauen müsse. In der Klasse wolle der Junge den Chef spielen, ohne dass er sich in die Klasse integriere.

Zu einem späteren Zeitpunkt der Therapie konnte die Problematik mehr sachbezogen mit dem Jungen in mehreren problematischen Punkten zusammengefasst werden, die für die Streitereien mit den Eltern immer wieder Auslöser waren. Auf was müssten Klaus und seine Eltern achten, damit es im gegenseitigen Einvernehmen besser würde? Klaus war bereit mitzumachen und achtete darauf, gewisse Punkte einzuhalten. Das Ganze wurde gekoppelt an ein Belohnungssystem und hat sich gut bewährt. Die Familie hatte das Gefühl, die schwierigen Situationen im Griff zu haben. Gegen Ende der Therapie waren die Eltern mit der Situation zufrieden. Die Kommunikation innerhalb der Familie verlief gut. Klaus verfolgte sein Selbstverteidigungstraining weiter und wurde von seinen Schulkameraden nicht mehr angegriffen. Im gegenseitigen Einvernehmen schlossen wir die Therapie ab. Sie dauerte etwas über 100 Stunden über einen Zeitraum von vier Jahren.

4.8 Der übergeordnete Prozess im Therapiegeschehen

Wenn von einzelnen Modalitäten des Zugangs zum Kind wie Gespräch, Imagination, Spiel, Malen oder Traumbearbeitung gesprochen wurde, stellt sich die Frage, warum, wann oder mit welcher Zielsetzung solche Modalitäten eingesetzt werden. Welchen Sinn macht die Anwendung einer spezifischen Modalität für den Therapieprozess im Gesamten? Diese Überlegungen möchte ich als den übergeordneten Prozess bezeichnen. Der Therapieprozess im Gesamten hat ein Therapeut ständig im Auge, und von ihm aus wird entschieden, ob eine bestimmte Zugangsmodalität zu einem bestimmten Zeitpunkt für ein bestimmtes Kind gewählt wird. Es stellen sich zwei Fragen:
- sind einzelne Modalitäten wie Gespräch, Spiel oder Traumdeutung nur spezifische Techniken, die innerhalb einer einheitlichen Theorie angewendet werden? oder
- sind die verschiedenen Zugangsmodalitäten eigenständige Verfahren, die aus verschiedenen Theorien stammen, und sollte deshalb ein integrativer Methodenansatz ins Spiel kommen, der schulenübergreifend ist?

Um diese Fragen zu klären, kann nochmals auf die aufgeführte Literatur zurückgekommen werden. Danach scheint mir klar, dass die Modalitäten spezifische Techniken sind, die innerhalb einer übergreifenden Philosophie angewendet werden können. Andererseits ist ein integrativer Methodenansatz im Gegensatz zu einem schulspezifischen Ansatz ebenfalls sinnvoll.

4.8 Der übergeordnete Prozess im Therapiegeschehen

Ich gehe davon aus, dass beispielsweise aus einer schulenspezifischen Sicht gesehen einzelne Ansätze wie die psychoanalytische oder Jung'sche Kinderpsychotherapie verschiedene Zugangsmodalitäten als Medium des therapeutischen Prozesses benutzen. Möglicherweise werden aber nicht alle Modalitäten gleich intensiv genützt, oder stattdessen werden andere Verfahren als die hier beschriebenen eingesetzt. Dies gilt auch für den hier beschriebenen phänomenologischen Zugang. Die Phänomenologie dient dabei als methodischer Verständniszugang, um die Phänomene, die sich im Gespräch zeigen, die in Imaginationen oder im Spiel auftauchen, zu verstehen. Ein integrativer Ansatz kann sich also auch nur auf die Anwendung der verschiedenen Zugangsmodalitäten beziehen.

Ein anderes integratives Verständnis kann sich auf verschiedene theoretische oder methodische Ansätze berufen, möglicherweise bezieht sich das auf Persönlichkeits-, Entwicklungs- oder systemische Theorien. Ich kann gut nachvollziehen, dass auf der Suche nach einem »Gesamtbild« dieser engere integrative Ansatz zum Tagen kommt. Vor allem scheint mir dies eine »katalytische Funktion« zu haben. Theoretische Ansätze entwickeln sich dann weiter, wenn geschlossene Systeme mit einem anderen System konfrontiert werden. Ebenso tendieren aufgestellte Systeme dazu, neue Erkenntnisse schwer aufzunehmen. Für die Entwicklung der Kinderpsychotherapie ist deshalb ein integrativer Ansatz hilfreich.

Nochmals stellt sich die Frage, wann und wie welche Modalität bei welchem Kind den therapeutischen Prozess optimal unterstützt. Ein Hauptargument für eine solche flexible Handhabung besteht in einer positiven Lösung des Widerstands oder vermeintlichen Widerstands, der vielfach von Therapeuten ins Feld geführt wird, wenn der Therapieprozess nicht optimal verläuft. Beispielsweise ist es eine Erfahrung, dass bei Kindern oder Jugendlichen ein Gespräch über problematische Punkte zum Teil sehr unbefriedigend verlaufen kann. Anstatt halsbrecherischer Deutungen oder akrobatischer Überlegungen zur Übertragung lösen sich solche Schwierigkeiten manchmal viel besser, wenn auf eine analoge Ebene in einem anderen Medium nicht ausgewichen, sondern eingetaucht wird. Das kindgerechte Medium ist deshalb ein zentrales Anliegen dieser Überlegungen. Folgende Punkte spielen bei der Wahl des Zugangs eine Rolle:

– Die Diagnose spielt manchmal, aber nicht immer, eine Rolle bei der Wahl des Mediums. Beispielsweise wird man bei einem scheuen Kind mit psychosomatischen Beschwerden primär das Autogene Training anwenden.
– Das Alter des Kindes spielt insofern eine Rolle, als bei kleineren Kindern natürlich ein spieltherapeutischer Zugang gesucht wird.
– Die persönlichen Vorlieben und Eignungen des Kindes für einen spezifischen Zugang sollen berücksichtigt werden. Es gibt Kinder, die besonders gerne malen, aber nicht imaginieren und umgekehrt.

B 4. Ein multimodaler Therapieansatz

- Der Stand des Kindes innerhalb des Therapieprozesses spielt ebenfalls eine Rolle. Es gibt viele Kinder, die im Anfangsstadium verbal sehr verschlossen sind und erst nach ein paar Monaten »auftauen«. Möglicherweise wird dann das Gespräch wichtig, am Anfang kann es das Spiel sein.
- Mit anderen Worten folgt das verwendete Medium der Intensität, mit welcher das Kind auf ein spezifisches Medium anspricht und sich dabei öffnet.
- Die Gewichtung der verschiedenen Zugangsweisen ist deshalb bei jedem Kind unterschiedlich, ebenso wie die zeitliche Beanspruchung innerhalb einer Therapiestunde. Bewährt hat sich beispielsweise im ersten Viertel einer Sitzung ein Gespräch über die aktuelle Befindlichkeit und den Verlauf der Woche, im zweiten Viertel wird mittels Imaginationen an der psychischen Struktur gearbeitet, anschließend malt das Kind das Imaginierte, im letzten Viertel bestimmt das Kind, was es spielen will.
- Der Therapeut pendelt dabei in einer vernünftigen Art zwischen den Polen einer frei schwebenden Aufmerksamkeit mit der Annahme, dass das Kind seinen Weg wählt und seiner eigenen Aktivität folgt, um den Therapieprozess zu strukturieren. Der Therapeut wird anfangs Vorschläge machen, um ein analoges Medium einzuschalten und darauf zu achten, wie das Kind darauf reagiert. Der Therapeut wird aber die Wahl der Inhalte nicht steuern, sondern dem Kind überlassen.

In unserer Arbeit sind die phänomenologische Betrachtungsweise und die Reflexion des Menschenverständnisses die Basis, von der aus auch alle weiteren Gesichtspunkte eines übergeordneten Prozesses wie Motivation, aktuelle Fragen des Klienten, Geschehen in der Umwelt, Beziehungsgeschehen zwischen Klient und Therapeut beurteilt werden. Die ständige Beurteilung des therapeutischen Prozesses heißt, dass der Therapeut immer wieder das Gesamtgeschehen wertet und überlegt, was dem therapeutischen Fortschritt dienlich ist. Primär ist dazu das Beziehungsgeschehen zu reflektieren. Auf einer theoretischen Sachebene stellt sich die Frage, welche Überlegungen diesen übergeordneten Prozess hilfreich beschreiben und für den Therapeuten Anregungen bieten können. Welche Konzepte sind hilfreich und welche Konzepte lassen sich nicht mehr halten?

Einige Punkte aus den Forschungen GRAWES scheinen mir hier wichtig und sind andererseits eine Bestätigung für die Anwendung nicht rein gesprächsspezifischer Zugänge.

Grawe meint, dass Prozesse, die unserem Erleben und Verhalten zugrunde liegen, nur dann verändert werden können, wenn diese aktiviert sind. »Nur unter der Bedingung der Hinwendung der bewussten Aufmerksamkeit zu den Wahrnehmungen, die nicht mit den problemrelevanten Erwartungen übereinstimmen, kann ein neues neuronales

4.8 Der übergeordnete Prozess im Therapiegeschehen

Erregungsmuster etabliert werden« (Grawe, 1998, S. 242), und dafür braucht es Zeit. Die Emotionen sind enger mit dem impliziten analog-nonverbalen Funktionsmodus verbunden als mit dem konzeptionell-verbalen analytischen. Ein Therapeut muss vor allem lernen, seine Aufmerksamkeit auf diejenigen Prozesse zu richten, die in diesem implizit nonverbalen Funktionsmodus ablaufen (Grawe, 1998, S. 308).

Ebenso ist Grawe darin zuzustimmen, dass die Ressourcenaktivierung eine der wichtigsten Aufgaben eines Therapeuten ist.

Die Destabilisierung von Störungsattraktoren durch problemspezifische Interventionen ist ebenfalls eine Aufgabe, die vor allem über Elternarbeit zu leisten ist.

Die Reduktion von Inkonsistenz im psychischen Geschehen durch Veränderung motivationaler Attraktoren ist ebenfalls eine Aufgabe, die von Eltern geleistet werden kann.

Wenn es um die Veränderungen von Erregungsbereitschaften geht, die im konzeptuellen Gedächtnis gespeichert sind, können sie vom Bewusstsein aus prozessual aktiviert werden, zum Beispiel dadurch, dass darüber gesprochen wird. Wenn es jedoch um Erregungsbereitschaften geht, die im impliziten und im emotionalen Gedächtnis gespeichert sind, ist eine perzeptuelle Aktivierung erforderlich. Das kann am besten über die Herstellung möglichst realistischer Auslöserreize geschehen. Dazu sind laut Grawe Familienskulpturen, psychodramatische Inszenierungen, gestalttherapeutische Übungen, Imaginationsverfahren, Hypnose und das Aufsuchen von Realsituationen geeignet.

Wenn Grawe seine Überlegungen auch zur Psychotherapie von Erwachsenen formuliert hat, so scheinen mir seine Gedanken zu den verschiedenen Zugangsmodalitäten unserem Vorgehen mittels eines multimodalen Ansatzes recht nahe. Wenn sich Grawes Menschenbild auch nicht mit der hier vorgestellten Philosophie deckt, so beschreibt Grawe doch, warum ein multimodaler Zugang wirksam ist. Ich habe einige Zugangsmodalitäten näher beschrieben, die sich in der Praxis bewährt haben und deren Wirksamkeit über individuelle Fallgeschichten hinaus auch empirisch begründet ist. Es ist klar, dass es noch andere Therapieformen gibt, sei dies die Musiktherapie, die Hypnotherapie, die Verhaltenstherapie oder andere. Verhaltenstherapeutische Interventionen bewähren sich in unserem Verständnishintergrund etwa bei Bettnässen, bei isolierten Verhaltensschwierigkeiten wie Stehlen oder bei Phobien. Ich gehe auf diese Ansätze nicht näher ein und verweise auf die entsprechende Literatur (STEINHAUSEN, 1993).

Im folgenden Beispiel wird zu zeigen sein, wie die Behandlungsmodalität ändert und sich vom Gespräch über körperzentriertem Zugang bis zu Imaginationen erstreckt, je nachdem, was sich im Fokus des psychotherapeutischen Geschehens zeigt. Bei diesem Geschehen ist es wichtig zu verstehen, dass der Therapeut die Behandlungsmodalität

B 4. Ein multimodaler Therapieansatz

nicht darum ändert, weil der Prozess an einen kritischen Punkt kommt, und man mit der primär gewählten Zugangsmodalität nicht mehr weiterkommt. Umgekehrt gedacht geht es vielmehr darum, für ein bestimmtes Problem einen optimalen Zugang zu finden, ohne mögliche Abwehrprozesse zu zementieren und stattdessen die therapeutische Sequenz adäquat zu bearbeiten.

Beispiel: Wie der Fokus und die Behandlungsmodalität ändert

Der fünfzehnjährige Urs wird von seinen Eltern angemeldet. Ihr Sohn benehme sich nicht immer gut, er sei frech und habe sich in der Schule dem Lehrer gegenüber vorlaut benommen. Er komme nicht aus sich heraus und öffne sich nicht gegenüber den Eltern. Bei Konflikten laufe er davon. Die Eltern waren bei dem Lehrer von Urs zu einem Gespräch gebeten worden. So gehe es nicht mehr weiter, meinte der Lehrer. Ansonsten würde es zu einem Verweis kommen. Der Lehrer war im Übrigen mit den Leistungen des Jungen zufrieden. Seine Noten waren gut.

Die Eltern berichteten, dass der Junge seit einiger Zeit auf seinen kleineren Bruder eifersüchtig reagierte, da diesem immer alles bestens gelinge und er für die Schule auch weniger zu lernen hatte. Es stellte sich weiter heraus, dass Urs sehr beeinflussbar war, eher eine ängstliche Grundhaltung zeigte und zudem pubertätsspezifische Verhaltensweisen zeigte. In den letzten Jahren hatte es einige Lehrerwechsel in der Klasse gegeben und der jetzige Lehrer war mit seinen vierzig Schülern überfordert.

Anamnestisch war zu erfahren, dass der Junge als Baby sehr unruhig war. Die frühkindliche Entwicklung war aber insgesamt unauffällig. Allerdings dauerte es im Vergleich zum Bruder – laut Eltern – immer länger, bis der Junge etwas begriffen hatte. Er war schnell zufrieden, genügsam und vernünftig. Schon als kleines Kind redete er wenig mit der Mutter, war eher reserviert und spielte gerne für sich allein. In der Schulzeit brauchte er viel Zeit, um das Vertrauen zum Lehrer zu gewinnen. Wegen verspannten Rückenmuskeln und gelegentlichem Kopfweh wurde beim Hausarzt eine Kontrolle nötig. Die Beschwerden gingen in der Folge dann eher zurück. Es war aktuell für die Eltern schwierig zu verstehen, dass der Junge zu Hause Gespräche schnell abblockte, in der Schule dagegen ein »freches Maul« zeigte. Eher nebenbei war zusätzlich zu erfahren, dass der Junge bei Berichten über Krankheiten in der Presse oder im Fernsehen schnell das Gefühl entwickelte, bei ihm seien Anzeichen der diskutierten Krankheit zu beobachten. Probleme ergaben sich, als die Familie eine Flugreise plante. Jetzt zeigte Urs plötzlich Angst, per Flugzeug zu reisen, und fürchtete sich vor einem eventuellen Absturz.

Urs selber erzählte, dass er die Englischlehrerin für eingebildet hielt. Sie übergehe die schwächeren Schüler und fördere sie nicht. Bei langweiligen Themen in der Schule

4.8 Der übergeordnete Prozess im Therapiegeschehen

»stelle er ab«. In der Tat sei er frech zu den Lehrern gewesen, er versuche sich aber zu bessern. Speziell habe er sich wegen dem Lehrergespräch aufgeregt, weil dies auf einen freien Samstag gelegt worden sei. Zu Hause habe er oft Streit mit seinem Bruder, weil der immer meine, er könne alles besser und ein »großes Maul« habe. Wenn er sich wehre, könne der Bruder die Wahrheit nicht ertragen und ärgere ihn.
Da es aktuell in der Schule wieder gut gehe, sehe er keine Schwierigkeiten mehr, sodass eine weitere Betreuung nicht mehr nötig sei. Auch hätte seine Mutter gar keine Zeit, ihn mit dem Auto zu weiteren Sitzungen zu bringen.
Der Junge wirkte bei seinen Schilderungen etwas gespannt, gleichzeitig wurde deutlich, dass er die ganze Angelegenheit für erledigt hielt. Er nahm sich jetzt in der Schule zusammen und war mit seiner Situation im Allgemeinen zufrieden. Auf die Frage, ob er einen Traum erinnert, wusste er zu berichten, dass ein Schulkamerad im Traum gestorben war, dessen Herz habe plötzlich zu schlagen aufgehört. Unser Junge erwachte aus dem Traum und fand die ganze Geschichte komisch, wie »dies in Träumen halt manchmal so sei«. Auf die Frage im Hanes-Test, ob er sich Gedanken mache, dass irgendetwas Schreckliches passieren könnte, meinte Urs unabhängig vom Traum, dass er einen Herzanfall bekommen könnte und plötzlich im Krankenhaus aufwachen würde.
Im Wartegg-Test zeichnete er in Feld 5 eine medizinische Spritze, in Feld 6 eine Saftpresse, in Feld 7 hing ein Junge mit seinen Händchen an Ringen, wie sie in Turnhallen gebraucht werden, und in Feld 8 zeichnete er ein Gesicht eines Menschen, der nur zwei Zähne hatte.
Der Fokus während der Abklärung änderte sich mit diesen Angaben deutlich. Waren erst soziale Probleme im Umgang mit dem Lehrer in der Schule der eigentliche Anmeldungsgrund, hatte sich dieses Problem schnell erledigt. Das nebenbei geschilderte Problem der Angst vor Krankheiten rückte anschließend ins Zentrum, allerdings weder von den Eltern noch von Urs thematisiert, sondern mehr aus der Sicht des Untersuchers. Die Angst, durch Herzstillstand zu sterben, wurde im Traum nicht bei sich selbst erfahren, sondern über einen Schulkameraden. Im mündlichen Gespräch wurde diese Angst nicht thematisiert, sondern erst in der vielleicht distanzierteren Form bei der schriftlichen Beantwortung im Hanes-Test ausgedrückt. Die gezeichnete medizinische Spritze, das Gepresstsein, das Aufgehängtsein und das Nicht-Zubeißen-Können unterstrichen allerdings, dass der Junge ein Problem hatte. Zudem verriet der Blick seiner Augen, dass ihn eine Angst plagte, und die Eltern ergänzten zu diesem Thema, dass der Junge sich wegen seiner Akne schäme und er dazu einmal leichtfertig gemeint hatte, er würde sich umbringen, wenn seine Akne nicht wieder verschwinde.
Es war aus all diesen Gründen ein Vorschlag an die Familie, dass wir weitere Sitzungen vereinbaren sollten, auch wenn Urs im Moment dazu keine Motivation zeigte. Der

B 4. Ein multimodaler Therapieansatz

Junge sollte vorläufig dreimal kommen, um ihm die Notwendigkeit der Sitzungen zu erklären und ihm eine Erfahrung über die vereinbarten Stunden zu vermitteln. Nach diesen drei Sitzungen wollten wir das definitive Prozedere festlegen und schauen, ob eine Therapie möglich wäre oder nicht. Urs und die Eltern waren damit einverstanden. Der Verlauf der drei Sitzungen verlief zufrieden stellend. Es ging darum, das Prozedere zu erklären, den Bearbeitungsfokus vom Frechsein zu den Körperängsten gut zu begründen, einen Beziehungsaufbau zu ermöglichen und eine Erfahrung von Arbeitsmethoden zu vermitteln. Dem Jungen leuchtete dies ein, und so konnten wir mit der Arbeit definitiv beginnen.
Es war für Urs schwierig, eine direkte Angsterfahrung in Worten zu schildern. Vor allem wusste er nicht, auf was sich die Angst bezog oder was er anders machen müsse, damit er weniger Angst hätte. Er konnte auch nicht viel damit anfangen, dass er selber Phantasien um einen Herzanfall bei sich hatte. Dies habe er sich zwar einmal ausgedacht, aber normalerweise würde ihn das nicht belasten. Er wusste auch nicht, warum er solche Phantasien hatte, und konnte keine weiteren belastenden Erfahrungen angeben. Ich schlug dem Jungen vor, mit Imaginationen zu arbeiten. Die einführenden Übungen zu visuellen, auditiven und taktil-kinästhetischen Erfahrungen beachtete er mit Interesse. Als er mit geschlossenen Augen sich eine Wiese vorstellen wollte, dauerte es allerdings nur einen kurzen Moment, bis ihm schwindlig wurde, und er bekam Angst, vom Stuhl zu fallen. Damit war an eine Arbeit mit Imaginationen im Moment nicht mehr zu denken, und der Junge war nicht bereit, hier weiterzumachen. Allerdings wurde damit auch etwas gewonnen. Die Angstsymptomatik hatte sich in kürzester Zeit manifestiert und wurde zum erlebbaren Zentrum der beiderseitigen Aufmerksamkeit. Dies erlaubte dem Jungen zu erklären, wie nahe ihm seine Angst stand, wobei ihm der Schwindel als Äquivalent und körperliche Manifestation der Angst erklärt wurde. Es ging jetzt darum, diesen Erfahrungen nicht mehr auszuweichen, sondern sie zuzulassen, sie durchzustehen und zu überwinden. Um dies zu erreichen, schien es sinnvoll, den zuerst beabsichtigten Zugangsmodus, nämlich jenen der Imagination, zugunsten des neu aufgetauchten körperzentrierten Fokus zu ändern.
Das unangenehme Körperempfinden stand jetzt für den Jungen im Vordergrund, und wir wollten bei dieser Erfahrung bleiben. Ich schlug ihm vor, diese unangenehmen Körperempfindungen bewusst und voller Achtsamkeit zuzulassen und mit Hilfe des Autogenen Trainings dagegen eine Strategie zu entwickeln, um die Kontrolle über das Körperempfinden zurückzugewinnen. Erfahrungsgemäß war zu erwarten, dass sich der Schwindel dabei höchstens kurze Zeit verstärken würde, um anschließend abzuklingen. Dies wurde Urs auch gesagt. Um die Angst, dabei vom Stuhl zu fallen, auszuschließen, legte sich der Junge hin. Während drei bis vier Stunden wiederholten wir nun die Übungen mit geschlossenen Augen und übten gleichzeitig Autogenes Trai-

4.8 Der übergeordnete Prozess im Therapiegeschehen

ning. In der Tat verstärkte sich dabei der Schwindel jeweils anfangs, und der Junge hatte das Gefühl, sein Kopf falle nach unten und seine Beine würden hochgehen. Urs sollte sich gegen diese Drehbewegung seines Körpers nicht wehren, sondern sie bewusst unterstützen und mit der Bewegung mitgehen. Zum Glück hörten die unangenehmen Empfinden dabei wieder auf, und Urs lernte dabei, ruhig, entspannt und ohne Schwindelgefühle mit einem angenehmen Körpergefühl auch mit geschlossenen Augen dazuliegen. Er verlor die Erwartungsangst, wonach mit seinem Körper etwas Schlimmes passieren würde. Von daher konnten wir jetzt die ursprüngliche Idee der Imaginationen wieder aufnehmen. In der ersten entsprechenden Sitzung sah er Folgendes:
»Ich sehe ein Dorf. Vorne tanzen ein paar ›Moskauer‹. Zwei davon haben eine große ›Klappe‹, sie rufen hoi, hoi. Sie tanzen um eine Feuerstelle und begrüßen mich. Auf dem Boden vor uns hat es ganz viel Hühnermist und Kuhdreck. Ein Kuhfladen ist fast einen Meter breit. Es beginnt zu regnen. Fast würde man in diesen Kuhmist laufen und darin schwimmen.«
Wir besprachen, dass es in dieser Situation am besten ist, den Hühner- und Kuhdreck einzusammeln. Der Junge organisierte sich eine Schaufel und machte den Platz sauber. In der folgenden Sitzung findet sich der Junge wiederum in der Imagination in dieser Gegend. Ein kleiner Bach ist in der Nähe. Es fängt wieder an zu regnen, und der Bach schwillt zu einem Fluss an. Plötzlich sieht er, wie Menschen darin um ihr Leben schwimmen. Er versucht die Leute zu retten, aber die Strömung wird stark. Es gelingt einigen Leuten, sich auf ein Floß zu retten. Einem Mann gelingt das nicht. Der Junge will ihm zurufen, aber es scheint, dass der Mann taubstumm ist und nicht reden kann. Der Mann ertrinkt, und der Junge kann nichts mehr für ihn tun. Als er nachschauen will, ob den Mann medizinische Hilfe nicht doch noch retten könnte, merkt der Junge, dass Piranjas am Werk sind und man vor lauter Blut nichts mehr machen kann. In der Folge ging es darum, einen Kontakt zu den Piranjas aufzubauen, um sich gegen diese Gefahr zu wappnen. Die weitere Geschichte der Imagination kann so zusammengefasst werden, dass der Junge von den Bewohnern des Landes zum Staatsoberhaupt gewählt wurde. Er wollte das überflutete Land wieder aufbauen, und bezeichnenderweise hatten einige Bewohner das Bedürfnis, ein Krankenhaus zu bauen. Bei all diesen Aktivitäten konnte der Junge seine Stellung als »Staatsoberhaupt« genießen, musste seine Stellung aber auch dafür einsetzen, dass er mit eigener Anstrengung dabei half, Neues aufzubauen, Probleme zu lösen und Patienten im Krankenhaus beizustehen. Diese Therapie verlief sehr zufrieden stellend und konnte nach zwanzig Sitzungen abgeschlossen werden.

5. Zur Wirksamkeit der Psychotherapiemethoden

Die Wirksamkeit von Psychotherapiemethoden ist in letzter Zeit stark in den Mittelpunkt des Interesses gerückt. Wenn Psychotherapie etwas kostet, soll mindestens deren Wirksamkeit erwiesen sein. Auch innerhalb der bekannten Verfahren stellt sich die Frage, welche Form der Therapie nützlicher und effizienter ist als die andere. Es ist bekannt, dass mit diesen Fragen die angewendete Methodik der Überprüfung von Wirksamkeit reflektiert werden muss. Wenn viele Fragen aus Krankheitsverständnis auch kontrovers bleiben, scheint mir doch eine Diskussion um wirksame Methoden nötig, um möglicherweise gewisse Mythen und althergebrachte Überzeugungen korrigieren zu können, ein Prozess, der immer wieder neu geführt werden muss.
CONDRAU (1995) hat sich im Artikel »Psychotherapie auf dem Prüfstand« mit dieser Thematik auseinander gesetzt. Ausgehend von der Studie von Klaus GRAWE, Ruth DONATI und Friderike BERNAUER (1994) geht es um die Legitimation von empirischen, statistischen Zugangsweisen zu diesem Problem. Grawe et al. sind zum Schluss gekommen, dass die psychoanalytisch orientierte Psychotherapie im Vergleich zu den kognitiven Therapien, der Gesprächspsychotherapie und der Breitspektrumstherapie schlechter abschneidet.
Widerspruch gegen die Studie von Grawe blieb nicht aus (W. MERTENS, 1994), und die Diskussion stellt sich mit der Frage, inwieweit statistische Verfahren versus Einzelfalldarstellungen das Problem adäquat lösen können.
Condrau hält die Behauptung Grawes, dass nur kontrollierte Studien und vergleichende Gruppenbefunde den Wirkungsnachweis erbringen können, für völlig willkürlich. Dies entspreche einem eng gefassten Wissenschaftsverständnis.
Zwar bezieht sich die Studie von Grawe und Mitarbeiter auf Erwachsenentherapien, doch stellt sich für den Nachweis der Wirksamkeit in Kindertherapien die gleiche Frage, nämlich, welche Forschungsmethode dem »Untersuchungsobjekt« adäquat ist. Ich denke, dass nicht grundsätzlich auf statistische Methoden verzichtet werden muss, dass jedoch die konkreten Veränderungsprozesse innerhalb einer Psychotherapie ebensogut mit anderen Methoden wie in der Einzelfalldarstellung oder anhand von Testbefunden dargestellt werden können. Auf die Abhängigkeit von Forschungsmethoden vom allgemeinen Wissenschaftsverständnis weist R. MUTSCHLECHNER in (T. Reinelt, G. Bogyi, B. Schuch, 1997) hin, speziell auf die Schwierigkeiten empirischer Studien zum Wirksamkeitsnachweis von Psychotherapien.
Ich möchte auf einige konkrete Ergebnisse eingehen, die mit den in dieser Arbeit angeführten Ansätzen, d. h. Modalitäten des psychotherapeutischen Zugangs, in Beziehung stehen.

5. Zur Wirksamkeit der Psychotherapiemethoden

Der phänomenologische Zugang zu den Kindern und Jugendlichen spielt in dieser Arbeit sowohl über das Medium des Gesprächs als auch über andere Medien wie Spiel oder Imagination eine große Rolle. Das Daseinsanalytische Institut für Psychotherapie und Psychosomatik in Zürich hat 1994 eine unabhängige Studie von B. WEBER über die Wirksamkeit der daseinsanalytischen Therapie bei psychosomatischen Störungen veröffentlicht. Weber kam zum Schluss, dass die Wirksamkeit der Daseinsanalyse speziell im Bereich der Psychosomatik und der Neurosen nachgewiesen ist.
Bezüglich der spieltherapeutischen Ansätze verweise ich auf die Heidelberger Studie zur analytischen Kinder- und Jugendlichen-Psychotherapie von M. FAHRIG et al. (1996). In der Studie wurden 133 Behandlungsfälle in einem naturalistischen Studiendesign untersucht. Bei diesen Behandlungen konnten Verbesserungen der Symptomatik und der zugrunde liegenden Konflikte in über 90 Prozent der Fälle festgestellt werden. Der Anteil an Kindern mit ungenügend gebesserter Symptomatik schwankte je nach Erfolgskriterium zwischen 5 Prozent und 24 Prozent. Eine Bestimmung der Effektstärken als Maß für die erzielten Veränderungen erbrachte Werte, die denen verhaltenstherapeutischen Vorgehens durchaus vergleichbar, zum Teil sogar überlegen waren.
Entscheidend ist bei diesem Spieltherapieansatz, dass das Kind seine intrapsychischen und interpersonalen Konflikte, entsprechend seiner kognitiven Struktur, bevorzugt anschaulich und symbolisch in Spielhandlungen darstellt, welche die psychische Realität auf analogen Ebenen abbilden. »Der Therapeut lenkt die Übertragung nach Möglichkeit auf die analoge Ebene. Die Konflikte werden auf die Spielfiguren übertragen und dort abgehandelt ... Das Deuten psychodynamischer Zusammenhänge im Sinne des Vermittelns einer neuen Einsicht über sich selbst geschieht vorwiegend auf den analogen Ebenen.« (Fahrig et al,. 1996, S. 381) Eine Verknüpfung der Geschehnisse auf der analogen Ebene mit den realen Konflikten des Kindes kann erfolgen, wenn das Kind diese Ebene anbietet, muss aber nicht notwendigerweise erfolgen. Dies stellt nach H. Fahrig im Vergleich zur orthodoxen psychoanalytischen Arbeit einen Richtungswechsel dar, da Deutungen früher eher auf der realen Beziehungsebene zwischen Therapeut und Kind erfolgten. Der in dieser Arbeit vorgestellte spieltherapeutische Ansatz verfolgt die gleichen Prinzipien bezüglich der verwendeten analogen Ebene. M. Fahrig versicherte mir, dass aus diesen Gründen seine Ergebnisse auf den hier vorgestellten Ansatz mit Sicherheit übertragbar seien.
Ein weiterer hier vorgestellter methodischer Zugang ist jener der Imaginationen. H. C. LEUNER hat bereits 1980 ein Buch mit Wirksamkeitsnachweisen über diese Methode veröffentlicht. Neben viel Fallberichten gehe ich hier nur auf das Ergebnis einer empirischen Studie ein.

B 5. Zur Wirksamkeit der Psychotherapiemethoden

Im Rahmen einer psychiatrischen Poliklinik mit psychotherapeutischer Ambulanz wurden 14 unausgelesene Patienten mit neurotischen und psychosomatischen Störungen in je 15 Sitzungen mit dem Katathymen Bilderleben auf der Grundstufe behandelt. Diese Kurzpsychotherapie »führte nach klinischer Bewertung und testpsychologischen Untersuchungen in 9 von 14 Fällen zu wesentlichen Besserungen« (Leuner, 1980, S. 145).

Ein weiterer Zugang ist jener der imaginativen Maltherapie. Diese ursprünglich von KULESSA (1975) beschriebene, aber unveröffentlichte Artikel über katathyme Maltherapie verbindet den Inhalt eines vorgestellten Motivs mit der anschließenden farbigen Darstellung. Alle Patienten dieser Studie haben sich zum Malen ihrer katathymen Bilder motivieren lassen. Oft stießen die Klienten dabei auf frühere unbewältigte Konflikte. Danach waren für viele der Patienten »die auf Papier gebrachten ›inneren Bilder‹ eine gute Möglichkeit, mit den ihnen nahe stehenden Menschen über den Prozess der Persönlichkeitswandlung in der Therapie zu kommunizieren« (Ch. Kullessa und F. Jung, in H. C. Leuner, 1980, S. 149). Kullessa und Jung haben die Wirksamkeit einer 20-stündigen Kurzpsychotherapie mit dem Katathymen Bilderleben im testpsychologischen Prä- und Post-Vergleich untersucht. Die 26 unausgelesenen Patienten der psychotherapeutischen Sprechstunde einer psychiatrischen Klinik mit psychoneurotischen und psychosomatischen Störungen wurden ambulant behandelt. Der Behandlungserfolg wurde durch standardisierte Tests ermittelt. 13 oder 19 klinisch auffällige Patienten zeigten nach der Therapie im Freiburger Persönlichkeitsinventar eine signifikante Besserung. 7 Patienten zeigten schon im Prätest unauffällige Werte, obwohl sie sich behandlungsbedürftig fühlten.

Der letzte unserer erwähnten Zugänge ist der körperzentrierte Zugang über das Autogene Training.

M. MARTIN in H. REMSCHMIDT (1997) fasst die Fragen um das Autogene Training mit Kindern zusammen. Bezüglich der Wirksamkeit liegt eine Reihe von Untersuchungen vor, welche die Wirksamkeit anhand von physiologischen Messdaten belegen, ebenso liegen positive Ergebnisse vor bei der Behandlung von psychosomatisch gestörten Kindern (DITTMANN, 1988, KRONER et al., 1980).

Zu guter Letzt möchte ich nochmals darauf hinweisen, dass es neben den empirischen Befunden zur Wirksamkeit auch Beschreibungen von Therapieverläufen gibt, in denen die entsprechenden Schwierigkeiten und Veränderungen noch deutlicher sichtbar werden. Therapiemethoden entstehen auch nicht in einem luftleeren Raum. Historisch gesehen entwickeln sie sich aus vorbestehenden Erfahrungen, die sinnvoll ergänzt werden. Neben der theoretischen Fundierung ist die Anwendung eingebettet in ein breites Praxisumfeld, in dem Therapieerfolge beziehungsweise Misserfolge eine Rückmeldung des Klienten ist, in dem zweitens normalerweise eine Supervision den Therapieverlauf

5. Zur Wirksamkeit der Psychotherapiemethoden

begleitet und in dem drittens das kontrollierende Umfeld eines Ausbildungsinstituts oder einer Praxisinstitution ein wildes unreflektiertes Arbeiten gar nicht ermöglicht. Es ist deshalb naiv zu glauben, eine Methode könne sich durchsetzen, wenn nicht positive Verläufe dokumentiert werden können. Auf der anderen Seite ist es aber auch richtig, dass es neben positiven Verläufen immer wieder erfolglose Therapieverläufe geben kann, was mit den unterschiedlichsten Bedingungen zu tun haben kann. Letzten Endes treten sich immer zwei Partner, Patient und Therapeut, gegenüber, und es ist nicht von vorneherein selbstverständlich, dass sich neben der methodischen eine persönliche positive Beziehung entwickeln kann.

Die Wirksamkeit eines Therapieverlaufs kann im Einzelfall neben der klinischen Beurteilung gut anhand des Rorschach-Tests kontrolliert werden. Ein Beispiel mag dies veranschaulichen. Ein vierzehnjähriges Mädchen mit einer anorektischen Symptomatik drückte im Rorschach-Test vor allem Angst- und Defektgefühle aus. Die folgenden Antworten verdeutlichen das. Für Interessierte ist die Signierung mit angegeben.

- *Tafel 1*
  Scherenschnitt   Gzw   F+
  ein zerschnittener Stoff   Gzw   F−
  ein zerfetzter Drachen   Gzw   F+

- *Tafel 2*
  rote Flecken   Gep   Fb   Schock
  dreckige Kleiderfetzen   Ge   Fbf
  Scherenschnitt   Gzw   F−

- *Tafel 3*
  Stofffetzen   Ge   F−
  Käfer   Do   F+
  zwei Leute halten etwas   D   B+

- *Tafel 4*
  etwas mit großen Füßen   Do   F+
  unfertig gezeichneter Riesen G   F+

- *Tafel 5*
  Vogel   G   F+

- *Tafel 6*
  wie etwas aus einer Melone Geschnittenes   D   HdF
  angenagtes Blatt   G   F−
  aufgeschnittener Tierkörper   G   F+

B 5. Zur Wirksamkeit der Psychotherapiemethoden

- *Tafel 7*
  aus Kleidungsstück ist etwas herausgehauen   Gzw   F-
  zwei Hasen, die sich anschauen   D   bF+

- *Tafel 8*
  Maus, die läuft   D   bF+
  farbiges Geschlirg   Gep   Fb

- *Tafel 9*
  etwas Farbiges   Gep   Fb   Schock
  Scherenschnitt   Gzw   F-

- *Tafel 10*
  Käfer   D   F+
  Geschlirg   Gep   Fb

Die affektive Irritation ist eindrücklich. Sie zeigt sich besonders auf den Farbtafeln teils in Schocks, teils in undifferenzierten Antworten. Nach einem Jahr Imaginationstherapie mit einer Stunde pro Woche präsentiert sich der Test entscheidend besser:

- *Tafel 1*
  Fledermaus   G   F+
  Hände   Do   F+
  Maul von Krokodil   De   F+
  Füße von Körper und Mann   Do   F-

- *Tafel 2*
  zwei Mäuse halten sich   D   bF+
  Elefantenkopf   D   F+
  Schmetterling   D   F+
  Herz   D   Fb

- *Tafel 3*
  zwei Menschen halten eine Kugel   D   B+
  Fliege   D   F+
  kaputte Gitarre   D   F-
  eine Pflanze ist am Wachsen   D   F+

- *Tafel 4*
  Clown mit großen Schuhen   G   F+
  Baumstamm   G   F+

5. Zur Wirksamkeit der Psychotherapiemethoden

- *Tafel 5*
  Schmetterling   G   F+
  Fledermaus   G   F+
  Maul von Krokodil   D   F+

- *Tafel 6*
  Fuchsfell   G   F+

- *Tafel 7*
  zwei Hasen schauen sich an   D   bF+

- *Tafel 8*
  zwei Hyänen   D   F+
  Vogel im Sturzflug   D   bF-
  Tierfell   D   F+

- *Tafel 9*
  Zwerge mit Zipfelkappe   D   F+
  Silhouette eines knienden Mannes, der Pfeife raucht   D   B+
  Kopf mit Auge   D   F+

- *Tafel 10*
  zwei Käfer   D   F+
  Spinnen mit offenen Mund   D   F+
  Spinnen   D   F+
  Wirbelsäule und Becken   D   F+
  Maske   Dzw   F+

Der Vergleich mit dem ersten Test zeigt, dass die Defektantworten mit einer Ausnahme verschwunden sind. Die affektive Befindlichkeit hat sich stabilisiert, wenn auch noch leichte Angstzeichen vorhanden sind. Die Schockreaktionen sind weggefallen. Aus dem ehemaligen »Geschlirg« sind, besonders auf der schwierigen Tafel 9, recht differenzierte Antworten geworden. Entscheidend dabei ist, dass dem Mädchen damit neue Wahrnehmungs- und Reaktionsmöglichkeiten zur Verfügung stehen.

Teil C:
Tests und Verfahren zur Psychodiagnostik

1. Testverfahren für Kinder und Jugendliche im Überblick
(nach W. Reukauf)

Die folgende Zusammenstellung umfasst eine Auswahl von Testverfahren für Kinder und Jugendliche, welche im Rahmen der Einzeldiagnostik in Schulpsychologischen sowie Kinder- und Jugendpsychiatrischen Diensten der Deutschen Schweiz allgemein bekannt und gebräuchlich sind. Sie wurde von W. REUKAUF, Psychopathologie des Kindes- und Jugendalters, Universität Zürich, zusammengestellt und uns freundlicherweise zur Verfügung gestellt.

1. Testverfahren für Kinder und Jugendliche im Überblick

Entwicklungstests

Test	Ziele	Alter/Kl.	Dauer[1]		Zus.fassg.[3]
1 Vineland Social Maturity Scale (VSMS)	Abschätzg. des sozialen Entw.standes bei normalen u. geistig beh. Kindern	N: 2–7 GB: 7–10	20–30		B_1 192–195 K_b 222
2 Lincoln-Oseretzky Skala 18 (LOS-KF 18)	Kurzform zur Messung des motor. Entw.standes bei normalen u. beh. Kindern	5–13	20–25		B_1 40–41
3 Frostigs Entwicklungstest der visuellen Wahrnehmung (FEW)	Erfassung von Teilbereichen der visuellen Wahrnehmung	4–7	30–45		B_2 587–589
4 Griffiths Entwicklungsskalen (GES)	Beurteilung der Entwicklung in den ersten beiden Lebensjahren	1–2	40–60		K_b 220–221 (engl. Fassg.)
5 Heidelberger Sprachentwicklungstest (HSET) (Schweizer Version)	Ermittlung des Entw.standes sprachlicher Fähigkeiten	3–9	70–80	4	B_2 590–592 (dt. Fassg.)
6 Psycholinguistischer Entwicklungstest (PET)	Erfassung spezif. Fähigkeiten u. Störungen kommunikativer Prozesse	3–9	100–120		B_2 594–596
7 Testbatterie zur Erfassung kognitiver Operationen (TEKO)	Bestimmung des Entw.standes bezügl. kognitiver Operationen (n. Piaget)	5–8	60–70		B_2 597–600

[1] Zeitaufwand in Minuten
[3] B_1: Brickenkamp R. (Hrsg.): Handbuch psychol. und pädag. Tests. Hogrefe, Göttingen 1997.
B_2: Brickenkamp R. (Hrsg.): Erster Ergänzungsband zum Handbuch ... Hogrefe, Göttingen 1983.
Kb: Herzka H. S. und Mitarb.: Testübersicht, in: Kinderpsychiatrische Krankheitsbilder. Schwabe, Basel 1978, S. 215–258.
[4] Lit.erg.: Grisseemann H.: Heidelberger Sprachentwicklungstest (HSET) (Schweizer Version). Huber, Bern 1991.
[5] Lit.: Lobeck, A.: Rechentest 4.–6. Klasse. Beltz, Basel 1990.

213

C 1. Testverfahren für Kinder und Jugendliche im Überblick

Gebräuchliche Schultests

1 Mannheimer Schuleingangs-Diagnostikum (MSD)	Erfassung versch. Aspekte der Schulreife	6–7	45–50	B_2 667–668
2 Zürcher Lesetest (ZLT)	Erfassung der Leseschwäche	2.–5. Kl.	45–60	B_1 305–306
3 Zürcher Leseverständnistest für das 4. bis 6. Schuljahr (ZLVT 4–6)	Prüfung des Leseverständnisses (bei lautem und stillem Lesen)	4.–6. Kl.	20–50	---
4 Diagnostischer Rechtschreibtest (DRT 2)	Erfassung der Rechtschreibleistung bei Schülern der 2. Primarklasse	2. Kl.	25–35	B_1 308–309 (Fassg. BRD)
5 Diagnostischer Rechtschreibtest (DRT 3)	Erfassung der Rechtschreibleistung bei Schülern der 3. Primarklasse	3. Kl.	30–45	B_1 310–311 (Fassg. BRD)
6 Diagnostischer Rechtschreibtest (DRT 4–5)	Erfassung der Rechtschreibleistung bei Schülern der 4. u. 5. Klasse (BRD/CH)	4.–5. Kl.	45–50	B_1 312–313 (Fassg. BRD)
7 Rechentest 1.–3. Klasse	Erfassung der Rechenleistung bei Schülern der 1.–3. Primarklasse	1.–3. Kl.	40–60	---
8 Rechentest 4.–6. Klasse	Erfassung der Rechenleistung bei Schülern der 4.–6. Primarklasse	4.–6. Kl.	40–60 [5]	---

[1] Zeitaufwand in Minuten
[3] B_1: Brickenkamp R. (Hrsg.): Handbuch psychol. und päd. Tests. Hogrefe, Göttingen 1997.
B_2: Brickenkamp R. (Hrsg.): Erster Ergänzungsband zum Handbuch ... Hogrefe, Göttingen 1983.
Kb: Herzka H. S. und Mitarb.: Testübersicht, in: Kinderpsychiatrische Krankheitsbilder. Schwabe, Basel 1978, S. 215–258.
[4] Lit.erg.: Grisseemann H.: Heidelberger Sprachentwicklungstest (HSET) (Schweizer Version). Huber, Bern 1991.
[5] Lit: Lobeck A.: Rechentest 4.–6. Klasse. Beltz, Basel 1990.

1. Testverfahren für Kinder und Jugendliche im Überblick

Vergleichende Gegenüberstellung sprachfreier Intelligenztests

Test	Ziele	Alter	Dauer[1]	Zus.-fassg.[3]
1a Columbia Mental Maturity Scale (CMM) Untertest der TBGB	Erfassung der Denk- und Abstraktionsfähigkeit sowie des logisch-schlussfolgernden Denkens	N: 3–10 LB: 9–12 GB: 7–12	30–45 30–45 30–45	Kb 222–223
1b Gruppenintelligenztest für lernbehinderte Sonderschüler (CMM-LB)	(s. o.); Intelligenzdiagnostik bei Lernbehinderten	LB: 9–14	30–45	B$_2$ 618
1c Columbia Mental Maturity Scale (CMM 1–3)	(s.o.); sprachfreier Grundintelligenztest; Abschätzung der sprachfreien Intelligenz im Gruppenversuch	6–9	20–30	B$_2$ 609
2a Grundintelligenztest-Skala 1 (CFT 1)	Bestimmung der Grundintelligenz; Erfassung des nichtsprachlichen Problemlösungsverhaltens	5–9	30–40	B$_2$ 612–614
2b Grundintelligenztest-Skala 2 (CFT 2)	(s. o.)	8;6–18	45–60	B$_2$ 615–617
2c Grundintelligenztest-Skala 3 (CFT 3)	(s. o.)	ab 14	45–60	B$_1$ 106–111
3a Coloured Progressive Matrices (CPM)	Feststellung der Denkfähigkeit und Beobachtungsgabe (als Faktoren der allgemeinen Intelligenz)	3–11;6	20–40	B$_1$ 78–83 B$_2$ 635 Kb 227
3b Standard Progressive Matrices (SPM)	(s. o.)	6–65	30–50	B$_1$ 184–189 B$_2$ 636 Kb 227
3c Advanced Progressive Matrices (APM)	Erfassung des intellektuellen Leistungsgrades höherer Intelligenzbereiche	11–40	45–60	B$_1$ 54–57

C 1. Testverfahren für Kinder und Jugendliche im Überblick

4a Snijders-Oomen Nicht-verbale Intelligenzreihe (SON)	Bestimmung der (nicht-sprachl.) Intelligenzhöhe bei hörenden, schwerhörigen, tauben, fremdsprachigen und entwicklungsgehemmten Kindern und Jugendlichen	3–15 (20)	100–120	B_1 180–183 Kb 228
4b Snijders-Oomen Nicht-verbaler Intelligenztest (SON-R 5 1/2-17)	(s. o.)	5 1/2–17	100–120	---[4]

[1] Zeitaufwand in Minuten
[3] B_1: Brickenkamp R. (Hrsg.): Handbuch psychol. und pädag. Tests. Hogrefe, Göttingen 1975.
B_2: Brickenkamp R. (Hrsg.): Erster Ergänzungsband zum Handbuch ... Hogrefe, Göttingen 1983.
Kb: Herzka H. S. und Mitarb.: Testübersicht, in: Kinderpsychiatrische Krankheitsbilder. Schwabe, Basel 1978, S. 215–258.
[4] Lit.: Snijders J. Th. et al.: Snijders-oomen Nichtverbaler Intelligenztest (SON-R 5 1/2–17). Wolters-Nordhoff, Groningen 1989.

1. Testverfahren für Kinder und Jugendliche im Überblick

Gebräuchliche Intelligenztests für Kinder und Jugendliche (ohne sprachfreie Tests)

Test	Ziele	Alter	Dauer[1]	Zus.fassg.[3]
1 Testreihen zur Prüfung von Schweizer Kindern	Erfassung der intell. Leistungsfähigkeit	4–15	120–150	B_1 196–199 Kb 230
2 Testbatterie für geistig behinderte Kinder (TBGB)	Erfassung des intell. Leistungsverhaltens, des motor. Entw.standes; Einschätzg. der soz. Reife	GB: 7–12 LB: 9–12	120–180	B_1 192–195 Kb 222–22
3 Prüfsystem für Schul- u. Bildungsberatung (PSB)	Ermittlung der Primärfaktoren der Intell.; Schul- u. Bildungsberatung	9–20	70–80	B_1 166–167
4 Kramer-Test	Ermittlung der intell. Leistungsfähigkeit; Miterfassg. der Schulreife	3–15	90–120	B_1 143–148 Kb 225
5 Adaptives Intelligenz-Diagnostikum (AID)	Bestimmung der globalen Intell. sowie einzelner Fähigkts.dimensionen	6–15	20–60	---
6 Hamburg-Wechsler-Intelligenztest für Kinder, Revision 1983 (HAWIK-R) (Schweizer Version)	Erfassung der intellektuellen Leistungsfähigkeit	6–15	120–150	---
7 Hamburg-Wechsler-Intelligenztest für Erwachsene, Revision (HAWIK-R)	(s. o.)	16–74	60–90	---[4]
8 Mann-Zeichen-Test	Anschätzung des intell. Entw.standes; auch proj. Auswertg. möglich (vgl. S. 7, MMT!)	6–16	5–10	B_1 161–162 Kb 226
9 Kaufman Assessment Battery for Children (K-ABC) (Deutsche Version)	Messung intell. Fähigkeiten und erworbener Fertigkeiten	2;6–12;5	30–90	---[5]

C 1. Testverfahren für Kinder und Jugendliche im Überblick

Allgemeiner Leistungstest

1 Test d2; Aufmerksamkeits-Belastungs-Test	Erfassung der allgem. Leistungsfähigkt. sowie der Aufmerksamkeits- u. Konzentrationsleistung	9–60	8–10	B_1 237–240 Kb 231

Klinische Tests

1 Benton-Test	Prüfung der Formerfassg. u. -wiedergabe sowie der visuellen Merkfähigkeit	8–60	15–20	B_1 489–490 Kb 236
2 Figure complexe Form A Form B	(s. o)	6–Erw. 4–7	15–30 15–20	Kb 237
3 Zeichenprobe für 4- bis 6-Jährige (nach Santucci/Zazzo)	Prüfung der Formerfassung und -wiedergabe	4–6	10–15	Kb239
4 Göttinger Formreproduktions-Test (GFT)	(s. o.)	6–15	10–15	B_1 494–495 Kb 238
5 Tübinger Luria-Christensen Neuropsychologische Untersuchungsreihe für Kinder (TÜKI)	Ermittlung von Funktionsschwächen u. deren differenzierende, qualitative Untersuchung	4–16	90–135	---[6]

[1] Zeitaufwand in Minuten
[3] B_1: Brickenkamp R. (Hrsg.): Handbuch psychol. und pädag. Tests. Hogrefe, Göttingen 1975.
  B_2: Brickenkamp R. (Hrsg.): Erster Ergänzungsband zum Handbuch ... Hogrefe, Göttingen 1983.
  Kb: Herzka H. S. und Mitarb.: Testübersicht, in: Kinderpsychiatrische Krankheitsbilder. Schwabe, Basel 1978, S. 215–258.
[4] Lit: Wechsler D.; Tewes U. (Dt. Bearb.): Hamburg-Wechsler-Intelligenztest für Erwachsene, Revision (HAWIK-R). Huber, Bern 1991.
[5] Lit: Kaufman A.S., Kaufman N. L.: Kaufman Assessment Battery for Children (K-ABC) (Deutsche Version). Swets, Lisse 1991.
[6] Lit: Deegener G. et al.: Tübinger Luria-Christensen Neuropsychologische Untersuchungsreihe für Kinder (TÜKI). Beltz, Weinheim 1992.

1. Testverfahren für Kinder und Jugendliche im Überblick

Persönlichkeits-Struktur-Tests für Kinder und Jugendliche

Test	Ziele	Alter	Dauer[1]	Zus.fassg[3]
1 Gießen-Test (GT)	Erfassung des Selbstbildes sowie des Idealselbstbildes	ab 18	10–15	B_1 443–444 B_2 844
2 Hamburger Neurotizismus- und Extraversionsskala für Kinder und Jugendliche (HANES, KJ)	Erfassung der Konzepte Neurotizismus und Extraversion	8–16	15–40	B_1 445–446
3 Beobachtungsbogen für Kinder im Vorschulalter (BBK 4–6)	Erfassung versch. Verhaltensweisen (Ankommen; soziales u. emot. Verh.; Spiel-, Sprach- und Arbeitsverhalten)	4–6	unbest.	B_2 812–813
4 Fragebogen zur Erfassung praktischer und sozialer Selbständigkeit 4- bis 6-jähriger Kinder (FPSS)	Erfassung der praktischen und sozialen Selbständigkeit mittels Elternbefragung und eigener Beobachtung	4–6	unbest.	B_2 837–838
5 Freiburger Persönlichkeitsinventar (FPI) neu: FPI-R (1989)	Erfassung verschiedener Eigenschaftsdimensionen	ab 15–Erw. ab 16–Erw.	20–50 10–30	B_1 438–442 B_2 841
6 Persönlichkeitsfragebogen für Kinder 9–14 (PFK 9–14)	Erfassung versch. Verh.stile, Bedürfnisse, Motive sowie Dimensionen des Selbstbildes	9–14	ca. 60	B_2 860–861
7 Verhaltensfragebogen für geistig- und lernbehinderte Heimkinder (VFHK)	Erfassung des sozialen und emotionalen Bereichs bei Heimkindern	LB: 6–16 GB: 6–16	ca. 30	–
8 Depressions-Inventar für Kinder und Jugendliche (DIKJ)	Erfassung der Schwere depressiver Störungen	8–17	30–40	–

C 1. Testverfahren für Kinder und Jugendliche im Überblick

9 Kinder-Angst-Test (KAT)	Erfassung der Frustrationsspannung u. weiterer Komponenten der Ängstlichkeit	9–15	2–5	B_1 447–448 Kb 235
10 Hamburger Verhaltensbeurteilungsliste (HAVEL)	Erfassung kindlicher Verhaltensauffälligkeiten	7–14	unbest.	B_2 847–848
11 Hamburger Persönlichkeitsfragebogen für Kinder (HAPEF-K)	Erfassung verschiedener Persönlichkeitsbereiche	9–13	20–40	B_2 845–846
12 Angstfragebogen für Schüler (AFS)	Erfassung v. Prüfungsangst, manifester Angst, Schulunlust u. sozialer Erwünschtheit	9–17	10–25	B_1 426–427

Formdeuteverfahren

1 Holtzman-Inkblot-Technik (HIT)	Erfassung verschiedener Persönlichkeitsbereiche	ab 5–Erw.	50–70	B_2 921–925
2 Rorschach-Test	Erfassung der Persönlichkeitsstruktur und -dynamik	ab (3)/10–Erw.	30–40	B_1 514–517 Kb 241
3 Diapositiv-Z-Test (Dia-Z-Test)	Gruppenverfahren zur Auslese auffälliger Personen	ab 20	15–20	–[4] B_1 508–509
4 Zulliger-Tafeln-Test (Tafeln-Z-Test)	Erfassung verschiedener Persönlichkeitsbereiche	ab 5–Erw.	10–20	–[5] B_1 518

[1] Zeitaufwand in Minuten
[3] B_1: Brickenkamp R. (Hrsg.): Handbuch psychologischer und pädagogischer Tests. Hogrefe, Göttingen 1975.
B_2: Brickenkamp R. (Hrsg.): Erster Ergänzungsband zum Handbuch … Hogrefe, Göttingen 1983.
Kb: Herzka H. S. und Mitarb.: Testübersicht, in: Kinderpsychiatrische Krankheitsbilder. Schwabe, Basel 1978, S. 215–258.
[4] Lit.: Holtzman W. H.: Inkblot-Technique (HIT). Psychol. Corp., New York 1958.
[5] Lit.: Zollinger H.: Diapositiv-Z-Test. Huber, Bern 1948.

1. Testverfahren für Kinder und Jugendliche im Überblick

Verbal-thematische Verfahren
Verbale Ergänzungsverfahren

Test	Ziele	Alter	Dauer[1]		Zus.fassg.[3]
1 Hamster-Test (HT)	Untersuchung der emotionalen Stabilität	4–7	15–20		–
2 Fabelmethode (nach Düss)	Erfassung von Komplexen und ihrer Schweregrade	3–10	10–20		B_1 521–522 Kb 244
3 Sätze vollenden a) für Kinder b) für Jugendliche	Erfassung verschiedener Lebens- u. Problembereiche	8–12(13) 12(13)–Erw.	20–30 20–45		Kb249
4 Projektive Fragen	Einblick in (unbew.) Wünsche, Befürchtungen, Konflikte	4–Erw.	15–20		Kb 248–249
5 Rosenzweig Picture Frustration Test (PFT) a) Form für Kinder b) Form für Erwachsene	Erkundung des Verhaltens von Personen in belastenden Alltagssituationen	7–13(14) 13(14)–Erw.	20–30 20–25	B_1 530–531	B_2 929–931
6 Sohn-(Tochter-)Aufsatz	Erfassg. der inneren Auseinandersetzung mit wichtigen Bezugspersonen	12–Erw.	15–30		–

C 1. Testverfahren für Kinder und Jugendliche im Überblick

Apperzeptionsverfahren

1 Kinder-Apperzeptions-Test (CAT)	Erfassg. des Verhältnisses zu Bezugspersonen; Aufschluss über Persönlichkeitsdynamik und -struktur	3–10	20–30	B_1 528–529 Kb 245
2 Schwarzfuß-Test (SF-Test)	Erfassg. div. Mechanismen der Anpassung und Ich-Abwehr	4–Erw.	60–90	B_2
3 Familien-Beziehungs-Test (FBT)	Erfassg. interpersonaler familiärer Beziehungen	7–Erw.	30–60	B_1 523–524
4 Schulangst-Test (SAT)	Erfassg. deutlich überdauernder Züge von Angst	6–14	20–30	B_2 932–933
5 Columbus	Erfassg. der Zukunftseinstellg. u. des Verhältnisses zu Familienangehörigen und Freunden	5–20	15–45	B_1 29–30 Kb 242–243
6 Thematischer Apperzeptions-Test (TAT)	Exploration der dominanten Triebe, Gefühle, Gesinnungen, Komplexe u. Konflikte	4–Erw.	2x50 versch. Tage.	B_1 532–534 Kb 250–251
7 Object Relations Technique (ORT)	Persönlichkeitsdiagnostik unter dem Aspekt der zwischenmenschln. Beziehgn.	14–Erw.	45–60	Kb 246–247
8 Thematischer Gestaltungstest (Salzburg) (TGT-[S])	Diagnose der Phasenstruktur der persönl. Entwicklung (vgl. Nr. 6, TAT!)	(7)8–Erw.	2x50–60 versch. Tage	–

¹ Zeitaufwand in Minuten.
³ B_1: Brickenkamp R. (Hrsg.): Handbuch psychologischer und pädagogischer Tests. Hogrefe, Göttingen 1975.
B_2: Brickenkamp R. (Hrsg.): Erster Ergänzungsband zum Handbuch ... Hogrefe, Göttingen 1983.
Kb: Herzka H.S. und Mitarb.: Testübersicht, in: Kinderpsychiatrische Krankheitsbilder. Schwabe, Basel 1978, S. 215–258.

1. Testverfahren für Kinder und Jugendliche im Überblick

Zeichnerische und Gestaltungsverfahren
Zeichnerische Verfahren

	Test	Ziele	Alter	Dauer[1]	Zus.fassg.[3]
1	Sterne-Wellen-Test (SWT)	Hinweise zum Weiterleben	ab 3–Erw.	10–20	B_2 941–942
2	Familie in Tieren	Einblick in die Familienkonstellation	ab 5–Erw.	15–30	B_1 543–544 Kb 253
3	Familienzeichnung	s. o.	ab 5–Erw.	15–30	Kb 254
4	Baumtest	Hinweise auf den Entwicklungsstand und die Persönlichkeitsstruktur	ab 5–Erw.	5–20	B_1 539–540 Kb 252
5	Verzauberte Familie	Ermittlung sozialer und familiärer Hintergründe	ab 5–Erw.	15–30	B_2 943–944
6	Machover-Mensch-Test (MMT)	Erfassung des Körper- und Selbstbildes (vgl. auch: Int.tests Nr. 9 MZT!)	5–16	5–10	B_2 939–944 Kb 226
7	Zeichnungen				
7a	Angstzeichnung	Hinweise auf Angstinhalte und -abwehr	ab 4–Erw.	10–20	Kb 258
7b	Freie Zeichnung	Hinweise auf die momentane Befindlichkeit sowie auf entwicklungs- und persönlichkeitsspezifische Merkmale	ab (/2)3–Erw.	5–20	"
7c	Bildergeschichte	s. o.	ab 5–Erw.	10–20	"
8	Wartegg-Zeichen-Test (WZT)	Hinweise zur Persönlichkeitsdiagnostik	ab (8)10–Erw.	20–30	B_1 560–562 Kb 257
9	Dreibaumtest	Hinweise auf die Wahrnehmung von Dreierbeziehungen; Einblick in die Familienkonstellation	5–15	10–20	–

C 1. Testverfahren für Kinder und Jugendliche im Überblick

Gestaltungsverfahren

1 Sandspiel	Erfassung von Eigenheiten des Spielverhaltens und entw.spezif. Merkmale; Hinweise auf evtl. Problembereiche	ab 2–Erw.	15–30	–
2 Scenotest	Hinweise zum Weiterleben sowie zur Beziehungs- und Persönlichkeitsdiagnostik	ab 3–Erw.	10–30	B_1 556–557 Kb 256

[1] Zeitaufwand in Minuten
[3] B_1: Brickenkamp R. (Hrsg.): Handbuch psychologischer und pädagogischer Tests. Hogrefe, Göttingen 1975.
B_2: Brickenkamp R. (Hrsg.): Erster Ergänzungsband zum Handbuch …Hogrefe, Göttingen 1983.
Kb: Herzka H. S. und Mitbarb.: Testübersicht, in: Kinderpsychiatrische Krankheitsbilder. Schwabe, Basel 1978, S. 215–258.

2. Testbeschreibungen

Im Folgenden wird eine Reihe von Tests näher beschrieben, die für die praktische Arbeit brauchbar erscheinen und die sich zum Teil mindestens in unserer Sicht über viele Jahre bewährt haben. Die Grundidee ist dabei, dass neben einer Kennzeichnung der relevanten Daten der Tests Hinweise bezüglich Anwendung und Auswertung angegeben werden. Für das Schema, welches wir bei den Testbeschreibungen benutzt haben, orientierten wir uns an Brickenkamp (1997), der ein ähnliches, aber nicht das gleiche Schema für seine Testvorstellungen verwendet hat. Speziell zu den projektiven Tests der Baumzeichnung, des Wartegg, Sceno und des Rorschachs sind allerdings im Text dieser Arbeit genauere Auswertungsleitlinien beschrieben.

Neben dieser Auswahl möchte ich darauf hinweisen, dass in der Zeitschrift für Differenzielle und Diagnostische Psychologie (1997, 18. Jahrgang, Heft 1/2) eine ganze Reihe von Tests besprochen und bewertet wurde. Absicht war es, diejenigen Verfahren, welche sich bei Praktiker und Forscher großer Beliebtheit erfreuen, einer kritischen Prüfung zu unterziehen. In unserem Anhang finden sich davon einige Tests, die hier grundsätzlich als brauchbar bewertet wurden. Die Autoren weisen darauf hin, dass es beim Benton zweifelhaft ist, ob dieser Test visuell-perzeptive und graphomotorische Störungen des kurzfristigen visuellen Gedächnisses nach Hirnschädigung anzeigen kann. Beim HAWIK-R ist die Validität insbesondere für die Profilinterpretation nur mäßig belegt. Eine Neuauflage dieses Tests ist 1999 erfolgt. Zu der »Familie in Tieren« wird bemerkt, dass der Einsatz als Test nicht verantwortbar scheint. In der Replik zur Bewertung wird allerdings darauf hingewiesen, dass auch für die projektiven Verfahren Kriterien zu formulieren wären, die dem Geltungsnachweis dienen. Stattdessen sei auf »falschen Prämissen und am Thema vorbei argumentiert worden«. Der Rorschach Test wird als hilfreiches Verfahren zur Verhaltensbeobachtung bewertet. Der Sceno sei kein Test im strengen Sinne des Wortes, sondern ein interessanter Weg der Exploration. Der SPM Raven wird wegen problematischer Konstruktionseigenschaften und der überalterten und altersmäßig stark eingeschränkten Normierung sehr kritisch betrachtet. Als Alternative wird der Wiener Matrizen-Test WMT aufgeführt.

Zusätzlich weist JACKSON (1999, S. 180) darauf hin, dass sich für Testbesprechungen das »Mental Mesurements Yearbook« als Standardbezugswerk für psychologische Tests etabliert hat. Ebenso veröffentlicht die »Test Corporation of America« unter der Bezeichnung »Test Critique« eine Buchreihe mit Testbesprechungen. Über deutschsprachige Tests informiert Brickenkamp (1997).

Um einen bestimmten Standard für pädagogisches und psychologisches Testen zu gewährleisten, haben verschiedene amerikanische Berufsverbände grundsätzliche Aufforderungen an Tests vorgeschlagen, die vom »Committe to Develop Standards for Educational and Psychological Testing« ausgearbeitet worden sind. Eine deutsche Fassung ist dazu von HÄCKER, LEUTNER & AMELANG (1998) herausgegeben worden.

C 2. *Testbeschreibungen*

Als Ergänzung für die Abklärung von speziellen Fragestellungen bieten sich an:
- Der Denver-Entwicklungstest für ein- bis dreijährige Kinder als Screening-Verfahren.
- Der Intelligenz-Struktur-Test (IST 2000) für ältere Schüler bei Fragen zum Beispiel um weiterführende Schullaufbahn.
- Der sprachfreie Intelligenztest »Standard Progressive Matrices« (SPM) mit dem neuen Handbuch mit deutschen Normen, in Anwendung seit 1998.
- Der Kramer Intelligenztest hat alte Normen (Erscheinungsjahr 1972), hat aber für jüngere Kinder einzelne Aufgaben, die Sprachverständnis und auditive sowie visuelle Reproduktionsfähigkeit zeigen.
- Der Zahlenverbindungstest (ZVT) dient der Erfassung der basalen kognitiven Leistungsgeschwindigkeit für Kinder ab acht Jahren und dauert 5–10 Minuten.
- Der Psycholinguistische Entwicklungstest (PET) ermittelt Fertigkeiten bezüglich Wortverständnis, Bilderdeuten, Sätzeergänzen, Bilderzuordnen, Gegenstände- beschreiben, Grammatik-Test, Wörterergänzen, Zahlenfolge-Gedächtnis, Symbolfolge-Gedächtnis und unterscheidet valide zwischen Legasthenikern und Nichtlegasthenikern.
- Der Persönlichkeitsfragebogen für Kinder zwischen neun und vierzehn Jahren (PFK 9-14) beschreibt über fünfzehn Skalen Verhaltensstile, Motive und Selbstbild-Aspekte, die sich zu den übergeordneten Faktoren Ich-Durchsetzung, Emotionalität, Isolierung und aktives Engagement bestimmen lassen.
- Das Freiburger Persönlichkeitsinventar (FPI) ist für Jugendliche ab sechzehn Jahren und beschreibt die Faktoren Lebenszufriedenheit, soziale Orientierung, Leistungsorientierung, Gehemmtheit, Erregbarkeit, Aggressivität, körperliche Beschwerden, Gesundheitssorgen sowie Extraversion und Emotionalität.
- Der Rosenzweig-Picture-Frustrations-Test (PFT) dient der Untersuchung der Frustrationstoleranz von Kindern zwischen sieben und vierzehn Jahren. Das Manual von U. Rauchfleisch wurde 1993 überarbeitet.

2.1 Intelligenztests

Kaufman-Assessement Battery for Children (K-ABC)

A. Klassifikation
Intelligenztest

B. Testgliederung
Der K-ABC besteht aus insgesamt 16 Subtests, von denen aber maximal 13 durchgeführt werden. Diese können in die ›Skala intellektueller Fähigkeiten‹ (SIF) und die ›Fertigkeitsskala‹ (FS) aufgeteilt werden. Die Untertests dieser beiden Skalen sind: Wortschatz, Ge-

sichter und Orte, Rechnen, Rätsel, Lesen/Buchstabieren, Lesen/Verstehen. Die Aufgaben werden unter Berücksichtigung der verschiedenen Interessen, Altersstufen und Verhaltensmöglichkeiten ausgewählt. Die SIF setzt sich aus der ›Skala einzelheitlichen Denkens‹ (SED) (Untertests: Handbewegungen, Zahlennachsprechen, Wortreihe) und der ›Skala ganzheitlichen Denkens‹ (Untertests: Zauberfenster, Wiedererkennen von Gesichtern, Gestaltschließen, Dreiecke, Bildhaftes Ergänzen, Räumliches Gedächtnis, Fotoserie) zusammen. Die ›nonverbale Skala‹ beinhaltet gestisch-mimisch dargebotene Aufgaben.
Der K-ABC misst die Intelligenz, welche als Art und Weise, wie der Proband ein Problem löst und Informationen verarbeitet, definiert ist.

C. Testanweisung und Auswertung
Die einzelnen Testanweisungen werden für jeden der 16 Untertests detailliert beschrieben. Die Antworten des Probanden werden in einen Testbogen eingetragen. Es sind Regeln bezüglich der durchzuführenden Untertests und deren Reihenfolge, deren Anfangs- und Endpunkte, der Unterbrechung im Handbuch festgelegt.
Für jede richtige Antwort gibt es einen Punkt. Die Rohwerte werden mittels einer Skala in Standardwerte umgerechnet. Die Schwankungen, welche es zwischen den Standardwerten der Untertests und des Standardwerts der Gesamtskala gibt, werden auf ihre Signifikanz hin überprüft. Die Leistungen des Probanden können in einem Skalen- und Standardwertprofil graphisch dargestellt werden.
- Anwendungsalter: Kinder von 2;6 Jahre bis 12;5 Jahre. Die sprachfreie Skala kann von 4,0 Jahre bis 12,5 Jahre angewendet werden.
- Formen: Einzeltest

D. Normen und Gütekriterien
Die Standardisierung basiert auf einer Stichprobe von N = 3098 Kindern.
- Objektivität: Die Durchführung und Auswertung bezeichnet man als objektiv.
- Reliabilität: Der Reliabilitätskoeffizient für die Gesamtskalen streuen bei der SED zwischen $r = 0.85$ und $r = 0.91$, bei der SGD zwischen $r = 0.88$ und $r = 0.92$, bei der SIF zwischen $r = 0.90$ und $r = 0.95$, bei der FS zwischen $r = 0.83$ und $r = 0.98$ und bei der sprachfreien Skala zwischen $r = 0.86$ und $r = 0.93$.
- Validität: Zur Validierung des K-ABC wurde eine Faktorenanalyse durchgeführt. Die Untertests schnitten fast immer mit hohen Faktorladungen ab.

E. Anwendungsbereich
Der K-ABC dient der Untersuchung der intellektuellen Leistungsfähigkeit und des Niveaus der Fertigkeiten von Vorschul- und Schulkindern. Er ermöglicht auch die Untersuchung von sprach-, sprech- und hörgeschädigten Kindern oder solchen, die der deutschen Sprache nicht mächtig sind (Untertest: Nonverbale Skala).

F. Literatur
Kaufmann, A. S. & Kaufmann, N. L. (1991): Kaufman-Assessment Battery for Children (K-ABC) (Deutsche Version). Lisse: Swets.

C 2. Testbeschreibungen

Hamburger-Wechsler-Intelligenztest für Kinder (HAWIK-III)

A. Klassifikation
Intelligenztest

B. Testgliederung
Im Sinne des Globalkonzepts von Wechsler werden die praktische, die verbale und die allgemeine Intelligenz über verschiedene spezifische Untertests erfasst. Neben den Untertests, des HAWIK-R: Bilderergänzen, Allgemeines Wissen, Zahlen-Symbol-Test, Gemeinsamkeiten finden, Bilder ordnen, Rechnerisches Denken, Mosaik-Test, Wortschatz-Test, Figuren legen, Allgemeines Verständnis und Zahlen nachsprechen, wird der HAWIK-III durch die Untertests: Symbol-Test und Labyrinthe ergänzt.

C. Testanweisung und Auswertung
Im Testhandbuch sind detaillierte Anweisungen für jeden Untertest gegeben. Die Durchführung verlangt einige Testroutine. Neben wörtlichen Anweisungen, die der Testleiter möglichst genauso wiedergeben sollte, sind die Verhaltensbeobachtung und die Registrierung des Arbeitsverhaltens wichtig.
Die Untersuchungsdauer liegt zwischen 60 und 90 Minuten.
Die Aufgaben werden anhand festgelegter Kriterien bewertet. Die Aufgabenbewertungen werden zu Rohwertpunkten summiert, mit Hilfe von Tabellen in Wertpunkte umgewandelt und so in IQ-Werte umgerechnet.
- Anwendungsalter: 6,0 bis 16,11 Jahre
- Form: Einzeltest

D. Normen und Gütekriterien
Es existieren Normen für die Altersgruppen 6,0 bis 16,11 für die Bundesrepublik Deutschland, Österreich und die deutschsprachige Schweiz (N = 1600).
Die innere Konsistenz der Untertests variiert (nach vorläufiger Berechnung) zwischen $r = .67$ und $r = .94$, die Reliabilität des Gesamttests beträgt $r = .96$.

E. Anwendungsbereich
Der HAWIK-III eignet sich zur Untersuchung des allgemeinen geistigen Entwicklungsstandes sowie zur Abklärung von Leistungsstörungen.

F. Literatur
Tewes, U., Schallberger, U. & Rossmann, K. (1999). Hamburger-Wechsler-Intelligenztest für Kinder (HAWIK-III). Göttingen: Hogrefe.
Weiterführende Literatur:
Titze, I. & Tewes, U. (1994): Messung der Intelligenz mit dem HAWIK-R (3. durchges. Aufl.). Bern: Huber.

Grundintelligenztest Skala 1 (CFT 1)

A. Klassifikation
Intelligenztest

B. Testgliederung
Der CFT 1 nach R. B. Cattell, R. H. Weiss und J. Osterland ist eine partielle Adaption des »Culture Fair Intelligence Tests, Scala 1« von R. B. Cattell. Der CFT 1 hat fünf Untertests: Substitutionen, Labyrinthe, Klassifikationen, Ähnlichkeiten und Matrizen. Der Test zeigt, wie zu welchem Komplexitätsgrad ein Kind speziell nonverbale Problemstellungen erfasst und lösen kann.

C. Testanweisung und Auswertung
In der Handanweisung ist die genaue Testanweisung vorgegeben. Der Testleiter sollte den Test mit Zeitbemessungen und Instruktionen gut kennen. Die vorgegebenen Bearbeitungszeiten dürfen nicht verändert werden.
Die Auswertung erfolgt mit Schablonen. Die Rohwerte können mit Hilfe der Normentabellen im Anhang in Altersnorm- und Schul- bzw. Klassenstandardwerte transformiert werden.

D. Normen und Gütekriterien
Die Reliabilitätskoeffizenten liegen bei den Untertests zwischen $r = .65$ und $r = .86$. Der Koeffizient für den Summenwert der drei letzten Untertests liegt zwischen $r = .90$ und $r = .96$. Der Test hat sehr gut differenzierende Normen bis zur dritten respektive vierten Klasse. Die Normen wurden für die fünfte Auflage (1997) an $N = 1500$ Schülern überprüft. Dauer ca. 30 Minuten.

E. Anwendungsbereich
Für Kinder von 5,3 bis 9,5 Jahren

F. Literatur
Cattel, R. B., Weiss, R. H., Osterland, J. (1997): Die Grundintelligenztest Skala 1, Göttingen, Toronto, Zürich: Hogrefe.

Grundintelligenztest Skala 2 (CFT 20)

A. Klassifikation
Intelligenztest

B. Testgliederung
Der Test ist eine Weiterentwicklung des CFT 2 von Cattell und Weiss. Er misst die Grundintelligenz im Sinn der Cattell'schen »General Fluid Ability«. Dies umfasst die Fähigkeit, Signale, Beziehungen und formal-logische Denkprobleme mit unterschiedlichem Komple-

C 2. Testbeschreibungen

xitätsgrad zu erkennen und zu verarbeiten. Nicht deutschsprechende Personen oder Personen mit mangelhaften Kulturtechniken werden nicht benachteiligt. Der CFT 20 besteht aus zwei gleichartig aufgebauten Testteilen mit je vier Untertests (Reihenfortsetzen, Klassifikationen, Matrizen, topologische Schlussfolgerungen) 1987 wird dies erweitert durch schulnahe Ergänzungstests (Wortschatz und Zahlenfolgenaufgaben). Diese beiden Subtests können unabhängig von den übrigen durchgeführt werden. Sie zeigen die Verarbeitungskapazität.

C. Testanweisung und Auswertung
In der Handanweisung ist die genaue Testanweisung vorgegeben. Der Testleiter sollte den Test mit Zeitbemessungen und Instruktionen gut kennen. Die vorgegebenen Bearbeitungszeiten dürfen nicht verändert werden.

Die Auswertung erfolgt mit Schablonen. Die Rohwerte können mit Hilfe der Normentabellen im Anhang in Altersnorm- und Schul- bzw. Klassenstandardwerte transformiert werden.

D. Normen und Gütekriterien
Die Zuverlässigkeit schwankt für verschiedene Aufgaben zwischen r = .87 bis r = 95. Die Reliabilität erreicht r = .96. Die Gültigkeit zeigt sich in hohen Ladungen aller vier Subtests auf dem Faktor »General Fluid Ability«. Die Korrelation mit anderen Intelligenztests liegt im Durchschnitt bei r = .64.

Der Test erreicht eine sehr gute Prognose für die Realschule und eine befriedigende für das Gymnasium. Altersnormen sind verfügbar von 8,7 bis 18/19 Jahren sowie von 20–70 Jahren in Zehn-Jahresschritten für Teil 1.

Für Wortschatz und Zahlenfolgentest sind Normen von 8,7 bis 15,6 Jahren verfügbar. Die Normen wurden 1996 überprüft, eine Korrektur der Normen von 1976 war nicht erforderlich. Dauer für die Kurzform ca. 25 Minuten.

E. Anwendungsbereich
Für Kinder und Jugendliche von 8,7 bis 18 Jahren – sowie für Erwachsene von 18–70 Jahren.

Wortschatz und Zahlenfolgentest von 8,7 bis 15,6 Jahren. Verwendung zur Beurteilung der Schullaufbahn sowie von klinisch hirnfunktionellen Störungen wie Aufmerksamkeits-Defizit mit oder ohne Hyperaktivität.

F. Literatur
Weiss R. H.: Grundintelligenztest Skala 2 (1998): Göttingen, Toronto, Zürich: Hogrefe.

2.2 Entwicklungstests

Wiener Entwicklungstest (WET)

A. Klassifikation
Entwicklungstest

B. Testgliederung
Ausgehend von einer kontextualistischen Theorie der Entwicklung werden alle relevanten Funktionsbereiche wie Motorik, visuelle Wahrnehmung, Gedächtnis, kognitive, sprachliche und sozial-emotionale Fähigkeiten erfasst. Die Überprüfung der Motorik erfolgt mit Hilfe der Tests »Turnen« und »Lernbär«, die Überprüfung der Visuellen Wahrnehmung/Visumotorik mit den Tests »Nachzeichnen« und »Bilderlotto«. Der Funktionsbereich Lernen und Gedächtnis wird mit den Tests »Zahlen merken« und »Schatzkästchen« erfasst, der Funktionsbereich Kognitive Entwicklung mit den Tests »Muster legen«, »Bunte Formen«, »Gegensätze« und »Quiz«. Die Tests »Wörter erklären« und »Puppenspiel« erfassen den Funktionsbereich Sprache, der Test »Fotoalbum« und der »Elternfragebogen« erfassen die sozial-emotionale Entwicklung des Kindes.

C. Testanweisung und Auswertung
Die Testanweisung und Auswertung sind in der Handanweisung beschrieben. Das Testmaterial ist kindgerecht gestaltet, die Testaufgaben haben überwiegend spielerischen Charakter und sind an bekannten Spielprinzipien angelehnt. Der hohe Anforderungscharakter des Tests ermöglicht eine Durchführungszeit von etwa einer Stunde.
- Anwendungsalter: Kinder zwischen 3 und 6 Jahren
- Form: Einzeltest

D. Normen und Gütekriterien
Die Normierung basiert auf einer repräsentativen Stichprobe von 274 österreichischen Kindern. Für jedes Altershalbjahr werden C-Wert-Normen für die Subskalen angegeben.
- Reliabilität: Die innere Konsistenz der Subskalen liegt zwischen $r = .66$ und $r = .90$.
- Validität: Das Manual enthält Angaben zur inhaltlichen Validität und faktoriellen Validität sowie erste Ergebnisse von Längsschnittstudien und Korrelationsstudien mit der K-ABC.

E. Anwendungsbereich
Der WET ist vor allem für förderdiagnostische Fragestellungen konzipiert und liefert wichtige Informationen über den gesamten Bereich der Kindesentwicklung, etwa für die Erziehungsberatung, Entwicklungskontrolle und Interventionsplanung.

F. Literatur
Kastner-Koller, U. & Deimann, P. (1998): Der Wiener Entwicklungstest (WET). Ein allgemeines Entwicklungsverfahren für drei- bis sechsjährige Kinder. Bern: Huber.

C 2. Testbeschreibungen

2.3 Projektive Persönlichkeitstests

Wartegg-Zeichen-Test (WZT)

A. Klassifikation
Zeichnerisches und Gestaltungsverfahren

B. Testgliederung
Der Wartegg-Zeichen-Test besteht aus 8 quadratischen Feldern, bei denen jeweils ein Anfangszeichen schon dargestellt ist, dem eine archetypische Funktion zugesprochen wird und das der Proband zu einer Zeichnung ergänzen soll.
Durch die Anfangszeichen, welche eine optische Reizfunktion innehaben, sollen der Ausgleich der Antriebs- und Empfindungsfunktionen, spezifische Konflikte und das Gefüge der Gesamtpersönlichkeit erfasst werden.

C. Testanweisung und Auswertung
Die begonnenen Zeichnungen sind vom Probanden mit Bleistift und in beliebiger Reihenfolge fertig zu zeichnen. Es dürfen dazu kein Zirkel, kein Lineal und nur auf Wunsch ein Radiergummi verwendet werden. Der Versuchsleiter notiert sich die Reihenfolge und die Titel der Zeichnungen. Wenn der WZT als Gruppentest durchgeführt wird, muss streng darauf geachtet werden, dass die Probanden einander nicht beeinflussen können.
Der WZT wird inhaltlich und formal ausgewertet und macht Angaben über das Strukturbild der Persönlichkeit. Die formale Auswertung besteht aus folgenden Einzelauswertungen: Bildabfolge und Zeit, Bildgefüge, charakterologische Projektionen der Darstellungs- und Sinnakzente, tiefenpsychologische und graphologische Aspekte.
– Anwendungsalter: Es fehlen genaue Angaben; der WZT ist jedoch bei Kindern und Erwachsenen anwendbar.
– Formen: eigentlich als Einzeltest konzipiert, aber auch als Gruppentest durchführbar.

D. Normen und Gütekriterien
Es gibt keine Angaben zur Standardisierung.
Keine Angaben zur Objektivität, Reliabilität und Validität.
Für alle Anfangszeichen ist eine »Normalreihe« gegeben, welche nochmals unterteilt werden in adäquate, inadäquate und pathologische Lösungen.

E. Anwendungsbereich
Der Wartegg-Zeichen-Test wird in der allgemeinen, psychologischen Beratung, wie auch in der klinischen Diagnostik angewendet.

F. Literatur
Avé-Lallement, U. (1994): Der Wartegg-Zeichen-Test in der Lebensberatung. Mit systemischer Grundlegung von August Vetter (2. erw. Aufl.). München: Reinhardt.

Renner, M: Der WZT im Dienste der Erziehungsberatung. München: Reinhardt.
Wartegg, E. (1968): Wartegg-Zeichen-Test (2. Aufl.). Göttingen: Hogrefe.

Rorschach-Test

A. Klassifikation
Projektiver Test; Formdeuteverfahren

B. Testgliederung
Das Rorschach-Verfahren besteht aus 10 Tafeln, die mit Zufallsbildern nach Art von symmetrischen Tintenklecksen auf weißem Grund gestaltet sind. 5 Tafeln sind in verschiedenen Schwarz- und Grautönen, 2 in Rot und Schwarz und 3 in mehreren Farben gehalten. Alle Tafeln haben einen unterschiedlichen Aufforderungscharakter. Die Deutung der Tafeln ist hervorgegangen aus einem wahrnehmungsdiagnostischen Experiment. Die Art der Wahrnehmung und Deutung der Kleckse durch den Probanden lassen auf die Struktur und Dynamik seiner Persönlichkeit schließen.

C. Testanweisung und Auswertung
Der Testleiter reicht dem Probanden in vorgegebener standardisierter Reihenfolge die Tafeln mit der Frage: »Was könnte das sein?« Der Testleiter protokolliert die Antworten genau mit und nimmt bei jeder Tafel die Zeit. Nach diesen Deutungen erfolgt eine systematische Nachbefragung (Inquiry) zur Feststellung, wie der Proband von Form, Farbe, Schattierung Gebrauch gemacht hat, und zur Lokalisation der Deutung.
Die Auswertung teilt sich in eine formale und inhaltliche Analyse auf. Jede Antwort wird nach vier Kriterien beurteilt und signiert: nach Erfassungsmodus (Ganz- und Detaildeutung), nach den Determinanten (Farbe, Form, Bewegung), nach dem Inhalt und dem Grad der Originalität. Die Signierungselemente werden in bestimmte Summen und Proportionen verrechnet. Das erhaltene »Psychogramm« wird nach inhaltlichen, formalen und sequenzanalytischen Gesichtspunkten interpretiert.
– Anwendungsalter: ab 8–10 Jahren praktisch einsetzbar
– Formen: Einzeltest

D. Normen und Gütekriterien
In mehreren Untersuchungen werden Normhinweise zu den einzelnen Variablen gegeben. Leider ist jeweils die Stichprobengröße sehr gering.
– Objektivität: Die derzeitigen Objektivitätsangaben sind sehr widersprüchlich und es ist weitere Forschungsarbeit notwendig, damit die Objektivität wissenschaftlichen Kriterien genügt.
– Reliabilität: Zur Reliabilität liegt eine Vielzahl von Untersuchungen vor. Für einzelne Variablen war sie hoch und für andere niedrig. Die Interpretationsreliabilität lag bei der Beurteilung des Merkmals Intelligenz am höchsten bei $r = 0.6$.

C 2. Testbeschreibungen

– Validität: Auch hier sind die Ergebnisse uneinheitlich. Der Test genügt strengen objektiv-psychometrischen Ansprüchen nicht – die praktische Brauchbarkeit als Hilfsmittel für die klinische Psychodiagnostik ist jedoch unbestritten.

E. Anwendungsbereich
Der Rorschach-Test wird vor allem für klinische Fragestellungen angewendet. Es gibt differenzialdiagnostische Merkmalssyndrome z. B. für Hirnorganiker, Neurotiker, Epileptiker und Psychotiker.

F. Literatur
Beizmann, C. (1975): Leitfaden der Rorschach – Deutung. München: Reinhardt.
Bohm, E. (1972): Lehrbuch der Rorschach – Psychodiagnostik. Bern: Huber.
Bohm, E. (1975): Psychodiagnostisches Vademecum. Bern: Huber.
Rorschach, H. (1962): Rorschach-Test. Bern: Huber.
Exner, J.E. (1991): The Rorschach: A comprehensive System. Volume 2: Interpretation (2nd). (1993) Volume 1: Banc foundations (3rd ed) New York: Willy.

Sceno-Test

A. Klassifikation
Spielerisches Gestaltungsverfahren

B. Testgliederung
Der Sceno-Test ist ein Individualtest für Kinder und besteht aus 16 biegbaren Puppenfiguren (8 Erwachsene und 8 Kinder), die durch Größe, Kleidung und Gesichtsausdruck charakterisiert sind. Ferner gehören zum Testkasten verschiedene Bausteine, Tiere und diverse Gebrauchsgegenstände (Fahrzeuge, Symbolfiguren, Bäume, Beete, Blumen etc.) zum Gestalten der Szenen.
Der Test vermittelt Einblick in die unbewusste seelische Einstellung eines Kindes, zu seinen Mitmenschen und Dingen. Das Material wurde nach tiefenpsychologischen und dynamischen Aspekten ausgewählt und soll dazu anregen, sich mit seinen Affekten und Konflikten im Spiel auseinander zu setzen. Somit gewährt der Proband einen Einblick in seine Persönlichkeitsstruktur und ihre Dynamik.

C. Testanweisung und Auswertung
Der Proband soll mit dem vorgegebenen Material eine Szenerie darstellen. Als Spielfläche dient die Innenseite des Testkastendeckels. Der Untersucher darf nicht in das Spielgeschehen eingreifen. Auf einem Beobachtungsbogen muss er sich alles Wichtige notieren.
Die Auswertung geschieht recht frei nach unstandardisierten tiefenpsychologischen Gesichtspunkten, wobei die formale und inhaltliche Gestaltung der Szene sowie die anschließende Exploration und Verhaltensmerkmale des Probanden berücksichtigt werden.
– Anwendungsalter: ab 3 Jahren
– Formen: Einzeltest

D. Normen und Gütekriterien
Man kann aufgrund der spezifischen, projektiven Teststruktur keine Normen und Gütekriterien im klassischen Sinne aufstellen.

E. Anwendung
Der Sceno-Test wird angewendet zur Neurosendiagnostik bei Kindern und Erwachsenen. Er dient zur Erfassung von Entwicklungsstörungen und wird auch in der forensischen Psychologie, der Berufsberatung und als diagnostisches und therapeutisches Hilfsmittel bei Psychotikern angewendet. Der Test gibt auch Einblicke in das Erleben von Sinnesbehinderten, Gehörlosen und Sehgestörten.

F. Literatur
Von Staabs, G. (1992): Scenotest. Bern: Huber.
Ermert, C. (1994): Spielverhalten im Scenotest. Entwicklung und Erprobung von Beobachtungssystemen bei Kindern im Vorschulalter. Bern: Huber.
Ermert, C. (1997): Scenotest-Handbuch. Bern: Huber.
Fliegner, J. (1995): Scenotest-Praxis. Handbuch zur Durchführung, Auswertung und Interpretation. Heidelberg: Asanger.
Zierl, W. (1959): Therapeutisches Rollenspiel im Scenotest (»Scenodrama«). Praxis Kinderpsychologie 8, 113.

2.4 Verbale Ergänzungsverfahren

Düss-Fabeln

A. Klassifikation
Verbal-thematisches Verfahren

B. Testgliederung
Die Düss-Fabeln bestehen aus 10 angefangenen Fabeln, welche vom Kind weitererzählt werden sollen.
Die Fabeln beinhalten Themen wie Selbstwahrnehmung, Abwehrmechanismen, Angst- und Problemverarbeitung, Tod, Eifersucht, Alleingelassenwerden, Angst, Trennung, Selbstwertgefühl und Konfliktverarbeitung.

C. Testanweisung und Testauswertung
Der Testleiter sagt: »Ich erzähle dir jetzt ein paar Geschichten (Fabeln), bei denen du den Schluss selbst erfinden kannst.« Die Aussagen des Kindes werden protokolliert.
Die Auswertung darf und soll knapp sein und nie nur rein inhaltsanalytisch. Die Ansprechbarkeit des Kindes und die Angst- und Problemverarbeitung und deren Qualität

C 2. Testbeschreibungen

sind Schwerpunkte bei der Auswertung. Es werden die Abwehrmechanismen und die Konfliktverarbeitung untersucht. Mit einer Fabel wird das Verständnis der Objektbeziehungen überprüft. Die ödipale Situation und die Beziehungskonstellation innerhalb der Familie werden zum Thema gemacht. Auch Träume des Kindes werden miteinbezogen.
– Alter: keine Angaben
– Formen: Einzeltest

D. Normen und Gütekriterien
Es bestehen keine Angaben über die Normen und Gütekriterien.

E. Anwendungsbereich
Die Düss-Fabeln werden in der kinder- und jugendpsychologischen Untersuchung angewendet.

F. Literatur
Düss, L. (1956): Fabelmethode und Untersuchungen über den Widerstand in der Kinderanalyse. Biel: Institut für Psycho-Hygiene.

Projektive Fragen

A. Klassifikation
Verbales Ergänzungsverfahren, projektive Kurzmethode

B. Testgliederung
Der Test besteht aus 6 Hauptfragen, teilweise mit Unterfragen und Ausweichfragen. Die Fragen werden zu den folgenden Bereichen gestellt: Träume, Wünsche, Verwandlung, Befehle, Robinson Crusoe und Tarnkappe.
Den projektiven Fragen liegt die objektiv hermeneutische Annahme zugrunde, dass hinter Einzelhandlungen oder -aussagen latente Sinnstrukturen liegen, die sich aus dem biographischen Bedeutungszusammenhang verstehen lassen. Durch die offenen, fantasiebetonenden Fragen soll projektiven Assoziationen Vorschub geleistet werden.

C. Testanweisung und Auswertung
Die Reihenfolge der Fragen kann beliebig gestaltet, einzelne Fragen auch weggelassen werden. Die Antworten werden protokolliert. An die einzelnen Fragen wird eine Nachbefragung angeschlossen.
Die Auswertung erfolgt über eine tiefenpsychologische Inhaltsanalyse. Unklar bleibt, ob die Antworten Bewusstes oder Unbewusstes offenbaren. Es empfiehlt sich, die projektiven Fragen mit den Düss-Fabeln in Zusammenhang zu setzen.
– Anwendungsalter: Kinder ab dem Vorschulalter, Jugendliche und Erwachsene
– Form: Einzeltest

2.4 Verbale Ergänzungsverfahren

D. Normen und Gütekriterien
Da verbindliche Angaben zu Material, Durchführung und Auswertung fehlen, können keine Gütekriterien festgemacht werden.

E. Anwendungsbereich
Die projektiven Fragen liefern wertvolle Einsichten in die emotionale Beschaffenheit einer Persönlichkeit, ihre fundamentalen Wünsche, Befürchtungen und Konflikte. Sie finden u. a. in psychiatrischen Untersuchungen Anwendung.

F. Literatur
Die Autoren sind unbekannt. Je nach Bundesland existieren unterschiedliche Zusammenstellungen von Fragen, z. B. die
- unveröffentlichte Zusammenstellung von Dr. H. Städeli, Kinderpsychiatrischer Dienst in St. Gallen, oder die
- veröffentlichte Fassung von Prof. H. S. Herzka. (1978): Kinderpsychiatrische Krankheitsbilder. Basel: Schwabe.

Sätze ergänzen

Auch diese Verfahren werden sowohl formal, d. h. orthographisch und graphologisch ausgewertet als auch nach ihrer inhaltlichen Bedeutung.

Sätze ergänzen   Name:
Ich beschäftige mich am liebsten ....
Die Arbeit ....
Leider ....
Wenn ich daran denke, dass ....
Gott ....
Was mir am meisten Angst macht ....
Ich liebe ....
Zukünftig ....
Ach, warum bin ich ....
Gestern dachte ich ....
In meinem Beruf ....
Allein sein ....
Mein Ideal ....
Man glaubt von mir, dass ....
Man sagt, Religion sei ....
Es stimmt mich traurig ....
In meiner Freizeit ....
Mein großer Wunsch ....
Es ist meine Pflicht ....

C 2. Testbeschreibungen

In stillen Stunden ....
Meine Fähigkeit ....
Es ist zu spät ....
Die Freundschaft ....
Mein größtes Problem ....
Es ist schön ....

Sätze vollenden   Name:
Wenn ich groß werde ....
Es stört mich, dass ....
Die Schule ist ....
Andere Kinder ....
Ich bin traurig, wenn ....
Der Vater ....
Ich versuche ....
Die Welt ....
Wenn nur meine Eltern ....
Buben sind ....
Mädchen sind ....
Ich träume in der Nacht ....
Verheiratet sein ....
Meine Schulaufgaben ....
Die Erwachsenen ....
Ich hasse ....
Als ich noch klein war ....
Ich bin froh, dass ich ....
Heimlich ....
Andere sagen vielleicht von mir ....
Manchmal ....
Ich wollte ....
Wenn ich zu Hause bin ....
Ich hoffe ....
Brüder ....
Schwestern ....
Ich spiele gern ....
Wenn nur ....
Die Mutter ....
Es ist schön, wenn ....
In meinem Alter ....
Meine Mutter glaubt, dass ich ....
Die Lehrer sagen ....

Im Dunkeln ....
Wenn ich nur nicht ....
Zu Hause ....
Mädchen sollten ....
Buben sollten ....
Ich kann einfach nicht ....
Wenn ich allein bin ....
Das Wichtigste ist für mich ....
Ich erschrecke, wenn ....
Manchmal habe ich schon gedacht ....

2.5 Fragebogenverfahren zur Persönlichkeit

Hamburger Neurotizismus- und Extraversionsskala für Kinder und Jugendliche (HANES, KJ)

A. Klassifikation
Persönlichkeits-Struktur-Test

B. Testgliederung
Die HANES, KJ besteht aus insgesamt 68 Items, die je zur Hälfte zwei, sowohl einzeln als auch gemeinsam anwendbaren, Testteilen zugeordnet sind. Der erste Teil gliedert sich in eine Neurotizismus-Skala (N1), bestehend aus 20 Items, und eine Extraversions-Skala, welche sich noch in zwei Subskalen ›Geselligkeit‹ (E1) und ›Aktivität‹ (E2) von je 8 Items unterteilt. Der zweite Teil besteht ebenfalls aus einer N-Skala, die mit der ersten parallelisiert ist und sich mit ihr zu einer Lang-Skala (N3) zusammenfassen lässt, sowie eine Lügen-Skala (L) mit 12 Items.
Die dem Fragebogen zugrunde liegenden Konzepte der Extraversion und des Neurotizismus basieren auf den theoretischen Auffassungen von EYSENCK.

C. Testanweisung und Auswertung
Die Testinstruktion ist altersabhängig. Bei jüngeren Probanden (8–10 Jahre) sollen Instruktionen und Fragen des Fragebogens vorgelesen werden, bei der mittleren Altersgruppe (10–12 Jahre) soll die Instruktion gelesen und vorgelesen werden. Bei den älteren Kindern und Jugendlichen (12–16 Jahre) genügt das Lesen der schriftlichen Anweisungen auf dem Fragebogen.
Das Ausfüllen erfolgt durch das Ankreuzen einer der beiden Antwortalternativen ›Ja‹ oder ›Nein‹. Eine mittlere Kategorie ist nicht vorhanden.
Mit Hilfe von Schablonen werden die Summenwerte der Skalen N1, N2, E1, E2 und L ermittelt. Durch jeweilige Summation werden die Rohwerte von N3 und E3 berechnet. Für

C 2. Testbeschreibungen

alle 7 Scores besteht die Möglichkeit der Transformation in Stanine-Werte, Prozentrangbereiche und in eine verbale Klassifikation.
- Anwendungsalter: 8 bis 16 Jahre; eventuell auch bis 17;11 Jahre
- Formen: Einzel- oder Gruppentest; die HANES, KJ lässt sich in 2 Testhälften teilen, welche beide eine parallelisierte N-Skala enthalten.

D. Normen und Gütekriterien
Stanine-Werte, Prozentrangbereiche und verbale Klassifikationen für alle sieben Messwerte sind getrennt nach Alter und Geschlecht. Kennwerte (Mittelwert, Streuung, Schiefe und Exzess) sind ebenfalls nach Alter und Geschlecht getrennt.
- Objektivität: Die Objektivität ist bei rein formaler Auswertung voll gegeben.
- Reliabilität: Die Angaben zur inneren Konsistenz liegen von den 7 Scores getrennt vor mit den Werten $r\,tt = 0.83$ bis $r\,tt = 0.93$ und zur Retestreliabilität mit Werten von $r\,tt = 0.50$ bis $r\,tt = 0.70$ bei der Gruppe der 8;6–10;5-jährigen und von $r\,tt = 0.62$ bis $r\,tt = 0.75$ bei der Gruppe der 10;6–16;0-jährigen.
- Validität: Die Validität gilt als insgesamt befriedigend.

E. Anwendungsbereich
Die Anwendungsmöglichkeiten des HANES, KJ betreffen alle Praxisbereiche psychologischer Arbeit mit Kindern sowie die kinder- und jugendpsychologische Forschung.

F. Literatur
Buggle, F. & Baumgärtel, F. (1975): Hamburger Neurotizismus- und Extraversionskala für Kinder und Jugendliche (HANES-KJ) (2. verb. Aufl.). Göttingen: Hogrefe.

Das Depressionsinventar für Kinder und Jugendliche (DIKJ)

A. Klassifikation
Persönlichkeitsstrukturtest

B. Testgliederung
Der Test ist ein Selbsteinschätzungsfragebogen zur Erfassung der Schwere einer depressiven Störung bei Kindern und Jugendlichen. Jedes der 27 Items verlangt eine Entscheidung zwischen drei vorgegebenen Antwortalternativen.

C. Testanweisung und Auswertung
Das DIKJ kann als Einzel- als auch als Gruppentestung durchgeführt werden. Bei sehr jungen Kindern kann es zu Verständnisschwierigkeiten kommen, die aufgenommen werden sollen. Die Ermittlung der Rohpunktwerte erfolgt mit Schablone. Die erhaltenen Rohpunktwerte lassen sich durch Hinzuziehen der Normtabelle interpretieren.

D. Normen und Gütekriterien
Die innere Konsistenz liegt in der Sekundarstufe I zwischen $r = .84$ und $r = .91$, in der Primarstufe zwischen $r = .79$ und $r = .85$. Das Inventar zeigt eine gute konvergente und diskri-

minante Validität. Normen liegen vor in T- und Prozentrangwerten (N = 846). Dauer der Tests ca. 15 Minuten. In Anwendung seit 1989.

E. Anwendungsbereich
Der Test ist für Jugendliche von acht bis siebzehn Jahren bei Verdacht auf Vorliegen einer Depression geeignet.

F. Literatur:
J. Stiensmeier-Pelster, M. Schürmann, K. Duda (1989): Depressionsinventar für Kinder und Jugendliche, Göttingen, Toronto, Zürich: Hogrefe.

2.6 Apperzeptionsverfahren

Kinder-Apperzeptions-Test (CAT)

A. Klassifikation
Verbal-thematisches Verfahren

B. Testgliederung
Der CAT besteht aus 10 Bildtafeln, auf denen Tiere, die den Kindern als Identifikationsfiguren dienen, in verschiedenen Situationen dargestellt sind. Zu jedem Bild soll eine Geschichte erfunden werden. Der CAT ist eine apperzeptive Methode zur Untersuchung der Persönlichkeit. Die Situationen auf den Bildtafeln sind mehrdeutig und werden daher auch inhaltlich analysiert. Mit dem CAT soll das Verhältnis des Kindes zu seinen wichtigsten Bezugspersonen verdeutlicht werden. Er gibt Aufschluss über die Persönlichkeitsdynamik und -struktur.

C. Testanweisung und Auswertung
Zu jedem Bild muss eine Geschichte erfunden werden. Dabei ist darauf zu achten, dass alle Bilder, außer das jeweils behandelte, außer Sichtweite sind. Alle Verhaltensweisen und Äußerungen des Kindes müssen vom Testleiter protokolliert werden. Nachher wird eine Nachbefragung zu den einzelnen Bildtafeln durchgeführt.
Zur Auswertung liegen keine Normen vor. Die Interpretation erfolgt nach inhaltlichen Gesichtspunkten. Dem Testleiter dient ein standardisiertes Auswertungsheft als Stütze.
– Anwendungsalter: 3 bis 10 Jahre
– Formen: Einzeltest

D. Normen und Gütekriterien
Es liegen keine Normentabellen vor, und die Angaben beruhen auf 200 Testprotokollen von Kindern zwischen 3 und 10 Jahren.
– Objektivität: keine Angaben

C 2. Testbeschreibungen

– Reliabilität: keine Angaben
– Validität: keine Angaben

E. Anwendungsbereich
Der CAT findet Anwendung in der Praxis und in der Forschung bei kinderpsychologischen Fragestellungen und in der Schul- und Erziehungsberatung.

F. Literatur
Bellak, L. & Bellak, S. (1955): Children's Apperception Test. Deutsche Übersetzung: Moog, W. Göttingen, Toronto, Zürich: Hogrefe.

Der Schwarzfußtest (S-F-Test)

A. Klassifikation
Projektiver Persönlichkeitstest

B. Testgliederung
Das Verfahren besteht aus 18 Bildtafeln. Auf der Titelkarte ist eine Schweinefamilie dargestellt, die dazu dienen soll, dass sich das Kind mit dem »Helden« identifiziert. Dieser »Held« ist zur Unterscheidung an der linken Hinterpfote mit einem schwarzen Punkt versehen, die Mutter bekommt ebenfalls einen solchen Punkt. Diese Kennzeichnung hat für viele Versuchspersonen (Vp) eine affektive Resonanz: positiv als Verschönerung, negativ als Schandmal, oder er dient als Zeichen echter Verwandtschaft.
Dem ganzen Test liegt die psychoanalytische Theorie zugrunde. Die Hauptthemen wurden aus dem amerikanischen Test »Die Abenteuer des Hundes Blacky« übernommen. Die Bilder beziehen sich auf die verschiedenen Entwicklungsphasen und beinhalten folgende Themen: Passive orale Phase, aktive orale oder oral-sadistische Phase, anale oder anal-sadistische Phase, ödipale Phase, Aggressivität und Geschwisterrivalität, Abhängigkeit und Unabhängigkeit, Vermischung der einzelnen Phasen, Fixierung und Regression.
Durch die Grundidentifikation mit dem »Helden« erhält man Informationen über die hauptsächlichen Triebtendenzen und die Abwehrmechanismen der Vp. Durch die Bilder kann die Realitätsidentifikation ersetzt werden durch eine Wunschidentifikation. Das eigentlich Neue an diesem Test (gegenüber Blacky) ist also die völlige Freiheit der Projektion, was von großer Bedeutung ist.

C. Testanweisung und Auswertung
Zuerst wird der Vp das Titelbild vorgelegt. Dazu sagt man, dass es zu den Abenteuern des Schweinchen SF keine geschriebene Geschichte gibt, sondern dass man selber erzählen soll. Vorher müssen jedoch zuerst die »Personalien« (Wer? Alter? Geschlecht?) von SF und den anderen Tieren angegeben werden. Der Versuchsleiter (Vl) nimmt von Anfang an eine anteilnehmende Neutralität ein und behält diese bei. Erst wenn die Personalien klar bestimmt sind, werden die anderen Karten aufgelegt. Die Vp darf diejenigen Karten auswählen, die

2.6 Apperzeptionsverfahren

sie interessieren, und auf den Tisch ausbreiten. Die anderen Karten werden zurückgelegt. Sie sollten der Vp jedoch immer zur Verfügung stehen, falls sie ihre Meinung ändert. Zu den ausgewählten Karten soll SF nun eine Geschichte erzählen. Der Vl darf in diesem Teil nur dynamische Fragen stellen, er muss während dem Erzählen alle Einzelheiten genau festhalten. Nach Beendigung der Erzählung soll die Vp wieder alle Karten nehmen und sie sortieren: auf die eine Seite kommen alle Karten, die ihr gefallen, auf die andere Seite diejenigen, die ihr nicht gefallen. Diese Kartenhäufchen werden wiederum sortiert, die Vp muss vom ersten Stapel eine weitere Karte auslesen, die ihr am besten gefällt und erklären, warum diese Karte ihr am besten gefällt. Dasselbe geschieht mit dem Rest der Karten und dann auch mit dem Stapel Karten, der der Vp nicht gefällt. Hier wird jedoch immer diejenige Karte ausgelesen, welche der Vp am wenigsten gefällt, und sie muss sagen, wieso.

Dies ist die Methode der bevorzugten Identifikation. Die direkten Fragen sollen auf die Bilder beschränkt bleiben, denn sie lenken die Aufmerksamkeit der Vp auf einen bestimmten Punkt, über den man mehr erfahren möchte. Zur Vervollständigung der Information müssen der Vp zusammenfassende Schlussfragen gestellt werden. Sie geben Auskunft über die Gefühle der Vp (z. B. »Wer ist der Glücklichste in der Geschichte?«) und über die affektiven Beziehungen (z. B. »Wen mag der Vater am liebsten?«). Am Schluss erfüllt die Fee noch 3 Wünsche. Die Vp darf angeben, welche. Falls SF kein Schweinchen mehr sein möchte, hat es noch einen 4. Wunsch offen.

Die Auswertung geschieht qualitativ aufgrund der psychoanalytischen Theorie. Diese setzt gute Kenntnisse der Freud'schen Theorie voraus und lässt jedem Vl große Freiheiten beim Interpretieren. Die Deutung des SF-Tests muss sich auf die Suche des oder der außergewöhnlichen Themen konzentrieren, da diese als Hinweise auf irgendein Problem zu beachten sind.

4 Regeln zur Deutung:
 1. Regel der Außergewöhnlichkeit der Tendenzen
 2. Regel des affektiven Widerhalls
 3. Regel von der stärksten Abwehr
 4. Regel der dominierenden Identifikation

Danach muss man aus dem Protokoll eine für die Vp typische Persönlichkeitsform ableiten. Dazu werden die drei Instanzen Ich, Es und Über-Ich beurteilt und v.a. festgestellt, auf welche Weise sie sich in der Persönlichkeit die Waage halten, welche Instanz dominiert und die anderen leitet. Zweitens muss auf der Grundlage des Tests die Beziehung der Vp zum Bild von den Eltern und zu seinen Geschwistern rekonstruiert werden.

- Zeit: 60–90 Minuten zur Durchführung
- Anwendungsalter: ab 4 Jahre, auch für Erwachsene geeignet
- Form: Einzeltest

D. Normen und Gütekriterien
- Objektivität: die freie Art der Durchführung, Auswertung und Deutung läuft dem Objektivitätskonzept zuwider

C 2. Testbeschreibungen

- Reliabilität: keine Angaben
- Validität: keine Angaben

E. Anwendungsbereich
Der Test war ursprünglich gedacht zur Untersuchung der kindlichen Persönlichkeit. Weil aber der Konflikt der Kindheit in jedem von uns in jedem Lebensalter nachwirkt, kann er auch bei Jugendlichen und Erwachsenen zur Untersuchung der Konflikte der Kindheit angewendet werden. Er gibt Aufschluss über:
- allgemeine Probleme der Persönlichkeit (kollektive Tendenzen oder anerzogene Sitten)
- besondere Probleme (angeborene Struktur, Dynamik, Auswirkungen der Ergebnisse des Lebens)
- Psychopathologische Probleme

F. Literatur
Corman, L., gezeichnet von Dauce, P. (1977): Der Schwarzfußtest (6. Aufl.). Paris: Presses Universitaires de France. Übersetzung: Rieger, R.

Thematischer Gestaltungstest (Salzburg) (TGT-S)

A. Klassifikation
Verbal-thematisches Verfahren

B. Testgliederung
Der TGT besteht aus insgesamt 33 Bildtafeln, davon sind 22 Schwarzweißbider, 10 Buntbilder und 1 ist eine leere weiße Tafel. Einige Bilder sind bei allen Probanden anwendbar. Sie sind auf der Rückseite mit Zahlen bezeichnet, welche die Reihenfolge der Darbietung angeben. Eine Reihe anderer Bilder ist je nach Alter und Geschlecht auswechselbar. Bei diesen stehen neben der Zahl die Buchstaben E (für Erwachsene), K (für Kinder), M (für männlich) und W (für weiblich). Aus den 33 Tafeln können 2 Serien zu 10 Bildern (je nach Alter und Geschlecht der Probanden) zusammengestellt werden.
Der TGT ist auf den Prinzipien des TAT von Murray aufgebaut. Einzelne kritisierte TAT-Bilder wurden durch neue Testbilder ersetzt und ergänzt. Der TGT ist eine Bildreihe biographischer Themata mit der diagnostischen Absicht, biographisch durchlebte Konflikte des Probanden fassbar zu machen, d. h. zu erkennen, wie das Problem auf den Probanden einwirkte und welchen Lösungsweg/Lösungsstrategie er fand oder eben nicht fand. Der Test richtet sich auf markante Schwellensituationen in der Biographie der persönlichen Entwicklung und ist nicht zur Erfassung der Gesamtpersönlichkeit gedacht.

C. Testanweisung und Durchführung
Vor der Anwendung des TGT sollte in der Regel eine biographische Anamnese erfolgen. Außerdem sollten auch die 2 Serien von je 10 Tafeln unter Berücksichtigung des Alters und Geschlechts der Vp im Voraus zusammengestellt werden. Die 1. Serie enthält nur schwarz-

weiße Bilder, die 2. Serie Buntbilder und die leere weiße Tafel. Beide Serien sollen getrennt voneinander, während 2 Sitzungen, die mit einem Mindestabstand von 24 Std. und max. 1 Woche Abstand erfolgen, vorgegeben werden. Je nach Alter, Intelligenz und Bildungsstand wird eine der beiden vorliegenden Testinstruktionen gewählt (S. 45 f. und 56 f. im Handbuch). In beiden Instruktionen wird der Proband darauf hingewiesen, dass er seiner Fantasie freien Lauf lassen und eine möglichst dramatische Geschichte erfinden soll, ohne sich um elegante Formulierungen zu bemühen. Er soll das gegenwärtige Geschehen auf dem Bild beschreiben und die Vorgeschichte, die weitere Entwicklung sowie den Ausgang der Geschichte nach eigenen Vorstellungen dazu erfinden. Die Geschichten sind vom Untersucher zu protokollieren oder auf Tonband aufzunehmen. Im Anschluss an die beiden Testsituationen findet ein Interview statt, um das Protokoll zu ergänzen.
Revers schlägt bei der Auswertung eine qualitative Analyse in 2 Abschnitten vor:
1. Die Querschnittanalyse, bei der die einzelnen Testgeschichten für sich und unter Berücksichtigung der thematischen Valenz der Bildtafeln analysiert werden.
2. Die Längsschnittanalyse, bei der die Geschichten in ihrer zeitlichen Abfolge und in ihrem inneren Zusammenhang betrachtet werden (Ermittlung durchgängiger Themen-/Problembereiche, Verlaufsmerkmale …).
− Anwendungsalter: Kinder ab 7/8 Jahren und Erwachsene
− Form: Einzeltest

D. Normen und Gütekriterien
− Objektivität: keine Angaben
− Reliabilität: keine Angaben
− Validität: keine Studien

E. Anwendungsbereich
Vor allem im Bereich der klinischen Psychologie und in der Vorbereitung einer psychologischen Beratung und Behandlung.

F. Literatur
Revers, W. J. & Widauer, H. (1985): Thematischer Gestaltungstest. Weinheim: Beltz.
Weiterführende Literatur:
Rauchfleisch, U. (1989): Der Thematische Apperceptionstest (TAT) in Diagnostik und Therapie. Eine psychoanalytische Interpretationsmethode.
Seifert, W. (1984): Der Charakter und seine Geschichten. Psychodiagnostik mit dem Thematischen Apperceptions-Test (TAT). München: Reinhardt.

C 2. Testbeschreibungen

2.7 Zeichnerische Verfahren

Baum-Test

A. Klassifikation
Zeichnerisches Verfahren, projektiver Zeichentest

B. Testgliederung
Die Testgliederung entfällt. Die Baumzeichnung ist ein projektiver Zeichnungstest, von dem man aus der Darstellung und der Gestaltung eines Baumes Rückschlüsse auf die Persönlichkeitsstruktur des Zeichners ziehen kann.

C. Testanweisung und Auswertung
Der Proband wird aufgefordert, auf einem hochkant gelegenen A4-Papier einen Baum zu zeichnen, so gut es ihm möglich ist. Es darf keine Tanne und keine Palme sein. Während dem Test protokolliert der Testleiter das Verhalten des Probanden. Falls gewünscht, darf ein Radiergummi benutzt werden.
Die Auswertung erfolgt meist nach phänomenologischen und symbolischen Gesichtspunkten. Es werden die Gestaltqualität des Baumes, formale Eigenheiten und inhaltliche Faktoren begutachtet.
- Anwendungsalter: ab 6 Jahren
- Formen: Einzel- oder Gruppentest

D. Normen und Gütekriterien
Es gibt verschiedene Normierungen für verschiedene Stichproben, u. a. an Schülern, geistig Behinderten, Arbeitern, kaufmännischen Angestellten etc.
Es bestehen aber keine Angaben zur Reliabilität, Objektivität und Validität.

E. Anwendungsbereich
Der Baum-Test wird in der Klinik zur allgemeinen Persönlichkeitsdiagnostik verwendet, insbesondere auch bei der Abklärung von Entwicklungsmöglichkeiten und Retardationen bei Jugendlichen und Kindern.

F. Literatur
Avé-Lallement, U. (1996): Baum-Tests. Mit einer Einführung in die symbolische und graphologische Interpretation (4. erw. Aufl.). München: Reinhardt.
Koch, K. (1986): Baum-Test. Bern: Huber.

Mann-Zeichen-Test (MZT)

A. Klassifikation
Zeichnerisches Verfahren

2.7 Zeichnerische Verfahren

B. Testgliederung
Mit seiner Zeichnung zeigt das Kind, wie es den Menschen sieht und sein Wahrnehmungsfeld gliedert. Die Detailmenge, welche das Kind erfasst und darstellt, wird als Ausdruck des intellektuellen Entwicklungsstandes und somit als Intelligenzindikator gesehen.

Die Entwicklung der Menschendarstellung

C 2. Testbeschreibungen

C. Testanweisung und Auswertung
Die Testinstruktion lautet: »Male einen Mann, so gut du kannst!«
Bei der Mannzeichnung werden die Anzahl der zeichnerischen Details ausgezählt. Anhand einer Bewertungstabelle von Ziler, mit einer Liste von 52 Items mit zunehmendem Schwierigkeitsgrad, wird der Test ausgewertet. Die meisten Items beinhalten das Vorhandensein bzw. die richtige Anzahl bestimmter Körperteile, andere die Richtigkeit der Proportionen, den Zusammenhang zwischen Details in der Menschenzeichnung. Die Koordination der Zeichenbewegung wird mitbewertet. Die Items ergeben Rohwertpunkte, die anhand einer Tabelle in Normwerte umgerechnet werden. Früher wurden ein Mann-Zeichen-Alter (MZA) und ein Leistungsquotient (MZQ) ermittelt. Diese Auswertung ergab jedoch zu hohe Punktzahlen, deshalb erstellten SCHÜBBACH und REUKAUF (1979) eine neue Normentabelle.
– Anwendungsalter: 4 bis 14 Jahre; bei intellektueller Retardierung auch von 14 bis 16 Jahren
– Formen: Individual- und Gruppentest

D. Normen und Gütekriterien
– Objektivität: Die Auswertetabelle wurde mehrmals überarbeitet, um die Objektivität zu erhöhen. Genaue Richtlinien sollen helfen, die zeichnerischen Details eindeutiger beurteilen zu können.
– Reliabilität: Die Zuverlässigkeit einzelner Merkmale erweist sich als gering, doch die globale Beurteilung kann als zufrieden stellend bezeichnet werden.
– Validität: Die Validitätsstudien sind unbefriedigend und es wird geraten, die Diagnosen nicht alleine auf die Ergebnisse dieses Zeichentests zu stützen.

E. Anwendungsbereich
Der MZT kann gut als Eingewöhnungstest vor einer psychologischen Untersuchung benutzt werden. Der Test kann lediglich vorsichtige Voraussagen über den Entwicklungsstand eines Kindes erlauben. Es ist davon abzuraten, mit diesem Test eine differenzierte Intelligenzmessung zu machen. Er wird eingesetzt in der kinderpsychologischen Praxis sowie bei Einschulungsuntersuchungen für Regel- und Sonderschulen.

Bewertungstabelle zum Mann-Zeichen-Test nach Ziler

Bemerkungen zur Bewertungstabelle (Ziler, 1985):
Bei Armen, Finger, Nase usw. soll der Zusatz »plastisch« ausdrücken, dass diese Körperteile nicht nur als Strich oder Punkt, sondern als Doppelstrich usw. gezeichnet sind. Eine Strichverdickung ist nicht plastisch.
Wenn Körperteile, die doppelt vorhanden sein müssen (Arme, Beine, Augen usw.), in der En-face-Zeichnung nur einmal gezeichnet sind, so wird die Hälfte der Punkte gerechnet. Sind diese Körperteile mehr als zweimal gezeichnet, wird kein Punkt gegeben. Ebenso gibt es keinen Punkt für angedeutet Hände (vielfach in Kreisform), die rundherum mit Strichen als Finger versehen sind. Wird bei Körperteilen, die doppelt vorhanden sind, der eine in einer einfacheren und der andere in einer besseren Form gezeichnet, so wird die bessere Form gewertet.

2.7 Zeichnerische Verfahren

Bewertungstabelle zum Mann-Zeichen-Test nach Ziler (Ziler, H.: Der Mann-Zecihen-Test in detailstatistischer Auswertung. 7. Aufl. Aschendorffsche Verlagsbuchhandlung, Münster, 1985, S. 7, 8)

1. 1.Kopf
2. Kopf, nicht größer und nicht kleiner als ¼ des Rumpfes (ausgemessen)
3. Kopfhaar, angedeutet
4. Kopfhaar, deutlich ausgezeichnet
5. Augen
6. Pupille
7. Augenbrauen
8. Nase, angedeutet (als Strich oder Punkt)
9. Nase, plastisch (es genügen evtl. zwei Nasenlöcher)
10. Mund, angedeutet (als Strich oder zusammenhanglose Striche)
11. Mund, plastisch (in Mundform, nicht nur ein Loch)
12. Lippen, deutlich gekennzeichnet
13. Kinn, deutlich erkennbar oder Bart
14. Ohren, angedeutet
15. Ohren, plastisch
16. Hals, angedeutet
17. Hals, plastisch
18. Hals, richtig verbunden
19. Rumpf
20. Rumpf, plastisch und länger als breit
21. Schulter, deutlich erkennbar
22. Arme, als Strich
23. Arme, plastisch
24. Arme, richtig angesetzt
25. Ellbogen (deutlicher Winkel, wenigstens an einem Arm)
26. Hände, angedeutet
27. Hände, deutlich ausgezeichnet
28. Finger, angedeutet
29. Finger, plastisch
30. Finger, richtige Zahl
31. Daumen, abgespreizt
32. Beine
33. Beine, plastisch
34. Beine, richtig angesetzt
35. Knie (deutlicher Winkel, wenigstens an einem Bein)
36. Füße, angedeutet
37. Füße, plastisch
38. Füße mit Ferse oder Absatz
39. Gesicht, en face
40. Gesicht, en face, plastisch und komplett
41. Gesichtsprofil
42. Gesichtsprofil, plastisch und komplett
43. Profilhaltung von Rumpf und Armen (nur wenn Punkt 41 oder 42 gezeichnet ist)
44. Profilhaltung von Beinen und Füßen (nur wenn Punkt 41 oder 42 und 43 gezeichnet sind)
45. Kopfbedeckung, angedeutet
46. Kopfbedeckung, mit Einzelheiten
47. Körperbekleidung, angedeutet
48. Hose, deutlich gezeichnet mit Einzelheiten, nicht transparent
49. Rock, deutlich gezeichnet mit Einzelheiten, nicht transparent
50. Kragen, deutlich gezeichnet
51. Schuhe, angedeutet
52. Schuhe, deutlich mit Einzelheiten

Liegen von einem Kind mehrere Mann-Zeichnungen vor, die zeitlich kurz nacheinander gezeichnet worden sind, so wird die beste Zeichnung gewertet und nicht ein Mittel aus allen Zeichnungen.
Bei der Zählung der Punkte ist darauf zu achten, dass bei einer besseren Ausführung eines Körperteils die vorherigen Punkte für die schlechtere Ausführung mitgezählt werden. Ist z. B. bei einer Mann-Zeichnung der Hals so gezeichnet, dass Punkt 18 erfüllt ist, so werden auch die Punkte 16 und 17 mitgezählt. Oder ist bei den Beinen der Punkt 34 erreicht, so sind auch die Punkte 32 und 33 zu zählen.

C 2. Testbeschreibungen

Zu Punkt 4: Der Punkt zählt, wenn das Haar nicht nur gekritzelt oder nur am Umriss des Kopfes gezeichnet ist, sonder die entsprechenden Stellen des Kopfes ein gezeichnetes Haar haben, Kopfumrisse dürfen nicht durchschauen.
Zu Punkt 7: Dieser Punkt kann sowohl für Augenbrauen als auch für Wimpern gezählt werden.
Zu Punkt 13: Bei En-face-Zeichnungen muss entsprechend Platz unter dem Mund sein, der Kopf muss an der Stelle des Kinns spitzer zulaufen. Evtl. kann auch eine Andeutung des Kinns durch einen Punkt, kleine Striche oder Schattierungen vorhanden sein.
Zu Punkt 15. Erforderlich für diesen Punkt ist, dass innerhalb der Umrandung des Ohres ein Punkt, ein Kreis, eine fragezeichenartige Figur oder dgl. das Innere der Ohrmuschel andeutet.

Neue Normwerte für den Mann-Zeichen-Test
Umwandlung von Rohpunkten in Mann-Zeichen-Quotienten für 5–10-Jährige

RP	5 J.	6 J.	7 J.	8 J.	9 J.	10 J.	RP
1	<55	<55	<55	<55	<55	<55	1
2	"	"	"	"	"	"	2
3	"	"	"	"	"	"	3
4	"	"	"	"	"	"	4
5	55	"	"	"	"	"	5
6	58	"	"	"	"	"	6
7	62	55	"	"	"	"	7
8	66	58	55	"	"	"	8
9	70	62	58	56	"	"	9
10	74	65	62	59	"	"	10
11	78	69	65	62	"	"	11
12	82	72	69	64	55	"	12
13	87	76	72	67	58	56	13
14	91	79	75	70	61	59	14
15	95	83	79	72	63	62	15
16	99	86	82	75	66	64	16
17	103	90	86	77	69	67	17
18	108	93	89	80	72	70	18
19	112	97	93	83	75	72	19
20	116	100	96	85	78	75	20
21	120	104	99	88	81	78	21
22	124	107	103	91	84	81	22
23	128	111	106	93	87	83	23
24	132	114	110	96	90	86	24
25	137	117	113	98	93	88	25
26	141	121	116	101	96	91	26
27	145	124	120	104	99	94	27
28	>145	128	123	106	102	97	28
29	"	131	127	109	105	99	29
30	"	135	130	112	108	102	30

2.7 Zeichnerische Verfahren

RP	5 J.	6 J.	7 J.	8 J.	9 J.	10 J.	RP
31	"	138	133	114	111	105	31
32	"	142	137	117	114	107	32
33	2	145	140	120	117	110	33
34	"	>145	144	122	119	113	34
35	"	"	>145	125	122	115	35
36	"	"	"	127	125	118	36
37	"	"	"	130	128	121	37
38	"	"	"	133	131	123	38
39	"	"	"	135	134	126	39
40	"	"	"	138	137	129	40
41	"	"	"	141	140	131	41
42	"	"	"	143	143	134	42
43	"	"	"	>145	>145	137	43
44	"	"	"	"	"	139	44
45	"	"	"	"	"	142	45
46	"	"	"	"	"	145	46
47	"	"	"	"	"	>145	47
48–	"	"	"	"	"	"	48–
52	"	"	"	"	"	"	52

F. Literatur
Müller, R. (1970): Eine kritische empirische Untersuchung des »Draw-a-man test« und der »Coloured Progressive Matrices«. Diagnostica 16, 138–147.
Berechnung des MZQ durch Schübbach und Reukauf im Kinderpsychiatrischen Dienst Uster (1979).
Ziler, H. (1996): Mann-Zeichen-Test. Münster: Aschendorff. – »Urfassung«: Draw-a-man-test von Harris/Goodenough GHDT (1926).

Familienzeichnung

Die Familienzeichnung kann sowohl nach formalen Kriterien als auch nach inhaltlichen Kriterien ausgewertet werden. Die formalen Kriterien geben Auskunft über den Entwicklungsstand des Kindes, und der Inhalt der Zeichnung sagt etwas darüber aus, was für ein Bild sich das Kind von seiner Familie macht.

Familie in Tieren

A. Klassifikation
Zeichnerisches und Gestaltungsverfahren

B. Testgliederung
Die Testgliederung bei der Familienzeichnung in Tieren entfällt.
Der Test gibt Aufschluss über die innerfamiliäre Dynamik und die Beziehung des Kindes zu seinen nächsten Bezugspersonen. Er basiert überwiegend auf der Deutung projektiver Vorgänge.

C. Testanweisung und Auswertung
Die Testinstruktion lautet: »Stell dir vor, deine Familie sei eine Tierfamilie. Zeichne nun diese Familie!« Dabei wird die Reihenfolge der entstandenen Tiere festgehalten und jedes Tier einem Familienmitglied zugeordnet.
Die Zeichnung wird inhaltlich und formal gedeutet. Bei der formalen Auswertung achtet man auf die graphischen Merkmale wie Strichbeschaffenheit, Form- und Flächenbehandlung. Bei der inhaltlichen Auswertung werden folgende Punkte berücksichtigt: Reihenfolge der Tiere, Darstellung gleicher Tiere, Charakter der Tiere, Gruppierungen, Größenverhältnis und Ausdrucksgebaren der Tiere. Für diese Kriterien sind Interpretationshilfen gegeben.
– Anwendungsalter: ab 4 bis 5 Jahren bis über die Pubertät hinaus
– Formen: Einzeltest; kann auch teilweise als Gruppentest durchgeführt werden

D. Normen und Gütekriterien
Die Standardisierung beruht auf etwa 2000 Kinderzeichnungen.
– Objektivität: keine Angaben
– Reliabilität: keine Angaben
– Validität: Es liegt eine Validierung von 800 Fällen vor, bei denen der Test mit den Ergebnissen der gesamten, psychologischen Untersuchung verglichen wurde.

E. Anwendungsbereich
Erziehungs- und Schulberatungspraxis

F. Literatur
Brem-Gräser, L. (1995): Familie in Tieren. München: Reinhardt.

Verzauberte Familie (VF)

A. Klassifikation
Tiefenpsychologischer Zeichentest

B. Testgliederung
Die Testgliederung entfällt.

C. Testanweisung und Auswertung
Der Proband wird aufgefordert, sich vorzustellen, ein Zauberer habe seine Familie verzaubert. Er soll nun aufzeichnen, was dabei geschehen ist. Dann soll er die Geschichte der

Verzauberung erzählen (bzw. aufschreiben). Danach folgt der Pigemtest, bei dem der Proband sagen soll, in welches Tier er am liebsten verwandelt sein möchte (und warum) und in welches Tier auf keinen Fall (und warum nicht).
Der Test lässt sich formal und inhaltlich auswerten. Bei der formalen Auswertung wird auf Punkte wie Raumordnung und Zeichenart geachtet. Zur Raumordnung gehören beispielsweise Reihungen auf bestimmten Teilungen des Blattes; zur Zeichenart u. a. die Größenverhältnisse und die Blickrichtungen der einzelnen Figuren. Die inhaltliche Auswertung bezieht sich auf die Verwandlung in bestimmte Tiere, Pflanzen oder Gegenstände und deren Symbolgehalt.
Der Pigemtest (Tier-Wunsch-Probe) dient der Kontrolle.
– Anwendungsalter: Kinder und Jugendliche; keine genauen Angaben
– Formen: Einzeltest mit anschließender Befragung und Pigemtest

D. Normen und Gütekriterien
Umfangreiche statistische Angaben über einige Testkriterien (Raumanordnung, Reihenfolge, Zeichenobjekte) liegen vor und die Autoren geben Interpretationshinweise aus ihrer Sicht.
– Objektivität: Eine große Anzahl von Testprotokollen wurde durch drei Beurteiler unabhängig voneinander ausgewertet, und übereinstimmende Ergebnisse konnten gefunden werden.
– Reliabilität: Die Autoren halten eine Quantifizierung der Zuverlässigkeit für nicht möglich, da eine Parallelform nicht existiert und die untersuchten Persönlichkeitsmerkmale nicht stabil sind.
– Validität: keine Angaben

E. Anwendungsbereich
Die ›Verzauberte Familie‹ wird in der Erziehungsberatung, in der Kinderpsychotherapie und in angrenzenden Bereichen angewendet.

F. Literatur
Kos, M. et al. (1995): Verzauberte Familie. München: Reinhardt.

Zeichnungen: Angstzeichnung, freie Zeichnung und Bildergeschichte

A. Klassifikation
Tiefenpsychologische Zeichentests

B. Testgliederung
Die Testgliederung entfällt

C. Testanweisung und Auswertung
Mit beliebigem Zeichenmaterial soll das Kind entweder zeichnen, was ihm Angst macht (Angstzeichnung) oder was es will (freie Zeichnung). Für die Bildergeschichte wird ein

C 2. Testbeschreibungen

DIN-A4-Blatt im Querformat in 4–8 Felder unterteilt und das Kind aufgefordert, eine Geschichte in Fortsetzung zu zeichnen.
Bei der Interpretation dieser Zeichnungen sieht man in der Regel von einer quantitativen Erfassung ab und berücksichtigt unter Einbezug tiefenpsychologischer Gesichtspunkte neben formalen Aspekten vorwiegend den Inhalt des Dargestellten.

D. Normen und Gütekriterien
Bei den zeichnerischen Gestaltungsverfahren ist die Objektivität im Allgemeinen mangelhaft.
Die Reliabilität, Validität und Normierung sind eher unzureichend.

E. Anwendungsbereich
In Ergänzung anderer projektiver Methoden können Zeichnungen als Mittel zur Untersuchung der normalen und pathologischen menschlichen Persönlichkeit vom Kleinkindalter an bis ins Erwachsenenalter Verwendung finden.

F. Literatur
Herzka, H. S. et al. (1978): Kinderpsychiatrische Krankheitsbilder. Basel: Schwabe, S. 258.
Weiterführende Literatur:
Krenz, A. (1996): Was Kinderzeichnungen erzählen. Kinder in der Bildersprache verstehen. Freiburg i. Br.: Herder.
Manes, S. (1998): »Mama ist ein Schmetterling, Papa ein Delphin.« Kinderzeichnungen verstehen. Bern: Huber.
Schuster, M. (1993): Die Psychologie der Kinderzeichnung. Berlin: Springer.
Widlöcher, D. (1965): Was eine Kinderzeichnung verrät. Frankfurt a. M.: Fischer.

Interpretation der Farbtöne
(aus Heiss & Halder, 1975)

hellrot:	Leichte Ansprechbarkeit auf äußere Reize, aber labil, unruhig. Spontane Reaktionsbereitschaft mit geringer Neigung zu Erlebnisverarbeitung und Reflexion.
dunkelrot:	Vitale Ansprechbarkeit auf äußere Reize, normale Außenzuwendung und affektive Erregbarkeit. Intensiver, ruhiger, stabiler als hellrot. Gegenindikator zu neurotischen Tendenzen.
orange:	Passive, diffuse, bedürfnisorientierte Ansprechbarkeit. Von innen stimulierte Erregbarkeit, Kontaktbedürfnis.
gelb:	Zielgerichtete, affektive Außenzuwendung. Intentionalität, Leistungsbereitschaft.
hellgrün:	Gemüthafte Ansprechbarkeit und Resonanz mit geringer Nachhaltigkeit.
dunkelgrün:	Gemüthafte Stabilisierungs- und Ausgleichsfunktion, gelungene emotio-

	nale Regulation, Sensibilität und Kontaktfähigkeit. Gegenindikator zu neurotischen Tendenzen.
hellblau:	Verarbeitende regulierende Sensibilität, angepasste, kontrollierte Erlebnisfähigkeit. Die Erregungsabfuhr wird nachhaltig gebahnt, nicht blockiert.
hellviolett:	Sensible innere Unruhe als Gefahr und Chance. Suchen nach Ausdrucksmöglichkeiten, innere Beunruhigung und Labilisierung.
dunkelviolett:	Gedämpfte bis gestaute innere Beunruhigung. Weniger Ausdrucksmöglichkeiten als bei hellviolett.
braun:	Belastbare Durchsetzung, selbstzentriert, bedürfnisorientiert, hartnäckige bis sture Selbstbehauptung, stabilisierende Farbe.
weiß:	Versuch einer Erregungsabwehr mit Gefahr explosiver Durchbrüche bei starker Erregung. Fehlende affektive Kontrolle und Regulation.
grau:	Passive, verdrängende Erregungsdämpfung. Verdecken, Verdrängen, Ausweichen, Vermeiden von affektivem Engagement.
schwarz:	Aktiv-angsthafte Affektabschirmung, Blockierung und Hemmung, ev. depressive Verstimmung als Folge.

Literatur:
Heiss & Halder (1975): Der Farbpyramidentest. Bern: Huber.

2.8 Tests zur Erfassung spezieller Funktionen

Göttinger Formreproduktions-Test (G-F-T)

A. Klassifikation
Klinischer Test, Prüfung der Formerfassung und -wiedergabe

B. Testgliederung
Der GFT besteht aus 9 Abbildungen geometrischer Figuren, die aus dem »Visual Motor Gestalt-Test« von Bender übernommen wurden.
Mit Hilfe des GFT soll die Diagnose von hirnfunktionellen Störungen ermöglicht werden. Der Test liefert lediglich Anhaltspunkte für das Vorliegen solcher Störungen. Zusätzliche medizinische Untersuchungen sind nötig. Der Test liefert keinerlei Hinweis über Art, Schweregrad und Lokalisation der Störung.

C. Testanweisung und Auswertung
Dem Kind werden die einzelnen Vorlagen nacheinander mit der Anweisung, sie abzuzeichnen, vorgelegt. Sämtliche Figuren werden auf ein Blatt gezeichnet, während des Versuchs

C 2. Testbeschreibungen

wird ein Protokoll geführt, in dem die Besonderheiten der Durchführung (z. B. Drehen der Vorlage) und die Gesamtzeit vermerkt werden. Die Zeitnahme sollte unauffällig geschehen. Es gibt jedoch kein Zeitbegrenzung.
Alle möglichen Fehler sind auf dem Testbogen angegeben. Durch Vergleichen mit den Vorlagen und den aufgeführten Beispielen kann man die Gesamtzahl Fehler bestimmen und mit den Normen vergleichen. Die Schablonen, die Lupe und das Lineal helfen zur Ermittlung bestimmter Fehler bei einigen Reproduktionen. Die Auswertung dauert bei entsprechender Übung etwa 25–30 Minuten.
– Anwendungsalter: 6–15 Jahre
– Form: Einzeltest

D. Normen und Gütekriterien
Die Angaben der Autoren über Objektivität, Reliabilität und Validität sind zufrieden stellend.

E. Anwendungsbereich
Der Test eignet sich zur Differenzialdiagnostik hirnorganischer Störungen bei verhaltensauffälligen Kindern. Der GFT ist eine Neubearbeitung des 1938 von Bender veröffentlichten »Visual Motor Gestalt-Test«, bei dem neun Figuren möglichst genau abzuzeichnen sind. Der GFT soll dazu beitragen, hirnfunktionelle Störungen im Kindesalter aufzudecken. In der vorliegenden Form differenziert der Test zwischen Kindern mit Hinweisen auf hirnfunktionelle Störungen und solchen, bei denen es keine solchen Hinweise gibt. Die Autoren betonen aber ausdrücklich, dass mit dem GFT keine Aussagen über die Art und den Schweregrad einer hirnfunktionellen Störung gemacht werden kann.

F. Literatur
Schlange, H. et al. (1977): Göttinger Formreproduktions-Test (3. Aufl.). Göttingen: Hogrefe.

Bender-Test: Auswertung

Der Bender-Test braucht die gleichen Vorlagen wie der GFT, resp. der GFT stützt sich auf die Vorlagen des Bender. Wir stellen die ältere und weniger aufwändige Auswertung nach Koppitz (1980) vor.
In der folgenden Tabelle sind die 30 Merkmale zusammengestellt, die für den Testscore relevant sind. An Hand dieses Testscores werden die Normen für hirnfunktionelle Störungen gemessen. Nur bei ganz klaren Abweichungen wird jeweils ein Punkt berechnet. Die einzelnen Punkte der klar als vorhanden erkannten Merkmale werden addiert und bilden den Bender-Gestalt-Testscore. Im Buch von Koppitz auf den Seiten 191–201 sind Definitionen und Beispiele für die Auswertung von Merkmalen angegeben. Auf den Seiten 202 und 203 befinden sich die Normwerte.

2.8 Tests zur Erfassung spezieller Funktionen

Testscoretabelle (Koppitz, 1980, S. 203)

	Nr.	Fehler	Punkte
Muster A	1a	Verzerrung der Figurform	
	1b	falsches Größenverhältnis	
	2	Rotation	
	3	die Integration der beiden Testfiguren ist schlecht	
Muster 1	4	Kreise anstelle von Punkten	
	5	Rotation	
	6	Perseveration der Punkte	
Muster 2	7	Rotation	
	8	Integration	
	9	Perseveration	
Muster 3	10	Kreise anstelle von Punkten	
	11	Rotation	
	12a	Integration	
	12b	Zeichnen von Linien anstelle von Punkten	
Muster 4	13	Rotation	
	14	Integration	
Muster 5	15	Kreise anstelle von Punkten	
	16	Rotation	
	17a	Verzerrung	
	17b	Fortlaufende Linien anstelle von Punkten	
Muster 6	18a	Winkel anstelle von Wellenlinien	
	18b	Gerade Linie anstelle von Wellenlinien	
	19	Integration	
	20	Perseveration	
Muster 7	21a	falsches Größenverhältnis	
	21b	Fehlende oder überflüssige Ecken	
	22	Rotation	
	23	Integration	
Muster 8	24	Verzerrung	
	25	Rotation	

Testscore: ☐

Dieser Testscore ist im Appendix C in Beziehung zum Alter der Kinder gesetzt.

C 2. Testbeschreibungen

Appendix C
Diagramm der Normwerte für Bender-Gestalt-Testscores
(1974 Stichproben mit N = 975)

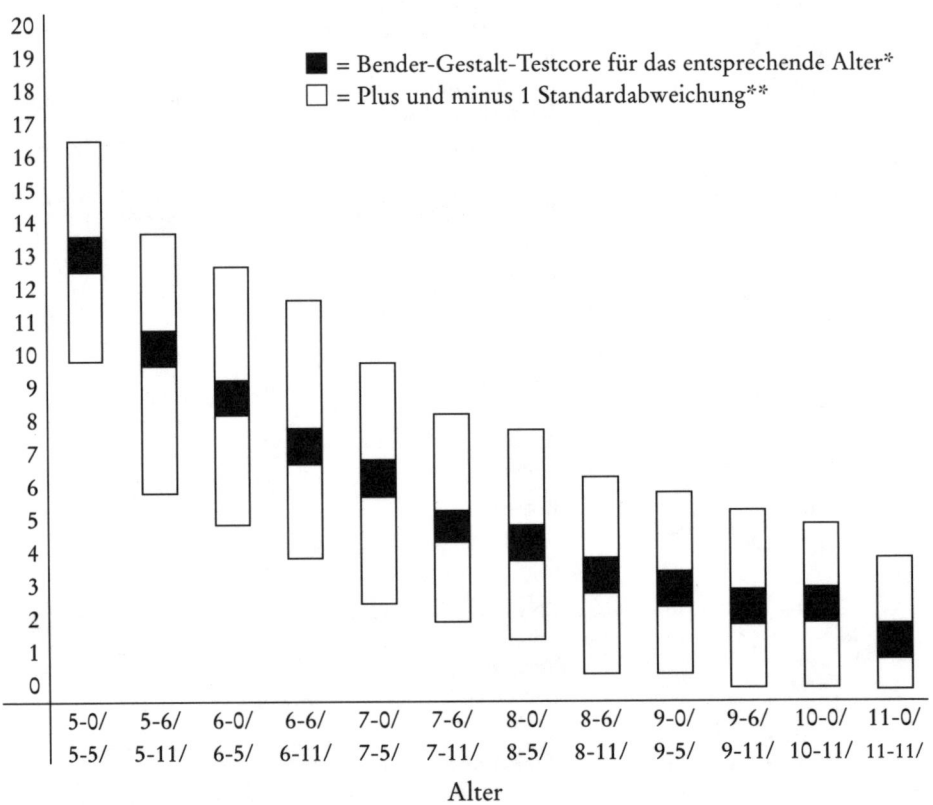

* Da die individuelle Testscores immer ganzzahlig ist, ist jeweils der Block eingezeichnet, in dem der Mittelwert liegt.
** Durchschnittsintervall. Testscores *über* dem Durchschnittsintervall bedeuten mangelhafte Leistungen, Testscores unter dem Durchschnittsintervall bedeuten *gute* Leistungen.

Von den soeben beschriebenen Merkmalen haben sich einige als charakteristisch für hirnfunktionelle Störungen herausgestellt. Diese sind in Form einer Tabelle als Appendix F bei KOPPITZ (1980) auf Seite 205 aufgeführt.

In der folgenden Liste sind verschiedene Verhaltensweisen bei der Reproduktion der Figuren aufgeführt, die charakteristisch sind für Kinder, die ihre Schwierigkeiten in der visuellmotorischen Wahrnehmung zu kompensieren versuchen (Koppitz, S. 108).

2.8 Tests zur Erfassung spezieller Funktionen

- Übermäßiger Zeitaufwand
- Nachfahren der Umrisse
- »Verankern« (das Kind deutet mit dem Finger auf den Teil der Vorlage, den es gerade mit der anderen Hand abzeichnet)
- Vorlage wird nur einmal kurz ansehen
- Rotation der Vorlage und des Zeichenblattes
- Mehrfaches Wiederholen des Abzählens von Punkten und Kreisen
- Impulsive, hastige Zeichnungen
- Äußerungen von Unzufriedenheit

Indikatoren, die auf eine emotionale Störung hinweisen (Koppiz, S. 125–133):
- Mangel an Organisation der Muster auf dem Blatt
- Richtungswechsel in Muster 1 und 2
- Striche anstelle von Kreisen in Muster 2
- Größerwerden der Elemente in Muster 1, 2 und 3
- zu große Zeichnungen der Muster
- zu kleine Zeichnungen der Muster
- Zaghafte Striche
- Nachlässiges Nachzeichnen, Verstärken von Linien
- Zweiter Versuch bei der Figurenwiedergabe
- Expansion (das Kind braucht zwei oder mehrere Zeichenblätter)
- Einrahmen von Mustern
- Spontane Veränderung der Muster
- Gedrängte Muster

Bei Koppitz sind auf den Seiten 141–160 für diese emotionalen Indikatoren Definitionen und Auswertungsbeispiele aufgeführt.

Zur Interpretation und Bedeutung der einzelnen Figuren

Zum Zeichen A:
Das Zeichen A ist ein zweisymboliges Zeichen, wobei der Kreis als weibliches, das Quadrat als männliches Zeichen gilt. Vergrößerungen bzw. Verkleinerungen von einer der beiden Formen können Hinweise auf die Identifikation mit einer der beiden Geschlechterrollen geben.
Patienten, denen es schwer fällt, sich aggressiv zu äußern, haben häufig Störungen bei Bogenlinien. Störungen in der Führung gerader Linien finden sich bei Patienten, die mit der Aktivität/Passivität Probleme haben. Die Figur gibt auch Hinweise auf zwischenmenschliche Beziehungen, weil sich die beiden Zeichen berühren.

Figur 1:
Die Figur 1 ist eher schwierig, weil sie nur aus Punkten besteht. Die Betonung der Horizontalen hat wohl die Bedeutung der mitmenschlichen Beziehungsfragen, insbesondere

C 2. Testbeschreibungen

auch, weil die Punkte zwischen Schluss- und Anfangspunkt in Zweiergruppen formiert sind. Auch der Abstand zu A und den folgenden Figuren scheint für das Kontaktbedürfnis wichtig zu sein. Eine horizontale Reihenfolge kann ein starkes Kontaktbedürfnis bedeuten, eine vertikale Reihenfolge dürfte auf Autoritätsprobleme im Kontakt hinweisen.
Eine Vermehrung der Punkte könnte ein gesteigertes Kontaktbedürfnis bedeuten. Eine nach abwärts verlaufende Punktreihe dürfte auf depressive Züge, eine bogenförmige Punktreihe auf narzisstische Züge hinweisen.

Figur 2:
Während die Figur 1 eher auf das passive Kontaktbedürfnis hinweist, ist die Figur 2 viel eher für die Kontaktauseinandersetzung typisch. Wenn der Patient die Figur in der Horizontalen beginnt, weist dies auf eine eher passive Kontaktnahme hin, beginnt er sie in der Vertikalen, deutet dies auf eine eher aktive und aggressive Kontaktnahme. Auch die Winkel spielen eine große Rolle, je spitzer die Winkel, umso aggressiver der Kontakt, je stumpfer, umso passiver und affektiv verhaltener. Wenn sich die Winkelrichtung ändert, kann man annehmen, dass der Patient alle Möglichkeiten nutzt, den Kontakt zu suchen, und die mitmenschliche Beziehungen aufrechtzuerhalten sucht. Auch unregelmäßige Abstände können auf Kontaktschwierigkeiten hinweisen. Für eine nach abwärts verlaufende Figur oder eine bogenförmige Figur gilt das Gleiche wie bei Figur 1.

Figur 3:
Die Figur 3 ist die Aggressionsfigur im eigentlichen Sinn. Vermutlich gibt der Winkelgrad, den der Patient wählt, an, wie sein aggressives Begegnen der Umwelt gegenüber ist. Je spitzer der Winkel, desto aggressiver die Auseinandersetzung mit der Umwelt. Eine Verkleinerung oder eine Zusammendrängung der Gesamtfigur könnten bedeuten, dass der Patient Angst hat vor Aggressionen und sich von der Umwelt abkapselt bzw. zurückzieht. Eine Verminderung der Punkte bzw. Gestaltteile könnte darauf hinweisen, dass der Patient sich der Umwelt wehrlos ausgesetzt fühlt. Eine Drehung der ganzen Gestalt nach oben könnte auf eine Verstärkung der Aggressionsimpulse hinweisen, nach unten auf eine Verleugnung bzw. Verdrängung der Aggression. Eine Drehung um 180 Grad weist auf ausgesprochene, gegen sich selbst gerichtete Aggressionen.

Figur 4:
Die Figur 4 beinhaltet ähnliche Problemstellungen wie das Zeichen A, wobei die Symbole aus ihrer ursprünglichen Einheit aufgerissen sind.

Figur 5:
Der Figur 5 fehlt der »Halt« in einer Linie, sie könnte deshalb gewissen Kindern beim Abzeichnen Schwierigkeiten bereiten.
Dieses Zeichen beinhaltet wiederum zwei gegensätzliche Verhaltensmodi, die sich in einer Gestaltform vereinigen. Die Figur beinhaltet sowohl das in sich ruhende Weiblich-Mütterliche als auch das eher wegstrebende aggressive erobernde Männliche.

2.8 Tests zur Erfassung spezieller Funktionen

Figur 6:
Die Figur 6 besteht aus zwei Wellenlinien, wobei die horizontale Wellenlinie eine Neigung von 10 Grad hat. Auch hier handelt es sich um entgegengesetzte inner-psychische Verhaltensweisen. Die horizontale Wellenlinie weist auf die weibliche, passiv hinnehmende, harmonisch schwingende Affektifität hin, während die vertikale Wellenlinie auf die mehr männlich, aktive, aggressive Affektivität hinweist.

Figur 7:
Bei der Figur 7 handelt es sich um die Durchkreuzung eines rechtsseitigen, aufstrebenden Zeichens und eines linksseitigen, abwärts weisendes Zeichen. Diese Figur scheint ambivalente Gefühle zu beinhalten, sie gibt Aufschluss über eher aktiv-aggressive oder passiv-masochistische Strebungen.

Figur 8:
Auch bei der Figur 8 berühren sich zwei Figuren tangential, wobei aber die eine die andere umschließt. Dieses Zeichen könnte also auf das Geborgenheitsgefühl des Kindes hinweisen.

Literatur:
Hutt, M. & Briskin, G. (1960): The Hutt Adaption of the Bender-Gestalt Test. London: Grune &Stratton.
Koppitz, E.M. (1980):. Der Bender-Gestalt-Test für Schulkinder. Stuttgart: Hippokrates.

Mottier-Test

A. Klassifikation des Tests
Screeningtest für die Lautdifferenzierungsfähigkeit und die auditive Merkfähigkeit

B. Testgliederung
Der Mottier-Test besteht aus einer Reihe von 30 sinnfreien Wortgebilden mit 2 bis 6 Silben in aufsteigender Reihenfolge.

C. Testanweisung und Testauswertung
Die Silben werden dem Kind bei gleichmäßiger Betonung mit verdecktem Mund, wegen der Gefahr des Ablesens der Mundbewegungen, einzeln vorgesprochen. Der Proband soll dem Versuchsleiter korrekt nachsprechen.
Die Testauswertung ist sehr einfach, denn die Anzahl der korrekt nachgesprochenen Wortgebilde ergibt einen positiven Testpunkt.
- Anwendungsalter: ab 4 Jahren
- Formen: Einzeltest

C 2. Testbeschreibungen

Liste der nachzusprechenden Pseudowörter
(Zusammenstellung von Grete Mottier, Zürich):

rela	kapeto	pikatura	katopinafe	pekatorisema
noma	giboda	gabodila	gebidafino	dagobilaseta
godu	lorema	monalura	ronamelita	leraminofeko
mera	tokipa	topakimu	tapikusawe	kapotilafesa
luri	dugabe	debagusi	degobesaro	bigadonafera
limo	nomari	relomano	muralenoka	nomalirakosa

Der Mottier-Test ist als Untertest im Zürcher Lesetest von Linder/Griessemann enthalten.

D. Normen und Gütekriterien

Die Standardisierung beruht auf einer Stichprobe von N = 107.
Keine Angaben über die Objektivität, Reliabilität und Validität.

Ergebnisse einer Prüfung der akustischen Merkfähigkeit nach Mottier in 2 Abteilungen jeder Klassenstufe:

N*	Klassenstufe	Anzahl der richtig reproduzierten Silbengebilde			
		Zentralwert	mittlere Breite	Minimalwerte	Maximalwerte
59	2. Schuljahr	23	21–27	9	30
57	3. Schuljahr	21	19–26	9	30
59	4. Schuljahr	24	23–28	20	29
58	5. Schuljahr	26	24–28	17	30

Die Ergebnisse zeigen keinen deutlichen Altersfortschritt.
(N* = Anzahl der untersuchten Kinder)

Mittelwerte und Standardabweichungen im Mottier-Test bei 4–6-jährigen Kindergartenkindern:

	Mittelwert	Standardabweichung	unterer Grenzwert
4. Lj.	16.413	4.956	11.457
5. Lj.	16.429	5.627	10.802
6. Lj.	17.889	6.110	11.779

2.8 Tests zur Erfassung spezieller Funktionen

Der Schulpsychologische Dienst St. Gallen hat 1998 mit einer eigenen kleinen Stichprobe eine neue Normentabelle erstellt.

Population	2. Klasse	3. Klasse	4. Klasse
N =	44	47	43
Durchschnittsalter	8'8	9'9	10'9
Lehrerbeurteilung der Klasse	durchschnittlich	überdurchschnittlich	unterdurchschnittlich

Mottier	2. Klasse	3. Klasse	4. Klasse
Neuer Durchschnitt	17,0	18,2	18,5
Differenz zum alten Durchschnitt	–6,0	–2,8	–5,5
Bandbreite (+/– 1 SD)	14–20	15 (16)–21	15–22
Kritische Untergrenze	14	15 (16)	15
Unterschied zwischen den Klassen	1.0	2.1	0.9
Anzahl Fälle (unter der Grenze)	8	6	8
a) davon bei K-ABC unter 1 SD	3	0	4
b) davon bei Kramer unter 1 Satz	0	1	3
c) a und b zutreffend	0	0	2

E. Anwendungsbereich

Der Mottier-Test wird als Screening-Verfahren zur Lautdifferenzierungsfähigkeit und auditiven Merkfähigkeit angewendet. Weil das Ergebnis der Lautdifferenzierungsfähigkeit abhängig ist von der Merkfähigkeit, weiß man bei einem schlechten Testergebnis nicht, welche der beiden Teilleistungen gestört ist. Ein schlechtes Ergebnis zwingt zu weiteren Nachprüfungen in diese Richtung.

Der Mottier-Test differenziert eindeutig zwischen Kindern mit und ohne Dyslalie und zwischen Kindern mit und ohne Dysgrammatismus. Er differenziert jedoch nicht zwischen Kindern mit und ohne Sigmatismus.

F. Literatur

Welte, V. (1981): Der Mottier-Test, ein Prüfmittel für die Lautdifferenzierungsfähigkeit und die auditive Merkfähigkeit. Stuttgart: Thieme.

C 2. Testbeschreibungen

Frostigs Entwicklungstest der visuellen Wahrnehmung (FEW)

A. Klassifikation
Entwicklungstest

B. Testgliederung
Der Frostig Entwicklungstest gliedert sich in 5 Subtests: Visuo-motorische Koordination (VM), Figur-Grund-Unterscheidung (FG), Formkonstanzbeachtung (FK), Erkennen der Lage im Raum (LR), Erfassen räumlicher Beziehung (RB). Das Konzept des Tests basiert auf der Differenzierungshypothese der visuellen Wahrnehmung bei Kindern, wobei die Wahrnehmungsfunktionen relativ unabhängig sind voneinander. Die durch die Untertests geprüften Wahrnehmungsleistungen wurden aus allen Wahrnehmungsfunktionen zur Testkonstruktion ausgewählt, weil sie die gesamte Persönlichkeit stärker beeinflussen als andere Funktionen. Die Anpassungsfähigkeit des Organismus, seine Handlungseffektivität, das Gefühl der Sicherheit in seiner Umwelt und die seelische Gesundheit sind hauptsächlich von der Intaktheit und störungsfreien Funktion der visuellen Wahrnehmung in diesen geprüften Wahrnehmungsbereichen.

C. Testanweisung und Auswertung
Wichtig ist das genaue Verständnis des Tests vor dem Arbeitsbeginn. Der Testleiter demonstriert an einer Tafel oder mit Schaubildern jeden Untertest. Das Kind bearbeitet immer eine Seite des Testhefts von links nach rechts, ohne das Testheft zu drehen, wobei die anderen Seiten des Hefts unterschlagen sind, damit es nicht abgelenkt wird. Die Testinstruktion ist standardisiert.
Für die Auswertung stehen detaillierte und bebilderte Auswertungsrichtlinien und Auswertungsschablonen zur Verfügung. Pro Untertest sind Maximalrohwerte angegeben.
- Anwendungsalter: 4,0 bis 8,11 Jahre
- Formen: Individual- oder Gruppentest

D. Normen und Gütekriterien
Die Standardisierung beruht auf einer Stichprobe von N = 1500.
- Objektivität: Die Durchführungs- und Auswertungsobjektivität sind durch sorgfältige Standardisierungen bei Instruktions- und Auswertungsvorgaben gegeben.
- Reliabilität: Die Retestreliabilität der Rohwerte liegt zwischen $r = 0.33$ und 0.83 bei Kindergartenkindern und Erstklässlern.
- Validität: Zwischen den Tests der allgemeinen Schulreife und der Leseleistung in der 1. und 2. Klasse ergaben sich Koeffizienten zwischen $r = 0.40$ und $r = 0.50$ für den Wahrnehmungkoeffizienten sowie $r = 0.44$ und $r = 0.34$ für den Subtest »Erkennen der Lage im Raum«, insgesamt waren die Korrelationen der FEW-Subtests mit anderen Schulreife- und Lesetests signifikant.

E. Anwendungsbereich
Der Frostig Entwicklungstest der visuellen Wahrnehmung wird vor allem in der schulpsychologischen Praxis angewendet.

F. Literatur
Frostig, M. (1996). Frostigs Entwicklungstest der visuellen Wahrnehmung (FEW) (8. überarb. und erw. Aufl.). Göttingen: Hogrefe.

Neuenburger Schulfähigkeitstest (NSF)

A. Klassifikation
Schulfähigkeitstest

B. Testgliederung
Der NSF besteht aus sieben Untertests: Verwandte Wörter (Sprachverständnis), Zahlenreihen (logisches Denken), Wortauswahl (Sprachverständnis), Buchstabengruppen (logisches Denken), Lebensmittel (verbale Plastizität), Wappen (wahrnehmungsmäßige Plastizität) und Kopfrechnen (Rechenfertigkeit).
Beim NSF geht es nicht um die Prüfung von in der Schule erworbenen Kenntnissen und Fertigkeiten, sondern um eine möglichst objektive und zuverlässige Abschätzung des Ausprägungsgrades gewisser kognitiver Fähigkeiten, die gemäß den Untersuchungen der Autoren der französischen Originalversion als wichtige intellektuelle Voraussetzungen konkreter schulischer Leistungsfähigkeit anzusehen sind.

C. Testanweisung und Auswertung
Das Vorgehen wird bei jedem Untertest anhand von Beispielaufgaben erklärt. Der richtige Unterstreichungsmodus wird an der Wandtafel besprochen, ebenfalls die Anordnung der Aufgaben in Kolonnen. Der Test dauert mit zwei Pausen von 10 Minuten etwa drei Stunden.
Die Rohpunktauswertung erfolgt mit den Auswertungsschablonen schnell und objektiv. Es existieren Normtabellen für 14 verschiedene Teilpopulationen der Schüler des 5. bis 9. Schuljahres.
– Anwendungsalter: Schüler des 5. bis 9. Schuljahres
– Formen: Einzel- und Gruppentests

D. Normen und Gütekriterien
Die Standardisierung basiert auf einer Stichprobe von 3973 Schülern des Kantons Zürich.
– Objektivität: Aufgrund der genauen Standardisierung der Durchführung und Auswertung ist die Objektivität des NSF gewährleistet.
– Reliabilität: Der Reliabilitätskoeffizient liegt zwischen 0.8 und 0.96.

E. Anwendungsbereich
Der NSF ist in erster Linie als Orientierungshilfe bei der Frage des Übertritts in weiterführende Schulen (Sekundarschule, Gymnasium usw.) konzipiert.

F. Literatur
Schallberger, U. und Trier, U. P. (1974): Neuenburger Schulfähigkeitstest (NSF). Weinheim: Beltz.

C 2. Testbeschreibungen

2.9 Familiendiagnostische Verfahren

Familiensystemtest (FAST)

A. Klassifikation
Gestaltungsverfahren

B. Testgliederung
Der Familiensystemtest besteht aus einem vierteiligen Testformular und Ergänzungsblättern, einem einfarbigen, quadratischen Brett (45 × 45 cm) mit 81 Feldern (5 × 5 cm), 6 männlichen und 6 weiblichen Figuren mit leicht strukturierten Gesichtern (Augen und Mund), je 1 männlichen und weiblichen Figur in Orange, Violett und Grün, 18 zylindrischen Klötzchen in drei verschiedenen Höhen.
Der Test ist in einen Handlungsteil, bei dem die Familienbeziehungen auf dem Testbrett dargestellt werden, und in eine anschließende Nachbefragung gegliedert.
Der Familiensystemtest basiert auf der systemischen Familientheorie. Er soll mit der quantitativen und qualitativen Erfassung familiärer Beziehungsstrukturen helfen, psychosoziale Probleme in der Familie darzustellen, und die Planung und Durchführung therapeutischer Schritte erleichtern.

C. Testanweisung und Auswertung
Der Proband soll in der Einzeltestsituation mit Hilfe der Testfiguren und des Bretts a) die typische Familienkonstellation seiner Familienmitglieder, b) die Beziehung in einer für die Familie idealen Situation und c) eine für die Familie bedeutende Konfliktsituation darstellen. Der Testleiter veranschaulicht den Begriff der Hierarchie, indem er die Figuren mit Blöcken unterschiedlich erhöht (so können der Einfluss und der Machtunterschied der einzelnen Familienmitglieder sichtbar gemacht werden) und den Begriff der Kohäsion, indem er die Figuren in unterschiedlicher Entfernung zueinander aufstellt (so kann die emotionale Bindung der einzelnen Familienmitglieder sichtbar gemacht werden). Die Aufstellung wird vom Versuchsleiter protokolliert. Die Flexibilität der familiären Beziehungsstruktur lässt sich am Vergleich der Ideal- und der Konfliktaufstellung ablesen.
Ein guter Einblick in die intrafamiliäre Beziehungsstruktur lässt sich gewinnen, wenn der FAST als Gruppentest angewendet wird und sich die Familie auf eine Lösung einigen muss. Hier lassen sich sowohl aus der Interaktion während des Tests als auch aus der endgültigen Repräsentation einige diagnostische Schlüsse ziehen.
Die qualitative Auswertung erfolgt nach den Kriterien Hierarchie, Kohäsion und Beziehungsstrukturtypen sowie Wahrnehmungsunterschiede und Flexibilität. Sie bezieht sich auf das Testverhalten, die Interaktionen und die Nachbefragung.
- Anwendungsalter: ab 6. Lebensjahr
- Formen: Einzel- oder Gruppentest

D. Normen und Gütekriterien
Beim Familiensystemtest liegen keine Normangaben vor.
- Objektivität: Der Test kann bei exakter Befolgung der Durchführungs- und Auswertungshinweise als hinreichend objektiv angesehen werden.
- Reliabilität: Die Retest-Reliabilität liegt zwischen $r = 0.47$ und $r = 0.87$.
- Validität: Es wurden verschiedene Verfahren zur Validierung verwendet.

E. Anwendungsbereich
Der FAST wird in der psychologischen Praxis zur Klärung der Familienstruktur angewendet.

F. Literatur
Gehring, T. M. (1998): Familiensystemtest (FAST) (2.erw. Aufl.). Göttingen: Hogrefe.

Ausblick:
Zum Wissenschaftsverständnis und Menschenbild

Wenn sich ein Therapeut mit Diagnostik und Therapie beschäftigt, wird in der praktischen Arbeit deutlich, dass hinter den zu stellenden Fragen ein bestimmtes Welt- und Menschenbild steht. Auch die Fragen zum methodischen Vorgehen bestimmen sich aus einer zugrunde liegenden Philosophie. Was bedeutet Psyche im Wort Psychodiagnostik und -therapie? Was bedeutet wissenschaftliches Vorgehen? Ist die verwendete Methodik dem Wesen der Psyche angemessen? Diese Fragen sind zu reflektieren. Es würde den praktischen Ansatz dieser Arbeit sprengen, im Detail näher darauf einzugehen. Ich verweise den Leser auf die entsprechende weiterführende Literatur. Da in dieser Arbeit ein phänomenologisches Verständnis immer wieder angesprochen wurde, möchte ich auf dieses Vorgehen noch etwas näher eingehen.
Als eigenständige Methode, die den Zugang zu menschlichen Phänomenen erweitert, hat Heidegger die phänomenologische Methode entwickelt. Dies ist eine Alternative zum naturwissenschaftlichen Zugang, der den Menschen als Naturkörper auffasst. Heidegger sagt (1972, S. 27 ff.): »Der Titel ›Phänomenologie‹ drückt eine Maxime aus, die also formuliert werden kann: zu den Sachen selbst: entgegen allen freischwebenden Konstruktionen, zufälligen Funden, entgegen der Übernahme von nur scheinbar ausgewiesenen Begriffen, entgegen den Scheinfragen, die sich oft Generationen hindurch als ›Probleme‹ breit machen. Der Ausdruck ›Phänomenologie‹ hat zwei Bestandteile, nämlich ›Phänomen‹ und ›Logos‹. Die Bedeutung von ›Phänomen‹ bestimmt Heidegger als das Sich-an-ihm-selbst-Zeigende, das Offenbare. Die Phänomene sind die Gesamtheit dessen, was am Tage liegt oder ans Licht gebracht werden kann. Unter ›Logos‹ versteht Heidegger das Offenbarmachen dessen, wovon ›die Rede‹ ist. Der Logos lässt das sehen, worüber die Rede ist. Die Rede ›lässt sehen‹ von dem selbst her, wovon die Rede ist. Phänomenologie meint daher das Sehenlassen von ihm selbst her, so wie es sich von ihm selber her zeigt. Phänomenologie nennt nicht den Gegenstand ihrer Untersuchung, sondern gibt Aufschluss über das ›Wie‹ der Aufweisung und der Behandlungsart. Die Gegenstände ihrer Erfassung und alles was über sie zur Erörterung steht, soll in direkter Aufweisung abgehandelt werden.
Was ist es nun, was die Phänomenologie ›sehen lassen‹ soll? Es ist das, was sich zunächst und zumeist gerade nicht zeigt. Es ist demgegenüber, was sich zunächst und zumeist zeigt, verborgen. Zugleich ist es etwas, das zu dem, was sich zunächst und zumeist zeigt, derart dazu gehört, dass es seinen Sinn und Grund ausmacht. Hinter dem Phänomen der Phänomenologie steht wesenhaft nichts anderes, allerdings kann das,

was Phänomen werden soll, verborgen sein. Um dies zu entdecken, bedarf es der Phänomenologie. Der Gegenbegriff zu ›Phänomen‹ ist ›Verdecktheit‹.
Die Art der möglichen Verdecktheit der Phänomene ist verschieden. So kann ein Phänomen derart verdeckt sein, dass es überhaupt noch unentdeckt ist. Über seinen Bestand gibt es weder Kenntnis noch Unkenntnis. Ein Phänomen kann zuweilen verschüttet sein, das heißt, dass es zuvor einmal entdeckt war, aber wieder der Verdeckung verfiel. Möglich ist auch, dass zuvor Entdecktes noch sichtbar ist, der allerdings nur als Schein. Diese Verdeckung als ›Verstellung‹ ist die häufigste. Der Gang der Analyse und der Zugang zu den Phänomenen und der Durchgang durch die Verdeckungen erfordern eine eigene methodische Sicherung. »In der Idee der ›originären‹ und ›intuitiven‹ Erfassung und Explikation der Phänomene liegt das Gegenteil der Naivität eines zufälligen unmittelbaren und unbedachten ›Schauens‹« (Heidegger 1972, S. 36). Der methodische Sinn der phänomenologischen Deskription ist Auslegung.
Damit sollen weder Abstraktion, Vergegenständlichung, theoretische Annahmen noch Umdeutungen um sich greifen. So wird kein subjektiver Standpunkt eingenommen, d. h. nicht vom Subjekt her der Umgang mit den Phänomenen bestimmt, noch werden diese gar nur auf Gnaden des Subjekts als solche bestehen gelassen. Ebensowenig bedeutet dies, die ›Objektivität‹ der zu untersuchenden Sachverhalte als eine für sich bestehende Qualität zu bestimmen. Diese Auffassung würde eine Subjekt-Objekt-Spaltung bedeuten. Demgegenüber wird das phänomenologisch-daseinsanalytische Ansinnen bestimmt als das Zum-Vorschein-kommen-Lassen der verschiedensten Phänomene, die des Menschen Offenständigkeit als ihrer Erscheinungsstätte bedürfen, und die ihn mit ihrer Bedeutungsfülle und Verweisungszusammenhänge ansprechen.
Condrau (1998) geht ausführlich auf die Entwicklung der Phänomenologie ein. Phänomenologie heißt demnach nicht wie in der Bewusstseinsphänomenologie HUSSERLS und BINSWANGERS ›Bedeutung geben‹. Vielmehr orientiert sich Heideggers hermeneutische Phänomenologie an dem, was Phänomen ursprünglich in der griechischen Philosophie bedeutet hat. Heidegger grenzt den Phänomenologiebegriff auch ab gegen Schein bzw. Erscheinung. Das Phänomen ist zweifach charakterisiert, nämlich durch das Verborgene, das es zu entdecken gilt sowie durch das Wesenhafte, das heißt, das was die eigentliche Bedeutung, das Wesen eines Phänomens ausmacht. Es gibt zwei Arten eines Phänomens. Einerseits gibt es die ontischen Phänomene wahrzunehmen. Dies sind wahrnehmbare, seiende Phänomene wie zum Beispiel ein Tisch mit seiner spezifischen Holzart oder Farbe. Andererseits gibt es ontologische Phänomene. Damit ist gemeint, dass es auch eine unmittelbar nicht wahrnehmbare Komponente eines Phänomens gibt, nämlich das Existieren von etwas, beispielsweise das Wesen eines Tisches. Neben dieser unmittelbaren Bedeutung, dem Wesen eines

Ausblick

Phänomens, spielen ebenso deren Verweisungszusammenhänge eine Rolle. Ein Tisch beispielsweise verweist darauf, dass sein Holz, aus dem er gefertigt wurde, einst als Baum in einem Wald wuchs, für die Fertigung als Tisch abgeholzt und von Arbeitern geformt wurde. Schließlich verweist der Tisch auf seine Bedeutung als Potenzial und reale Möglichkeit für seine Benutzer. Am Tisch findet beispielsweise ein Gespräch statt oder es wird darauf ein Essen serviert. Alle diese Verweisungszusammenhänge sind nicht abschließend zu beschreiben und verschiedene Beobachter werden verschiedene Seiten des Tisches entdecken. Entscheidend ist jedoch dabei, dass nicht von einem subjektiven Standpunkt eines Beobachters dem Tisch eine persönliche Bedeutung übergestülpt wird, sondern dass vom Tisch her selbst die Bedeutung und die Verweisungen expliziert werden. Dies hat mit der Offenheit des Betrachters zu tun.
Phänomenologie in diesem Sinn meint also nicht die oberflächliche Erscheinung von etwas, von dem darunter noch die ›eigentliche Struktur‹, das ›Wirklichere‹ oder ›Eigentlichere‹ versteckt wäre. Das Phänomen soll nur in seinem Sein, in seiner Bedeutung und seinen Verweisungen offengelegt werden.

Literatur zu Teil A

Amelang, M. und Zielinski, W. (1997). Psychologische Diagnostik und Intervention (2. korr. aktual. u. überarb. Aufl.). Berlin, Heidelberg, New York: Springer.

Avé-Lallemant, U. (1980). Baum-Tests. Mit einer Einführung in die symbolische und graphologische Interpretation. Olten: Walter.

Avé-Lallement, U. (1978). Der Wartegg-Zeichentest in der Jugendberatung. München: Reinhardt.

Bierkens, P. B. (1968). Die Urteilsbildung in der Psychodiagnostik. München: Johann Ambrosius Barth.

Boszormeny-Nagy, I. und Spark, G. M. (1981). Unsichtbare Bindungen. Die Dynamik familiärer Systeme (6. Aufl.). Stuttgart: Klett-Cotta.

Breuer, F. (1977). Wissenstheorie für Psychologen. Münster: Aschendorf.

Cierpka, M. (Hrsg.) (1996). Handbuch der Familiendiagnostik. Berlin, Heidelberg New York: Springer.

Dahmler, H. und Dahmler, J. (1992). Gesprächsführung. Eine praktische Anleitung (3. unveränd. Aufl.). Stuttgart: Thieme.

Deegener, G. (1995). Anamnestische Elternfragebogen mit Handbuch, Anamnese und Biographie im Kindes- und Jugendalter, Testzentrale

Dehmelt, P., Kuhnert, W., Zinn, A. (1993). Diagnostischer Elternfragebogen, Testzentrale.

Döpfner, M. und Lehmkuhl, G. (1998). DISYPS-KJ. Bern: Hans Huber.

Döpfner, M., Berner, W., Flechtner, H., Lehmkuhl, G., Steinhausen, H. C. (1999): Psychopathologisches Befund-System für Kinder und Jugendliche. Hogrefe, Göttingen

Duhm, E., Althaus D. (1980). Beobachtungsbogen für Kinder im Vorschulalter, Testzentrale.

Ebensperger-Schmidt, G. (1997). Psychologische Zugänge. Anamnese, Beobachtung, Spiel, Test. In: Reinelt, T., Bogy, G. und Schuch, B. (Hrsg.). Lehrbuch der Kinderpsychotherapie. München: Reinhardt.

Eggers, C., Lempp, R., Nissen, G. und Strunk, P. (1994). Kinder- und Jugendpsychiatrie (7. überarb. u. erw. Aufl.). Berlin, Heidelberg, New York: Springer.

Erpen, M. (1986). Daseinsanalyse und Systemtherapie. Daseinsanalyse Vol. 3, Nr. 2, 85–97. Basel: Karger.

Exner, John E. Jr. (1993). The Rorschach: A Comprehensive System. (3 vols.) – Vol. I : Basic Foundations. 3rd Ed. – Vol. II: Current Research and Advanced Interpretation. (1991), 2nd Ed. – Vol. III: Assessment of Children and Adolescents. (1995). 2nd Ed., New York: Wiley & Sons.

Exner, John E. Jr. (1995). 2nd Ed. Rorschach Form Quality Pocket Guide. Asheville NC: Rorschach Workshops.

Exner, John E. Jr. (1995). 4th Ed. A Rorschach Workbook for the Comprehensive System. Asheville, NC: Rorschach Workshops.

Exner, John E. Jr. (1995). Issues and Methode in Rorschach Research. Mahwah, NJ: LEA, Erlbaum.

Fisseni, H. J. (1997). Lehrbuch der psychologischen Diagnostik. Mit Hinweisen zur Intervention (2. überarb. Aufl.). Göttingen: Hogrefe.

Frank, F. K. (1948). Projektive Methods. Springfield: C. C. Thomas.

Grubitsch, S. (1991). Testtheorie, Testpraxis. Reinbek bei Hamburg: Rowohlt Taschenbuch Verlag GmbH.

Guthke, J. und Wiedel, K. (1996). Dynamisches Testen. Theoretische Grundlagen und Anwendungsfelder einer neuen Untersuchungsstrategie in der Psychodiagnostik. Göttingen: Hogrefe.

Hageböck, J. (1994).Computergestützte Diagnostik in der Psychologie. Göttingen: Hogrefe.

Hänsgen, K. D. (1996). Computerbasiertes Testen – Kind und Computer in der Psychodiagnostik. Psychoscop 8/1996.

Herzka, H. S. (1991). Kinderpsychopathologie (3. Aufl.). Basel: Schwabe.

Herzka, H.-S., Jeanrenaud, M.-L., Reukauf, W. (1986). Die Untersuchung von Kindern. Göttingen: Vandenhoeck & Ruprecht.

Jäger, R. S. (1986). Der diagnostische Prozess. Eine Diskussion psychologischer und methodischer Randbedingungen (2. verb. Aufl.). Göttingen: Hogrefe.

Jäger, R. S. und Petermann, F. (1995). Psychologische Diagnostik. Ein Lehrbuch (3. korr. Aufl.). Weinheim: Beltz, Psychologie Verlags Union.

Jäger,R. S. (1988). Lehrbuch der psychologischen Diagnostik. Weinheim: Beltz, Psychologie Verlagsunion.

Kalinger, K. (1995). Einführung in die psychologische Diagnostik. Weinheim: Beltz, Psychologie Verlagsunion.

Käser, R. (1993). Neue Perspektiven in der Schulpsychologie. Weinheim: Beltz.

Koch, K. (1972). Der Baumtest (6. unv. Aufl.). Bern: Hans Huber.

Krucker, W. (1994). Daseinsanalytische Auslegung projektiver Tests. Daseinsanalyse 1994; 11: 273–282.

Kubinger, K. (1995). Einführung in die psychologische Diagnostik. Weinheim: Beltz.

Langefelt, H. P. und Tent, L. (1999). Pädagogisch-psychologische Diagnostik. Band 2: Anwendungsbereiche und Praxisfelder. Göttingen: Hogrefe.

Margraf, J., Schneider, S. und Unnewehr, S. (1995). Kinder-DIPS. Berlin, Heidelberg, New York: Springer.

Meloy, J. R., Acklin, M. W., Gacono, C. B., Murray, J. F. and Peterson, E. A. (Eds). (1997). Contemporary Rorschach Interpretation. Mahwah, NJ: LEA, Erlbaum.

Mentzos, S. (1984). Neurotische Konfliktverarbeitung. Frankfurt a. M.: Fischer.

Rauchfleisch, U. (1994). Testpsychologie (3. Aufl.). Göttingen: Vandenhoeck & Ruprecht.

Rauchfleisch, U. Übersicht über projektive Verfahren und ihre Bedeutung. In: Imoberdorf, U., Keiser, R. und Zihlmann, R. (1998). Psychodiagnostik von Individuen, Gruppen und Organisationen. Stuttgart: S. Kirsch.

Remschmidt, H. (1987). Kinder- und Jugendpsychiatrie in Klinik und Praxis. Werk in drei Bänden. Stuttgart: Georg Thieme.

Remschmidt, H. und Schmidt, M. H. (Hrsg.) (1994). Multiaxiales Klassifikationsschema für psychische Störungen des Kindes- und Jugendalters nach ICD-10 der WHO. Bern: Hans Huber.

Resch, F., Schulte-Markwort, M. und Bürgin, D. (1998). Operationalisierte psychodynamische Diagnostik im Kindes- und Jugendalter – Ein Beitrag zur Qualitätssicherung. Prax. Kinderpsychol. Kinderpsychiat. 47; 373–386. Göttingen: Vandenhoeck und Ruprecht.

Resch, F., Schulte-Markwort, M. und Bürgin, D. (1998). Operationalisierte psychodynamische Diagnostik im Kindes- und Jugendalter. Ein Beitrag zur Qualitätssicherung. In: Prax. Kinderpsych. Kinderpsychiat. 47, 373–386. Göttingen: Vandenhoeck & Ruprecht.

Rorschachiana (1999). Yearbook of the International Rorschach Society. Bern: Hogrefe & Huber. Example: Rorschachiana XXIII.

Ruf-Bächtiger, L. (1995). Das frühkindliche psychoorganische Syndrom. Stuttgart, New York: Thieme.

Saladin, E. und Schütz, R. (1991). Der Scenotest. Eine daseinsanalytische Betrachtung, Vol. 8, Nr. 4, 226–241. Basel: Karger.

Saladin, E. und Schütz, R. (1991). Der Scenotest. Eine daseinsanalytische Betrachtung. Daseinsanalyse. Vol. 8, Nr. 4, 2. 226–241.

Schneider, S. et al. (Hrsg.) (1995). Kinder-DIPS: Diagnostisches Interview bei psychischen Störungen im Kinder- und Jugendalter. Berlin, Heidelberg, New York: Springer.

Schulte-Markwort, M., Bilke, O. und Janssen, P. L. (1998). Wie ist psychodynamische Diagnostik im Kindes- und Jugendalter operationalisierbar? 2. Kinder-Jugendpsychiat. 26; 211–220. Bern: Hans Huber.

Schulte-Markwort, M., Bilke, O. und Janssen, P. L. (1998). Wie ist psychodynamische Diagnostik im Kindes- und Jugendalter operationalisierbar? In: Kinder-Jugendpsychiat. 26, 211–220. Bern: Hans Huber.

Steinhausen, H. C. (1996). Psychische Störungen bei Kindern und Jugendlichen (3. aktualisierte Auflage). München: Urban & Schwarzenberg.

Literatur

Stierlin, H. (1980). Von der Psychoanalyse zur Familientherapie. Stuttgart: Klett-Cotta.

Tausch, R. und Tausch, A. (1990). Gesprächs-Psychotherapie (9. ergänzte Aufl.). Göttingen: Hogrefe.

Von Staabs, G. (1992). Scenotest. Bern: Hans Huber.

Watzlawick, P., Beavin, J. H. und Jackson, D. D. (1972). Menschliche Kommunikation. Formen, Störungen, Paradoxien (3. Aufl.). Bern: Hans Huber.

Watzlawick, P., Beavin, J. H. und Jackson, D. D. (1985). Menschliche Kommunikation. Formen, Störungen, Paradoxien (7. unveränd. Aufl.). Bern: Hans Huber.

Weiner, I. B. (1997). Psychodiagnosis in Schizophrenia, 1966. Reprint: Mahwah, NJ: Erlbaum

Weiner, I. B. (1998). Principles of Rorschach Interpretation. Mahwah, NJ: LEA, Erlbaum.

Willi, J. (1996). Ökologische Psychotherapie. Göttingen: Hogrefe.

World-Health-Organisation (Hrsg.), Dt. Bearbeitung von H. U. Wittchen, E. Garczynski, H. Pfister (2000): Composite International Diagnostic Interview (CIDI).

Zimmermann, W. (1994). Psychologische Persönlichkeitstests bei Kindern und Jugendlichen. Eine Anleitung für Ärzte und Psychologen. Leipzig: Barth.

Weiterführende Literatur zu Teil A

Bandler, R., Grinder, J. und Satir, V. (1999). Mit Familien reden. Gesprächsmuster und therapeutische Veränderungen (4. Aufl.). Stuttgart: Pfeiffer bei Klett-Cotta.

Börner, K. (1987). Das psychologische Gutachten. Weinheim: Beltz, Psychologie Verlagsunion.

Bründel, H. (1993). Suizidgefährdete Jugendliche. Theoretische und empirische Grundlagen für Früherkennung. Diagnostik und Therapie. Weinheim: Juventa.

Buchholz, M. B. (1995). Die unbewusste Familie. Lehrbuch der psychoanalytischen Familientherapie. Stuttgart: Pfeiffer bei Klett-Cotta.

Cierpka, M. (Hrsg.) (1995). Handbuch der Familiendiagnostik. Berlin, Heidelberg, New York: Springer.

Deegener, G. (1994). Anamnese und Biographie im Kindes- und Jugendalter (2. neugest. Aufl.). Weinheim: Psychologie Verlags Union.

Fegert, J. M. und Mebes, M. (Hrsg.) (1993). Anatomische Puppen. Hilfsmittel für Diagnostik, Begutachtung und Therapie bei sexuellem Missbrauch. Ruhnmark: Donna Vita.

Herzka, H. S. (1986). Die Untersuchung von Kindern. Ganzheitliche Erfassung und psychischer Befund. Ein Leitfaden für den Untersucher. Göttingen: Verlag für Medizinische Psychologie im Verlag Vandenhoeck & und Ruprecht.

Herzka, H. S. (1992). Gesundheit und Krankheit. Dialogisches Denken als Grundlage madizinischer Anthropologie. In: Fischer, E. P., Herzka, H. S. und Reich, K. H. (Hrsg.). Widersprüchliche Wirklichkeit. München: Piper.

Herzka, H. S. (1993). Dialogische Psychotherapie mit Kindern, Jugendlichen und deren Familien. In: Biermann, G. (Hrsg.). Handbuch der Kinderpsychotherapie Band V. München: Reinhardt.

Imoberdorf, U. (Hrsg.) (1997). Psychodiagnostik von Individuen, Gruppen und Organisationen. Die Beiträge des Zweiten Zürcher Diagnostik-Kongresses vom 21./22. August 1997 an der Universität Zürich. Stuttgart: Hirzel.

Knölker, U. und Schulte-Markwort, M. (Hrsg.) (1993). Subjektivität in der kinder- und jugendpsychiatrischen Diagnostik, Therapie und Forschung. Egelsbach: Hänsel-Hohenhausen.

Körner, W. (1992). Die Familie in der Familientherapie. Opladen: Westdeutscher Verlag.

Kubinger, K. (1995). Einführung in die Psychologische Diagnostik. Weinheim: Beltz.

Ludewig, K. (1992). Systemische Therapie. Grundlagen klinischer Theorie und Praxis (4. Aufl.). Stuttgart: Klett-Cotta.

Martinius, J. und Amorosa, H. (1994). Teilleistungsstörungen. Berlin: Quintessenz.

Massing, A. et al. (1992). Die Mehrgenerationen-Familientherapie. Psychoanalytisch-systemischer Ansatz (2. Aufl.). Göttingen.

Meili, R. und Steingrüber, H.-J. (1978). Lehrbuch der psychologischen Diagnostik. Bern: Hans Huber.

Niessen, G. und Trott, G.-E. (1995). Psychische Störungen im Kindes- und Jugendalter. Ein Grundriss der Kinder- und Jugendpsychiatrie (3. vollst. überarb. u. erhebl. erw. Aufl.). Berlin, Heidelberg, New York: Springer.

Remschmidt, H. (Hrsg.) (1997). Kinder- und Jugendpsychiatrie. Eine praktische Einführung (2. neubearb. u. erw. Aufl.; Neuaufl.). Stuttgart: Thieme.

Remschmidt, H. (Hrsg.) (1997). Psychotherapie im Kindes- und Jugendalter. Stuttgart:Thieme.

Remschmidt, H. und Schmidt, M. H. (Hrsg.) (1996). Multiaxiales Klassifikationsschema für psychische Störungen des Kindes- und Jugendalters nach ICD-10 der WHO (3. revid. Aufl.). Bern: Hans Huber.

Schneider, S. et al. (Hrsg.) (1995). Kinder-DIPS: diagnostisches Interview bei psychischen Störungen im Kindes- und Jugendalter. Berlin, Heidelberg, New York: Springer.

Schulz, P. E. W. (1997). Psychodiagnostik. Fragwürdige Grundlagen, fragwürdige Praxis. Berlin: Köster.

Schwartz, R. C. (1997). Systemische Therapie mit der inneren Familie. Stuttgart: Pfeiffer bei Klett-Cotta.

Simon, F. B. und Stierlin, H. (1984). Die Sprache der Familientherapie. Stuttgart: Klett-Cotta.

Literatur

Specht, F. und Anton, S. (1994). Einrichtungen für Kinder- und Jugendpsychiatrie in der Bundesrepublik Deutschland. Göttingen: Vandenhoeck & Ruprecht.

Steinhausen, H. C. und Aster, M. von (Hrsg.) (1993). Handbuch Verhaltenstherapie und Verhaltensmedizin bei Kindern und Jugendlichen. Weinheim: Psychologie Verlags Union.

Stierlin, H. et al. (1996). Das erste Familiengespräch. Theorie – Praxis – Beispiele (7. Aufl.). Stuttgart: Klett-Cotta.

Tölle, R. (1994). Psychiatrie. Kinder- und Jugendpsychiatrische Bearbeitung von R. Lempp (10. Aufl.). Berlin, Heidelberg, New York: Springer

Unnewehr, S., Schneider, S., Margraf J. (1994). Diagnostisches Interview bei psychischen Störungen bei Kindern und Jugendlichen. Berlin, Heidelberg, New York, Tokio: Springer.

Zeitschrift für Differenzielle und Diagnostische Psychologie (1997). 18. Jahrgang, Heft 1/2. Testrezensionen. Herausgeber für die Fachgruppe Differezielle Psychologie, Persönlichkeitspsychologie und Psychologische Diagnostik: Prof. Dr. L. Laux, Lehrstuhl Psychologie IV der Universität Bamberg.

Literatur zu Teil B

Adam, R. (1976). Die Familiendynamik als Indikationskriterium zur Kinderanalyse. In: Zauner, J. (Hrsg.) (1976). Familiendynamik und analytische Kindertherapie. Methoden und Probleme. Göttingen: Vandenhoeck & Ruprecht.

Axline, V. M. (1984). Kinder-Spieltherapie im nicht-direktiven Verfahren (9. Aufl.). München: Reinhardt (1997).

Biermann, G. (1988). Handbuch der Kinderpsychotherapie, 2 Bde. München: Reinhardt.

Biermann, G. (1996). Autogenes Training mit Kindern und Jugendlichen (3. neubearb. u. erw. Aufl.). München: Reinhardt.

Boss, M. (1971). Grundriss der Medizin. Bern: Hans Huber.

Boss, M. (1974). Der Traum und seine Auslegung. München: Kindler.

Boss, M. (1975). Es träumte mir vergangene Nacht. Bern: Hans Huber.

Boss, M. (1979). Von der Psychoanalyse zur Daseinsanalyse. München: Europaverlag.

Boss, M. (Hrsg.) (1994). Heidegger, M. Zollikoner Seminare. Frankfurt a. M.: Klostermann.

Condrau, G. (1986). Die Bedeutung der Sprache in der Daseinsanalyse. 223–268. Daseinsanalyse. Basel: Karger.

Condrau, G. (1995). Psychotherapie auf dem Prüfstand. Schweiz. Ärztezeitung Bd. 76, Heft 34. Bern: Hans Huber.

Corsini, R. (Hrsg.) (1983). Handbuch der Psychotherapie. Weinheim: Beltz.

Diez Grieser, M. T. (1994). Zur Rolle der Eltern beim Abbruch von Kinderpsychotherapien. Aus dem Ostschweizerischen Kinder- und Jugendpsychiatrischen Dienst. Prax. Kinderpsychol. Kinderpsychiatr. 43, 300–303. Göttingen: Vandenhoeck & Ruprecht.

Diez Grieser, M. T. (1996). Probleme der Elternarbeit in der Psychotherapie mit Kindern und Jugendlichen. In: Stork, J. (Hrsg.). Kinderanalyse. Zeitschrift für die Anwendung der Psychoanalyse in Psychotherapie und Psychiatrie des Kindes- und Jugendalters, Heft 3, 241–251.

Dührssen, A. (1980). Psychotherapie bei Kindern und Jugendlichen. Göttingen: Vandenhoeck &Ruprecht.

Egger, B. (1995). Der Gemalte Schrei. Träume malen und verstehen. Bern: Zytglogge.

Fahrig, H. et al. (1996). Therapieerfolg analytischer Psychotherapie bei Kindern und Jugendlichen. Zeitschrift für Psychosomatische Medizin und Psychoanalyse Nr. 4. Göttingen: Vandenhoeck & Ruprecht.

Fahrig, H. und Horn, H. (1983). Der Traum in Diagnostik und Therapie bei Kindern. In: Ermann, M. Der Traum in Psychoanalyse und analytischer Psychotherapie. Berlin, Heidelberg, New York: Springer.

Figdor, H. (1997). Psychotherapie versus Beratung. In: Reinelt, T., Bogyi, A. und Schuch, B. Lehrbuch der Kinderpsychotherapie. München: Reinhardt.

Freud, A. (1980). Wege und Irrwege in der Kinderentwicklung. In: Die Schriften der Anna Freud, Bd. VIII. München: Kindler.

Freud, A. (1981). Das Ich und die Abwehrmechanismen. München: Kindler.

Freud, A. (1981). Wege und Irrwege in der Kinderentwicklung. München: Kindler.

Freud, S. (1960). Die Traumdeutung. Ges. Werke Bd. 2/3. Frankfurt a. M.: Fischer.

Fuchs, M. und Elschenbroich, G. (Hrsg.) (1996). Funktionelle Entspannung in der Kinderpsychotherapie (2. erw. Aufl.). München: Reinhardt.

Goldschmidt, H. L. (1964). Dialogik. Philosophie auf dem Boden der Neuzeit. Frankfurt a. M.: Europäische Verlagsanstalt.

Grawe, K. (1998). Psychologische Therapie. Göttingen: Hogrefe.

Grawe, K., Donati, R. und Bernauer, F. (1994). Psychotherapie im Wandel. Von der Konfession zur Profession (3. Aufl.). Göttingen: Hogrefe.

Grempel, F. (1975). Reifungskrisen des Kindes in Traumanalyse und Märchenwelt. Salzburg: Müller.

Heidegger, M. (1972). Sein und Zeit. Tübingen: Niemeyer.

Herzka, H. S. und Reukauf, W. (1988). Zur Methodenintegration in der Kinder- und Jugendpsychiatrie. In: Klosinski, G. (Hrsg.) (1989). Psychotherapeutische Zugänge zum Kind und Jugendlichen. 11–20. Bern: Hans Huber.

Literatur

Herzka, H. S. und Reukauf, W. (1995). Kinderpsychotherapie als dialogischer Prozess. Ein der frühen Mutter-Kind-Entwicklung entsprechendes Konzept. In: Petzold, H. G. (1994j). Die Kraft liebevoller Blicke. Psychotherapie und Babyforschung, Bd. 2. Säuglingsbeobachtungen revolutionieren die Psychotherapie. Paderborn: Junfermann.

Hicklin, M. (1984). Daseinsanalyse und Narzissmusstheorie. Daseinsanalyse, Vol. 1,2. Basel: Karger.

Hopf, M. (1980). Kinderträume. Reinbek bei Hamburg: Rowohlt.

Kalff, D. (1979). Sandspiel. Seine therapeutische Wirkung auf die Psyche. München: Reinhardt.

Krampen, G. (1992). Einführungskurse zum Autogenen Training. Stuttgart: Verlag für Angewandte Psychologie.

Krucker, W. (1995). Partner der Innenwelt. Düsseldorf: Walter.

Krucker, W. (1997). Spielen als Therapie – ein szenisch-analytischer Ansatz zur Kinderpsychotherapie. Stuttgart: Pfeiffer bei Klett-Cotta.

Kulessa, Ch. und Jung, F. In: Leuner, M. (1980). Katathymes Bilderleben. Ergebnisse in Theorie und Praxis. Bern: Hans Huber.

Leuner, H. C. (1980). Katathymes Bilderleben. Ergebnisse in Theorie und Praxis. Bern: Hans Huber.

Leuner, H. C. et al. (1997). Katathymes Bilderleben mit Kindern und Jugendlichen. (4. Aufl.). München: Reinhardt.

Maass, H. (1981). Der Therapeut in uns. Heilung durch aktive Imagination. Olten.: Walter.

Maass, H. (1984). Der Seelenwolf. Das Böse verwandelt sich in positive Kraft. Olten: Walter.

Maass, H. (1989). Wachträume. Selbstheilung durch das Unbewusste. Olten: Walter.

Martin, M. (1997). Autogenes Training. In: H. Remschmidt. Psychotherapie im Kindes- und Jugendalter. Stuttgart: Thieme

Mertens, W. (1994). Psychoanalyse auf dem Prüfstand? Eine Erwiderung auf die Meta-Analyse von K. Grawe (2. Aufl.). Berlin: Qintessenz.

Metzmacher, B. Petzold, H. und Zaepfel, H. (Hrsg.) (1996). Praxis der integrativen Kindertherapie. Paderborn: Junfermann.

Metzmacher, B., Petzold, H. G. und Zaepfel, H. (Hrsg.) (1996). Praxis der integrativen Kindertherapie. Integrative Kindertherapie in Theorie und Praxis – Bd. 2. Paderborn: Junfermann.

Müller-Locher (1987). Die Bedeutung der Metalinguistik. Benjamin Whorfs für das Sprachverständnis der Daseinsanalyse. Daseinsanalyse, Vol. 4, Nr. 2, 137 ff. Basel: Karger.

Mutschlechner, R. In: Reinelt, T. Qu. Bogyi, G. und Schuch, B. (1997). Grundlagen der Forschungs- und Wissenschaftsmethodik. München: Reinhardt.

Petzold, H. G. (1993). Integrative Therapie mit Kindern – in Zusammenarbeit mit Gabriele Ramin. In: Integrative Therapie. Modelle, Theorien und Methoden für eine schulenübergreifende Psychotherapie. Band 3. Klinische Praxeologie, S.1089-1138. Paderborn: Junfermann.

Petzold, H. G. (1996). Integrative Eltern- und Familientherapie bzw. -beratung (IFT) – einige Kernkonzepte. In: Metzmacher, B., Petzold, H. G. und Zaepfel, H. (Hrsg.) (1996). Praxis der integrativen Kindertherapie. Integrative Kindertherapie in Theorie und Praxis, Bd. 2. Paderborn: Junfermann.

Petzold, H. G. (Hrsg.) (1982). Methodenintegration in der Psychotherapie. Paderborn: Junfermann.

Reck, H. (1990). Zur Phänomenologie des Kindes. 233–254. Daseinsanalyse, Vol. 7. Nr. 4.

Reck, M. (1985). Spiel und spielerische Elemente in der Psychotherapie, 51–78. Daseinsanalyse Vol. 2. Basel: Karger.

Riedel, I. (1992). Maltherapie. Stuttgart: Kreuz.

Saladin, E. und Schütz, R. (1991). Der Scenotest, 226–240. Daseinsanalyse. Basel: Karger.

Schmeer, G. (1994). Krisen auf dem Lebensweg. Stuttgart: Pfeiffer bei Klett-Cotta.

Schmidtchen, S. (1991). Klientenzentrierte Spiel- und Familientherapie. Weinheim: Beltz, Psychologie Verlagsunion.

Schönfelder, T. (1988). Zugang zum psychotischen und präpsychotischen Jugendlichen über körperzentrierte Psychotherapie. In: Klosinski, G. (Hrsg.) (1989). Psychotherapeutische Zugänge zum Kind und Jugendlichen. Bern: Hans Huber.

Schottenloher, G. (1989). Kunst- und Gestaltungstherapie. München: Kösel.

Steinhausen, H. C., von Aster (Hrsg.) (1993). Handbuch der Verhalternstherapie und Verhaltensmedizin bei Kindern und Jugendlichen. Weinheim: Psychologie Verlagsunion.

Strachwitz, von E. (1976). Elternarbeit bei der ambulanten Kindertherapie. In: Zauner, J. (Hrsg.). Familiendynamik und analytische Kindertherapie. Göttingen: Vandenhoeck und Ruprecht.

Urban, W. J. (1983). Integrative Therapie. In: Corsini, R. (Hrsg.). Handbuch der Psychotherapie. Weinheim: Beltz.

Von Staabs, G. (1968). Scenotest. Bern: Hans Huber.

Weber, B. (1994). Über die Wirksamkeit der daseinsanalytischen Therapie bei psychosomatischen Störungen. Eine Untersuchung von Falldarstellungen am Daseinsanalytischen Institut für Psychotherapie und Psychosomatik in Zürich. Basel: Karger.

Weiss, M. (1993). Spiel, psychotherapeutischer Prozess und kulturelle Erfahrung. Daseinsanalyse, Vol. 10, Nr. 1, 14-19. Basel: Karger.

Zauner, J. (Hrsg.) (1976). Familiendynamik und analytische Kindertherapie. Methoden und Probleme. Göttingen: Vandenhoeck & Ruprecht.

Zierl, W. (1973). Die Rolle des Traumes in der Psychotherapie des Jugendlichen. In: Biermann, G. (Hrsg.). Handbuch der Kinderpsychotherapie. München: Reinhardt.

Zulliger, H. (1967). Heilende Kräfte im kindlichen Spiel. Stuttgart: Klett.

Literatur

Weiterfürende Literatur zu Teil B

Ahlheim, R. und Müller-Brühn, E. (1992). Elternarbeit als Erweiterung des analytischen Bezugsrahmens der Kinderpsychotherapie. In: Biermann, G. (Hrsg.). Handbuch der Kinderpsychotherapie, Band V, 470–484.

Ammann, A. N. (1978). Aktive Imagination. Darstellung einer Methode. Olten: Walter.

Andina-Kernen, A. (1996). Über das Entstehen von Symbolen. Der Symbol- oder Gestaltbildungsprozess aus künstlerischer, psychoanalytischer und kunsttherapeutischer Sicht. Basel: Schwabe.

Axline, V. M. (1997). Kinder-Spieltherapie im nicht-direktiven Verfahren (9. Aufl.). München: Reinhardt.

Bachmann, H. I. (1985). Malen als Lebensspur. Stuttgart: Klett-Cotta.

Battegay, R. und Rauchfleisch, U. (Hrsg.) (1991). Das Kind in seiner Welt. Göttingen: Vandenhoeck & Ruprecht.

Baumgärtel, F. et al. (1975). Training der Kinderpsychotherapie. München: Pfeiffer.

Becker, H. (1997). Konzentrative Bewegungstherapie. Integrationsversuch von Körperlichkeit und Handeln in den psychoanalytischen Prozess. Gießen: Psychosozial-Verlag.

Benedetti, G. et al. (1997). Botschaft der Träume. Göttingen: Vandenhoeck & Ruprecht.

Berger, M. (1991). Zu den Erfahrungen von und mit Eltern während der psychoanalytischen Behandlung ihrer Kinder. In: Praxis Kinderpsychologie, Kinderpsychiatrie, 19, 175–181.

Berna, J. (1996). Liebe zu Kindern. Aus der Praxis eines Analytikers. Frankfurt a. M.: Fischer-TB.

Bernau, S. (1999). Hilfen für den Zappelphilipp. Das Selbsthilfe-Elternbuch. Freiburg: Herder.

Berne, P. H. und Saary, L. M. (1996). Kinder brauchen Selbstvertrauen. Tipps und Ratschläge für Eltern. Freiburg: Herder.

Betz, F. (1996). Märchen als Schlüssel zur Welt. Eine Auswhl für Kinder im Vorschulalter. Handreichung für Erzieher. Donauwörth: Auer.

Biddulph, S. (1994). Das Geheimnis glücklicher Kinder. München: Beust.

Biermann, G. (1975). Das Autogene Training – seine Anwendung in der Erziehungsberatung und Psychotherapie von Kindern und Jugendlichen. Praxis der Kinderpsychologie & Kinderpsychiatrie, 24, 246-253.

Biermann, G. (Hrsg.) (1969–1992). Handbuch der Kinderpsychotherapie. 5 Bände. München: Reinhardt.

Biermann, G. (Hrsg.) (1981). Anna Freud – ein Leben für die Kinderanalyse. In: Biermann, G. (Hrsg.). Handbuch der Kinderpsychotherapie, Bd. IV. 896–906. München: Reinhardt.

Biermann, G. (Hrsg.) (1994). Kinderpsychotherapie. Handbuch zu Theorie und Praxis. Frankfurt am Main: Fischer TB.

Biermann, G. und Müller, M. (1981). Autogenes Training mit Kindern und Jugendlichen – eine katamnestische Studie. In: Biermann, G. (Hrsg.). Handbuch der Kinderpsychotherapie, Bd. IV, 783. München: Reinhardt.

Biermann-Ratjen, E. M. et al. (1997). Gesprächspsychotherapie. Verändern durch Verstehen (8. überarb. Aufl.). Stuttgart: Kohlhammer.

Bittner, G. (1994). Problemkinder. Zur Psychoanalyse kindlicher und jugendlicher Verhaltensauffälligkeiten. Göttingen: Vandenhoeck & Ruprecht.

Blanck, G. (1990). Wie sind wir gute Eltern? Stuttgart: Klett-Cotta.

Blanck, G. und Blanck, R. Ich-Psychologie II. Stuttgart: Klett-Cotta.

Boeck-Singelmann, C., Ehlers, B. et al. (Hrsg.) (1996). Personenzentrierte Psychotherapie mit Kindern und Jugendlichen. Bd.1: Grundlagen und Konzepte. Göttingen: Hogrefe.

Buchner, Ch. (1999). Kluge Kinder fallen nicht vom Himmel. Was Eltern alles tun können. Freiburg: Herder.

Bürgin, D. (1992). Psychosomatik im Kindes- und Jugendalter. Stuttgart: G. Fischer.

Büssing, A. und Lehmkuhl, G. (1986). Therapiekontrolle im Autogenen Training. Psychotherapie, Psychosomatik, Medizinische Psychologie, 36, 221–226.

Büssing, A., Lehmkuhl, G. und Bergmann, R. (1982). Anwendung und Übungserfolge des Autogenen Trainings über einen längeren Zeitraum. Zeitschrift für Klinische Psychologie und Psychotherapie, 30, 141–148.

Canziani, W. und Hintermann, E. (1987). Was tun, wenn mein Kind …? Hilfen für den Erziehungsalltag. Zürich: Pro Juventute.

Caspar, F. (1989). Beziehungen und Probleme verstehen. Bern: Hans Huber.

Day, J. (1996). Schließe deine Augen und stell dir einmal vor … Wie Kinder durch Visualisieren ihr Selbstvertrauen stärken und Probleme lösen können. München: Kösel.

Deegener, G. (1990). Grundlagen der Kinderpsychotherapie bei Kindern und Jugendlichen. Weinheim: Beltz.

Defersdorf, R. (1999). Ach, so geht das! Wie Eltern Lernstörungen begegnen können. Freiburg: Herder.

Diesing, U. (1964). Über die Indikation des Autogenen Trainings bei Enuretikern. Praxis Psychotherapie, 9, 68.

Diesing, U. (1969). Die pragmatischen Psychotherapieverfahren – Suggestion, Hypnose und Autogenes Training in der Kinderpsychotherapie. In: Biermann, G. (Hrsg.). Handbuch der Kinderpsychotherapie Bd. 1, 499. München: Reinhardt.

Literatur

Dietrich, G. (1983). Allgemeine Beratungspsychologie. Eine Einführung in die psychologische Theorie und Praxis der Beratung. Göttingen: Hogrefe.

Dittmann R. W. (1988). Zur Psychophysiologie beim Autogenen Training von Kindern und Jugendlichen. Frankfurt am Main: Lang.

Dolto, F. (1997). Scheidung. Wie ein Kind sie erlebt. Stuttgart: Klett-Cotta.

Dreikurs, R. und Grey, L. (1999). Kinder lernen aus den Folgen. Wie man sich Schimpfen und Strafen sparen kann. Freiburg: Herder.

Dreikurs, R. und Soltz, V. (2000). Kinder fordern uns heraus. Wie erziehen wir sie zeitgemäß? 10. Aufl. Stuttgart: Klett-Cotta.

Dührssen, A. (1980). Psychotherapie bei Kindern und Jugendlichen. Göttingen: Vandenhoeck & Ruprecht.

Eberlein, G. (1985). Autogenes Training für Kinder. Berlin, Heidelberg, New York: Springer.

Ehmke, I. und Schaller, H. (1999). Kinder stark machen gegen die Sucht. Der praktische Ratgeber für Eltern und Erziehende. Freiburg: Herder.

Ennulat, G. (1998). Du, ich will dir einen Traum erzählen. Mit Kindern über ihre Träume sprechen. Bern: Hans Huber.

Epstein, G. (1985). Wachtraumtherapie. Der Traumprozess als Imagination. Stuttgart: Klett-Cotta.

Fahrig, H. (1991). Die veränderte Kraft der phantasierten Wirklichkeit. In: Lehmkuhl, U. Therapeutische Aspekte und Möglichkeiten in der Kinder- und Jugendpsychiatrie. Berlin, Heidelberg, New York: Springer.

Faller, H. und Frommer, J. (Hrsg.) (1994). Qualitative Psychotherapieforschung – Grundlagen und Methoden. Heidelberg: Asanger.

Federn, E. (1997). Zur Psychoanalyse der Psychotherapien. Tübingen: Ed. Diskord.

Flügge, I. (1991). Erziehungsberatung. Zur Erziehung und Methodik. Ein Beitrag aus der Praxis. Göttingen: Hogrefe.

Franzke, E. (1985). Märchen und Märchenspiel in der Psychotherapie. Bern: Hans Huber.

Frenkel, X. (1999). Kindern Werte mitgeben. Worauf es ankommt und wie es gelingt. Freiburg: Herder.

Freud, A. (1966). Einführung in die Technik der Kinderanalyse. München: Reinhardt.

Freud, S. (1971). Über Träume und Traumdeutung. Frankfurt: Fischer.

Gamper, V. (1998). Sprache als diagnostisches und therapeutisches Mittel aus der Sicht der Daseinsanalyse. Daseinsanalyse. Vol. 15, Nr. 2. Basel: Karger.

Giesecke, H. (1996). Wenn Familien wieder heiraten. Neue Beziehungen für Eltern und Kinder. Stuttgart: Klett-Cotta.

Gil, E. (1993). Die heilende Kraft des Spiels. Mainz: Matthias Grünewald.

Literatur

Gloor Maung, P. (1999). Scheiden tut auch Kindern weh. Welche Hilfe Kinder brauchen, wenn Eltern sich trennen. Freiburg: Herder.

Görlitz, G. (1998). Körper und Gefühl in der Psychotherapie – Aufbauübungen. Stuttgart: Pfeiffer bei Klett-Cotta.

Görlitz, G. (1998). Körper und Gefühl in der Psychotherapie – Basisübungen. Stuttgart: Pfeiffer bei Klett-Cotta.

Griesser, Jürgen (1998). Der phantasierte Vater, zur Entstehung und Funktion des Vaterbildes beim Sohn. Tübingen: Edition Diskord.

Gubelmann-Kuhl, S. (1995). Ein Ich wächst aus Bewusstseinsinseln. Düsseldorf: Walter.

Hackney, H. und Cormier, S. (1993). Beratungsstrategien – Beratungsziele (3. neubearb. Aufl.). München: Reinhardt.

Haller, Eva (1989). Wie Farben wirken. Reinbek bei Hamburg: Rowohlt.

Haman, P. (1993). Kinderanalyse. Zur Theorie und Technik. Frankfurt a. M.: Fischer.

Harnisch, G. (1999). Wie Kinder innerlich zur Ruhe kommen. Phantasiereisen für Kinder mit ihren Eltern. Freiburg: Herder.

Heinrich, S. (1987). Die Einbeziehung der Eltern in die analytische Therapie Jugendlicher. In: Arbeitshefte Kinderpsychoanalyse 7/8, 35–47.

Herbert, M. (1991). Disziplin. Ein Leitfaden für Eltern. Bern: Hans Huber.

Herbert, M. (1999). Band 1: Bindung. Ursprung der Zuneigung zwischen Eltern und Kindern. Bern: Hans Huber.

Herbert, M. (1999). Band 10: Tod und Trauer. Hilfe für sterbende Kinder und ihre trauernden Eltern und Geschwister. Bern: Hans Huber.

Herbert, M. (1999). Band 11: Wenn die Eltern sich trennen. Trauer und Neubeginn. Bern: Hans Huber.

Herbert, M. (1999). Band 12: Posttraumatische Belastung. Die Erinnerung an die Katastrophe – und wie Kinder lernen, damit zu leben. Bern: Hans Huber.

Herbert, M. (1999). Band 2: Essen und Schlafengehen. Probleme und Lösungen. Bern: Hans Huber.

Herbert, M. (1999). Band 3: Sauberkeitserziehung. Bettnässen und Einkoten bei Kleinkindern. Bern: Hans Huber.

Herbert, M. (1999). Band 4: Kurze Einführung in die Verhaltenstherapie mit Kindern. Grundlagen und Trainingsmethoden. Bern: Hans Huber.

Herbert, M. (1999). Band 5: Gefährdete Kinder. Spezielle Hilfe – und wer sie braucht. Bern: Hans Huber.

Herbert, M. (1999). Band 6: Soziale Kompetenz. Den Umgang mit anderen üben. Bern: Hans Huber.

Literatur

Herbert, M. (1999). Band 7: Grenzen ziehen. Aktive Elternschaft. Bern: Hans Huber.

Herbert, M. (1999). Band 8: Die ewigen Streitereien! Wie man Aggressivität in der Familie vermeidet. Bern: Hans Huber.

Herbert, M. (1999). Band 9: Kinder, die sich schlecht benehmen. Was Eltern dagegen tun können. Bern: Hans Huber.

Herzka, H. S., Jeanrenaud, M. L., und Reukauf, W. (1992). Diagnostik der Psychopathologie des Kindes. In: Imoberdorf, U. et al. (Hrsg.). Psychodiagnostik heute – Beiträge in Theorie und Praxis. Dübendorf: Schweiz. Verband für Berufsberatung. Stuttgart: Hirzel.

Herzka, H. S., Reukauf, W. und Wintsch, H. (Hrsg.) (1999). Dialogik in Psychologie und Medizin. Basel: Schwabe.

Hicklin, A. (1996). Bemerkungen zum Nachweis der Wirksamkeit analytischer Therapien. Daseinsanalyse Vol. 13, Nr. 4. Basel: Karger.

Hildemann, K. D. und Potthoff, P. (1997). Psychotherapie – Quo vadis? Göttingen: Hogrefe.

Hofer, M., Klein-Allermann, E. und Noack, P. (1992). Familienbeziehungen. Eltern und Kinder in der Entwicklung. Ein Lehrbuch. Göttingen: Hogrefe.

Holm-Hadulla, R. M. (1997). Die psychotherapeutische Kunst. Hermeneutik als Basis therapeutischen Handelns. Göttingen: Vandenhoeck & Ruprecht.

Imnisch, H. (1975). Malen – Hilfe für Kinder. Malen und Gestalten mit gesunden, verhaltensgestörten und behinderten Kindern. Stuttgart: Klett.

Jacobson, E. (1998). Entspannung als Therapie (4. Aufl.). Stuttgart: Pfeiffer bei Klett-Cotta.

Jaenicke, U. (1995). Ontologische Traumauslegung, Daseinsanalyse 12. Basel: Karger

Jaenicke, U. (1998). Kein Träumen ohne Leiden und Wünschen. Daseinsanalyse, 200–209. Vol. 15, Nr. 2. Basel: Karger.

Janssen, H. (1999). Kinder brauchen Klarheit. Wie Eltern Regeln finden und Grenzen setzen. Freiburg: Herder.

Jung, C. G. (1967). Theoretische Überlegungen zum Wesen des Psychischen. In: Gesammelte Werke, Bd. 8: Die Dynamik des Unbewussten. Zürich/Stuttgart. (Original: 1947. In: Der Geist der Psychologie. Eranos-Jahrbuch 1946. Zürich: Rhein.)

Kalff, D. M. (1996). Sandspiel. Seine therapeutische Wirkung auf die Psyche (3. Aufl.). München: Reinhardt.

Kast, V. (1988). Imagination als Raum der Freiheit. Dialog zwischen Ich und Unbewusstem. Olten: Walter.

Kast, V. (1995). Märchen als Therapie. Olten: Walter.

Kast-Zahn, A. (1997). Jedes Kind kann Regeln lernen. Ratingen: Oberstebrink.

Kernberg, O. F. (1978). Borderline-Störungen und pathologischer Narzissmus. Frankfurt a. M.: Suhrkamp.

Klauer, K.-J. (1989, 1991, 1993). Denktraining für Kinder I, II, für Jugendliche. Göttingen: Hogrefe.

Klein, M. (1987). Die Psychoanalyse des Kindes. Frankfurt a. M.: Fischer.

Klosinski, G. (1989). Psychotherapeutische Zugänge zum Kind und Jugendlichen. Bern: Hans Huber.

Kobi, E. E. und Roth, H. (1999). Kinder von Aggressiv bis Zerstreut. Ein Ratgeber für den Erziehungsalltag. Freiburg: Herder.

Kohnstamm, R. (1992). Praktische Kinderpsychologie. Die ersten 7 Jahre. Eine Einführung für Eltern, Erzieher und Lehrer. Bern: Hans Huber.

Kohnstamm, R. (1994). Praktische Psychologie des Schulkindes (2. vollst. überarb. Aufl.). Bern: Hans Huber.

Korczak, J. (1999). Kinder achten und lieben. Freiburg: Herder.

Körner, W. und Hörmann, G. (Hrsg.) (1997). Handbuch der Erziehungsberatung. Band 1: Anwendungsbereiche und Methoden der Erziehungsberatung; Band 2: Praxis der Erziehungsberatung. Göttingen: Hogrefe.

Körner, W., Hörmann G. (Hrsg.) (1998/99). Handbuch der Erziehungsberatung, Band 1 und 2.

Korunka, Ch. (Hrsg.) (1997). Begegnungen. Psychotherapeutische Schulen im Gespräch. Dialoge der Person Centred Association in Austria. Wien: Facultas-Universitäts-Verlag.

Kottje-Birnbacher, L., Sachsse U. und Wile, E. (Hrsg.) (1997). Imagination in der Psychotherapie. Bern: Hans Huber.

Koukkon, M., Lenzinger-Bohleber, M., Mertens, W. (Hrsg.). Erinnerung von Wirklichkeiten – Psychoanalyse und Neurowissenschaften im Dialog. Stuttgart: Klett-Cotta.

Kramer, E. (1991). Kunst als Therapie mit Kindern. München: Reinhardt.

Krampen, G. (1991c). Effekte der Grundübungen des Autogenen Trainings im schulischen Anwendungsbereich. Psychologie in Erziehung und Unterricht.

Krause, R. (1997). Allgemeine Psychoanalytische Krankheitslehre. Band 1: Grundlagen. Stuttgart: Kohlhammer.

Kroner B. Steinadler. I. (1980). Autogenes Training bei Kindern: Auswirkung auf verschiedene Persönlichkeitsvariabeln, Zeitschrift für Psychotherapie und medizinische Psychologie 30, 180–184.

Kröner, B. und Beitel, E. (1980). Längsschnittuntersuchung über die Auswirkung des Autogenen Trainings auf verschiedene Formen der subjektiv wahrgenommenen Entspannung und des Wohlbefindens. Zeitschrift für Klinische Psychologie und Psychotherapie, 28, 127-133.

Kröner, B. und Beitel, E. (1981). Erfolgserwartung und Therapieerfolg beim Autogenen Training. Psychotherapie, Psychosomatik, Medizinische Psychologie, 31, 166–167.

Kröner, B. und Steinacker, I. (1980). Autogenes Training bei Kindern: Auswirkungen auf verschiedene Persönlichkeitsvariablen. Psychotherapie, Psychosomatik, Medizinische Psychologie, 30, 180–184.

Krucker, W. (1987). Strukturbildende Psychotherapie. Tiefenpsychologie und aktive Imagination. Berlin, Heidelberg, New York: Springer.

Kruse, W. (1978). Der formelhafte Vorsatz und seine Bedeutung in der Therapie mit dem autogenen Training bei Kindern. Psychotherapie, Medizinische Psychologie, 28, 171–173.

Kruse, W. (1980). Einführung in das autogene Training mit Kindern. Köln: Deutscher Ärzte Verlag.

Krystal, P. (1995). Die inneren Fesseln sprengen. München: Ryvellus Medienverlag.

Kugemann, W. (1994). Kopfarbeit mit Köpfchen. München: Pfeiffer.

Lambeck, S. (1992). Diagnoseeröffnung bei Eltern behinderter Kinder. Ein Leitfaden für das Erstgespräch. Göttingen: Hogrefe.

Lazarus, A. (2000). Innenbilder. Imagination in der Therapie und als Selbsthilfe (3. Aufl.). Stuttgart: Pfeiffer bei Klett-Cotta.

Leuner, H. C. (1985). Lehrbuch des Katathymen Bilderlebens. Grundstufe, Mittelstufe, Oberstufe. Bern: Hans Huber.

Leuner, H. C. und Lang, O. (1982). Psychotherapie mit dem Tagtraum. Bern: Hans Huber.

Leuner, H. C., Horn, G. und Klessmann, E. (1990). Katathymes Bilderleben mit Kindern und Jugendlichen. München: Reinhardt.

Leuzinger-Bohleber, M. und Stuhr, U. (Hrsg.) (1997). Psychoanalysen im Rückblick. Methoden, Ergebnisse und Perspektiven der neuen Katamneseforschung. Gießen: Psychosozial-Verlag.

Lewis, P. (1999). Schöpferische Prozesse. Kunst in der therapeutischen Praxis. Olten: Walter.

Liebich, D. (1996). Mit Kindern richtig reden. Freiburg. Herder.

Lutz, R., Wieberg, H.-J. W. und Neeb, K.-E. (1982). Effektivitätsuntersuchung verschiedener Entspannungstechniken. Zeitschrift für Klinische Psychologie, 11, 98–115.

Magee, T. (1999). Das Geheimnis glücklicher Eltern. Freiburg: Herder.

Marmon, E. (1979). Konzepte der Erziehungsberatung. Einführung in die psychoanalytischen, interaktionistischen und kommunikationstheoretischen Grundlagen und Versuch einer Integration. Weinheim: Beltz.

Masterson, J. (1980). Psychotherapie bei Borderline-Patienten. Stuttgart: Klett-Cotta.

Menzen, K. H. (1994). Heilpädagogische Kunsttherapie. Freiburg i. Br.: Lambertus.

Mertens, W. (1996). Psychoanalyse (5. überarb. u. erw. Aufl.). Stuttgart: Kohlhammer.

Metzmacher, B., Petzold, H. und Zaepfel, H. (1995). Therapeutische Zugänge zu den Erfahrungswelten des Kindes. Theorie und Praxis der Integrativen Kindertherapie. Bd. 1. Paderborn: Junfermann.

Michels, A. et al. (Hrsg.) (1997). Psychoanalyse nach 100 Jahren. Zehn Versuche, eine kritische Bilanz zu ziehen. München: Reinhardt.

Mitchell, R. R. und Friedmann, H. S. (1997). Konzepte der Anwendung des Sandspiels. München: Reinhardt.

Mogel, H. (1994). Psychologie des Kinderspiels. Die Bedeutung des Spiels als Lebensform des Kindes, seine Funktion und Wirksamkeit für die kindliche Entwicklung (2. Aufl.). Berlin, Heidelberg, New York: Springer.

Mogel, H. (1994). Wirklichkeit im Kinderspiel. Göttingen: Hogrefe.

Müller, E. (1993). Träumen auf der Mondschaukel. Autogenes Training mit Märchen und Gute-Nachtgeschichten. München: Kösel.

Müller, P. W. (1993). Kinderseele zwischen Analyse und Erziehung. Zur Auseinandersetzung der Psychoanalyse mit der Pädagogik. Zürich: Pro Juventute.

Müller-Pozzi, H. (1997). Psychoanalytisches Denken: eine Einführung (1. Nachdr. der 2. korr. Aufl. 1995). Bern: Hans Huber.

Naatz, T. (1997). Psychoanalyse und wissenschaftliche Erkenntnis. München: Reinhardt.

Naske, R. (Hrsg.) (1994). Tiefenpsychologische Konzepte der Kinderpsychotherapie. Arbeitstagung der Wiener Child Guidance Clinic. 11. bis 13. Juni 1992. Österr. Gesellsch. f. Psych. Hygiene, Landesgesellsch. Wien u. des Jug.amtes der Stadt Wien.

Nave-Herz, R. (1994). Familie heute. Wandel der Familienstrukturen und Folgen für die Erziehung. Darmstadt: Wissenschaftliche Buchgesellschaft.

Nestmann, F. (Hrsg.) (1997). Beratung. Bausteine für eine interdisziplinäre Wissenschaft und Praxis. Tübingen: dgvt-Verlag.

Nissen, G. (Hrsg.) (1999). Verfahren der Psychotherapie. Stuttgart: Kohlhammer.

Oaklander, V. (1996). Gestalt-Therapie mit Kindern und Jugendlichen (10. Aufl.). Stuttgart: Klett-Cotta.

Oerter, R. (1993). Psychologie des Spiels. Ein handlungstheoretischer Ansatz. München: Quintessenz.

Oerter, R. (1997). Psychologie des Spiels (2. neubearb. Aufl.). Weinheim: Psychologie Verlags Union.

Ortner, G. (1996). Neue Märchen, die den Kindern helfen. München: Deutscher Taschenbuch Verlag.

Padrutt, A. (1991). Träume – nicht Schäume, sondern die Woge selbst. Daseinsanalyse, 43–56. Vol. 8, Nr. 1–2. Basel: Karger.

Pearson, G. (1972). Handbuch der Kinder-Psychoanalyse. München: Kindler.

Perrez, M. et al. (1985). Erziehungspsychologie. Beratung und Intervention. Bern: Hans Huber.

Literatur

Peter-Bolaender, M. (1992). Tanz und Imagination. Verwirklichung des Selbst im künstlerischen und pädagogisch-therapeutischen Prozess. Paderborn: Junfermann.

Petermann, F. (Hrsg.) (1996). Lehrbuch der Klinischen Kinderpsychologie. Modelle psychischer Störungen im Kindes- und Jugendalter (2. korr. u. erg. Aufl.). Göttingen: Hogrefe.

Petermann, F. (Hrsg.) (1997). Fallbuch der Klinischen Kinderpsychologie. Göttingen: Hogrefe.

Petermann, U. (1996). Entspannungstechniken für Kinder und Jugendliche. Ein Praxisbuch. Weinheim: Psychologie Verlags Union.

Petersen, P. (1987). Der Therapeut als Künstler. Paderborn: Junfermann.

Petzold, H. (1992). Familienentwicklungspsychologie. Einführung und Überblick. München: Reinhardt.

Petzold, H. G. (1984a) (Hrsg.). Wege zum Menschen. Methoden und Persönlichkeiten moderner Psychotherapie. Ein Handbuch, 2 Bde. Paderborn: Junfermann.

Petzold, H. G. (1987). Puppen und Puppenspiel in der Integrativen Therapie mit Kindern. In: Petzold, H. G. und Ramin, G. (Hrsg.). Schulen der Kinderpsychotherapie. Paderborn: Junfermann.

Petzold, H. G. (1988). Die »vier Wege der Heilung« in der Integrativen Therapie. In: Integrative Bewegungstherapie. 173–283. Paderborn: Junfermann.

Petzold, H. G. (1991a). Integrative Therapie. Ausgewählte Werke, Bd. II/1: Klinische Philosophie. Paderborn: Junfermann.

Petzold, H. G. (1992), Psychotherapie und Babyforschung. Frühe Schädigungen, Schutzfaktoren und die Entstehung von Krankheit im Lebensverlauf. Paderborn: Junfermann.

Petzold, H. G. (1992a). Integrative Therapie. Ausgewählte Werke, Bd. II/2: Klinische Theorie. Paderborn: Junfermann.

Petzold, H. G. (1993). Integrative Therapie. Modelle, Theorien und Methoden für eine schulenübergreifende Psychotherapie. Bd. 1, 2, 3. Paderborn: Junfermann.

Petzold, H. G. (1993c). Frühe Schädigungen, späte Folgen? Psychotherapie und Babyforschung, Bd. 1. Paderborn: Junfermann.

Petzold, H. G. (1994j). Die Kraft liebevoller Blicke. Psychotherapie und Babyforschung, Bd. 2. Paderborn: Junfermann.

Petzold, H. G. (1996). Weggeleit, Schutzschild und kokreative Gestaltung von Lebenswelt – Integrative Arbeit mit protektiven Prozessen und soziöokologischen Modellierungen in einer entwicklungsorientierten Kindertherapie. In: Metzmacher, B., Petzold, H. und Zaepfel, H. (Hrsg.). Therapeutische Zugänge zu den Erfahrungswelten des Kindes von heute. Integrative Kindertherapie in Theorie und Praxis, 169-280. Paderborn: Junfermann.

Petzold, H. G. und Orth, I. (1993). Zur »Anthropologie des schöpferischen Menschen«. In: Petzold, H. G. und Sieper, J. (Hrsg.). Integration und Kreation. Modelle und Konzepte der Integrativen Therapie, Agogik und Arbeit mit kreativen Medien. Paderborn: Junfermann.

Petzold, H. G. und Orth, I. (Hrsg.) (1990). Die neuen Kreativitätstherapien. Handbuch der Kunsttherapie. Paderborn: Junfermann.

Petzold, H. G. und Ramin, G. (1987). Schulen der Kinderpsychotherapie. Paderborn: Junfermann.

Petzold, H. G. und Ramin, G. (Hrsg.) (1995). Schulen der Kinderpsychotherapie (3. Aufl.). Paderborn: Junfermann.

Petzold, H. G. und Sieper, J. (Hrsg.) (1996). Integration und Kreativität. Bd. 1: Modelle und Konzepte der Integrativen Therapie, Agogik und Arbeit mit kreativen Medien. Bd. 2: Strukturen, Methoden, Organisation. Paderborn: Junfermann.

Petzold, H. G. und Sieper, J. (Hrsg.) (1996). Integration und Kreativität. Bd. 1: Modelle und Konzepte der Integrativen Therapie, Agogik und Arbeit mit kreativen Medien. Bd. 2: Strukturen, Methoden, Organisation. Paderborn: Junfermann.

Polender, A. (1982a). Entspannungs-Übungen: Eine Modifikation des Autogenen Trainings für Kleinkinder. Praxis der Kinderpsychologie und Kinderpsychiatrie, 31, 15–19.

Rahm, D. (1993). Einführung in die Integrative Therapie. Grundlagen und Praxis. Paderborn: Junfermann.

Rahm, D. (1997). Integrative Gruppentherapie mit Kindern. Göttingen: Vandenhoeck & Ruprecht.

Rambert, M. (1969). Das Puppenspiel in der Kinderpsychotherapie. München: Reinhardt.

Ramin, G. und Petzold, H. (1991a). Integrative Therapie mit Kindern. In: Petzold, Ramin (1987). 359–426. repr. in Petzold (1991a). Integrative Therapie. Ausgewählte Werke, Bd. II/1: Klinische Philosophie. 1089–1150. Paderborn: Junfermann.

Reck, M. (1985). Spiel und spielerische Elemente in der Psychotherapie, 51–78. Daseinsanalyse, Vol. 2. Basel: Karger.

Reck, M. (1990). Zur Phänomenologie des Kindes. 233–254. Daseinsanalyse Vol. 7. Nr. 4. Basel: Karger.

Reinhard, H. G. (1995). Psychoanalytische Kinder- und Jugendpsychotherapie braucht Integration. In: Metzmacher, B., Petzold, H. und Zaepfel, H. Therapeutische Zugänge zu den Erfahrungswelten des Kindes. Theorie und Praxis der Integrativen Kindertherapie. Bd. 1. Paderborn: Junfermann.

Reiser, C. (1993). Die kinder- und jugendpsychotherapeutische Ausbildung. Möglichkeiten und Institutionen in Deutschland, Österreich und der Schweiz. München: Reinhardt.

Reiser, M. L. (1996). Kindliche Verhaltensstörungen und Psychopharmaka. München: Reinhardt.

Remschmidt, H. (1997). Kombinierte Behandlung in H. Remschmidt: Psychotherapie im Kindes- und Jugendalter. Stuttgart: Thieme.

Literatur

Renner-Allhoff, B. et al. (Hrsg.) (1992). Elternbeteiligung bei Entwicklungsdiagnostik und Vorsorge. Weinheim: Beltz.

Renz, M. (1996). Zwischen Urangst und Urvertrauen. Therapie früher Störungen über Musik-, Symbol- und spirituelle Erfahrungen. Paderborn: Junfermann.

Reukauf, W. (1985). Kinderpsychotherapien. Schulenbildung, Schulenstreit, Integration. (2. erg. Aufl.). Basel: Schwabe.

Reukauf, W. (1992). Die Zukunft der Psychotherapie. Der Beitrag des dialogischen Prinzips. In: Fischer, E. P., Herzka, H. S. und Reich, K. H. (Hrsg.). Widersprüchliche Wirklichkeit. München: Piper.

Richter, H. E. (1997). Eltern, Kind und Neurose. Die Rolle des Kindes in der Familie (Neuaufl.). Reinbek: Rowohlt.

Riedel, I. (1999). Farben in Religion, Gesellschaft, Kunst und Psychotherapie. Stuttgart: Kreuz.

Rikler, E. u. a. (1997). Miteinander vertraut werden. Wie wir mit Babies und kleinen Kindern gut umgehen. Ein Ratgeber für junge Eltern. Bern: Hans Huber.

Rohde-Dachser, C. (1983). Traum, Traumbearbeitung und die Ich-Struktur des Patienten. In: Ermann, M. (Hrsg.). Der Traum in Psychoanalyse und analytischer Psychotherapie. Berlin, Heidelberg, New York: Springer.

Ross, A. O., Petermann, F. (1987). Verhaltenstherapie mit Kindern und Jugendlichen. Stuttgart: Hippokrates.

Rüger, B. (1994). Kritische Anmerkungen zu den statistischen Methoden in Grawe, Donati und Bernauer: Psychotherapie im Wandel. Von der Konfession zur Profession. Zeitschrift für Psychosomatische Medizin. 40, 368–383.

Ryan, T. und Walker, R. (1997). Wo gehöre ich hin? Biografiearbeit mit Kindern und Jugendlichen. Weinheim: Beltz.

Sandler, J. et al. (1982). Kinderanalyse. Gespräche mit Anna Freud. Frankfurt a. M.: Fischer.

Sandler, J. et al. (1996). Die Grundbegriffe der psychoanalytischen Therapie (7. Aufl.). Stuttgart: Klett-Cotta.

Schaffer, H. R. (1992). ... und was geschieht mit den Kindern? Psychologische Entscheidungshilfen in schwierigen familiären Situationen. Bern: Hans Huber.

Schmeer, G. (1995). Das Ich im Bild. Ein psychodynamischer Ansatz in der Kunsttherapie. Stuttgart: Pfeiffer bei Klett-Cotta.

Schmidtchen, S. (1989). Kinderpsychotherapie. Grundlagen, Ziele, Methoden. Urban-TB Nr. 395. Stuttgart: Kohlhammer.

Schmidtchen, S. (1991). Klientenzentrierte Spiel- und Familientherapie. Weinheim: Psychologische Verlagsunion.

Schmidtchen, S. (1999). Allgemeine Psychotherapie für Kinder, Jugendliche und Familie. Stuttgart: Kohlhammer.

Schmidtchen, S. und Baumgärtel, F. (1980). Methoden der Kinderpsychotherapie. Stuttgart: Kohlhammer.

Schredl, M. (1999). Die nächtliche Traumwelt. Stuttgart: Kohlhammer.

Schröder, M. M. und Schröder, M. S. (1992). Spiegel der Seele. Erleben, was Gestaltende Psychotherapie sein kann. Stuttgart: Klett-Cotta.

Schweizer, L. und Prekop, J. (1997). Was unsere Kinder unruhig macht ... Ein Elternratgeber. Aufklärung über Ursachen der Hyperaktivität. Bern: Hans Huber.

Segal, H. (1996). Traum, Phantasie und Kunst. Über die Bedingungen menschlicher Kreativität. Stuttgart: Klett-Cotta.

Senf, W. und Broda, M. (Hrsg.) (1996). Praxis der Psychotherapie. Ein integratives Lehrbuch für Psychoanalyse und Verhaltenstherapie. Stuttgart: Thieme.

Sidoli, M. (1994). Die Entfaltung des Selbst – Erfahrungen aus der Kinderanalyse. München: Kösel.

Simon-Wundt, T. (1997). Märchendialoge mit Kindern. Ein psychodiagnostisches Verfahren. Stuttgart: Pfeiffer bei Klett-Cotta.

Sommer, R. (1999). Der weiße Tiger. Kinderträume verstehen. Olten: Walter.

Spiel, W. (Hrsg.) (1986). Psychologie und Erziehung. Bd. 2. Weinheim: Beltz.

Tausch, R. (1979). Gesprächspsychotherapie. Göttingen: Hogrefe.

Tausch, R. und Tausch, A.M. (1971). Erziehungspsychologie. Göttingen: Hogrefe.

Thomä, H. und Kächele, H. (1996). Lehrbuch der psychoanalytischen Therapie. Band 1: Grundlagen; Band 2: Praxis (2. überarb. Aufl.). Berlin, Heidelberg, New York: Springer.

Tieber, E. et al. (1987). Kinder- und Jugendpsychiatrische Diagnostik. In: Remschmidt, H. (Hrsg.). Kinder- und Jugendpsychiatrie. Eine praktische Einführung, 31–85. Stuttgart: Thieme.

Trautmann-Voigt, S. und Voigt, B. (Hrsg.) (1997). Freud lernt laufen. Herausforderungen analytischer Tanz- und Bewegungstherapie für Psychoanalyse und Psychotherapie. Frankfurt a.M.: Brandes & Apsel.

Tschuschke, V. et al. (1997). Zwischen Konfusion und Makulatur. Zum Wert der Berner Psychotherapie-Studie von Grawe, Donati und Bernauer. Göttingen: Vandenhoeck & Ruprecht.

Tuscheerer, G. (1987). Elternberatung und -mitbehandlung bei neurotisch fehlentwickelten Kindern und Jugendlichen. In: Psychiatr. neurol. med. psychol. Leipzig 39, 281–285.

Tyson, P., Tyson R. L. (1997). Lehrbuch der psychoanalytischen Entwicklungspsychologie. Stuttgart: Kohlhammer.

Vaitl, D. und Petermann, F. (Hrsg.) (1994). Handbuch der Entspannungsverfahren. Weinheim: Psychologie Verlags Union.

Literatur

Von Knobloch-Droste, K. G. (1994). Traumpraxis. Psychotherapeutische Arbeit mit Träumen und Träumern. Stuttgart: Pfeiffer bei Klett-Cotta.

Walter, D. C. (1998). Autogenes Training für Kinder. München: Deutscher Taschenbuch Verlag.

Walter, U. (1997). Mein wildes, liebes Teufelchen. Hinweise für den Umgang mit hyperaktiven Kindern. Bern: Hans Huber.

Weiss, M. (1993). Spiel, psychotherapeutischer Prozess und kulturelle Erfahrung. Daseinsanalyse, Vol. 10, Nr. 1, 14–19. Basel: Karger.

Wichtmann, G. (1999). Kinder brauchen Orientierung. Ein praktischer Ratgeber nach Maria Montessori. Freiburg: Herder.

Wiesse, J. und Joraschky, P. (Hrsg.) (1997). Psychoanalyse und Körper. Göttingen: Vandenhoeck & Ruprecht.

Wild, R. (1999). Kinder wissen, was sie brauchen. Freiburg: Herder.

Williams, S. (1987). Durch Traumarbeit zum eigenen Selbst. Interlaken: Ansata.

Winnicott, D.W. (1985). Von der Kinderheilkunde zur Psychoanalyse. Frankfurt a. M.: Fischer.

Wintsch, H. (1998). Gelebte Kindertherapie. Kinder- und Jugendpsychotherapeuten des 20. Jahrhunderts im Gespräch. München: Reinhardt.

Wucherer-Huldenfeld, A.K. (1991). Dialog mit dem Kind. Daseinsanalyse Vol. 8. Nr.4. 203-225. Basel: Karger.

Zulliger, H. (1967). Heilende Kräfte im kindlichen Spiel. Stuttgart: Klett.

Weiterführende Literatur zu Teil C
(Die verwendete Literatur findet sich in Teil C)

Bachmann, H. I. (1985). Malen als Lebensspur. Stuttgart: Klett-Cotta.

Baumgardt, U. (1992). Kinderzeichnungen – Spiegel der Seele. Kinder zeichnen Konflikte ihrer Familie (5. Aufl.). Zürich: Kreuz.

Biermann, G. und Kos-Robes, M. (1986). Die Zeichentest-Batterie Baum – Mensch – Verzauberte Familie. Praxis der Kinderpsychologie. 35, 214.

Brandt, J. (1982). Griffiths-Entwicklungsskalen (Deutsche Bearbeitung). Weinheim: Beltz.

Brickenkamp, R. (Hrsg.) (1997). Handbuch psychologischer und pädagogischer Tests (2. vollst. überarb. u. erw. Aufl.). Göttingen: Hogrefe.

Brochmann, I. (1997). Die Geheimnisse der Kinderzeichnungen. Wie können wir sie verstehen? Bern: Hans Huber.

Bühler, Ch., Hetzer, H. (1972). Kleinkinder. München: Barth.

Coulacouglou, C. (1996). Märchentest. Fairy Tale test – FTT. Ein projektiver Persönlichkeitstest für Kinder (Handbuch, Testmappe, Testbogen). München: Reinhardt.

Deegener, G., Dietel, B., Hamster, W., Koch, C., Matthaei, R., Nödl, H., Rückert, N., Stephani, U. und Wolf, E. (1993). Tübinger Luria-Christensen Neuropsychologische Untersuchungsreihe für Kinder (TÜKI). Weinheim: Beltz.

Deegener, G., Dietel, B., Kassel, H., Matthaei, R., Nödl, H. (1992). Neuropsychologische Diagnostik bei Kindern und Jugendlichen. Weinheim: Beltz.

Dehmelt, P., Kuhnert, W. und Zinn, A. (1993). Diagnostischer Elternfragebogen (DEF). Weinheim: Beltz.

Düss, L. (1956). Fabelmethode und Untersuchungen über den Widerstand in der Kinderanalyse. Biel: Institut für Psycho-Hygiene.

Fay, E. (1996) Tests unter der Lupe. Aktuelle Leistungstests, kritisch betrachtet. Heidelberg: Asanger.

Fleck-Bangert, R. (1994). Kinder setzen Zeichen – Kinderbilder sehen und verstehen. München: Kösel.

Fleck-Bangert, R. (1999). Was Kinderbilder uns erzählen (2. aktual. Aufl.). München: Kösel.

Formann, A. K. und Piswanger, P. (1979). Wiener Matrizen-Test. Weinheim: Beltz. 1996 3. Vorlage aufgeschoben, Verbesserungen vorgesehen.

Grubitzsch, S. (1991). Testtheorie, Testpraxis. Reinbek bei Hamburg: Rowohlt.

Guthke, J. (1996). Intelligenz im Test. Wege der psychologischen Intelligenzdiagnostik. Göttingen: Vandenhoeck & Ruprecht.

Häcker, H., Leutner, D. und Amelang, M. (1998). Deutsche Fassung vom »Committee to Develop Standarts for Educational and Psychological Testing«.

Hageböck, J. (1994). Computergestützte Diagnostik in der Psychologie. Göttingen: Hogrefe.

Hänsgen, K.-D. (1996). Computerbasiertes Testen. Kind und Computer in der Psychodiagnostik. Psychoscope 8. 4–7.

Hänsgen, K.-D. (1996). Hogrefe Testsystem. Systemhandbuch. Konzept, Grundlagen und Anwendung (2. Aufl.). Göttingen: Hogrefe.

Hiltmann, H. (1977). Kompendium der psychodiagnostischen Tests. Bern: Hans Huber.

Kiphard, E. J. (1975). Sensomotorische Entwicklungsgitter. In: »Wie weit ist Ihr Kind entwickelt?«. Dortmund: Modernes Lernen.

Rotter, J. B., Raffety, J. E. (1950). Rotter Incomplete Sentences Blanc. The Psychological Corporation, Cleveland (Ohio).

Snijders-Oomen, J. Th. (1970). Snijders-Oomen Nichtverbale Intelligenztestreihe (revid. Neufassung). Groningen: Willink.

Literatur

Steinhagen, R. (1992). Sexuelle Gewalt – Kinderzeichnungen als Signal. Reinbek bei Hamburg: Rowohlt.

Zimmermann, W. (1994). Psychologische Persönlichkeitstests bei Kindern und Jugendlichen. Eine Anleitung für Ärzte und Psychologen. Leipzig: Barth.

Weiterführende Literatur zum Ausblick

Bassler, M. (1999). Psychoanalyse und Religion. Stuttgart: Kohlhammer.

Boss, M. (1979). Von der Psychoanalyse zur Daseinsanalyse. München: Europaverlag.

Boss, M. (1980). Psychoanalyse und Daseinsanalytik. München: Kindler.

Boss, M. (1982). Spannweite der Seele. Bern: Benteli.

Condrau, G. (1963). Daseinsanalytische Psychotherapie. Bern: Hans Huber.

Condrau, G. (1972). Aufbruch in die Freiheit. Wien: Europaverlag.

Condrau, G. (1973). Was ist Psychotherapie. In: Boss, M. zum 70. Geburtstag. Bern: Hans Huber.

Condrau, G. (1998). Daseinsanalyse. Dettelbach: J. M. Röll.

Gamper, Valeria. (1997). Von der Psychoanalyse zur Daseinsanalyse; Daseinsanalyse XIV/1. Chur: Gasser.

Gassmann, Ch. (2000). Träume erinnern. Solothurn, Düsseldorf: Walter

Gebser, J. (1966) Ursprung und Gegenwart. Stuttgart: Deutsche Verlagsanstalt.

Heidegger, M. (1947). Über den Humanismus. Frankfurt a. M.: Klostermann.

Heidegger, M. (1967). Zur Seinsfrage (3. Aufl.). Frankfurt a. M.: Klostermann.

Heidegger, M. (1972). Sein und Zeit. Tübingen: Niemeyer.

Heidegger, M. (1973). Vom Wesen des Grundes (6. Aufl.). Frankfurt a. M.: Klostermann.

Heidegger, M. (1976). Die Technik und die Kehre (3.Aufl.). Pfullingen: Neske.

Heidegger, M. (1976). Vom Wesen der Wahrheit (6. Aufl.). Frankfurt a. M.: Klostermann.

Heidegger, M. (1978). Wissenschaft und Besinnung S. 41-66. In: Heidegger, M. Vorträge und Aufsätze. Pfullingen: Neske.

Helg, Felix. (2000). Psychotherapie und Spiritualität – Östliche und westliche Wege zum Selbst. Solothurn, Düsseldorf: Walter.

Herzog, Max. (1994). Weltentwürfe: Ludwig Binswangen phänomenologische Psychologie. Berlin: de Gruyter

Hoch, E. (1985). Bote zwischen Ost und West. Daseinsanalyse. Vol. 2, Nr. 1. Basel: Karger.

Holzhey-Kunz. (1997). In die Welt hinaus, Daseinsanalyse XIV. 1. Chur: Gasser.

Literatur

Jacobs, H. (1965). Indische Weisheit und westliche Psychotherapie. München: J. F. Lehmanns Verlag.

Jung, C. G. (1999). C. G. Jung und der östliche Weg. Solothurn, Düsseldorf: Walter.

Kaup, J. Ch. (1997). Daseinsanalyse und religiöse Erfahrung; Daseinsanalyse XIV/1. Chur: Gasser.

Reck, J. G. (1997). Hat die im Denken Martin Heideggers begründete Daseinsanalyse in der Kinderpsychotherapie zur Zeit etwas zu sagen; Daseinsanalyse XIV/1. Chur: Gasser.

Rüdiger, S. (1998). Ein Meister um Deutschland. Heidegger und seine Zeit. Frankfurt a. M.: Fischer.

Vogt, Norbert. (1997). Heideggers Daseinsanalyse als transpersonale Psychotherapie; Daseinsanalyse XIV. 1. Chur: Gasser.

Weigl, H. (1999). Auf der Suche nach der unsterblichen Seele. München: Piper.

Wilber, K. (1984). Wege zum Selbst. Östliche und westliche Ansätze zu persönlichem Wachstum. München: Kösel.

Wilber, K. (1997). Eine kurze Geschichte des Kosmos. Bern: Hans Huber.

Wilber, K. (1998). Naturwissenschaft und Religion. Frankfurt a. Main: Krüger.

Adressen

Das kindertherapeutische Spielset – oder auch einzelne Figuren sind zu beziehen über:

- Pipps Spielzeuge, Postfach, CH-5424 Unterehrendingen.

Psychodiagnostische Verfahren und Tests sind zu beziehen:

- Testzentrale Göttingen, Robert-Bosch-Breite 25, D-37079 Göttingen, ++49-551-506 88-0/ -14/ -15
- Testzentrale der Schweizer Psychologen, Länggass Strasse 84, CH-3000 Bern, ++41-31-300 45 45

Kinder- und Jugendpsychiatrische Dienste St. Gallen, Grossackerstrasse 7, CH-9000 St. Gallen

Richard C. Schwartz:
Systemische Therapie mit der inneren Familie
Aus dem Amerikanischen von Teresa Junek
1997. 343 Seiten, broschiert, ISBN 3-608-89660-0
Leben lernen 114

In diesem Buch (»einer der innovativsten psychotherapeutischen Ansätze der letzten Jahre« – F. Walsh, University of Chicago) bezieht Schwartz das Konzept der systemischen Familientherapie auf die innerpsychische Welt des einzelnen. Das Ergebnis ist ein neues Verständnis der Sub-Persönlichkeiten und zeigt, wie sie als inneres Gleichgewicht funktionieren. Anhand seiner praktisch-therapeutischen Erfahrung formuliert der Autor Leitlinien, wie Patienten sich integrieren und damit zufriedener und lebendiger fühlen können.

Traudel Simon-Wundt:
**Märchendialoge mit Kindern –
ein psycho-diagnostisches Verfahren**
1997. 157 Seiten, broschiert, ISBN 3-608-89662-7
Leben lernen 117

Im Laufe ihrer psychotherapeutischen Arbeit mit Kindern entwickelte die Autorin ein diagnostisches Verfahren, das die Grundproblematik der zur Psychodiagnostik vorgestellten Kinder ebenso zuverlässig wie individuell herausarbeitet: Im Dialog mit Therapeuten erzählen die Kinder ein frei erfundenes Märchen. Diese Erzählung läßt immer auch Rückschlüsse auf die aktuelle Lebenssituation der Kinder und ihre Konflikte zu. Die Auswertung erfolgt anhand präziser Leitfragen.